UTB **2819**

Eine Arbeitsgemeinschaft der Verlage

Böhlau Verlag · Köln · Weimar · Wien
Verlag Barbara Budrich · Opladen · Farmington Hills
facultas.wuv · Wien
Wilhelm Fink · München
A. Francke Verlag · Tübingen und Basel
Haupt Verlag · Bern · Stuttgart · Wien
Julius Klinkhardt Verlagsbuchhandlung · Bad Heilbrunn
Lucius & Lucius Verlagsgesellschaft · Stuttgart
Mohr Siebeck · Tübingen
C. F. Müller Verlag · Heidelberg
Orell Füssli Verlag · Zürich
Verlag Recht und Wirtschaft · Frankfurt am Main
Ernst Reinhardt Verlag · München · Basel
Ferdinand Schöningh · Paderborn · München · Wien · Zürich
Eugen Ulmer Verlag · Stuttgart
UVK Verlagsgesellschaft · Konstanz
Vandenhoeck & Ruprecht · Göttingen
vdf Hochschulverlag AG an der ETH Zürich

KLAUS VON STOSCH

Einführung in die Systematische Theologie

2., durchgesehene Auflage

FERDINAND SCHÖNINGH
PADERBORN · MÜNCHEN · WIEN · ZÜRICH

Der Autor:

Klaus von Stosch, Dr. theol. habil., geb. 1971, Professorenvertreter am Institut für Katholische Theologie der Kulturwissenschaftlichen Fakultät der Uni Paderborn, Privatdozent an der Katholisch-Theologischen Fakultät der Uni Münster, Sprecher des Jungen Kollegs der Akademie der Wissenschaften von NRW, zahlreiche Veröffentlichungen zu den Themen Glaubensverantwortung, Religionsphilosophie, Gottes Handeln in der Welt, Theodizeeproblem und Theologie der Religionen.

Coverbild:

G.W.F. Hegels Zeichnung des göttlichen Dreiecks – *Gott ist ein Schluss, der sich mit sich zusammenschließt.*

Bibliografische Information Der Deutschen Nationalbibliothek

Die Deutsche Nationalbibliothek verzeichnet diese Publikation in der Deutschen Nationalbibliografie; detaillierte bibliografische Daten sind im Internet über http://dnb.d-nb.de abrufbar.

Gedruckt auf umweltfreundlichem, chlorfrei gebleichtem Papier.

2., durchgesehene Auflage 2009

© 2006 Verlag Ferdinand Schöningh GmbH & Co. KG, Paderborn
(Jühenplatz 1, D-33098 Paderborn)
ISBN 978-3-506-75631-2

Internet: www.schoeningh.de

Das Werk, einschließlich aller seiner Teile, ist urheberrechtlich geschützt. Jede Verwertung außerhalb der engen Grenzen des Urheberrechtsgesetzes ist ohne Zustimmung des Verlages unzulässig und strafbar. Das gilt insbesondere für Vervielfältigungen, Übersetzungen, Mikroverfilmungen und die Einspeicherung und Verarbeitung in elektronischen Systemen.

Printed in Germany.
Herstellung: Ferdinand Schöningh, Paderborn
Einbandgestaltung: Atelier Reichert, Stuttgart

UTB-Bestellnummer: ISBN 978-3-8252-2819-4

Inhaltsverzeichnis

Einleitung 7

I. Quaestio religiosa

    1) Gottes Dasein denken 13
        Gottesbeweise und der anselmsche Gottesbegriff. 19
        Funktionalistische Religionskritik. 28
        Thomas von Aquin. 38
    2) Gottes Wesen denken. 46
        Trinität. 53
        Negative Theologie 60
        Karl Barth 65
    3) Gottes Handeln denken 72
        Offenbarung als Schlüsselbegriff moderner Theologie 78
        Handelt Gott, wenn ich ihn bitte? 83
        Wolfhart Pannenberg 90
    4) Gott und das Leid. 95
        Theodizeeproblem. 104
        Free will defense 115
        Johann Baptist Metz 125

II. Quaestio christiana

    5) Jesus, der Gottmensch/ Christologie 133
        Entwicklung des kirchlichen Bekenntnisses zu Jesus
        als dem Christus. 142
        Kenosis als christologische Basiskategorie.
        Suchbewegungen im Umfeld der Zwei-Naturen-Lehre 147
        Romano Guardini. 155
    6) Jesus, der Auferstandene. 161
        Schöpfung und Neuschöpfung – Verhältnis zu den
        Naturwissenschaften. 168
        Der Osterglaube im Widerstreit. 172
        Rudolf Bultmann 175
    7) Jesus, der Erlöser/ Soteriologie 179
        Soteriologische Modelle in Ost und West. 189
        Freiheitsanalyse als Basis der Explikation des Erlösungsglaubens . . 192
        Dietrich Bonhoeffer 195
    8) Jesus, der Richter und Vollender/ Eschatologie 200
        Eschatologie. 209

→← Gott und die Zeit 212
◯ Hans Urs von Balthasar 218

III. Quaestio catholica

9) Gemeinschaft der Glaubenden/ Ekklesiologie 226
    📄 Heiliger Geist und Kirchenbildung 232
    →← Streitfall Unfehlbarkeit 240
    ◯ Karl Rahner 244
10) Zeichen Gottes in der Welt 252
    📄 Sakramente 259
    →← Gotteserfahrung 261
    ◯ Dorothee Sölle.................................... 267
11) Ökumenische Theologie................................... 272
    I. Bestandsaufnahme 272
    II. Ökumenische Bewegung 275
    III. Kontroverstheologisch umstrittene Punkte 278
    ◯ Martin Luther..................................... 286

IV. Glaubensverantwortung heute

12) Eine Wahrheit, viele Religionen........................... 295
    📄 Das besondere Verhältnis von Judentum und Christentum
         und die Christologie.................................. 302
    →← Modellbildungen in der Theologie der Religionen
         versus komparative Theologie......................... 305
    ◯ John Hick 313
13) Glaubensverantwortung. Ein Glaube, der zu denken gibt? 323
    📄 Kriterien der Glaubensverantwortung 329
    →← Glaube und Vernunft. Kleine Übersicht zur
         zeitgenössischen Debatte 333
    ◯ Jürgen Werbick.................................... 338

Sachregister.. 345
Personenregister.. 350

Einleitung

Ziel der vorliegenden Einführung ist es, mit Hilfe unterschiedlicher Textgenres und Methoden einen verstehenden Durchgang durch die zentralen Inhalte christlichen Glaubens zu ermöglichen. Die Einführung orientiert sich an dem dreigliedrigen Aufbau des christlichen Glaubensbekenntnisses und bemüht sich, jeweils problem- und praxisorientiert die wichtigsten Brennpunkte christlichen Glaubens in allgemein verständlicher Weise darzulegen. Die klassischen Themen werden dabei zum Teil neu gruppiert und jeweils auf existentielle Fragen heute Glaubender zugespitzt. Ziel des Buches

Das Werk bietet dreizehn, jeweils in formal gleicher Zusammensetzung geschriebene, Kapitel, die durch die wichtigsten Themen und Problemstellungen christlichen Glaubens hindurchführen. Jedes Kapitel besteht dabei aus folgenden Elementen: Elemente der einzelnen Kapitel

1) Kernstück und Auftakt bildet jeweils ein fiktiver Dialog zwischen der Theologiestudentin Maria K. und dem (von Camus und Nietzsche geprägten) Philosophiestudenten Albert N., der unter weitgehender Vermeidung von Fachbegriffen auf möglichst einfache Weise in die jeweilige Problemstellung einführt. Der Dialog ermuntert zum Mitvollzug der jeweiligen Denkbewegungen, orientiert sich an aktuellen theologischen Debatten und zeigt jeweils eine widerspruchsfreie und hoffentlich plausible Lösungsmöglichkeit auf. Durch den sparsamen Einsatz narrativer Elemente wird die Lektüre erleichtert, und es werden Schwierigkeiten und Chancen eines Austausches zwischen religiösen und nichtreligiösen Menschen veranschaulicht. Dialogtext

Die Dialoge sind so geschrieben, dass sich die jeweils zu Beginn der Kapitel stehenden Texte auch am Stück lesen lassen. Sie bauen aufeinander auf und entfalten jeweils in sich konsistente Positionen. Beide Dialogpartner bieten ebenso Identifikationsmöglichkeiten wie Anlass zum kritischen Weiterdenken. Maria vertritt in ihren Denkbewegungen eine katholische Interpretation des Christentums; Albert argumentiert aus atheistischer Perspektive.

Ziel der Dialogtexte ist es, die Leserin bzw. den Leser bei ihren eigenen Fragen „abzuholen" und in eigene Denkhandlungen hineinzuziehen. Sowohl die atheistische als auch die christliche Position werden jeweils in ihrer stärksten Fassung präsentiert. Dies hat zur Folge, dass keineswegs immer die christliche Position als die dem jeweiligen Problem angemessenere erscheint – jedenfalls wird eine entsprechende Entscheidung dem Leser oder der Leserin nicht abgenommen.

Sachtextteil

2) Auf die Dialogtexte folgt jeweils ein längerer Sachtextteil, der expliziter an die theologische Fachdiskussion heranführt und die in den Dialogtexten angerissenen theologischen Positionen verdeutlicht. Er besteht aus folgenden drei Teilen, die inhaltlich jeweils am Hauptthema orientiert sind:

- Konzepte: Theologiegeschichtlich orientierter Überblick über ein klassisches Thema.
- Debatte: Einblick in eine aktuelle theologische Auseinandersetzung.
- Köpfe: Vorstellung eines großen Theologen bzw. einer großen Theologin anhand von einem seiner bzw. ihrer Hauptgedanken.

Der Sachtextteil ermöglicht es, die Überlegungen aus den Dialogen theologischen Konzepten und Positionen zuzuordnen. Zudem kommen in diesem Zusammenhang nur am Rande behandelte Themen zu ihrem Recht.

Die Texte sind jeweils einfach, aber dicht geschrieben und werden durch Schaubilder erläutert. Sie führen in Fachbegriffe ein und verdeutlichen Argumentationsstrukturen. Dabei werden auch Alternativen oder Ergänzungen zu der im Dialogteil vertretenen Position sichtbar, so dass der Leser bzw. die Leserin die gewonnenen Positionen überprüfen, problematisieren und weiterdenken kann.

3) Am Ende eines jeden Kapitels finden sich Aufgaben und Literaturhinweise. Die Aufgaben sind so gestellt, dass sie zu einer gründlichen Lektüre des jeweiligen Kapitels sowie einer persönlichen Reflexion der Inhalte einladen, gelegentlich aber auch Brückenschläge zwischen den einzelnen Kapiteln und Querverweise verdeutlichen. Die jeweils kurz kommentierten Literaturhinweise ermöglichen eine weiterführende Beschäftigung mit den Themen.

Durch den Registerteil am Ende des Buches lassen sich leicht die Bedeutungen der wichtigsten in dem Lehrbuch verwendeten Fachbegriffe nachschlagen.

Disziplinen der Systematischen Theologie

Systematische Theologie hat die Aufgabe, die Verantwortbarkeit des christlichen Glaubens auf dem Forum der Vernunft zu prüfen. Zu unterscheiden ist dabei die von der Fundamentaltheologie zu leistende Verantwortung des Glaubens nach außen von der durch die Dogmatik zu erbringenden Verantwortung nach innen.

In der *Fundamentaltheologie* oder Apologetik geht es darum, die Vernunftgemäßheit bzw. Nicht-Vernunftwidrigkeit christlichen Glaubens aufzuweisen. Dabei sollen einerseits seine Grundlagen geklärt werden (fundierendes Motiv), andererseits sollen kritische Anfragen an den Glauben beantwortet werden (apologetisches Motiv). Auf diese Weise soll der Wahrheitsanspruch des Christentums (bzw. der christlichen Botschaft) in seiner spezifischen Eigenart ermittelt, begründet und gerechtfertigt werden.

Fundamentaltheologie

Ziel der Fundamentaltheologie ist es, den christlichen Glauben vor sich selbst und anderen verantworten zu können. Dabei gilt es einerseits, die Geltungsgrundlagen des eigenen Glaubens anzugeben, und andererseits, Fragen bezüglich des christlichen Glaubens im Allgemeinen, die u.U. den Glauben gänzlich in Frage stellen, beantworten zu können. Aus diesem Ziel ergeben sich die Inhalte der Fundamentaltheologie: Einführung in das Christentum und die Bestimmung seiner zentralen Inhalte (Gott, Offenbarung, Glauben), Klärung der Basis der Theologie als Wissenschaft und des Verhältnisses von Glaube und Vernunft.

In der *Dogmatik* geht es um die Vergegenwärtigung und Interpretation jener Inhalte des christlichen Glaubens, die im Laufe der Geschichte (z.B. Konzilien) für die Gemeinschaft der Glaubenden (Kirche) identitätsbildend und verbindlich geworden sind und den Kernbestand des christlichen Glaubensbekenntnisses ausmachen. Ihr geht es also um die innere Durchdringung christlichen Glaubens und dessen Vermittlung mit der kirchlich bezeugten Glaubenstradition.

Dogmatik

Neben Fundamentaltheologie und Dogmatik wird in der Regel auch die Theologische Ethik zum Bereich der Systematischen Theologie gezählt. Die *Theologische Ethik* geht der Bedeutung des christlichen Glaubens für die individuelle Orientierung menschlichen Handelns (Moraltheologie) sowie für die Gestaltung der Gesellschaft (Christliche Gesellschaftslehre) nach. Sie untersucht, wie menschliches Leben gelingen kann und mit welchen Widerständen christliche Entwürfe gelingenden Lebens konfrontiert sind.

Theologische Ethik

In diesem Lehr- und Arbeitsbuch wird eine Einführung in die Bereiche der Fundamentaltheologie und Dogmatik versucht; Fragestellungen und Themen der Theologischen Ethik werden nicht berührt.

Entwickelt wurde das Buch in achtjähriger Lehrpraxis am Seminar für Katholische Theologie der Philosophischen Fakultät der Universität zu Köln, indem Konzeption und Texte in ausführlicher

Rücksprache mit den Studierenden immer genauer auf deren Interessen und Verstehensvoraussetzungen hin zugeschnitten wurden. Die Erprobung einzelner Texte im Religionsunterricht der gymnasialen Oberstufe, in der Gemeindekatechese, in Glaubenskursen und in der Erwachsenenbildung hat deutlich gemacht, dass das Lehr- und Arbeitsbuch keineswegs nur für Studierende geeignet ist, sondern einen deutlich breiteren Leserkreis erreichen kann. Gerade die Dialogtexte können auch ohne eigenes Interesse an wissenschaftlicher Theologie gelesen werden.

Dieses Buch wäre nicht ohne vielfältige Formen der Unterstützung möglich geworden. Mein Dank gilt an erster Stelle den Theologiestudierenden der Universität zu Köln, die mir durch ihre Rückmeldungen wichtige Hilfestellungen gegeben haben und die mir während meiner Tätigkeit dort (1998-2008) durch ihr Interesse und ihr Engagement immer wieder Lust auf Theologie gemacht haben. Besonders danken möchte ich denen, die sich der mühevollen Arbeit des Korrekturlesens unterzogen haben und mir dabei wertvolle Anregungen u. a. zur Erstellung der Graphiken gegeben haben: Barbara Nowak, Andrea Lange und Barbara Wingenfeld. Der zuletzt genannten danke ich auch für die Zeichnung auf S. 210-211. Danken möchte ich aber auch Herrn Professor Dr. Hans-Joachim Höhn, der mir in meiner Zeit als Assistent bei ihm so viele Entfaltungsräume gelassen und Denkanstöße gegeben hat, dass dieses Buch entstehen konnte. Ein herzlicher Dank gilt schließlich Herrn Dr. Diethard Sawicki für die Annahme des Buches in der UTB-Reihe und für die gute Zusammenarbeit. Gewidmet ist das Buch Hannah Maria W.

I. Quaestio religiosa

1) Gottes Dasein denken

> Im Folgenden findet sich die stilistisch leicht geglättete Wiedergabe eines Gesprächs zwischen dem Philosophiestudenten Albert N. und der Theologiestudentin Maria K. Wie Sie schnell merken werden, handelt es sich um zwei ältere Semester, die sich zum Teil etwas kompliziert ausdrücken. Trotzdem erschien mir das Gespräch jeweils als Einführung in die Thematik der einzelnen Kapitel gut geeignet, da die komplizierteren Überlegungen in mindestens ebenso komplizierte Überlegungen bedeutender Theologen einführen.

Warum glaubst Du an Gott? — Albert

Du stellst Fragen. Das weiß ich selbst nicht so genau. Ich bin mit diesem Glauben groß geworden und habe ihn als wohltuend und befreiend erlebt. Es war für mich lange Zeit völlig selbstverständlich, an Gott zu glauben. Und auch als ich angefangen habe, bestimmte Glaubensinhalte zu hinterfragen, habe ich eigentlich nie wirklich bezweifelt, dass es Gott gibt. — Maria

Aber Du glaubst doch hoffentlich nicht nur aus Gewohnheit oder weil es Dir gut tut. — Gründe des Glaubens

Für mich ist es bereits seit frühester Kindheit selbstverständlich, nicht an Gott zu glauben. Und dabei habe ich nie etwas vermisst. Mir tut es also gut, nicht an Gott zu glauben. Dir tut es gut, an Gott zu glauben. Beide haben wir uns an diesen Glauben oder Unglauben gewöhnt. Aber wir können nicht beide Recht haben. Also, warum glaubst Du, im Recht zu sein, warum glaubst Du an Gott?

Ich weiß gar nicht, ob ich sagen soll, dass ich im Recht bin und Du im Unrecht. An Gott glaube ich jedenfalls, weil ich bestimmte Erfahrungen in meinem Leben gemacht habe, die den Glauben an Gott sehr nahe legen.

Was hast Du denn da erlebt, was ich nicht erlebt habe? Hast Du vielleicht besonders viel Leid erlebt und kannst das Leben nicht mehr ertragen, ohne an einen großen Meister im Himmel und eine ausgleichende Gerechtigkeit nach dem Tod zu glauben?

Ich glaube nicht, dass ich schlimmere Erfahrungen mit dem Leben gemacht habe als Du und dass ich deshalb an Gott als Seelentröster glauben muss. Dennoch ist es richtig, dass das Wort „Gott" zunächst einmal nicht aus philosophischem Nachdenken, sondern aus der Gebetssprache stammt. Die Rede von Gott ist ursprünglich kein wohl begründeter, spekulativer Gedanke, sondern eher ein Schrei nach Rettung, ein Schrei nach Rettung des anderen geliebten Menschen. Ein Schrei, der sich mit dem Tod des Geliebten und dem ihm widerfahrenen Unrecht nicht abfinden will.

Eher vielleicht ein Schrei nach der eigenen Rettung: Ein Schrei derjenigen, die sich mit der eigenen Endlichkeit nicht abfinden können.

Vielleicht habe ich wirklich Schwierigkeiten, mich mit meiner Endlichkeit abzufinden. Aber ich meinte jetzt tatsächlich den Protest gegen das Leiden anderer. Ohne die Annahme der Existenz Gottes ist ein solcher Protest letztlich sinnlos, weil er ungehört in der Weite eines stummen, nicht antwortenden Universums verhallt.

Das mag ja so sein, aber ein Schrei oder Protestwunsch ist kein Argument.

Gott als Wirklichkeit, die im Tod rettet In gewisser Hinsicht schon. Denn indem ich mich mit dem Leiden und Tod des Anderen nicht abfinde, setze ich eine Wirklichkeit, die auch im Tod noch zu retten vermag.

Die einzige Wirklichkeit, die Du mit Deinem Dich-nicht-abfinden-Wollen setzen kannst, ist nicht Gott, sondern ein Wunsch.

Ich setze aber nicht den Wunsch nach Rettung des Anderen, sondern ich behaupte eine Wirklichkeit, die im Tod rettet. Natürlich kann ich damit Gott nicht erschaffen. Ich stelle nur fest, dass ich bereits vor allem Reden auf eine Weise handle, die die Wirklichkeit Gottes voraussetzt. Jedenfalls hat meine Solidarität mit dem Leidenden und Sterbenden nur dann einen letzten Sinn, wenn er auch im Tod noch gerettet werden kann.

Wenn es keinen Gott gibt, hat es keinen Sinn, gegen den Tod eines geliebten Menschen zu protestieren. Ich muss dann den Anderen letztlich in seinem Leiden und Sterben allein lassen. Es gibt dann keine Macht, die stärker ist als der Tod und die auch im Tod noch retten kann.

Aber auch wenn es keine Macht gibt, die aus dem Tod zu retten vermag, muss ich den Anderen nicht in seinem Leiden und Sterben alleine lassen. Ich kann doch auch ohne Gott bis zuletzt solidarisch bleiben.

Ja, natürlich, aber diese Solidarität hat keinen letzten Sinn. Auch wenn ich bis zuletzt noch so solidarisch bin, werden sowohl mein Gegenüber als auch ich selbst anschließend von Würmern zerfressen, und nichts bleibt von dieser Solidarität.

Gott als letzter Sinn

Von Würmern werde ich nicht zerfressen, weil ich meinen Körper nach dem Tod verbrennen lasse. Und Deine Rede von einem „letzten Sinn" leuchtet mir nicht ein. Ich erlebe Solidarität mit einem Menschen, den ich gerne habe, als sinnvoll. Es tut mir und dem Anderen gut, wenn ich ihn auch im Sterben nicht aufgebe. Das ist – ganz wörtlich verstanden – der letzte Sinn für mich. Welcher Sinn sollte noch nach diesem Sinn kommen? Entwertet Dein Glaube an einen solchen Sinn nicht gerade die Erfahrung von „letztem Sinn" in diesem Leben?

Im Gegenteil! Ich meine ja keinen letzten Sinn im Jenseits, sondern ich meine, dass mein Leben hier und jetzt einen letzten, unzerstörbaren Sinn hat, weil Gott mir Endgültigkeit verheißt. Ich meine einen Sinn, der es auch mit dem Tod noch einmal aufnehmen und der durch nichts in der Welt verloren gehen kann.

Das musst Du mir später noch genauer erklären. Aber angenommen, Du hättest Recht, und das Leben hat nur dann einen letzten, unzerstörbaren Sinn, wenn es Gott gibt. Und angenommen, ich würde zugeben, dass ein solcher letzter, unzerstörbarer Sinn wünschenswert und ein sinnvoller Begriff ist. Daran habe ich zwar erhebliche Zweifel, aber klammern wir das ruhig einen Moment aus. Also auch wenn ich Dir all dies zugestehe, ist es doch so, dass Deine Wünsche nach unzerstörbarem Sinn kein Argument dafür darstellen, dass es diesen Sinn tatsächlich gibt.

Das ist richtig. Aber die Erfahrung von der Unzerstörbarkeit dieses letzten Sinns etwa in der Liebe ist eine Erfahrung, die eine Gesamtdeutung der Wirklichkeit, die diesen Erfahrungen letzten Sinn verleiht, plausibel erscheinen lässt.

Wovon redest Du? Wo erfährst Du denn Unzerstörbarkeit eines letzten Sinns? Die Liebe enthält bei jungen Verliebten vielleicht die Illusion, unzerstörbar zu sein. Aber sie ist nicht unzerstörbar. Sie endet spätestens mit dem Tod. Also ist sie, wie alles auf der Welt zerstörbar und endlich. Und sie ist übrigens gerade deshalb so wertvoll; denn die Liebe eines anderen Menschen zu mir ist doch gerade deshalb wertvoll, weil er mir einen Moment seines endlichen, zerstörbaren Lebens anvertraut.

Ich weiß, dass der Wert des Lebens und der Liebe durch und durch von unserer Endlichkeit geprägt ist. Dennoch erfahre ich in der Liebe zumindest die Verheißung von einer Kraft, die stärker ist als der Tod. Einen Menschen zu lieben heißt doch zu sagen: „Du sollst nicht sterben!" Wenn ich einen Mann ganz und gar liebe, will ich Endgültigkeit für ihn.

[Albert errötet.] *Das mag ja sein. Aber damit erfährst Du eben nur Deinen Wunsch nach Endgültigkeit dieser Liebe oder dieses Menschen. Sonst nichts. Und Dein psychologisch übrigens leicht erklärbarer Wunsch ist – ich sage es noch einmal – kein Argument.*

Setzung von Endgültigkeit in der Liebe

Aber ich erlebe diese Endgültigkeit doch bereits. In manchen Augenblicken der Liebe erlebe ich, dass diese Liebe durch nichts zerstört werden kann.

[Albert ist einen Augenblick lang irritiert.] *Das bildest Du Dir ein. Du kannst im Bedingten, im Endlichen nichts Unbedingtes oder Unzerstörbares erleben.*

Aber ich kann erleben, dass für diese Erlebnisse nur eine Deutung angemessen ist, die diese Erlebnisse als etwas deutet, das endgültigen Bestand hat.

Damit erlebst Du wieder nur Deine Wünsche und Projektionen.

Nicht unbedingt. Aber ich gebe zu, dass auch naturalistische Deutungen dieser Erfahrungen möglich sind. Ich behaupte nicht, dass es Gott geben muss, weil diese Erfahrungen sonst nicht gedeutet werden können, sondern nur, dass diese Erfahrungen erst angemessen gewürdigt werden, wenn sie aus einer Haltung des Glaubens betrachtet werden. Darüber hinaus wollte ich darauf aufmerksam machen, dass ich in Handlungen, die die Solidarität auch mit den „Opfern und Besiegten der Geschichte" einüben, die Wirklichkeit Gottes setze.

Meinetwegen behauptest Du die Wirklichkeit Gottes mit diesen Handlungen. Aber erstens ist Solidarität mit Toten unsinnig. Und zweitens ist eine Behauptung kein Argument.

Auch Solidarität mit Lebenden nimmt, wenn sie unbedingt ist, die Wirklichkeit Gottes als des Unbedingten in Anspruch. Und ob eine praktische Setzung Grundlage eines Argumentes sein kann oder nicht, müssten wir noch einmal genauer überlegen.

Gerne, aber lass uns das später tun. Nenn mir jetzt lieber ein klares, allgemeingültiges, von allen angeblichen Setzungen und Wünschen unabhängiges Argument für die Existenz Gottes. Wie wäre es zum Beispiel mit einem Gottesbeweis? Neulich traf ich einen Christen, der mir erklärt hat, dass alles eine Ursache habe. Da nun die Kette der Ursachen nicht unendlich sein könne, müsse es eine erste Ursache geben, und diese sei Gott. Meinen Hinweis auf den Urknall als erste Ursache meinte er dadurch entkräften zu können, dass er mich gefragt hat, was vor dem Urknall war. Was hältst Du von diesem Argument?

Gottesbeweise

Ich halte dieses Argument nicht für zwingend, da es eine Reihe von Prämissen enthält, die nicht so allgemeingültig sind, wie Du eben gefordert hast. Warum sollte beispielsweise alles eine Ursache haben? Und was spricht dagegen, eine unendliche Kette von Ursachen anzunehmen?

Das kann ich Dir sagen. Nehmen wir an, ich finde auf einmal einen 500-Euro-Schein in meiner Hosentasche. Da stellt sich mir sofort die Frage, woher der Schein kommt. Ich bin überzeugt davon, dass es eine Ursache für den Schein in meiner Hosentasche gibt. Eine Ursache, für die es wieder eine Ursache gibt. Du kannst jetzt zwar damit anfangen, mir eine unendliche Kette von Ursachen aufzuzählen, aber damit hast Du mir nichts über die Ursache dafür gesagt, dass es überhaupt Ursachen gibt. Wie wäre es also damit, Gott als die Ursache dafür zu fassen, dass es überhaupt Ursachen gibt?

Das gefällt mir gut. Gott ist in der Tat die Ursache aller Ursachen. Er bzw. seine Liebe ist die einzige befriedigende Antwort auf die Urfrage der Philosophie, warum eigentlich etwas ist und nicht vielmehr nichts. Aber es gibt keine Gewähr dafür, dass die Wirklichkeit für die Frage nach der Ursache aller Ursachen überhaupt eine befriedigende Antwort bereit hält.

Gott als Ursache aller Ursachen

[Albert ist beeindruckt; das hätte er nicht präziser ausdrücken können. Und dazu die kecke Bewegung des Kopfes von Maria – faszinierend.] *In der Tat. Seit Kant sollte allen klar sein, dass unsere Suche nach Ursachen keinen objektiven Grund in der Wirklichkeit haben muss, sondern einfach eine der Eigenheiten des menschlichen Verstandes darstellt. Ich bin also ganz zufrieden damit, dass Du hier nicht versuchst, wirklich oder scheinbar nicht beantwortbare Fragen für Deinen Glauben auszunutzen.*

1) Gottes Dasein denken

Mündigkeit der Welt statt Gott als Arbeitshypothese

Schon Dietrich Bonhoeffer hat darauf aufmerksam gemacht, dass es heutzutage intellektuell unredlich wäre, Gott als Arbeitshypothese und Lückenbüßer in einer Welt aufweisen zu wollen, die längst so mündig geworden ist, dass sie sich ohne Gott erklären kann. Du bist bei mir also falsch, wenn Du von mir Erklärungszusammenhänge erwartest, die die Rede von Gott im Sinne einer vernünftigen Arbeitshypothese erforderlich machen.

Lass uns also auf einen anderen Punkt zurückkommen. Du hast zu Anfang gesagt, dass Du bestimmte Erfahrungen in Deinem Leben gemacht hast, die den Glauben an Gott sehr nahe legen. Meintest Du da nur Leidens- und Solidaritätserfahrungen? Oder denkst Du da auch an irgendwelche mystischen Erfahrungen?

Ich habe in der Tat auch an Gebetserfahrungen gedacht, in denen ich meine, eine von außen auf mich einwirkende Wirklichkeit erlebt zu haben. Ich habe, wenn Du so willst, mystische Erfahrungen gemacht, in denen mich eine unendliche, nicht von mir selbst produzierte Liebe und Geborgenheit umfangen hat. Ich bin mir allerdings selbst nicht ganz sicher, ob es in diesen Momenten wirklich Gott war, der mich umfangen hat. Und ich wollte mich nicht auf Erfahrungen berufen, die Dir fremd erscheinen, weil mir das wie eine Immunisierungsstrategie vorkäme.

Keine Sorge. Ich finde solche Erfahrungen sogar ausgesprochen spannend. So ein Gott zum Erleben ist schon eine feine Sache. Aber wie denkst Du, dass Dir in diesen Erfahrungen Gott begegnen kann? Wie kannst Du einsichtig machen, dass Du das Unbedingte im Bedingten erfährst? Ehrlich gesagt glaube ich nicht, dass sich ein widerspruchsfreier Gottesbegriff bilden lässt, der die Möglichkeit offen lässt, dass sich Gott in der Welt erfahren lässt. Ich bin sogar unsicher, ob sich überhaupt ein konsistenter Gottesbegriff bilden lässt.

Wie meinst Du das?

Gott als „das, worüber hinaus Größeres nicht gedacht werden kann"

Nimm zum Beispiel die klassische Definition Gottes durch Anselm von Canterbury als „das, worüber hinaus Größeres nicht gedacht werden kann". Nachdem Anselm sowohl Gottes Existenz als auch sämtliche Eigenschaften Gottes aus diesem Begriff abgeleitet hat, stellt er fest, dass Gott „größer ist, als gedacht werden kann". Und dies scheint mir die Quintessenz aller monotheistischen Gottesbegriffe zu sein. Gott ist größer, als gedacht werden kann. Ich kann also Gott nicht denken, und konsequenter Weise kann ich nichts über ihn sagen.

Ich sehe noch nicht die Inkonsistenz dieses Gedankens. Warum soll Gott nicht größer sein, als gedacht werden kann?

[Albert bekommt allmählich Oberwasser.] *Der Gedanke für sich enthält in der Tat keinen Widerspruch. Aber sobald Du an ihm festhältst und dann doch etwas über Gott sagst, entsteht der Widerspruch. Sobald Du etwas denken und sagen willst, was größer ist, als das, was sich denken und sagen lässt, wird Deine Rede inkonsistent.*

[Maria wird einen Moment unsicher. Sie denkt darüber nach, ob sie Albert zu ihrem Salsa-Tanzabend einladen soll. Doch ist ihr klar, dass Albert in diesem Moment nicht ans Tanzen denkt. Also konzentriert sie sich wieder.] Anselm sagt ja nicht, dass Gott schlechterdings jenseits unseres Denkens liegt, sondern dass er es übersteigt. Gott sprengt die Grenzen meines Denkens, Fühlens und Erlebens. Er führt mich in wohltuender Weise in die Weite und schenkt mir neue Möglichkeiten. Der Gottesbegriff Anselms ist doch gerade deswegen so stark, weil er Gott in keiner Weise verendlicht und auch nicht behauptet, Gott fassen zu können. Dennoch weist er die Richtung auf, in die hinein wir denken müssen, wenn wir uns an das Geheimnis Gottes herantasten wollen. Wir müssen immer größer, höher und schöner denken; nur dann fangen wir an, etwas von Gott zu verstehen. Jede Eigenschaft, die sich noch einmal überbieten ließe, kann keine Eigenschaft Gottes sein.

Woher weißt Du das? Wieso meinst Du, dass dieser Gottesbegriff angemessen ist? Woher nimmst Du das Kriterium dafür, zu entscheiden, welche Aussage in die Richtung Gottes weist und welche nicht?

Maria versucht angestrengt nachzudenken. Albert wirkt auf sie unverschämt und anmaßend, und doch ist sie von der Klarheit seiner Überlegungen und seiner ganzen äußeren Erscheinung sehr angezogen. Sie ertappt sich dabei, dass es ihr Spaß macht, ihm beim Sprechen zuzusehen. Trotzdem hält sie erst einmal einen Moment inne. Und zum Salsa tanzen lädt sie ihn an diesem Tag nicht mehr ein.

Gottesbeweise und der anselmsche Gottesbegriff

Anselm von Canterbury (1033/34-1109) definiert Gott in einem bis heute überaus einflussreichen Definitionsversuch als „das/ etwas/ den, worüber hinaus Größeres nicht gedacht werden kann" (*id/aliquid quo maius cogitari non potest*; in Zukunft ab-

Gottesbegriff Anselms

IQM gekürzt als IQM). Dabei hält er fest, dass man erst dann das denkt, worüber hinaus Größeres nicht gedacht werden kann, wenn man etwas denkt, das größer ist, als gedacht werden kann.¹

Dieser bis heute vielfach rezipierte Gottesbegriff wird immer wieder scharf kritisiert. Seine Kritik setzt bei der Einsicht an, dass Gott nach Anselm größer als das Größte und damit auch größer als unser Denken sein soll. Wie kann ich aber sinnvoll von etwas sprechen, das mein Denken übersteigt? Wie kann Gott zugleich dem Denken aufgegeben (und insofern denkbar) und undenkbar sein? Wie kann Gott zugleich am Größten und größer als am Größten sein?

Wichtig bei der Beantwortung dieser Fragen ist die Einsicht, dass die Aussage, dass Gott größer ist, als gedacht werden kann, nicht etwa gleichrangig neben der Bestimmung Gottes als IQM steht, sondern dass sie aus dieser Begriffsbestimmung Gottes als IQM folgt. Die Bestimmung Gottes als IQM sollte dabei nicht als inhaltliche Bestimmung des Gottesbegriffs, sondern als Regel zur Bildung von Gottesbegriffen angesehen werden. Anders als bei den superlativischen Formulierungen des Gottesbegriffs, die im Laufe der Neuzeit üblich wurden, wenn Gott etwa als allervollkommenstes Wesen bestimmt wurde, handelt es sich bei Anselms komparativischer Formulierung um einen operationalen Begriff der Logik, genauerhin um einen Begriff, der eine Sprechhandlung anleitet, die den angezeigten Begriff herstellt. Seine Besonderheit gegenüber den neuzeitlichen Formulierungen besteht also darin, dass er nicht auf der Seins-Ebene angesiedelt ist, sondern auf noetischer Ebene formuliert ist; d.h. es geht um eine „Regel des Denkens über Gott"². Es geht um eine Bezeichnung Gottes durch einen eine Denkregel angebenden Namen.

Der Begriff des IQM gibt damit einen Mindeststandard für rationale Redeweisen von Gott an. IQM sollte also nicht als inhaltliche Bestimmung Gottes gesehen werden, sondern als Aufforderung zu einer komparativischen Handlung bis zur Grenze menschlichen Denkens und darüber hinaus. Diese Regel könnte etwa so lauten: Wenn Du versuchen willst, Gott zu denken, so steigere alles in einer unüberbietbaren Weise und übersteige noch einmal diese letzte Steigerung. Nur im Teilnehmen an der transzendierenden Dynamik über alles hinaus, die dem Denken

---

¹ Vgl. Anselm von Canterbury, Proslogion, Stuttgart-Bad Cannstadt 1962, Kap. II und XV.
² K. Barth, Fides quaerens intellectum. Anselms Beweis der Existenz Gottes im Zusammenhang seines theologischen Programms, Darmstadt ³1966, 82.

eigen ist, kann ich versuchen, durch den Vollzug der Denkhandlung IQM von Gott zu sprechen. Das Denken wird so zum Tun, das jede Vergötzung von noch so schönen Ideen ausschließt und zu einem ständigen Ikonoklasmus (= Bildersturm) unserer Begriffe und Bilder von Gott einlädt. Wichtig ist allerdings, dass der so in Gang gesetzte Ikonoklasmus nicht richtungslos zum Selbstzweck gemacht wird, sondern durch den Begriff des IQM orientiert wird.

Die Art der dabei vollzogenen Dynamik und seine Orientierung hängt davon ab, wie der Begriff des *maius* im IQM bestimmt wird. Anselm versteht *maius* offenbar in erster Linie im Sinne von *melius*. Es geht also darum, etwas Besseres, Überlegenes zu denken; es geht um Überlegenheit in einem umfassenden, alle Lebensbereiche betreffenden Sinne. Gottes Unbeschreibbarkeit liegt exakt darin begründet, dass er alle denkbare Vollkommenheit positiv überschreitet. Denkt man dabei die niedrigere Ebene jeweils in der höheren integriert, wird die inhaltliche Rede von Gott durch die Rede vom IQM einer kritialen Untersuchung zugänglich: Gott ist immer noch einmal größer, aber er ist nicht unberechenbar anders, sondern eben größer, besser, vollkommener als alles, was wir uns ausdenken können. Dadurch können wir vertrauen, dass die Einsichten unseres Gottesbegriffs nicht einfach negiert, sondern von höherer Ebene her integriert werden.

Natürlich ist diese kritiale Näherbestimmung des Gottesbegriffs abhängig von unseren kontingenten Wertintuitionen und Grundhaltungen dem Leben gegenüber. Es lässt sich eben nicht ein für alle Mal kulturunabhängig festlegen, was „besser", „größer" und „überlegen" ist. Der Mensch kann nur Gott nach-denken und für ihn in bestimmter Weise eintreten, wenn er sich als Person mit seinen Wertvorstellungen einbringt und um sie ringt. Bei allen Schwierigkeiten, die diese Rückbindung aus der Perspektive der Religionskritik mit sich bringen mag, so bewahrt sie den Gottesbegriff doch davor, leer oder widersprüchlich zu werden.

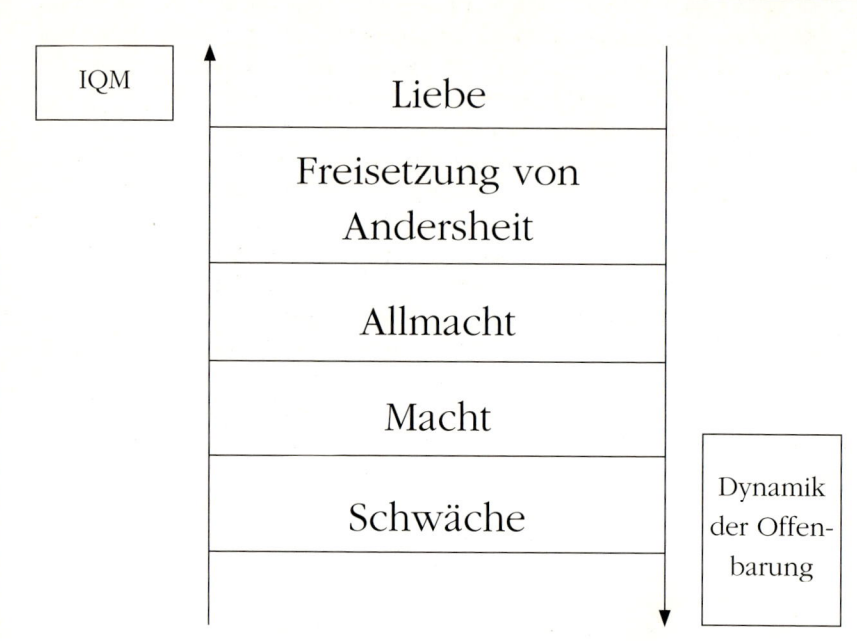

Die auf den Sprossen der Leiter aufgeführten Begriffe stellen wahrscheinlich für die meisten Menschen jeweils eine Steigerung in Richtung IQM dar. Es ist vollkommener, mächtig als schwach zu sein. Es ist vollkommener, in allem mächtig zu sein, als nur in manchen Dingen. Es ist vollkommener, nicht nur in allen Dingen mächtig zu sein und sie manipulieren zu können, sondern auch durch Freisetzung jemand anders zu würdigen, den eigenen guten Willen zu tun. Es ist vollkommener, diese Würdigung rein als Selbstzweck und damit aus Liebe zu vollziehen, als den Anderen zur Funktion der eigenen Wünsche zu degradieren. Damit ist kein Ende der Dynamik in Richtung der Vollkommenheit erreicht, sondern nur eine Richtung aufgewiesen.

An dieser Stelle kommt es noch nicht darauf an, die Inhalte der Stufenfolge kritisch zu hinterfragen, sondern nur das Moment des „größer/ vollkommener/ besser als" zu würdigen. Aus christlicher Sicht ist umstritten, ob sich mit Hilfe der autonomen philosophischen Vernunft eine materiale Bestimmung des IQM erreichen lässt.

Es ist daher wichtig, ernst zu nehmen, dass der Aufwärtsbewegung des über Gott nachdenkenden Menschen die Abwärtsbewegung des sich offenbarenden Gottes entspricht. Gott, der seine Liebe eben dadurch erweist, dass er seine Geschöpfe freisetzt und der durch diese Freisetzung in allem mächtig ist. Statt als in allem Mächtiger umfassende Kontrolle auszuüben, geht Gott aber nach christlichem Verständnis hinein bis in die tiefste Schwäche des Menschen, so dass sich seine Liebe gerade in seiner Schwäche und Ohnmacht offenbart.

Wichtiger als die Diskussion der einzelnen Begriffe auf den jeweiligen Stufen ist deshalb, dass die jeweilige Bewegung einsichtig gemacht wird und dass gezeigt wird, wie die unteren Stufen von den höheren umgriffen werden.

Der anselmsche Gottesbegriff ist die Grundlage für einen der berühmtesten Gottesbeweise der Philosophiegeschichte. Insgesamt lassen sich die klassischen mittelalterlichen Gottesbeweise, zu denen auch der anselmsche gehört, in zwei Gruppen einteilen: in apriorische und in aposteriorische Beweise.

Gottesbeweise

1. Als *apriorisch* sind solche Gottesbeweise zu kennzeichnen, die ohne Rückgriff auf Erfahrung die Existenz Gottes aus dem Begriff Gottes ableiten wollen. Der klassische Vertreter dieser Form des Beweises ist Anselm von Canterbury, der in seinem berühmten *unum argumentum* aus der soeben genannten Definition Gottes als IQM die Existenz Gottes ableitet. Denn – so argumentiert Anselm in diesem berühmten Beweisgang – ein Atheist, der behauptet, dass es Gott nicht gibt, könne trotzdem den Begriff Gottes als IQM bilden. Wenn er aber das denkt, worüber hinaus Größeres nicht gedacht werden kann, muss er es auch als existierend denken. Denn, so Anselm wörtlich:

ontologischer Gottesbeweis

> Sicherlich kann „das, worüber hinaus Größeres nicht gedacht werden kann", nicht im Verstande allein sein. Denn wenn es wenigstens im Verstande allein ist, kann gedacht werden, daß es auch in Wirklichkeit existiere – was größer ist. Wenn also „das, über dem Größeres nicht gedacht werden kann", im Verstande allein ist, so ist eben „das, über dem Größeres nicht gedacht werden kann", über dem Größeres gedacht werden kann. Das aber kann gewiß nicht sein. Es existiert also ohne Zweifel „etwas, über dem Größeres nicht gedacht werden kann", sowohl im Verstande als auch in Wirklichkeit.[3]

Gottes Existenz wird hier also dadurch bewiesen, dass gezeigt wird, dass „das, worüber hinaus Größeres nicht gedacht werden kann" (= Gott) per definitionem nicht als nichtexistierend gedacht werden kann. Der Begriff Gottes ist bei diesem *ontologischen Argument* also Grundlage einer deduktiv-apriorisch verfahrenden Beweisführung.

Die Beweisführung lässt sich in folgende Schritte untergliedern:

Beweisstruktur

1. Gott ist etwas, worüber/ über dem hinaus Größeres nicht gedacht werden kann (*id quo maius cogitari non potest*; in Zukunft wieder abgekürzt als IQM).
2. Wenn IQM nur im Verstand existiert (also bloße Einbildung ist), lässt sich etwas denken, was größer ist, als IQM.
3. Denn ein existierendes IQM ist größer als ein bloß gedachtes IQM.

---

[3] Anselm von Canterbury, Proslogion, Kap. II.

4. Also ist der Gedanke eines bloß gedachten IQM selbstwidersprüchlich.
5. Gott (= IQM) muss als existierend gedacht werden.
6. Gott existiert.

Das ontologische Argument hat während der ganzen Philosophie- und Theologiegeschichte seit Anselm eine ganze Reihe von Anhängern gefunden (u.a. R. Descartes, G.W.F. Hegel) und wird bis heute kontrovers diskutiert. Die Haupteinwände der Gegner dieser Form der Beweisführung (u.a. Thomas von Aquin, I. Kant) sind folgende (*kursiv nenne ich jeweils Antwortmöglichkeiten auf diese Einwände*):

<small>Einwände</small>

<small>kritizistischer Einwand</small>

a) „Sein ist offenbar kein reales Prädikat"[4], d.h. Existenz ist keine Eigenschaft und von daher auch keine Vollkommenheit (wendet sich gegen Schritt 3). Etwas wird nicht dadurch vollkommener, dass es existiert, sondern Existenz ist die Voraussetzung dafür, um überhaupt reale Vollkommenheiten und reale Eigenschaften aussagen zu können. „Hundert wirkliche Taler enthalten nicht das mindeste mehr, als hundert mögliche. ... Wenn ich also ein (wie auch immer geartetes oder definiertes; Vf.) Ding ... denke, so kommt dadurch, daß ich noch hinzusetze, dieses Ding *ist*, nicht das mindeste zu dem Dinge hinzu. Denn sonst würde nicht eben dasselbe, sondern mehr existieren, als ich im Begriffe gedacht hatte, und ich könnte nicht sagen, daß gerade der Gegenstand meines Begriffs existiere."[5] Auch bei IQM dürfe Existenz deshalb nicht als Eigenschaft verstanden werden, so dass ein existierendes IQM nicht größer als ein gedachtes IQM sei. Vielmehr sei die Existenz von IQM die Voraussetzung dafür, dass IQM überhaupt reale Eigenschaften habe. Diese Voraussetzung könne aber – wie jede Frage nach der Existenz von etwas – nicht und in keinem Fall durch eine Begriffsdefinition geklärt werden. *Zur Antwort auf diesen Einwand kann man versuchen, das Argument mit Hilfe der Modallogik zu reformulieren und es auf der Behauptung von der notwendigen Existenz Gottes aufzubauen. Grundlage der Argumentation wäre dann die (wiederum nicht unumstrittene Behauptung), dass notwendige Existenz größer ist als kontingente Existenz (vgl. die entsprechenden Versuche bei Ch. Hartshorne, N. Malcolm und A. Plantinga).*

<small>empiristischer Einwand</small>

b) Schlüsse vom Denken aufs Sein sind generell unzulässig. Nur weil ich denken muss, dass Gott existiert, muss Gott nicht

---

[4] I. Kant, Kritik der reinen Vernunft, Frankfurt a.M. 1968, B 627.
[5] Ebd., B 628f.

wirklich existieren (H. Verweyen) (wendet sich gegen Schritt 5). *Wenn ich aber denke, dass ich nur denken muss, dass IQM wirklich existiert, denke ich nicht IQM. Denn es ist größer, etwas zu denken, von dem ich nicht nur denke, dass es existiert.*

c) Der Begriff von etwas, worüber hinaus Größeres nicht gedacht werden kann, das zugleich größer ist, als gedacht werden kann, ist selbstwidersprüchlich (J. Vuillemin) (wendet sich gegen die Definition Anselms, also gegen Schritt 1). *Mit diesem Einwand wird das Projekt rationaler Theologie insgesamt in Frage gestellt, weil es nicht nur den Gottesbeweis, sondern den ihm zugrunde liegenden Begriff Gottes angreift. Er wurde deshalb zu Beginn dieses Abschnitts diskutiert.*

logischer Einwand

2. Alle Beweise, die bei einer Erfahrung der Sinnenwelt ansetzen, können als *aposteriorische Gottesbeweise* bezeichnet werden. Diese induktiven, auf Erfahrung gestützten Gottesbeweise lassen sich noch einmal in kosmologische und in teleologische Beweisarten unterteilen.

a) Am weitesten verbreitet und am leichtesten nachvollziehbar sind sicherlich die *kosmologischen Gottesbeweise*. Zwei Hauptzweige dieser Beweisform sind dabei besonders wichtig:

kosmologische Gottesbeweise

• Gottesbeweise auf der Grundlage des Satzes vom zureichenden Grund (keine Tatsache kann der Fall sein, ohne dass ein zureichender Grund vorliegt, weshalb sie so und nicht anders ist). Kurzform: Dass etwas (kontingenterweise) existiert, lässt sich nur erklären, wenn auch etwas schlechthin Notwendiges existiert. Zumindest ich existiere, also existiert Gott (Vertreter: G.W. Leibniz, Chr. Wolff);

• Gottesbeweise auf der Grundlage des Kausalitätsprinzips (Vertreter: Aristoteles, Thomas von Aquin, Maimonides). Formalisierung:

P_1: Alles hat eine Ursache.
P_2: Die Kette der Ursachen kann nicht unendlich sein.
P_3: Nichts kann Ursache seiner selbst sein.
C: Es gibt eine erste Ursache/ prima causa (= Gott).

b) Der *teleologische* oder *physikotheologische Gottesbeweis* versucht, aus der Erfahrung der Geordnetheit und Zielgerichtetheit der Welt auf die Existenz eines vernunftbegabten Planers und Schöpfers der Welt zu schließen. Seine Prämissen gründen auf rein empirischen Aussagen, so dass er mehr als alle anderen Gottesbeweise von Voraussetzungen des naturwissenschaftlichen Weltbildes abhängig ist.

teleologische Gottesbeweise

Seit der grundlegenden Kritik der genannten Gottesbeweise durch David Hume (1711-1776) und Immanuel Kant (1724-1804) gibt es kaum noch Theologen und Philosophen, die diese in der alten Form für gültig halten. Dennoch gibt es gerade in der neueren englischsprachigen Religionsphilosophie und Theologie eine Reihe von Reformulierungsversuchen der alten Gottesbeweise, die in der Regel darauf hinauslaufen, Gottes Existenz zwar nicht beweisen zu wollen, sie aber als wahrscheinlich erscheinen zu lassen (vgl. die oben erwähnten Versuche einer modallogischen Rekonstruktion des ontologischen Argumentes und vor allem die Versuche einer probabilistischen, induktiven Reformulierung kosmologischer und teleologischer Argumente bei Richard Swinburne).

Moralischer Gottesbeweis

3. Während Kant die klassischen Gottesbeweise allesamt für ungültig hielt, legte er selbst einen neuen Beweisversuch vor, den man in der Regel als *moralischen Gottesbeweis* bezeichnet. Während die klassischen Gottesbeweise auf der Grundlage der theoretischen Vernunft operieren, argumentiert der moralische Gottesbeweis mit Hilfe der *praktischen Vernunft*.[6] Ausgangspunkt dieses Beweistyps ist die Tatsache, dass wir unbedingte moralische Urteile fällen und z.B. unter keinen Umständen bereit sind, einen Mord an einem Kind zu billigen (= Faktum der reinen praktischen Vernunft). Die Unbedingtheit moralischer Urteile verlangt nach Kant nicht nur ihre Beachtung im je eigenen Leben, sondern auch die Forderung ihrer universalen Einlösung (nicht nur ich, sondern niemand soll unschuldige Kinder töten; dieser Grundsatz gilt nicht nur in einer bestimmten Kultur, sondern ist eine nicht verhandelbare Evidenz praktischer Vernunft).

Die Schwierigkeit dieses sogenannten *kategorischen Imperativs* und der mit ihm verbundenen Evidenz eines unbedingten Sollens liegt in folgenden Problemen, vor denen diejenigen, die immer moralisch handeln wollen, stehen. Zum einen ist gerade das Unbedingtheitsmoment in moralischen Ansprüchen (oft) schlechterdings unerfüllbar. Zum anderen stehen in unserer Welt die Menschen, die immer moralisch handeln, am Ende oft als die Dummen da. Mit anderen Worten: Unser Streben nach Glück ist

---

[6] Die theoretische Vernunft bemüht sich um eine widerspruchsfreie Antwort auf die Frage: „Was kann ich wissen?", d.h. es geht um eine vernünftige Erkenntnis der Wirklichkeit und ihrer Seinsgründe. Dagegen bemüht sich die praktische Vernunft um eine widerspruchsfreie Antwort auf die Frage: „Was soll ich tun?", d.h. es geht um eine vernünftige Bestimmung von Sollensgründen.

oft nicht mit den Ansprüchen der Moral kompatibel, und die Ansprüche der Moral sind angesichts des Zustandes unserer Welt nicht immer erfüllbar oder führen in unlösbare Widersprüche. Dadurch fragt es sich, ob es überhaupt vernünftig ist, moralisch zu handeln.

Kants Antwort lautet: Damit moralisches Handeln als vernünftig rekonstruiert werden kann, muss postuliert (gefordert) werden, dass dieses Handeln sinnvoll und mit der Ordnung der Natur vereinbar ist. Die Behauptung der Vereinbarkeit von moralischer und natürlicher Ordnung ist nur dann vernünftig, wenn beide auf den gleichen Ursprung zurückgehen (= Postulat Gottes) und wenn der Mensch ihre Kongruenz zumindest jenseits dieser Welt erleben wird (= Postulat der Unsterblichkeit der Seele).

Oder anders gewendet: Indem ich sittlich handle und dieses Handeln als auf etwas Einlösbares gerichtet begreife, setze/ postuliere ich eine Wirklichkeit, die eine dem Sittengesetz/ meinen moralischen Urteilen entsprechende Ordnung der Welt garantiert. Anders als für John Henry Newman, der die Existenz Gottes aus der Wirksamkeit des Sittengesetzes im menschlichen Bewusstsein folgert, ist für Kant die Existenz Gottes also keine Ableitung oder Folgerung aus dem Faktum der reinen Vernunft, sondern ein mit diesem notwendigerweise einhergehendes *Postulat der praktischen Vernunft*. Die Existenz Gottes wird postuliert, weil die praktische Vernunft die Befolgung ihrer eigenen Imperative nur so als vernünftig rekonstruieren kann.

Formal lässt sich Kants Argument folgendermaßen darstellen: Beweisstruktur

P_1: Der Mensch steht unter dem Anspruch unbedingter moralischer Forderungen.

P_2: Der Mensch strebt nach Glückseligkeit.

P_3: Die Ansprüche der Moral und das Streben nach Glück führen die Vernunft mitunter in unlösbare Widersprüche.

P_4: Diese Widersprüche können von der Vernunft nur um den Preis der Selbstaufgabe akzeptiert werden.

P_5: Sie sind nur dann überwunden, wenn die natürliche Ordnung und die sittliche Ordnung den gleichen Ursprung haben.

C: Die Existenz eines gemeinsamen Ursprungs von natürlicher und sittlicher Ordnung (= die Existenz Gottes) muss um der Konsistenz der Vernunft willen ebenso postuliert werden wie die Unsterblichkeit der Seele.

In der gegenwärtigen Diskussion wird meist schon der erste Schritt   gegenwärtige
von Kants Argumentation, nämlich die Behauptung der Evidenz   Diskussion

der Unbedingtheit moralischer Urteile, in Zweifel gezogen. Bei Bestreitung dieser Unbedingtheit geht allerdings jeder Ansatzpunkt verloren, um überhaupt noch mit Hilfe der autonomen Vernunft kulturübergreifende Urteile zu fällen. Von daher ist ernsthaft zu prüfen, ob sich in Anlehnung an Kant und ohne seine Reduktion auf ethische Zusammenhänge nicht doch ein Argument für den Gottesglauben rekonstruieren lässt (vgl. Dialogtext).

Funktionalistische Religionskritik

Es lassen sich drei Formen der Religionskritik unterscheiden.

interne Religionskritik

1) Unter *interner oder immanenter Religionskritik* wird die vom Standpunkt innerhalb einer bestimmten religiösen Tradition gegen bestimmte Fehlformen der eigenen Religion geübte Kritik verstanden, die sich zumeist in Reformen – manchmal aber auch im Bruch mit der Tradition und der Gründung neuer Religionsgemeinschaften – auswirkt. Beispiele: Kritik Jesu an bestimmten Formen der Gesetzesauslegung und -praxis im Judentum seiner Zeit, Kritik Luthers an den Ablassbriefen, Kritik vieler heutiger Christen am Zölibat, aber auch schon Kritik anthropomorpher, also menschenähnlicher, Gottesvorstellungen bei Xenophanes von Kolophon (ca. 570-470 v. Chr.).

interreligiöse Religionskritik

2) *Interreligiöse Religionskritik* meint die Kritik, die vom Standpunkt innerhalb einer bestimmten religiösen Tradition gegen eine andere Religion gerichtet ist. Sie hat meist nicht das Ziel der Reform der kritisierten Religion, sondern will die eigene Religion als die bessere Alternative herausstellen. Beispiele: Christliche Kritik gegen den Islam in der Bestreitung der prophetischen Sendung Muhammads, islamische Kritik gegen den Hinduismus im Vorwurf der Vielgötterei, jüdische und muslimische Kritik an christlicher Vergöttlichung des Menschen Jesus.

externe Religionskritik

3) In der *externen Religionskritik* geht die Kritik der Religion von einer nichtreligiösen bzw. atheistischen Basis aus. Diese Kritik zielt weder auf Reformen, noch auf die Ersetzung der einen Religion durch eine andere, sondern auf die Überwindung von Religion schlechthin (= Fundamentalkritik), wobei sie sich teilweise der Argumente der internen oder interreligiösen Religionskritik bedient. Externe Religionskritiker formulieren nicht nur die Behauptung, religiöse Überzeugungen seien *falsch*, sondern zumeist auch den Vorwurf, dass Religion darüber hinaus schädlich sei. Ziel solcher *funktionalistischer Religionskritik* ist neben der Argumentation gegen die Existenz Gottes der Versuch, die *Ent-*

stehung (genetisches Motiv) und die *Funktion* (funktionsanalytisches Motiv) von Religion zu analysieren. Dabei wird nicht nur die Geltung religiöser Glaubenssätze bestritten, sondern es wird zudem rekonstruiert, warum noch immer so viele – auch unbestritten kluge – Menschen religiösen Überzeugungen folgen, die doch angeblich erwiesenermaßen falsch seien. Die bekanntesten Vertreter dieser funktionalistischen Religionskritik sind die „Meister des Argwohns" Ludwig Feuerbach, Karl Marx, Friedrich Nietzsche und Sigmund Freud. Sie alle verstehen das *Wesen und die Entstehung von Religion als ein Phänomen menschlicher Selbstentfremdung,* variieren dieses Grundmotiv jedoch in je eigener Weise. Ihre Kritikmuster liegen auch den meisten zeitgenössischen religionskritischen Entwürfen zugrunde.

Meister des Argwohns

Ludwig Feuerbach (1804-1872), ursprünglich Theologe, später ein stark von Hegel beeinflusster atheistischer Philosoph, meint in seiner *„Projektionsthese"* Religion als Projektion menschlicher Wünsche und Ideale auf Gott entlarven zu können. Gott sei nichts weiter als ein fiktives Wesen, das erfunden werde, um eine Projektionsfläche für menschliche Bedürfnisse zu haben. Die Bestimmungen des göttlichen Wesens, d.h. die ihm beigelegten Eigenschaften, sind nach Feuerbach in Wahrheit lediglich Bestimmungen des menschlichen Wesens: Da der Mensch mit Vernunft/ Intelligenz begabt ist, denkt er Gott als intelligentes Wesen/ Geist; da er moralisch handeln will, denkt er Gott als moralisch gutes Wesen; da er aus der Liebe den zentralen Lebensimpuls zieht, denkt er Gott als die Liebe. Hinter dem Glauben an Gott als unendliche, unbegrenzte Liebe/ Moralität/ Erkenntnis steht in Feuerbachs Augen letztlich nichts anderes als die Unendlichkeit/ Unbegrenztheit menschlicher Wünsche nach Liebe/ Moralität/ Erkenntnis. Feuerbach wörtlich:

Feuerbach

> Wie der Mensch denkt, wie er gesinnt ist, so ist sein Gott: so viel Werth der Mensch hat, so viel Werth und nicht mehr hat sein Gott. *Das Bewusstsein Gottes ist das Selbstbewusstsein des Menschen, die Erkenntniss Gottes die Selbsterkenntniss des Menschen.* Aus seinem Gotte erkennst Du den Menschen, wiederum aus dem Menschen seinen Gott; beides ist eins ...: Gott ist das *offenbare* Innere, das *ausgesprochene* Selbst des Menschen; die Religion die feierliche Enthüllung der verborgenen Schätze des Menschen, das Eingeständniss seiner innersten Gedanken, das *öffentliche Bekenntniss seiner Liebesgeheimnisse.* ...
> Die Religion, wenigstens die christliche, ist das *Verhalten des Menschen zu sich selbst,* oder richtiger: zu *seinem Wesen,* aber das Verhalten zu seinem Wesen *als zu einem anderen Wesen.*[7]

---

[7] L. Feuerbach zit. n. K.-H. Weger (Hg.), Religionskritik (s. Lit.), 69-71.

1) Gottes Dasein denken

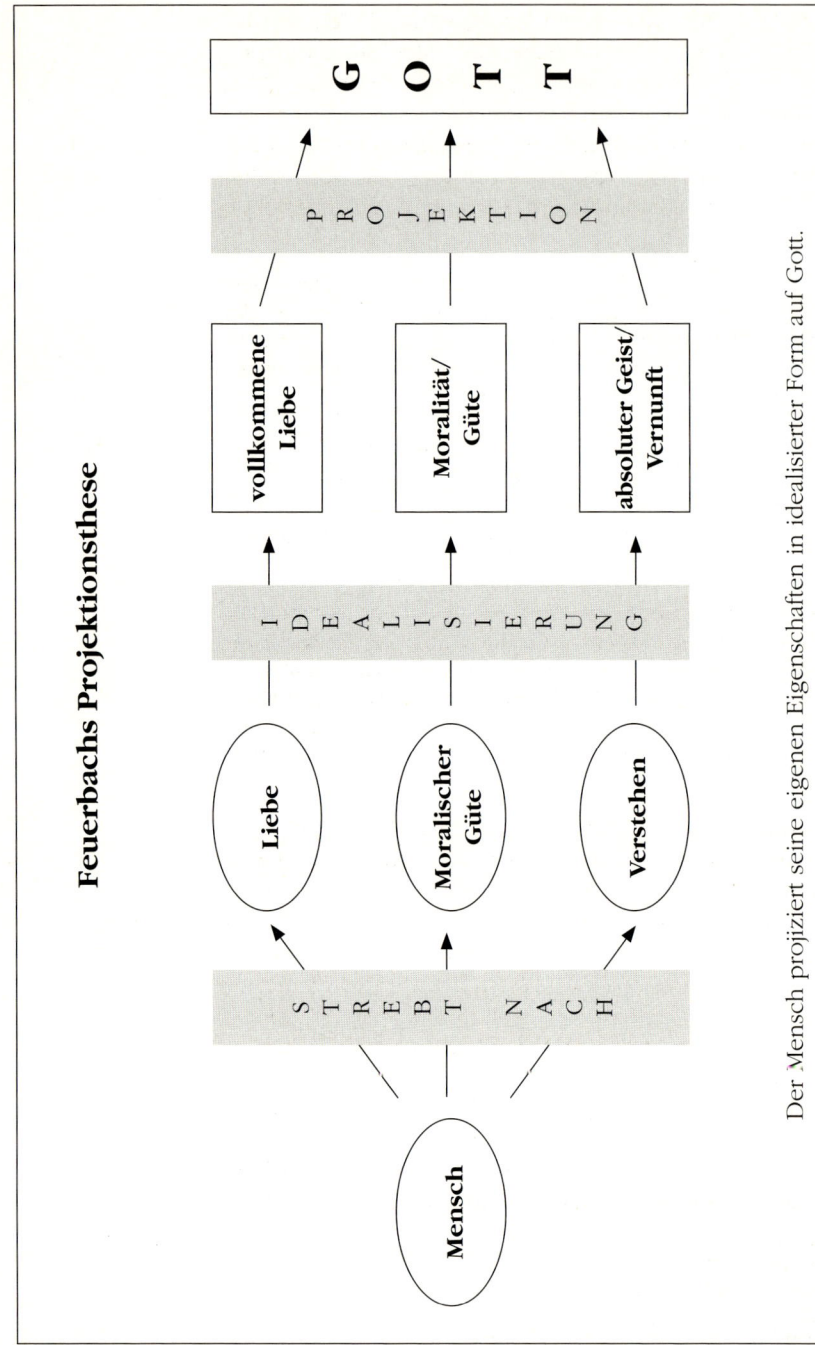

Der Mensch projiziert seine eigenen Eigenschaften in idealisierter Form auf Gott.

Mit diesen Ansichten kehrt Feuerbach gewissermaßen den biblischen Schöpfungsbericht um: Nicht Gott schuf den Menschen nach seinem Bilde, sondern der Mensch schuf/ erfand Gott nach seinen Bildern und Wünschen. Die Anbetung Gottes durch den Menschen entpuppt sich in dieser Perspektive als Anbetung des eigenen Wesens, die der Mensch mit seinem Erwachsenwerden ablegen sollte. Daraus ergibt sich als Ziel von Feuerbachs Religionskritik,

> die Menschen aus Theologen zu Anthropologen, aus Theophilen zu Philanthropen, aus Kandidaten des Jenseits zu Studenten des Diesseits, aus religiösen und politischen Kammerdienern der himmlischen und irdischen Monarchie und Aristokratie zu freien, selbstbewußten Bürgern der Erde zu machen.[8]

Die ersten Wurzeln dieser Projektionsthese sind bereits bei Xenophanes (6. Jh. v. Chr.) in der griechischen Aufklärung zu finden, der die Unterschiede zwischen Gottesvorstellungen durch die Feststellung von Ähnlichkeiten zwischen Göttern und den sie verehrenden Völkern zu erklären versuchte:

Xenophanes

> Schwarz, stumpfnasig: so stellt die Götter sich vor der Äthiope; aber blauäugig und blond malt sich der Thraker die seinen. Hätten die Rinder und Rosse und Löwen Hände wie Menschen, könnten sie malen wie diese und Werke der Kunst sich erschaffen, alsdann malten die Rosse gleich Rossen, gleich Rindern die Rinder. Auch die Bilder der Götter und je nach dem eigenen Ausseh'n würden die leibliche Form sie ihrer Götter gestalten.[9]

Während Xenophanes eine interne Form der Religionskritik vertritt und eine rationale Reinigung des Gottesbildes von anthropomorphen Zügen leisten will, geht es Feuerbach um externe Religionskritik. Will man auf Feuerbachs Religionskritik antworten, kann man einerseits in den Spuren des Xenophanes versuchen, Anthropomorphismen im Gottesgedanken zu vermeiden. In diesem Sinne lässt sich etwa betonen, dass Gott all unsere Vorstellungen von ihm noch einmal übersteigt und als radikal transzendent gedacht werden muss. Auch ließe sich anführen, dass der christliche Gottesbegriff nicht in menschlichen Wünschen und Projektionen gründet, sondern im Offenbarungshandeln Gottes. Andererseits besagen Feuerbachs Behauptungen im Blick auf die Genese religiöser Vorstellungen nichts hinsichtlich

Erwiderung

---

[8] L. Feuerbach, Vorlesungen über das Wesen der Religion (gehalten 1848/49 in Heidelberg). In: Ders., Gesammelte Werke, Bd. 6, Berlin 1967, 30f.
[9] Xenophanes von Kolophon zit. n. K.-H. Weger (Hg.), Religionskritik, 19.

ihrer Geltung (Genese-Geltungs-Fehlschluss). Selbst wenn alle religiösen Inhalte menschlichen Wünschen entsprechen, bedeutet das noch nicht, dass diese Wünsche keinen Halt in der Realität haben. Es könnte ja sein, dass diese Wünsche von Gott in die menschliche Natur eingepflanzt worden sind, damit der Mensch eine natürliche Sehnsucht nach Gott entwickelt.

Marx Karl Marx (1818-1883), der als Kind zum Christentum konvertierter Juden aufwuchs, wurde während seines Studiums im Kreis der Berliner Junghegelianer, v.a. unter dem Einfluss von Feuerbach und Bruno Bauer, zum Atheisten, später dann v.a. durch Erfahrungen und Begegnungen in Paris zum Sozialisten und Kommunisten. Marx hält Religion – Feuerbachs Projektionsthese folgend – für ein Produkt des Menschen und sieht in ihr einen Spiegel unwürdiger Zustände; sie ist für ihn ein Beispiel der Entfremdung des Menschen von seinem Wesen. Er fragt aber darüber hinaus auch danach, wie es zu dieser religiösen Selbstentfremdung des Menschen kommen konnte und wie sie überwunden werden kann.

Die Ursache für die religiöse Entfremdung liegt nach Marx (anders als in Feuerbachs Theorie) nicht im abstrakten Wesen des Menschen, sondern in den konkreten gesellschaftlichen Verhältnissen, die das Wesen des Menschen bestimmen. Die verkehrte Weltsicht der Religion werde durch die verkehrte, ungerechte, unmenschliche gesellschaftliche Wirklichkeit erzeugt. Zwar sei die Religion nicht nur Konsequenz aus dieser Wirklichkeit, sondern als „der Seufzer der bedrängten Kreatur" auch Protest gegen sie. Aber insofern sie die Menschen durch ihre Jenseitsvertröstung von der diesseitigen Welt und deren Veränderung ablenke, wirke Religion als Beruhigungs- und Betäubungsmittel, das illusorisches statt wirkliches Glück verschaffe *Religion als Opium* und von Marx deshalb als „*Opium* des Volks" abgelehnt wird.
des Volks

Die Überwindung dieses illusorischen Glücks verspricht sich Marx von einer Veränderung der konkreten gesellschaftlichen Verhältnisse, die in einer klassenlosen Gesellschaft wirkliches Glück für alle möglich machen soll:

> Die Aufhebung der Religion als des *illusorischen* Glücks des Volkes ist die Forderung seines *wirklichen* Glücks. Die Forderung, die Illusionen über seinen Zustand aufzugeben, ist die *Forderung, einen Zustand aufzugeben, der der Illusionen bedarf.* Die Kritik der Religion ist also im *Keim* die *Kritik des Jammertales*, dessen *Heiligenschein* die Religion ist. ... Die Religion ist nur die illusorische Sonne,

die sich um den Menschen bewegt, solange er sich nicht um sich selbst bewegt.

Es ist also die *Aufgabe der Geschichte*, nachdem das *Jenseits der Wahrheit* verschwunden ist, die *Wahrheit des Diesseits* zu etablieren. ... Die Kritik der Religion endet mit der Lehre, daß der *Mensch das höchste Wesen für den Menschen* sei, also mit dem *kategorischen Imperativ, alle Verhältnisse umzuwerfen,* in denen der Mensch ein erniedrigtes, ein geknechtetes, ein verlassenes, ein verächtliches Wesen ist.[10]

Marx geht es also primär nicht um Religionskritik, sondern um eine Kritik jener gesellschaftlichen Verhältnisse, die Religion erforderlich machen. Religion erscheint auf diese Weise als Produkt gesellschaftlicher Ungerechtigkeiten und müsste sich aus den jeweiligen Gesellschaftsverhältnissen des Menschen ableiten lassen.

Eben an dieser Stelle könnte die Metakritik an Marx ansetzen, die – bei aller Anerkennung von Wechselwirkungen zwischen religiösen Sehnsüchten und gesellschaftlichen Problemen – doch davor warnen könnte, Religion einfach aus diesen Problemen abzuleiten. In diesem Zusammenhang müsste man überlegen, ob Religionen nicht auch Gehalte haben, die nicht aus gesellschaftlichen Prozessen ableitbar sind und die auch in gerechten Gesellschaftsordnungen Trost stiften können.

Friedrich Nietzsche (1844-1900) verschärft die bisherige Religionskritik – ebenfalls in Fortführung der Projektionsthese Ludwig Feuerbachs –, indem er den Menschen, die bereits einem Salonatheismus frönen, die Konsequenzen aufzeigt, die aus der Tatsache, dass „Gott tot ist", d.h. dass der Glaube an Gott für den Menschen unglaubwürdig geworden ist, resultieren: Die Welt ist – ohne den hergebrachten Gottesglauben und nach der nihilistischen Beseitigung aller metaphysischen Reste und Werte – ohne „oben und unten", es gibt keine Orientierung, keine verlässlichen Maßstäbe, keine Leitlinie, keine Wahrheit mehr. Auch bei Nietzsche ist es die Funktion der Religion, dem Menschen, der zu schwach ist, sich selbst zu bestimmen, eine solche Leitlinie zu geben.

So schwierig es gerade für den schwachen Menschen ist, auf Religion zu verzichten, so birgt dieser Verzicht nach Nietzsche doch auch große Chancen. Statt sich an einem Geländer festzuhalten, das ohnehin brüchig geworden sei, habe der Mensch die Möglichkeit, aus eigener Kraft sein Leben zu bestimmen. Die

Nietzsche

---

[10] K. Marx zit. n. K.-H. Weger (Hg.), Religionskritik, 98f.

Nachricht vom Tode Gottes sei deshalb für alle freien Geister und wagemutigen Menschen eine gute Nachricht:

> In der That, wir Philosophen und ‚freien Geister' fühlen uns bei der Nachricht, dass der ‚alte Gott todt' ist, wie von einer neuen Morgenröthe angestrahlt; unser Herz strömt dabei über von Dankbarkeit, Erstaunen, Ahnung, Erwartung, – endlich erscheint uns der Horizont wieder frei, gesetzt selbst, dass er nicht hell ist, endlich dürfen unsre Schiffe wieder auslaufen, auf jede Gefahr hin auslaufen, jedes Wagniss des Erkennenden ist wieder erlaubt, das Meer, *unser* Meer liegt wieder offen da, vielleicht gab es noch niemals ein so ‚offnes Meer'.[11]

Dem Christentum hält Nietzsche vor, es habe wesentlichen Anteil an der Verweichlichung des Menschen und es schränke die Autonomie des Menschen ein durch seine widernatürlichen lebensverneinenden Moralvorschriften. Die Lust- und Leibfeindlichkeit des Christentums lasse Gott als Feind des Lebens und aller natürlichen Instinkte erscheinen: „Der Heilige, an dem Gott sein Wohlgefallen hat, ist der ideale Castrat ... Das Leben ist zu Ende, wo das ‚Reich Gottes' anfängt."[12] Im Übrigen vertrete das Christentum eine systematische Weltverdopplung, indem es auf ein Jenseits vertröste, das es nicht gebe, und an das im Grunde niemand glaube. Für die wirklich aktiven Menschen gelte, dass sie sich innerlich vom Christentum befreit hätten und sich auf das offene Meer hinauswagten. Christen dagegen seien Hinterweltler, die vor lauter Angst vor dieser Welt nicht den Mut aufbrächten, diese als letzte Wirklichkeit ernst zu nehmen.

Gegen Weltverdopplung und Hinterweltlertum

Abgesehen von der Proklamation des Todes Gottes steht bei Nietzsche v.a. die Bedeutung der Religionskritik für neue ethische und anthropologische Zielsetzungen im Mittelpunkt, d.h. er geht über die bloße Religionskritik hinaus und liefert Gegenkonzepte für ein neues Selbstverständnis des Menschen; denn nach dem Tode Gottes und der Zerstörung der alten Werte ist ihmzufolge der Horizont wieder frei für freies schöpferisches Tun, für das Setzen neuer, eigener Werte, für eine Umwertung der Werte. Wichtig ist ihm dabei, dass man den Versuch aufgibt, vom Standpunkt Gottes her zu denken. Statt sich an die Illusion absoluter Werte und Wahrheiten zu halten, gelte es, bewusst von der eigenen Perspektive aus die Welt zu betrachten. „Wir können [eben] nicht um unsre Ecke sehen"[13]; es ist eine hoffnungslose Neugier-

---

[11] F. Nietzsche, Die fröhliche Wissenschaft. In: Ders., Kritische Studienausgabe, Bd. 3, München ²1988 (im Folgenden abgekürzt mit KSA), 574.
[12] F. Nietzsche, Götzendämmerung. In: KSA Bd. 6, 85.
[13] F. Nietzsche, Die fröhliche Wissenschaft. In: KSA Bd. 3, 626.

de, die Perspektive eines konkreten, kulturgebunden Menschen hinter sich lassen zu wollen:

> Einen neuen Stolz lehrte mich mein Ich, den lehre ich die Menschen: nicht mehr den Kopf in den Sand der himmlischen Dinge zu stecken, sondern ihn frei zu tragen, einen Erden-Kopf, der der Erde Sinn schafft![14]

Wie Marx richtet sich Nietzsche gegen die Jenseitsvertröstung und plädiert für die Selbstbestimmung und Selbstgesetzgebung des Menschen im Diesseits. Er unterscheidet sich von Marx aber durch die Frage, warum überhaupt eine gerechte Ordnung angestrebt wird. Für Nietzsche gilt als alleiniges (Wahrheits-) Kriterium die Bejahung des Lebens (*dieses* Lebens), der Wille zum Leben und der *Wille zur Macht* eines/r jeden einzelnen. Eine solche Bejahung des eigenen konkreten Lebens, wie es ist, gipfelt für Nietzsche in der Vorstellung und Bejahung einer *ewigen Wiederkehr des Gleichen*. Nietzsche fordert, jede einzelne Entscheidung mit dem Gedanken zu treffen, dass sie für die Ewigkeit getroffen wird. Um dies wollen zu können, um das eigene Schicksal lieben zu können (*amor fati*) ist es nötig, wirklich zu wählen, zu handeln, zu leben, zu sein. Erst wenn es gelingt, ganz und gar immer dieses Leben zu wollen, kann der Mensch ohne Gott glücklich werden. Da dies der „schwerste Gedanke" ist, der dem Menschen geradezu Übermenschliches abverlangt, fordert Nietzsche nach der Überwindung der Religion und der Überwindung der lebensverneinenden klassischen Moralvorstellungen zugunsten eines selbstbestimmten Lebens „jenseits von Gut und Böse" die Überwindung des Menschen durch den *Übermenschen*: „*Todt sind alle Götter: nun wollen wir, dass der Übermensch lebe.*"[15]

ewige Wiederkehr des Gleichen

Übermensch

Mit dieser Forderung nach dem Leben des Übermenschen wird deutlich, wer in Nietzsches Philosophie auf der Strecke bleibt: All jene, die nicht die Kraft haben, sich über ihre namenlosen Leiden zu erheben und die in diesem Leben zerbrechen, all jene eben, die eine ewige Wiederkehr des Gleichen nicht ertragen können. Diese Schwachen und Kleinen, auf die Nietzsche immer wieder verächtlich herabschaut, sind es aber, die durch Botschaft und Leben Jesu in besonderer Weise gewürdigt werden. Wenn Nietzsche an dieser Stelle Zweifel anmeldet, ob christliches Mitleid und christliche Zuwendung wirklich um des Anderen willen geschieht, wird deutlich, dass sein Denken die schärfste und grundsätzlichste Herausforderung christlichen Denkens über-

---

[14] F. Nietzsche, Also sprach Zarathustra. In: KSA Bd. 4, 36f.
[15] Ebd., 102.

haupt darstellt. An dieser Stelle stellt sich eine der spannendsten Fragen im Rahmen der Religionskritik überhaupt: Gibt es so etwas wie Liebe um ihrer selbst willen oder lieben wir, wie Nietzsche argwöhnt, in der Liebe immer nur die guten Gefühle, die der Andere in uns auslöst?

Freud Nach Sigmund Freud (1856-1939) ist Religion eine Art seelischer Krankheit.

Er glaubt mit Hilfe seiner psychoanalytischen Methode einen engen Zusammenhang zwischen Gottesglauben und Elternkomplex aufzeigen zu können. Religiöser Glaube sei ein sicheres Zeichen dafür, dass ein Mensch nicht erwachsen geworden sei. Der persönliche Gott sei aus psychologischer Sicht nichts anderes als ein fiktiver Über-Vater, den es eigentlich im Prozess des Er-
Gott als infantile Projektion wachsenwerdens vom Sockel zu stoßen gelte. Gott müsse als eine infantile Illusion derjenigen Menschen entlarvt werden, die sich seiner angesichts der unkontrollierbaren Mächte von Natur, Schicksal und Tod behelfen, um ihre Angst, assoziiert mit der Erfahrung frühkindlicher Hilflosigkeit, zu überwinden. Als letztlich aus dem Ödipuskomplex herrührende Zwangsneurose sei sie unweigerlich zum Untergang verurteilt.

Die Hartnäckigkeit religiöser Vorstellungen führt Freud auf die große Kraft der ihnen zugrunde liegenden menschlichen Wünsche und Bedürfnisse zurück. Die Religion halte sich allein wegen der Massivität unserer Wünsche nach Schutz vor den Gefahren des Lebens, nach Gerechtigkeit, nach einem Leben über den Tod hinaus, etc. Die Religion gründe allein in Illusionen, die „Erfüllungen der ältesten, stärksten, dringendsten Wünsche der Menschheit" versprächen; „das Geheimnis ihrer Stärke ist die Stärke dieser Wünsche."[16]

Freud gibt allerdings zu, dass die Wirklichkeit des vom Menschen Ersehnten nicht ausgeschlossen werden könne; Illusion sei nicht gleichbedeutend mit Irrtum. Aber die Annahme ihrer Wahrheit sei angesichts ihrer psychologischen Herleitbarkeit so unwahrscheinlich, dass ein erwachsener Mensch unserer Zeit ihr nicht intellektuell redlich Vertrauen schenken könne.

> Religion ist ein Versuch, die Sinneswelt, in die wir gestellt sind, mittels der Wunschwelt zu bewältigen, die wir infolge biologischer und psychologischer Notwendigkeiten in uns entwickelt haben. Aber sie kann es nicht leisten. Ihre Lehren tragen das Gepräge der

---

[16] S. Freud zit. n. K.-H. Weger (Hg.), Religionskritik, 139f.

Zeiten, in denen sie entstanden sind, der unwissenden Kinderzeiten der Menschheit. Ihre Tröstungen verdienen kein Vertrauen.[17]

Freuds Argumentation lässt sich nicht mit dem Hinweis auf den Genese-Geltungs-Fehlschluss widerlegen, da er diesen Einwand selbst schon bedenkt. Man wird allerdings fragen dürfen, ob sich die Genese der Religion tatsächlich so leicht psychologisch erklären lässt und ob seine grundlegende These, dass Religion am Erwachsensein hindert, gerechtfertigt ist. Nicht umsonst gibt es mittlerweile eine Reihe von psychoanalytisch geschulten Autoren, die aufweisen, wie Religion den Menschen im Prozess von Emanzipation und Selbstbestimmung unterstützen kann.

Alle vier vorgestellten Meister des Argwohns legen also keine durchschlagenden Argumente gegen den christlichen Glauben vor. Nichtsdestoweniger bieten sie wichtige Anregungen, die bei einer Verantwortung des eigenen religiösen Glaubens vor der Vernunft zu bedenken sind. Sie sind insofern eine Einladung zur Debatte und Reflexion des eigenen Glaubens.
Resümee

Ich schlage deshalb vor, die vier Meister des Argwohns nicht so sehr als Gegenspieler des Christentums zu lesen, sondern als mögliche Hilfestellungen zur Läuterung des eigenen Glaubens zu betrachten. Die nachfolgenden Fragen können dabei helfen, eine entsprechende Selbstreflexion vorzunehmen. Es lohnt sich, diese Fragen einmal in aller Ruhe durchzugehen und vielleicht mit einem guten Freund oder einer guten Freundin zu besprechen:
Anregungen zur Selbstreflexion

0. Stellen Sie sich ganz konkret vor, was sich für Sie ändern würde, wenn Sie nicht mehr an Gott glauben könnten (bzw. auf einmal an Gott glauben würden)! Was würde sich ändern an Ihrer Einstellung zu sich selbst, an Ihren Wertvorstellungen, an der Gestaltung Ihres Alltags, an Ihrem Lebensgefühl, an Ihren politischen Auffassungen, an Ihrem Bild vom Menschen, an Ihrem Verhalten gegenüber Ihren Mitmenschen, an Ihren Sehnsüchten und Wünschen?

1. a) Vergleichen Sie die Eigenschaften Gottes und die Eigenschaften, die Sie sich von einem vorbildlichen Menschen wünschen würden! Benennen Sie Unterschiede und Gemeinsamkeiten!
b) Hat Ihr Bild von Gott anthropomorphe Züge? Ist Ähnlichkeit zwischen Gott und Mensch in der Rede von Gott vermeidbar?
c) Gibt es in Ihrem Gottesbild Züge, bei denen Sie nachweisen können, dass sie keine Projektion darstellen können?

2. a) Gibt es Momente, in denen Sie sich erniedrigt, verachtet und verlassen fühlen? Wie wirkt sich Ihr (Un-)Glaube auf die Wahrnehmung

---

[17] Ebd., 146.

solcher Augenblicke aus? Ließe sich durch politische Veränderungen etwas an diesen Erlebnissen ändern?
b) Sind Sie glücklich? Oder sehen Sie Ihr Leben eher als ein Gehen durch ein Jammertal? Welche Auswirkung hat Ihr (Un-)Glaube auf diese Einstellung?
3. a) Welches Lebensgefühl würde in Ihnen entstehen, wenn Sie auf einmal wüssten, dass alle überkommenen Wahrheiten und Werte falsch sind? Ist es in Ihren Augen wichtiger, die 10 Gebote zu erfüllen, oder ‚Ja' zu jedem einzelnen Augenblick dieses Lebens zu sagen?
b) Angenommen, Gott würde Ihnen beim Jüngsten Gericht anbieten, Ihr gesamtes Leben in vollkommen gleicher Form immer wieder zu leben (und jeweils vorher Ihr Gedächtnis zu löschen, so dass Ihnen die Wiederholung nicht auffällt). Würden Sie das Angebot annehmen?
c) Erleben Sie sich als Herr Ihres Lebens? Wie reagieren Sie auf Erfahrungen von Ohnmacht und Machtlosigkeit?
4. a) Vergleichen Sie Ihr Bild von Gott mit dem Bild von Ihren Eltern bzw. mit Ihrem Wunschbild von Ihren Eltern! Nennen Sie Ähnlichkeiten und Unterschiede! Glauben Sie, dass Sie ein anderes Gottesbild hätten, wenn Sie andere Erfahrungen mit Ihren Eltern gemacht hätten?
b) Würden Sie sagen, dass Ihnen Ihr Glaube an Gott (bzw. die Aufgabe Ihres Glaubens) beim Erwachsenwerden geholfen hat? Hat Ihr (Un-)Glaube in Ihrer Pubertät die Abnabelung vom Elternhaus eher gefördert oder eher behindert?
c) Gibt es im Glauben Bilder, die dem Menschen beim Erwachsenwerden helfen können?

Thomas von Aquin

einer der bedeutendsten und einflussreichsten Denker des Christentums

Thomas von Aquin (1225-1274) war einer der bedeutendsten und einflussreichsten Denker der gesamten Geschichte des Christentums. Er hat wie kein anderer die katholische Theologie geprägt und galt in der katholischen Kirche bis weit in das 20. Jahrhundert hinein als die maßgebliche Autorität aller theologischen Reflexionen. So wurden er und seine Theologie von katholischer Seite von der Reformation an mehr und mehr zum Bollwerk gegen alle nur denkbaren Neuerungen aufgebaut. Thomas musste als Kronzeuge gegen alles herhalten, was der Kirche nicht genehm war: Protestantismus, Nominalismus, Liberalismus, Sozialismus, Individualismus, Subjektivismus, Relativismus, Rationalismus, Fideismus, Nationalismus, Modernismus und gegen alle sonstigen Ismen, die der Kirche missfielen. Die überragende Bedeutung des Thomas zeigt sich daran, dass selbst der Neuaufbruch katholischer Theologie im Umfeld des Zweiten Vatikanischen Konzils und die damit verbundene Befreiung vom System des thomistischen Denkens, wie es in der Neuscholastik Gestalt gefunden hatte, noch einmal von Thomas inspiriert war.

Die Liebe des Thomas zur Theologie entbrannte schon sehr früh, so dass er sich schon mit 20 Jahren entschloss, in den Predigerorden der Dominikaner einzutreten. Seine Familie war entsetzt und versuchte mit allen Mitteln, Thomas von diesem Weg abzuhalten. Doch Thomas war stur, und selbst der Verführungsversuch eines von der Familie eingesetzten Freudenmädchens war wirkungslos (die Arme wurde von ihm hinausgeworfen). Von dieser Zeit an verfolgte Thomas unbeirrbar seinen Weg: Er studierte Theologie – u.a. auch bei Albertus Magnus in Köln – und lehrte anschließend Theologie und Philosophie, v.a. in Paris und in Neapel. Zeit seines Lebens arbeitete er wie besessen. In seiner Hauptschaffenszeit schrieb er zwölfeinhalb eng getippte Seiten am Tag, hatte es entsprechend immer sehr eilig, war oft zerstreut und immer ungeduldig. Nicht wenige seiner Werke hat er nicht abschließen können, weil er immer wieder mit fieberhaftem Eifer neue Aufgaben übernahm. Während seiner Lehrtätigkeit an der Universität beschäftigte er mit seinen Diktaten drei Sekretäre gleichzeitig. Und selbst wenn er vor lauter Müdigkeit einschlief, diktierte er, so will es jedenfalls die Überlieferung, noch im Einschlafen weiter.

Hatte Thomas während seines Lebens noch mit Lehrverboten zu kämpfen, so wurde er bereits 1323 heilig gesprochen und 1567 zum *Doctor ecclesiae* erklärt. Josef Pieper fasst das Bild, das sich zumindest in der Retrospektive auf Thomas durchgesetzt hat, so zusammen: „Diejenigen, die Thomas persönlich gekannt haben, müssen von seinem unmittelbar menschlichen Dasein den ganz unbezweifelbaren Eindruck empfangen haben: dieser Mann mit der großen und aufrechten Gestalt, kräftig und sensibel zugleich; mit der mächtigen Stirn; mit einem Antlitz, in dem das Feuer niemals erlischt; dieser Mönch, den man häufig allein, erhobenen Hauptes, mit großen Schritten meditierend die Gänge des Klosters auf und ab wandern sieht – dieser Mensch müsse ein Heiliger sein."[18]

Entwicklung

Thomas als Doctor *ecclesiae* und Heiliger

---

[18] J. Pieper, Über Thomas von Aquin, zit.n. M.-D. Chénu, Thomas von Aquin, Reinbek b. Hamburg [6]1992, 171.

1) Gottes Dasein denken

Erfahrung des Bruchs

Zu diesem Bild dürfte neben seinen vielen Schriften auch ein Erlebnis beigetragen haben, das sich drei Monate vor dem Tod des Thomas zutrug: Thomas feierte wie jeden Morgen Eucharistie, kam und kam beim Lesen der Messe jedoch nicht weiter. Als ihn schließlich ein Ministrant am Ärmel zupfte, sprach er die gut bezeugten Worte: „Ich kann nicht mehr. Alles, was ich geschrieben habe, erscheint mir wie Stroh – verglichen mit dem, was ich geschaut habe." Mit diesem Tag brach Thomas seine Arbeit an seinem Hauptwerk, der *Summa Theologiae*, mitten im Traktat über das Bußsakrament ab und schrieb bis zu seinem Tod keine Zeile mehr.

Synthese zwischen Glaube und Vernunft

Sein Denken gilt als herausragende Synthese zwischen Glaube und Vernunft, d.h. Thomas versucht in seinen Werken immer wieder, mit philosophischen Mitteln die Wahrheit des christlichen Glaubens einsichtig zu machen. Er ist davon überzeugt, dass der Glaube zu denken gibt und sich Glaubensprobleme auch durch Anstrengung der Vernunft lösen lassen. Denn – so Thomas wörtlich –: „Wenn wir die Probleme des Glaubens nur auf dem Wege der Autorität lösen, werden wir gewiß die Wahrheit besitzen, aber in einem leeren Kopf!"[19] Etwas schlechterdings Unvernünftiges, so war die feste Überzeugung des Thomas, kann keine Glaubenswahrheit sein.

Philosophisch ist Thomas – anders als die christliche Theologie vor ihm, die hauptsächlich an Platon orientiert war – durch die zu seiner Zeit neu entdeckten Schriften des Aristoteles geprägt. Während man nach Platon das Wesen und die Wahrheit der Dinge dadurch erkennt, dass man sich von der Welt abwendet und ohne Einbeziehung von Erfahrungsdaten die Idee aller Dinge zu ergründen sucht, ist nach Aristoteles ein Zugang zur Wahrheit und zum Wesen der Dinge nur möglich, indem man sich der Welt und damit auch einzelnen Erfahrungsdaten zuwendet. Thomas folgert daraus die Forderung einer *conversio ad phantasmata*, also einer Hinwendung zu den Erscheinungen in der Welt.

Gottesbeweise

Thomas war davon überzeugt, mit seinen *quinquae viae* einen allgemein überzeugenden Weg zur Erkenntnis Gottes aufgewiesen zu haben. Während er davon ausging, beispielsweise mit Hilfe des kosmologischen Arguments die Existenz Gottes beweisen zu können, meinte er – anders als Anselm von Canterbury –, dass sich mit rein philosophischen Mitteln nichts über das

---

[19] Thomas, Quodlibetum IV Art. 16, gehalten 1271 in Paris.

Wesen Gottes aussagen lasse. Mit Mitteln der natürlichen (d.h. nicht vom Glauben erleuchteten) Vernunft lasse sich nur nachweisen, *dass* Gott ist, nicht *wie* er ist. Demnach lasse sich rein philosophisch Gott nur wie bei Aristoteles als „unbewegter Beweger" bestimmen. Erst theologisch könne dieser „unbewegte Beweger" dann mit dem Schöpfergott der Bibel identifiziert werden und so inhaltliches Profil gewinnen. Allerdings bleibe es dabei, dass man streng genommen von Gott nur wissen könne, was er nicht ist, und nicht, was er ist. Treffende Aussagen seien nur im Sinne einer Analogie möglich.

Die Ansicht, dass sich nur in analoger Weise von Gott sprechen lässt, hat sich seit Thomas mehr oder weniger durchgesetzt, ohne dass wirklich klar ist, was damit gemeint ist. Thomas scheint mit der Rede von der Analogie weniger eine Ähnlichkeit zwischen Begriff und gemeinter Sache (*Attributions- bzw. Proportionsanalogie*) aussagen zu wollen als eine Ähnlichkeit von Verhältnissen. Analogie im Sinne dieser sog. *Proportionalitätsanalogie* bzw. Verhältnisgleichheit meint, dass zwei verschiedene Verhältnisse einander ähnlich sind, ohne dass deswegen die diesen Verhältnissen zugrunde liegenden Begriffe und Sachverhalte einander ähnlich sein müssen (so ist z.B. das Verhältnis von 10 – 6 proportionalitätsanalog zu 6 – 2). In diesem Sinne könnte man etwa von Gott behaupten, dass er in einem ähnlichen Verhältnis zu seiner Weisheit steht wie Menschen zu ihrer, ohne dass deswegen eine Ähnlichkeit zwischen göttlicher und menschlicher Weisheit bestehen müsste.

Analogielehre

Die Proportionalitätsanalogie war schon bei Aristoteles der entscheidende Ansatzpunkt für die Möglichkeit, Heterogenes mit einem Begriff auszusagen. Daher liegt es nahe, in ihr den Schlüssel für alle Aussagen über Gott zu sehen, die dennoch die Verschiedenheit zwischen Gott und Welt wahren und jeden unzulässigen Anthropomorphismus zu vermeiden helfen. Allerdings fragt sich, wie wir etwas Sinnvolles über Gottes Verhältnis zu einer seiner Eigenschaften sagen sollen, wenn wir nicht auch in einem attributionsanalogen Sinne etwas über die Bedeutung dieser Eigenschaften sagen können. Denn ohne inhaltliche Bestimmung der jeweiligen Begriffe droht die proportionalitätsanaloge Fixierung ihrer Bedeutung völlig inhaltsleer zu werden.

An dieser Stelle setzt die Kritik von Johannes Duns Scotus (1265-1308) und Wilhelm von Ockham (1285-1349) am thomistischen Analogieverständnis an. Beide fordern ein univokes, d.h. buchstäblich wahres Element an der Wurzel der Analogie, das

Kritik

als Voraussetzung für ihre wissenschaftliche Brauchbarkeit erforderlich sei. Entsprechend hält Duns Scotus eine Gotteserkenntnis ohne eindeutige Begriffe (und d.h. Begriffe mit univokem Kern) nicht für möglich – eine Kritik, die heute von M. Striet, W. Alston u.a. wieder aufgenommen wird. Ockham versucht die Unmöglichkeit aufzuweisen, gültige Schlüsse aus analogen Prämissen abzuleiten.

Diese Einwände sind allerdings m.E. nur dann durchschlagend, wenn ein rein proportionalitätsanaloges Verständnis vorausgesetzt wird. Denkt man die Proportionalitätsanalogie rückgebunden an attributionsanaloge Grundmerkmale, so scheint sie mir eine wichtige und hinreichend präzise Grundlage für die Rede von Gott zu sein.

Die Attributionsanalogie könnte man dabei durch den Begriff der Familienähnlichkeit verdeutlichen. So wie Mitglieder einer Familie nicht aufgrund eines bestimmten Merkmals als zusammengehörig erkannt werden können, sondern aufgrund eines Bündels an je teilweise gemeinsamen Eigenschaften, so ist es auch bei von Gott ausgesagten Eigenschaften aussichtslos, auf einen univoken Kern der von ihm ausgesagten Eigenschaften zu dringen. Schlüssel hierfür ist das Denken vom Sein her. Während univoke Begriffe immer *nur* Gemeinsames und äquivoke Begriffe (= alle „Teekesselchen") *nur* Unterschiedenes aussagen können, kann das Sein Einheit in Verschiedenheit ausdrücken. Menschen *sind* Menschen aufgrund von Eigenschaften, die sie zugleich miteinander verbinden und voneinander unterscheiden, auch wenn das für den Begriff „Mensch" nicht gilt.

Aufgaben:

1. Warum glauben Sie an Gott oder warum glauben Sie nicht an Gott? Was würden Sie bei einem guten Theologen bzw. einer guten Theologin als Antwort auf diese Frage erwarten? Sammeln und bewerten Sie die Argumente, die Maria für ihren Glauben an Gott angibt!
2. Wann und unter welchen Bedingungen würden Sie die Solidarität mit einem Sterbenden und den Protest gegen das Leiden eines Menschen für sinnvoll erachten?
3. Vergleichen Sie die Rede von der praktischen Setzung einer Wirklichkeit, die auch im Tod zu retten vermag, im Dialogtext mit dem Arbeitspapier zu den Gottesbeweisen. Sehen Sie strukturelle Ähnlichkeiten dieses Argumentes mit einem der Gottesbeweise? Nehmen Sie Stellung zu diesem Gottesbeweis!
4. Erläutern Sie Stärke und Schwierigkeiten des anselmschen Gottesbegriffs! Diskutieren Sie das damit verbundene ontologische Argument!

5. Diskutieren Sie den sowohl im Dialogtext als auch auf dem Sachtext zu den Gottesbeweisen behandelten Gottesbeweis auf Grundlage des Kausalitätsprinzips! Halten Sie ihn für gültig? Welche Kritikpunkte würden Sie gegen ihn ins Feld führen?
6. Suchen Sie im Dialogtext nach Elementen der Religionskritik!
7. Erläutern und bewerten Sie die Religionskritik von Feuerbach/ Marx/ Nietzsche/ Freud!
8. Welche Kritikpunkte der Religionskritiker am Christentum halten Sie für berechtigt? Sehen Sie Möglichkeiten einer reinigenden Wirkung der Religionskritik für Ihre Haltung zum Gottesglauben, oder halten Sie ihre Überlegungen insgesamt für falsch?
9. Was meint die theologische Tradition, wenn sie darauf besteht, dass nur in analoger Weise von Gott geredet werden kann?

Literaturhinweise

1) *Allgemeine Einführungen in die Systematische Theologie:*

BARTH, HANS-MARTIN, Dogmatik. Evangelischer Glaube im Kontext der Weltreligionen. Ein Lehrbuch, Gütersloh 2001 *(dicker Wälzer, der eine Gesamtdarstellung christlichen Glaubens im Dialog mit den anderen Weltreligionen versucht; der Autor hat sich damit etwas viel vorgenommen und wird der Andersheit der anderen Religionen nicht immer genügend gerecht; er bietet aber einige interessante Anregungen; gut, um zu einzelnen Themen den Blick zu weiten).*

BEINERT, WOLFGANG (Hg.), Lexikon der katholischen Dogmatik, Freiburg-Basel-Wien ²1988 *(knappe Erläuterungen aller wichtigen Begriffe der Dogmatik in einem Band).*

EICHER, PETER (Hg.), Neues Handbuch theologischer Grundbegriffe. Neuausg. in 4 Bänden, München 2005 *(jeweils längere Erläuterungen der wichtigsten Grundbegriffe systematischer Theologie).*

GIBELLINI, ROSINO, Handbuch der Theologie im 20. Jahrhundert. Übertr. ins Dt. v. P.-F. Ruelius, Regenburg 1995 *(hervorragender Überblick über die wichtigsten theologischen Strömungen des letzten Jahrhunderts; sehr gutes Nachschlagewerk).*

KERN, WALTER/ H. POTTMEYER/ M. SECKLER (Hg.), Handbuch der Fundamentaltheologie. 4 Bde., Tübingen-Basel ²2000 *(Artikel zu den wichtigsten Themen der Fundamentaltheologie).*

KNAUER, PETER, Der Glaube kommt vom Hören. Ökumenische Fundamentaltheologie. 6., neubearb. und erw. Aufl., Freiburg-Basel-Wien 1991 *(kompakter fundamentaltheologischer Gesamtentwurf, der kohärenten und gut nachvollziehbaren Durchblick durch alle Themen bietet, der dabei aber eher Außenseiterpositionen vertritt).*

KUSCHEL, KARL-JOSEF (Hg.), Lust an der Erkenntnis: Die Theologie des 20. Jahrhunderts. Ein Lesebuch, München ²1989 *(hervorragende Textsammlung; sehr gut geeignet, um unterschiedliche theologische Positi-*

onen an Originaltexten nachzuvollziehen; leider vergriffen, aber immer noch sehr lesenswert).

Rahner, Karl, Grundkurs des Glaubens. Einführung in den Begriff des Christentums, Freiburg-Basel-Wien ⁵1976 *(nach wie vor die beste, aber leider auch eine der schwierigsten Einführungen, die alle Themen in überzeugender Weise abhandelt; wenigstens einen Leseversuch wert).*

Ratzinger, Josef, Einführung in das Christentum. Vorlesungen über das Apostolische Glaubensbekenntnis, München 1968 *(immer noch sehr lesenswerter Klassiker; der Papst in seiner Sturm- und Drangperiode).*

Schmidt-Leukel, Perry, Grundkurs Fundamentaltheologie. Eine Einführung in die Grundfragen des christlichen Glaubens, München 1999 *(guter Überblick über Diskussionslage im angelsächsischen Raum aus pluralistischer Sicht).*

Schneider, Theodor, Was wir glauben. Eine Auslegung des Apostolischen Glaubensbekenntnisses, Düsseldorf ³1988 *(gediegene, ausführliche, am Credo orientierte Einführung).*

Ders. (Hg.), Handbuch der Dogmatik. 2 Bde., Düsseldorf 1992 *(sehr gute Aufsätze zu den wichtigsten Traktaten der Dogmatik).*

Vorgrimler, Herbert, Neues theologisches Wörterbuch, Freiburg i.Br. 2000 *(kompaktes, gut verständliches Lexikon mit allen wichtigen Begriffen der systematischen Theologie in einem Band).*

zu Kapitel 1) Gottes Dasein denken

Dahl, Edgar (Hg.), Brauchen wir Gott? Moderne Texte zur Religionskritik, Stuttgart 2005 *(aktuelle, kompetent zusammengestellte Textsammlung aus atheistischer Sicht).*

Dawkins, Richard, Der Gotteswahn, Berlin ⁹2007 *(unterhaltsame, überraschend missionarisch geschriebene, durch die Burka der Naturwissenschaft perspektivierte polemische Fundamentalkritik aller Religionen mit besonders bissigen Attacken gegen das Christentum. Leider nicht immer auf der Höhe des philosophischen Diskussionsstandes, aber dennoch gute Vorlage zur Schulung im Argumentieren).*

Hoff, Gregor Maria, Religionskritik heute, Regensburg 2004 *(knappe Auseinandersetzung mit gegenwärtigen Formen der Religionskritik).*

Küng, Hans, Existiert Gott? Antwort auf die Gottesfrage der Neuzeit, München-Zürich 1978 *(äußerst klar und verständlich geschriebene, umfassende Einführung; bietet immer noch einen hervorragenden Überblick; gerade zu den Religionskritikern immer noch unübertroffen; nur die eigene Glaubensverantwortung am Ende überzeugt nicht so recht).*

Mackie, John L., Das Wunder des Theismus. Argumente für und gegen die Existenz Gottes, Stuttgart 1985 *(Der Autor wundert sich, wieso noch so viele Leute an Gott glauben, obwohl der Theismus so leicht zu widerlegen ist; Versuch einer solchen Widerlegung in sehr klarem Stil inkl. Widerlegung aller Gottesbeweise; guter Anlass für Argumentationsübung).*

Müller, Klaus, Gottes Dasein denken. Eine philosophische Gotteslehre für heute, Regensburg 2001 *(knapper Überblick über klassische und aktuelle Argumente für und gegen das Dasein Gottes; am Ende eigene, am Subjektdenken orientierte Glaubensbegründung).*

Pesch, Otto Hermann, Thomas von Aquin. Grenze und Größe mittelalterlicher Theologie. Eine Einführung, Mainz ²1989 *(interessante Einführung zu Thomas).*

Rentsch, Thomas, Gott, Berlin-New York 2005 (knappe, hochinteressante und anspruchsvolle philosophische Auseinandersetzung um die Gottesfrage).

Röd, Wolfgang, Der Gott der reinen Vernunft. Die Auseinandersetzung um den ontologischen Gottesbeweis von Anselm bis Hegel, München 1992 *(sehr gut lesbare, kritische, philosophiegeschichtlich orientierte Aufarbeitung der Auseinandersetzung um den ontologischen Gottesbeweis).*

Rowe, William L., The cosmological argument, New York 1998 *(alles zum kosmologischen Argument auf aktuellem Stand).*

Swinburne, Richard, Die Existenz Gottes, Stuttgart 1987 *(Antwort auf Mackie; rationalistische Verteidigung des christlichen Glaubens in der Tradition der klassischen Gottesbeweise).*

Thomas von Aquin, Die Gottesbeweise in der „Summe gegen die Heiden" und der „Summe der Theologie". Text mit Übersetzung, Einleitung und Kommentar, hrsg. v. H. Seidl. Lat.-dt., Hamburg ²1986.

Verweyen, Hansjürgen, Gottes letztes Wort. Grundriß der Fundamentaltheologie, Regensburg ³2000, 73-109 *(kritischer Kurzüberblick zu Gottesbeweisen in der üblichen Lesart gegenwärtiger Fundamentaltheologie).*

Weger, Karl-Heinz (Hg.), Religionskritik, Graz-Wien-Köln 1991 (Texte zur Theologie: Abt. Fundamentaltheologie; 1) *(umfassende Textsammlung von Xenophanes bis zu den 80er Jahren des 20. Jahrhunderts).*

Weischedel, Wilhelm, Der Gott der Philosophen. Grundlegung einer Philosophischen Theologie im Zeitalter des Nihilismus. 2 Bde., München 1979 *(gründliche, historisch orientierte Einführung zu den verschiedenen Ansätzen philosophischer Theologie mit eigenem Ansatz des Autors am Ende).*

Werbick, Jürgen, Gott verbindlich. Eine theologische Gotteslehre, Freiburg 2007 *(umfassende Auseinandersetzung mit allen Themen der quaestio religiosa).*

2) Gottes Wesen denken

[Albert wartet nervös auf Marias Antwort. Er denkt darüber nach, ob er Endgültigkeit für Maria will bzw. darüber, was ein solcher Wunsch bedeuten könnte. Und darüber, wie er es anstellen kann, einmal mit Maria, der begnadeten Tänzerin, Salsa zu tanzen. Doch während er sich bei der Vorstellung ertappt, Maria bei diesem Tanz ganz nahe zu sein, wird er von ihrer Stimme wieder in die Gegenwart zurückgerufen:] Der entscheidende Grund für die Bildung meines Gottesbegriffs sind nicht philosophische Überlegungen, sondern ist Gottes Selbstzusage in Jesus Christus. Ich bin nur deswegen dazu berechtigt, etwas über Gottes Dasein und Wesen zu sagen, weil Gott mich in Christus selbst dazu ermächtigt hat.

Größer als gedacht werden kann

Wie soll etwas, dessen Wesen größer ist, als gedacht werden kann, Dich zu irgendetwas ermächtigen können? Maria, Du bist größenwahnsinnig! Um diese Botschaft zu hören, müsste man ja hören können, was sich nicht denken lässt. Von einem Wesen, das größer ist, als gedacht werden kann, kann gar nichts gedacht und also auch nichts gehört werden.

Ich kann sehr wohl denken, dass ein Wesen größer ist, als sich denken lässt. Auch wenn ich dann das Wesen dieses Wesens selbst nicht denken kann, kann ich mir doch einen Begriff von seinem Wesen machen, nämlich den, dass es alles übersteigt, was sich Menschen vorstellen können. Wenn ich diesen Überstieg als dynamisches Geschehen verstehe, ist es sinnvoll, dadurch etwas über das Wesen Gottes herauszufinden, dass ich etwas denke, worüber hinaus Größeres nicht gedacht werden kann, um dann das dabei Gedachte noch einmal dadurch zu relativieren, dass es noch nicht das ist, was größer ist, als gedacht werden kann. Das von Dir gewünschte Kriterium zur Bewertung der Angemessenheit der Rede von Gott bestünde also zunächst einmal darin, dass ich nichts als Gott denken darf, über das hinaus Größeres gedacht werden kann.

Das klingt jetzt leider ziemlich abstrus, Maria! Entweder Gott ist größer, als gedacht werden kann, und dann ist jede Vorstellung und jedes Bild über Gott gleich falsch, und die einzige angemessene Haltung gegenüber Gott ist die des Schweigens. Oder aber er ist nicht größer, als gedacht werden kann, und dann ist er nicht Gott, weil es etwas Größeres als ihn gibt; nämlich das, was größer ist, als gedacht werden kann. Da Letzteres per definitionem nicht möglich ist, bleibt nur die Möglichkeit des Schweigens. Also wechseln wir das Thema. Denn jedes Reden von dem Unbegreiflichen ist sinnlos. Ich habe gehört, Du tanzt gerne Salsa! Wie wäre es, wenn ...

[Maria schaut Albert herablassend an.] Alles zu seiner Zeit, Albert. Ich gebe ja zu, dass das Wesen Gottes unser Denken und Begreifen übersteigt und insofern jede Rede von Gott in das Schweigen vor seiner Herrlichkeit zu münden hat. Aber auch wenn die Unähnlichkeit in meinen Aussagen über Gott immer größer als die Ähnlichkeit ist, kann ich ausgehend von der Offenbarung seine Eigenschaften doch wenigstens im Überstieg positiv zu bestimmen suchen.

Dann wollen wir das doch mal versuchen! Lass uns über die Eigenschaften Gottes reden! Hihi! Beginnen wir also mit Gottes Allmacht. Immerhin ist das doch die erste Eigenschaft, von der in Eurem Glaubensbekenntnis die Rede ist. Leider ist es nicht nur die erste, sondern auch eine in sich widersprüchliche Eigenschaft, so dass sie ein gutes Beispiel dafür ist, warum es Euren Gott gar nicht geben kann.

Allmacht

Wie meinst Du das?

Das kann ich Dir sagen, wenn Du mir definierst, was Du mit Allmacht meinst.

Allmächtig sein bedeutet, alles logisch Mögliche tun zu können.

Wieso nur das logisch Mögliche? Kann Dein Gott etwa keinen viereckigen Kreis erschaffen?

Niemand kann das, weil ein viereckiger Kreis ein in sich widersprüchlicher Gedanke ist. Wenn ich Gott zusprechen würde, dass er in sich Widersprüchliches erschaffen kann, wird jede Rede von Gott willkürlich und beliebig. Es gibt dann keinen Grund mehr, warum ich Gott bestimmte Eigenschaften zuschreiben sollte, weil das Sprachspiel „Gründe geben und bewerten" nur unter der Voraussetzung funktioniert, dass ich offensichtliche Widersprüche vermeide. Wenn Gott viereckige Kreise erschaffen kann, kann er auch gut und böse zugleich sein, die Zahl 7 mit dem Müsli seiner Großmutter vergiften und machen, dass es immer kawummelt, wenn Du zuviel schawasselst.

[Albert überlegt einen Augenblick. Er spürt die Versuchung, diese merkwürdige Unterhaltung einfach abzubrechen. Aber er beginnt, ein gewisses Interesse für Maria zu entwickeln. Immerhin sieht sie gut aus und kann toll tanzen. Albert vermutet, dass sie beim Salsa abgeht wie eine Rakete. Er beschließt, weiter auf sie einzugehen und sie seine intellektuelle Überlegenheit spüren zu lassen. Sie soll denken, dass er ein Messer im Kopf hat.] *Gut. Also angenommen, Gott kann alles tun, was logisch möglich ist: Kann er dann einen Tisch erschaffen, den er nicht hergestellt hat, oder einen Stein, der so schwer ist, dass er ihn selbst nicht hochheben kann?*

Eben nicht! Wenn ein Wesen einen Tisch herstellen soll, den es nicht hergestellt hat, ist eben dies eine logisch widersprüchliche Aufgabe, weil ein Wesen aus logischen Gründen nicht in derselben Hinsicht Hersteller und Nichthersteller des Tisches sein kann. Und wenn ein Wesen so definiert ist, dass es jeden Stein hochheben kann, dann aber einen Stein erschaffen soll, den es nicht hochheben kann, ist auch diese Forderung in sich widersprüchlich, weil die geforderte Eigenschaft per definitionem ausgeschlossen ist.

Und wie ist es mit dem Fußballspielen? Kann Gott Fußball spielen, schwimmen und Salsa tanzen? Kann er mich verführen? Und kann er sündigen?

[Maria ist wütend. Die Fragen von Albert werden immer bescheuerter. Sie hatte bisher immer gedacht, dass nur sprachanalytische Philosophen, die ihr Leben am Schreibtisch verbringen, über so ein Zeug nachdenken. Jetzt weiß sie, dass Albert ein besserwisserischer Esel ist, der wahrscheinlich gar nicht Salsa tanzen kann.] Natürlich kann Gott alles, was ein Mensch kann; jedenfalls dann, wenn er Mensch wird. Nur sündigen kann er nicht, weil er als der per definitionem unüberbietbar Gute aus logischen Gründen nicht das Böse wollen kann. Aber was hilft es, über so einen Quatsch nachzudenken. Viel wichtiger ...

Schon gut, Maria. [Albert spürt, dass er dringend klar machen muss, warum er diese Fragen stellt, weil Maria ihn sonst gleich stehen lässt.] *Ich wollte Dich nicht ärgern und ein blödes Spiel anfangen. Mir geht es um Folgendes: Wie kann ich frei sein, wenn es wirklich einen allmächtigen Gott gibt? Ein Gott, der immer in den Geschichtsablauf eingreifen kann, macht Freiheit unmöglich!*

Falsch! Nur ein Gott, der tatsächlich ständig im Geschichtsverlauf interveniert, macht Freiheit unmöglich. Das bloße Intervenieren-Können ändert jedoch nichts an unserer Freiheit. Das Besondere an unserem christlichen Gott ist gerade, dass er nicht bei allem, was ihm nicht gefällt, in die Geschichte eingreift und es zum

2) Gottes Wesen denken

Guten wendet, sondern dass er die menschliche Freiheit anerkennt und damit das von ihm Unabhängige hervorbringt. Wie sagt doch der dänische Philosoph Sören Kierkegaard so schön: „Alle endliche Macht macht abhängig, nur die Allmacht kann unabhängig machen. ... Dieses ist das Unbegreifliche, dass die Allmacht nicht bloß das Imposanteste von allem hervorbringen kann: der Welt sichtbare Totalität, sondern das Gebrechlichste von allem hervorzubringen vermag: ein gegenüber der Allmacht unabhängiges Wesen." Die höchste Form von Macht besteht gerade darin, andere Macht und andere Freiheit zuzulassen und zur Auswirkung kommen zu lassen. Gottes Allmacht besteht gerade in der freisetzenden Ermächtigung an uns, seinen guten Willen zu tun.

Du meinst also, dass wir Menschen wirklich frei sind und autonom entscheiden können, was wir wollen? Wie passt das aber mit einer anderen angeblichen Eigenschaft Gottes zusammen, seiner Allwissenheit? Wenn Gott immer schon weiß, wie wir handeln wollen, dann steht auch immer schon fest, wie wir handeln. Wenn Gott heute schon weiß, mit wem ich das erste Mal Salsa tanzen werde, bin ich doch morgen nicht mehr frei, auszusuchen, mit wem ich das erste Mal Salsa tanzen will.

Allwissenheit

[Maria lächelt überlegen.] Dafür, dass Du noch nie Salsa tanzen warst, redest Du ziemlich viel davon. Auch wenn ich nicht allwissend bin, ahne ich, mit wem Du gerne Salsa tanzen möchtest. Gott ahnt das nicht nur, sondern weiß es auch, weil er Deine Gedanken kennt. Aber ob wir beide jemals Salsa tanzen werden, das wird auch für Gott eine Überraschung. Natürlich kennt Gott unseren Charakter so genau, dass er weiß, wie unwahrscheinlich es ist, dass wir bei einem Salsa-Abend Spaß zusammen hätten. Aber da ich frei bin und manchmal sehr überraschend und aufgrund von spontanen Intuitionen handle, kann niemand wissen, was die Zukunft bringt. Kontingente Aussagen über die Zukunft haben eben keinen Wahrheitswert und können also auch von einem allwissenden Wesen nicht gewusst werden.

Ach, ich habe das noch so gelernt, dass Gott jenseits der Zeit und deshalb zu jedem Moment der Geschichte gleichzeitig ist, so dass er meine Entscheidungen nicht im Voraus weiß und damit determiniert, sondern sie aus der Perspektive seiner ewigen Gegenwart erkennt, ohne ihre Freiheit zu beeinträchtigen. Aber einverstanden. Wenn nicht einmal Gott weiß, mit wem ich das erste Mal Salsa tanzen werde, ist ja noch nichts verloren und ich kann weiter meine Freiheit ausleben. Nehmen wir also eine weitere Eigenschaft Gottes in den Blick: seine ewige Vollkommenheit. Wie kann ein Wesen vollkommen sein, das niemanden hat, den es lieben kann?

Wieso sollte Gott niemanden lieben können? Er liebt doch sogar Dich!

[Albert überhört das „sogar"; er beginnt, sich heiß zu reden.] *Ich meine vor Erschaffung der Welt! Vor Erschaffung der Welt war Gott allein und konnte niemanden lieben – außer vielleicht sich selbst; aber da gebe ja selbst ich zu, dass es nicht besonders aufregend ist, immer nur sich selbst zu lieben. Aber damit nicht genug: Ein monotheistisch konzipierter Gott ohne Welt kann auch nicht seine Güte und Barmherzigkeit zeigen und all die anderen guten Eigenschaften, die Ihr von ihm aussagt. Gott fehlten damit eine ganze Reihe von Vollkommenheiten; alle Eigenschaften, die nur durch Andersheit und Beziehung möglich sind, kann der eine Gott erst haben, wenn er die Welt schafft. Gott braucht also die Welt, um vollkommen zu werden. Was ist das schon für ein armseliges Wesen, das nicht einmal lieben kann! Das heißt aber: Ein Gott ohne Welt ist kein Gott; denn ein Wesen ohne alle Vollkommenheiten kann nicht Gott sein.*

<small>Gott als Liebe denken</small>

Stopp! Wer sagt denn, dass Gott einsam ist? Nach christlicher Auffassung ist Gott immer schon in sich selbst Beziehung. Gott hat nicht nur eine Beziehung zur Welt, er hat nicht nur Liebe zu Dir, sondern er ist immer schon Beziehung und Liebe und nimmt Dich und die Welt in dieses relationale Geschehen hinein. Also gewinnt er durch die Erschaffung der Welt nichts hinzu; denn all die relational strukturierten Vollkommenheiten, die Du eben aufgezählt hast, konstituieren immer schon das Wesen Gottes!

Wie soll das möglich sein? Wie kann ein Wesen immer schon Beziehung sein? Und seit wann behauptet Ihr Christen das?

<small>Trinität</small>

Das behaupten wir immer schon, insofern wir Gott als trinitarisches Beziehungsgeschehen denken. Gott ist nichts anderes als das sich wechselseitige Durchdringen der verschiedenen göttlichen Personen: Gott als Vater, der ganz darin aufgeht, Ursprung und Urgrund zu sein und von dem alles innergöttliche Leben ausgeht, der also gewissermaßen Beziehungsstiftung ist; Gott als Sohn bzw. Logos, der ganz darin aufgeht, vom Vater her und auf den Vater hin zu sein, um so sein Wesen auszusagen und gerade so Gemeinschaft mit dem ganz und gar Anderen zu ermöglichen; und Gott als Geist, der als dieser ganz und gar Andere in Gott

Einheit in Differenz verwirklicht und ganz und gar aus der Gemeinschaft mit Vater und Sohn und auf diese hin lebt. Alle drei Personen durchdringen sich wechselseitig und gehen auf in ihrem gegenseitigen Aufeinanderbezogensein. Alle relational strukturierten Vollkommenheiten sind in ihrem pulsierenden Leben Wirklichkeit.

Hm, das klingt gut. Aber woher weißt Du das alles? Nimmst Du den Mund nicht ein bisschen voll, wenn Du auf diese Weise über Gottes innertrinitarisches Liebesleben sprichst?

Ich spreche nicht über Gottes Liebesleben, sondern darüber, wie gedacht werden kann, dass Gott die Liebe ist. Gott kann nur Liebe sein und nicht nur Liebe haben, wenn er relational strukturiert ist. Denn Liebe ist immer ein Geschehen, das zwischen mehreren Personen stattfindet. Ein Mensch alleine kann nicht lieben – jedenfalls gewinnt seine Liebe an Vollkommenheit, wenn sie sich auf einen anderen Menschen richtet. So kann auch Gottes Liebe nur als vollkommen gedacht werden, wenn Gott als Beziehungsgeschehen zwischen verschiedenen Personen gedacht wird, wenn Gott also in seinem Wesen relational strukturiert ist.

Gut, ich sehe ein, dass für vollkommene Liebe mindestens zwei Personen erforderlich sind, weil Liebe zu mir selbst auf Dauer langweilig ist und ich mich – ehrlich gesagt – auch noch nie in mich verliebt habe. Das wird Gott nicht anders gehen. Andererseits verliebe ich mich normalerweise nur in eine Frau zur gleichen Zeit; ich sehe noch nicht, warum es vollkommener sein soll, eine Dreiecksbeziehung zu führen, auch wenn dieser Gedanke aus dem Munde einer liierten Christin durchaus reizvoll ist.

Ich habe zur Zeit keinen festen Freund, habe andererseits aber auch keinen Bock auf Deine anzüglichen Nachfragen. Im Übrigen geht es bei der Rede von trinitarisch strukturierter Liebe nicht um Dreiecksbeziehungen, sondern darum, dass die totale Liebe zweier Menschen, wenn sie denn vollkommen sein soll, sich auf ein Drittes hin öffnen muss. Erst wenn ich mit dem geliebten Menschen einen Dritten in diese Liebesgemeinschaft hineinnehme und damit die Liebe auf Andersheit hin öffne, erreicht sie ihre größte Intensität. Das ist die Erfahrung, die Liebende machen, wenn sie ein Kind bekommen. Aber das gilt nicht nur für die klassische katholische Familie, sondern für jedes Liebesgeschehen: Erst wenn ich fähig werde, den Blick von dem Anderen auf ein Drittes zu wenden, ohne den Anderen dadurch weniger intensiv zu lieben, und die gemeinsame überfließende Liebe damit auf Andersheit ausgedehnt und von dieser gespiegelt wird, ist vollkommene Liebe möglich.

Meinetwegen; wahrscheinlich würde auch ich tatsächlich nicht glücklich, wenn ich mein Leben auf einer einsamen Insel mit meiner Geliebten verbringen müsste, ohne jemals unsere Liebe für andere fruchtbar werden zu lassen. Aber wie kommst Du auf drei Personen? Ist eine fünfstellig strukturierte Liebe etwa schlechter als eine trinitarische? Was ist an den „Drei Fragezeichen" besser als an den „Fünf Freunden"?

Drei sind nicht besser als fünf; sobald der Dritte in die Liebe integriert ist, ist Einheit in Differenz in qualitativ nicht mehr zu steigernder Form gegeben, so dass jede weitere Person nur noch quantitativ die Fülle vergrößern kann. Eine solche quantitative Vergrößerung der Vollkommenheit ist bei einem unendlichen und unbegrenzten Wesen aber unmöglich, so dass Gott trinitarisch zu denken ist. Denn eine Beziehung zwischen zwei vollkommen Verschiedenen, zu der beide Beziehungspole vermittelt durch ein Drittes noch einmal eine Beziehung aufnehmen, kann qualitativ nicht dadurch gesteigert werden, dass diese Pole eine Beziehung zu dieser Beziehung aufnehmen und damit eine Beziehung zur Beziehung durch eine Beziehung zur Beziehung zur Beziehung ersetzen. Damit Du das besser verstehst, habe ich Dir dazu ein Arbeitspapier gemacht, das das christliche Trinitätsverständnis verdeutlichen soll.

[Albert traut seinen Ohren nicht. Ein Arbeitspapier hat Maria ihm gemacht! Zum ersten Mal ist er sprachlos. Er überlegt, ob Maria wohl zu einer Sekte gehört oder übergeschnappt ist. Trotzdem ist er mittlerweile neugierig geworden und liest das Papier. Er spürt, wie Maria ihn dabei aufmerksam beobachtet, so dass er sich kaum konzentrieren kann. Außerdem wippt sie nervös mit den Beinen. Normalerweise nervt Albert ein solches Wippen. Aber bei Maria ist das anders. Wie alles an ihr anders ist. Albert genießt jedenfalls den auf ihm ruhenden Blick und tut so, als würde er ihn nicht bemerken. Er hatte nicht gedacht, dass Maria so präzise denken kann. Irgendwie hatte der alte Witz, dass Frauen nicht schön und klug zugleich sein können, weil sie ja sonst Männer wären, sich in seiner Lebenserfahrung immer wieder bewahrheitet. Alle seine bisherigen Freundinnen waren zwar sehr schön gewesen; er hatte sie auf intellektueller Ebene aber nie ernst genommen. Bei Maria war alles anders; sie drückte sich zwar kompliziert aus. Aber irgendwie spürte er, dass sie das, was sie sagt, zu Ende gedacht hat. Albert beschließt, nicht locker zu lassen und sich das Arbeitspapier später nochmal vorzunehmen:] *Wenn Gott wirklich, wie Du eben gesagt hast, unendlich und unbegrenzt ist, kann es nichts Endliches geben, das außerhalb von ihm ist, weil es ihn begrenzen würde. Ein Begrenztes außerhalb des Unbegrenzten ist eine Begrenzung des Unbegrenzten. Ein begrenztes Unbegrenztes ist kein Unbegrenztes. Der Mensch ist begrenzt; also gibt es nichts Unbegrenztes. Die gleiche Überlegung kannst Du auch auf die Rede von Unendlichkeit anwenden. Also kann es Gott nicht geben, wenn es Dich gibt. Und dass es Dich gibt, ist mir gerade sehr wichtig.*

Deine letzte Bemerkung trägt nicht gerade zur Versachlichung unseres Gespräches bei. Aber Du hast Recht, dass etwas Begrenztes außerhalb des Unbegrenzten dieses begrenzen würde. Aber wer sagt, dass wir Menschen außerhalb von Gott sind? Als Christin bekenne ich, dass die gesamte Welt immer schon in das Beziehungsgeschehen hineingeschaffen ist, das den trinitarischen Gott ausmacht.

Hineingeschaffen in Gott

Aha, ich wusste gar nicht, dass Christen Panentheisten sind. Sag mir jetzt nur noch eins: Woher weißt Du all das, was Du mir hier sagst? Es klingt zwar alles philosophisch plausibel, ist aber nicht zwingend und nicht beweisbar. Trotzdem sprichst davon, als hättest Du gerade mit Gott gefrühstückt und deshalb die Wahrheit gepachtet.

Die Wahrheit gepachtet habe ich nicht, aber alles, was ich sage, gründet in der Tat zwar nicht im Frühstück, aber doch im Handeln Gottes.

Trinität

Der christliche Glaube ist unabdingbar mit dem trinitarischen Bekenntnis zu Gott als dem Vater, Sohn und Heiligen Geist verknüpft. Dieses Bekenntnis bildet seit der alten Kirche die Grundregel christlicher Bekenntnisse und kann als Summe christlichen Glaubens angesehen werden.

Seinen ursprünglichen Ort hat das trinitarische Bekenntnis in Taufe und Eucharistie, also in den konstitutiven Vollzügen von Kirche (vgl. die trinitarische Taufformel, wie sie etwa im Taufbefehl Mt 28,19 Widerhall findet). Es wurde nicht am Schreibtisch der Theologen ersonnen, sondern ist bereits in der frühesten liturgischen Praxis der Kirche nachweisbar. Im Letzten entspringt

Genese

es aus der Erfahrung Jesu Christi, die nicht anders als durch Ausbildung der trinitarischen Rede von Gott angemessen gewürdigt werden kann.

Denn die Erfahrung des ungeheuren Anspruchs und Zuspruchs in der Person Jesu brachte seine Jüngerinnen und Jünger dazu, ihn als das Person gewordene Zusagewort Gottes, ja als Gott selbst, zu bekennen. Jesu Selbstunterscheidung vom Vater, auf dessen Königsherrschaft er verwies, erlaubte es nicht, ihn mit seinem himmlischen Vater zu identifizieren. Seine Inanspruchnahme der Autorität des Vaters und seines Willens bei gleichzeitiger unvermittelter Vertrautheit mit ihm verbot es, ihn vom Vater zu trennen. Zugleich bestand die konstitutive Erfahrung der Jüngergemeinschaft darin, dass der Geist Jesu Christi sie auch nach seinem Tod zusammenführte und es ihnen ermöglichte, das Lebenswerk Jesu lebendig zu halten (Pfingstereignis). Der Geist, der sie zusammenführte und sie zum Leben ermutigte, war es auch, der sie in der Begegnung mit Jesus ergriff und es ihnen erlaubte, ihn als den Christus zu bekennen.

Diese Erfahrungen machten und machen es unabdingbar, das Bekenntnis zu Jesus als dem Christus in einen trintarischen Bezugsrahmen zu stellen. Gott offenbart sich einerseits im Fleisch gewordenen Zusagewort seiner Liebe (Sohn/ Logos) und ergreift andererseits die Herzen der Menschen mit seiner Liebe, so dass sie diese Zusage der Liebe erleben und für andere Wirklichkeit werden lassen können (Hl. Geist).

ökonomische und immanente Trinität

Ausgangspunkt des Glaubens an die Dreieinigkeit Gottes sind also Erfahrungen mit Gott. Dieser heilsgeschichtlichen oder auch *ökonomischen* Rede von der Trinität steht die *immanente* Rede gegenüber. Während die heilsökonomische Trinität die geschichtlichen Erfahrungen mit dem dreieinigen Gott in den Blick nimmt, geht es bei der immanenten Trinität um das innere Leben Gottes. Die Verwegenheit, etwas über das innere Leben Gottes auszusagen, rührt aus dem Vertrauen, dass Gott sich nicht anders offenbart, als er ist. Gott – so vertrauen Christen – ist kein Schauspieler, sondern er zeigt sich den Menschen so, wie er an sich ist. Deshalb ist das Vertrauen angemessen, dass die (an der Offenbarung in der Heilsgeschichte orientierte) ökonomische Trinitätslehre dem (in der immanenten Trinitätslehre zur Sprache kommenden) Wesen Gottes entspricht. Oder pointierter und mit Karl Rahner gefasst: „Die ökonomische Trinität ist die immanente und umgekehrt."[20]

---

[20] K. Rahner, Bemerkungen zum dogmatischen Traktat „De Trinitate". In: Ders., Schriften zur Theologie IV, Einsiedeln-Zürich-Köln 1960, 115;

Dabei ist zu bedenken, dass in der Erkenntnisordnung – also in epistemischer Hinsicht – immer die ökonomische Trinitätslehre Priorität hat, weil wir nur aufgrund der göttlichen Offenbarung etwas über das Wesen Gottes sagen können. Zugleich gründet die ökonomische Trinitätslehre in ontischer Hinsicht – also in der Seinsordnung – in der immanenten Trinität: Denn nur wenn Gott immer schon dreieinig ist, kann er sich auch als solcher offenbaren.

In *theologiegeschichtlicher Perspektive* erfolgte die theologische Klärung der Trinitätslehre in zwei Phasen. In der ersten Phase während des 3. Jahrhunderts stand die Auseinandersetzung mit der Gnosis (geheime Erlösungslehre auf der Basis einer strikten Entgegensetzung von Gott und Welt) im Vordergrund. Vor allem Irenäus von Lyon (2. Jh.) betonte in dieser Auseinandersetzung, dass es ein und derselbe Gott ist, der in Schöpfungs- und Erlösungstat handelt und dass die unterschiedlichen Erfahrungen mit ihm bzw. mit der letzten Wirklichkeit nicht dazu führen dürfen, diese bzw. Gott in Teile zu zerlegen. Die zweite Phase wurde durch die Streitigkeiten um Arius im 4. Jahrhundert ausgelöst und führte zunächst einmal zu den [im Kapitel 5 noch zu referierenden] christologischen Klärungen auf dem Konzil von Nizäa (325). Die sog. Kappadozier – Basilius von Caesarea, Gregor von Nazianz und Gregor von Nyssa – trieben in der zweiten Hälfte des vierten Jahrhunderts die begriffliche Klärung des trinitarischen Bekenntnisses weiter voran, so dass es schließlich auf dem Konzil von Konstantinopel (381) zu einer bis heute gültigen begrifflichen Fassung der Trinitätslehre kommen konnte.

Theologiegeschichte

Dieser Klärung zufolge wird im Bekenntnis zur göttlichen Trinität die *Einheit des göttlichen Wesens* (griech. ousia/ lat. substantia) *in der Dreiheit der Personen* (hypostaseis/ subsistentiae) ausgesagt. Der eine Gott subsistiert also in drei Personen.

In der weiteren spekulativen Entfaltung der Trinitätslehre, vor allem im Zuge der mittelalterlichen Theologie, wurden zum einen die innertrinitarischen Eigenschaften (= Proprietäten) der Personen und zum anderen die ihnen aufgrund der Heilsgeschichte zugesprochenen Eigenschaften (= Appropriationen) reflektiert. In diesem Zusammenhang wurden ihre Beziehungen zueinander begrifflich auf den Punkt gebracht.

Proprietäten und Appropriationen

Ders., Der dreifaltige Gott als transzendenter Urgrund der Heilsgeschichte. In: MySal II (1967) 328.

Gottes Wesen denken

innergöttliche Relationen

Ausgangspunkt ist dabei die Erfahrung, dass Sohn und Geist unterschiedliche Gestalten der Zuwendung des einen Gottes sind und von daher als immer schon in unterschiedlicher Weise aus dem Vater hervorgegangen gedacht werden müssen (nämlich in Zeugung und Hauchung). Aus diesen beiden Hervorgängen (processiones) ergeben sich vier innergöttliche Relationen:
– die Beziehung des Vaters zum Sohn: aktives Zeugen (generare) oder Vaterschaft;
– die Beziehung des Sohnes zum Vater: passives Zeugen (generari) oder Sohnschaft;
– die Beziehung des Vaters und des Sohnes zum Heiligen Geist: aktives Hauchen (spirare);
– die Beziehung des Heiligen Geistes zum Vater und zum Sohn: passives Hauchen (spirari).

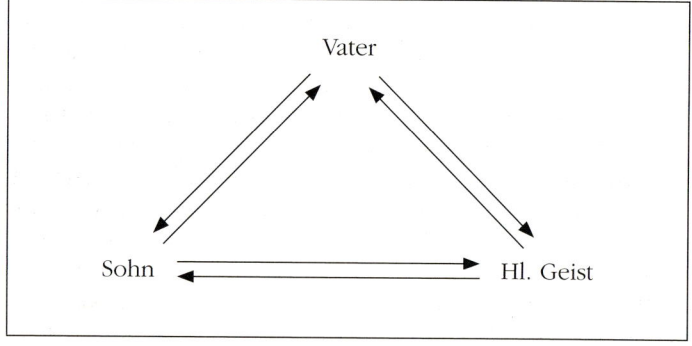

Aus diesen Relationen folgt, dass die Proprietät des Vaters darin besteht, der Zeugende und Hauchende zu sein. Aus der Perspektive der östlichen Trinitätslehre ist es vor allem die Ursprungslosigkeit, die als Proprietät des Vates festzuhalten ist. Die Rede vom Vater kennzeichnet Gott also insofern, als er ursprungsloser Ursprung, schöpferischer Urgrund und namenloses Geheimnis ist. Als Logos/ Sohn ist Gott der, der ganz vom Vater her und auf ihn hin ist (generari) und der zugleich mit dem Vater Andersheit setzt (spirare). Als Heiliger Geist ist Gott zugleich der Gehauchte (sprirari), der ganz und gar Andere, der als solcher vollkommene Einheit in Verschiedenheit der trinitarischen Personen ermöglicht und jede Andersheit in Gott hineinholt.

Perichorese

Alle trinitarischen Begriffe führen hin zu einem letzten, alles zusammenfassenden Grundbegriff, nämlich dem der *Perichorese*, der das Ineinandersein und die gegenseitige Durchdringung der göttlichen Personen zum Ausdruck bringt. Gott ist also gemäß der Trinitätslehre durch eine differenzierte Form von Relationalität strukturiert. Vereinfacht könnte man auch sagen: Gott ist Beziehung. Er ist dialogisches Geschehen, pulsierendes Leben, relational strukturierte Dynamik. Es kommt also alles darauf an, Gott nicht zuerst als ein Wesen zu denken und dann zu überlegen, wie sich dieses Wesen in verschiedenen Gestalten artikulieren kann. Vielmehr gilt es, die Beziehung als das Ursprüngliche zu denken und Gottes Wesen aus den ihn strukturierenden Beziehungen heraus als Liebe einsichtig zu machen.

Die Schwierigkeit besteht darin, die Relationalität im Wesen Gottes so zu artikulieren, dass Einheit und Verschiedenheit im Wesen Gottes als direkt proportionale Größen verständlich werden. Dabei besteht immer die Gefahr, bei der Betonung der Verschiedenheit der göttlichen Personen in den Tritheismus abzurutschen. Diese Gefahr besteht vor allem bei Trinitätskonzeptionen, die den neuzeitlichen *Personenbegriff* rezipieren. Denn mit dem neuzeitlichen Personenbegriff sind Eigenschaften wie Selbstbewusstsein und Freiheit notwendig verbunden, so dass allzu leicht der Rückschluss auf drei Götter erfolgen kann. Umgekehrt kann die Vernachlässigung dieser Verschiedenheit auf der Grundlage des antiken Personenbegriffs dazu führen, die Personen als bloße Erscheinungsweisen des einen Gottes zu denken (Gefahr des Modalismus). Die Aufgabe jeder Trinitätstheologie besteht also darin, ohne modalistische Verkürzung die Einheit und Einfachheit des Wesens Gottes zu wahren und zugleich ohne tritheistische Anleihen die reale Verschiedenheit der Personen auszusagen.

<small>Rezeption des Personenbegriffs</small>

Da der Personenbegriff aufgrund seiner Bedeutungsverschiebung im Zuge der Neuzeit so leicht tritheistisch missverstanden werden kann, schlagen einige moderne Trinitätskonzeptionen vor, diesen durch einen weniger missverständlichen Begriff zu ersetzen. Karl Barth plädiert beispielsweise dafür, stattdessen von drei *Seinsweisen* Gottes zu sprechen. Da dieser Begriff allerdings umgekehrt dazu einlädt, modalistisch missverstanden zu werden, schlägt Karl Rahner vor, von *distinkten Subsistenzweisen* zu sprechen – ein Begriff, der zwar präziser als Barth das Gemeinte ausdrückt, aber für einfache Gläubige unverständlich ist. Gemeint ist, dass Gott nicht nur in drei Weisen erscheint, sondern in den Gestalten Vater, Sohn und Hl. Geist ganz und gar da ist und sich in diesen drei Weisen der Existenz vollzieht. Auch wenn es sich um Existenzweisen des einen und selben Wesens Gottes handelt, sind diese Weisen strikt voneinander zu unterscheiden, also distinkt.

<small>moderne Trinitätskonzeptionen</small>

2) Gottes Wesen denken

Statt den Personenbegriff wegzuerklären, kann man auch versuchen, sich ihn in seiner neuzeitlichen Füllung positiv anzueignen, indem man deutlich macht, dass die innertrinitarischen Personen immer schon in material unbedingter Weise aufeinander bezogen sind und dadurch eine Einheit realisieren, die menschlichen Personen aufgrund der Bedingtheit ihrer Vollzüge nicht möglich ist [vgl. dazu die Überlegungen zur Freiheitsanalyse im 7. Kapitel]. Dadurch entsteht aber sofort wieder eine tritheistische Schlagseite.

Entscheidend für die Interpretation des Personenbegriffs ist die Frage, ob man mit der westkirchlichen Tradition die Verschiedenheit Gottes von seiner Einheit her denkt, oder ob man mit der ostkirchlichen Tradition eher von der Verschiedenheit aus die Einheit in den Blick zu bekommen versucht. Es ist dabei üblich geworden, Theorien, die die Trinität aus dem liebenden Zu- und Ineinander der göttlichen Personen deuten wollen und also von der Verschiedenheit der Personen her denken, als „soziale" Trinitätstheologien zu bezeichnen. „Sozial" sind diese Trinitätstheologien, weil sie das soziale Miteinander der innertrinitarischen Personen als Modell für Gesellschaft und Kirche verstehen und so eine trinitarische (hierarchiefreie, Andersheit wertschätzende) Gestaltung des menschlichen Miteinander als eines der zentralen Anliegen des Christentums verstehen.

„soziale" Trinitätstheologien

lateinische Trinitätstheologien

Demgegenüber bezeichnet man Trinitätstheologien, die von der Einheit Gottes her denken und die aus dieser dann die drei Existenzweisen Gottes ableiten wollen, als lateinische Trinitätstheologien. Hintergrund dieser Begriffsbildung ist die Beobachtung, dass die meisten Kirchenväter des Westens und damit der lateinischen Tradition (wie z.B. Augustinus, Anselm und Thomas) Trinitätstheologien ausgebildet haben, die von der Einheit Gottes aus dachten, während gewichtige Vertreter der östlichen Tradition dazu tendieren, die Trinitätstheologie aus der Verschiedenheit der innertrinitarischen Personen auszubilden. Anders als in der östlichen Tradition üblich wird – zur Betonung der gleichen Rangordnung der innertrinitarischen Personen – unter neueren Vertretern der sozialen Trinitätslehren allerdings nicht mehr vom Vater aus gedacht, sondern von allen als gleichursprünglich miteinander verwoben gedachten göttlichen Personen. Deshalb ist es sinnvoll, die sozialen Trinitätstheologien auch von den östlichen Trinitätstheologien zu unterscheiden, obwohl hier deutlich mehr Übereinstimmungen bestehen als zu den lateinischen.

	Lateinische Trinitätslehren	Östliche Trinitätslehren	Soziale Trinitätslehren
Ausgangspunkt	Der eine, sich offenbarende Gott	Vater	Drei als gleichursprünglich gedachte Personen
Klassiker	Augustinus, Anselm, Thomas	Gregor v. Nyssa, Richard v. St. Viktor	Tertullian
Wichtige Vertreter heute	Rahner, Barth, Vorgrimler, Leftow, Hoping, Schärtl	Swinburne, Staniloae, v. Balthasar, Kasper	Moltmann, Greshake, Boff, (Pannenberg), C. Plantinga, Pröpper, Striet, Essen
Bedeutung des Personbegriffs	Seins-, Existenz- oder Gegebenheitsweise	Aktzentrum	Selbstbewusstsein, Aktzentrum, Freiheit
Gefährdung	Modalismus	Subordinatianismus	Tritheismus

Da Gott als *id quo maius cogitari non potest* zu bestimmen ist, gerät jede theologische Erklärung, die versucht, sein Wesen einsichtig zu machen, an notwendige Grenzen. Das trinitarische Wesen wird deshalb von der kirchlichen Tradition als *mysterium stricte dictum* festgehalten, um die Begrenztheit menschlichen Denkvermögens an dieser Stelle ausdrücklich zuzugeben. Festzuhalten ist, dass Gott als Einheit in Vielheit zu denken ist, dass also weder die Einheit in die geordnete Vielheit noch die Vielheit in die Einheit aufgelöst werden darf. Differenz und Andersheit bedrohen also nicht die Einheit und Einfachheit Gottes, sondern sind für sie konstitutiv. Theologische Reflexion kann versuchen, diesen Sachverhalt durch begriffliche Anstrengungen einsichtig zu machen, gerät dabei aber immer in die Gefahr, entweder tritheistisch oder modalistisch missverstanden zu werden.

Gott als Geheimnis

2) Gottes Wesen denken

Negative Theologie

Der Begriff der Negativen Theologie meint eine Denkform und Dimension christlichen Denkens und Sprechens von Gott, die durch die Verwendung von expliziten oder impliziten Negationen in den Gottesaussagen gekennzeichnet ist. So formuliert z.B. Thomas von Aquin, dass wir von Gott nicht wissen können, was er ist, sondern nur, was er nicht ist. Negative Theologie spricht zwar dem Menschen das Vermögen zur Erkenntnis des Wesens Gottes ab, sie will jedoch damit nicht die Existenz Gottes leugnen. Die Negationen der Negativen Theologie sind nicht Ausdruck von Atheismus oder Agnostizismus, sondern intendieren eine Affirmation Gottes, aber eben als des Unbegreiflichen. Oder anders formuliert: Negative Theologie ist nicht notwendig Negation Gottes, sondern sie versucht, von der Anwesenheit Gottes in seiner Abwesenheit zu sprechen (H.-J. Höhn). Dabei wird Gott als der absolut Andere (des Menschen und der Welt) gedacht, der so anders ist, dass sein Anderssein mit seinem Nichtsein verwechselt werden kann.

Negative Theologie will auf dem Weg der Negation ihrer Grundfrage gerecht werden, wie angesichts der besonders seit der Neuzeit geforderten Vernunftgemäßheit des Glaubens und der Forderung nach Mündigkeit und Autonomie des Menschen noch angemessen von Gott gesprochen werden kann. Die sehr alte und vielfältige Tradition der Negativen Theologie lebt besonders in den letzten Jahren wieder neu auf und hat eine intensive Debatte ausgelöst. Dabei ist äußerst umstritten, welche Tragweite der Negativen Theologie für die Selbstverständigung und Verantwortung christlichen Glaubens zukommt. Das Versprechen der Anhänger Negativer Theologie besteht darin, dass sie es erlaube, die weit verbreitete Erfahrung der Gottesferne ebenso in die Reflexionsbewegungen der Theologie aufzunehmen wie die Einsicht in die Nichtnotwendigkeit Gottes für die Erklärung innerweltlicher Sachverhalte. So vertritt beispielsweise H.-J. Höhn die Auffassung, dass die Negative Theologie sich in besonderer Weise dazu eigne, auf die Anfragen der neueren Religions- und Erkenntniskritik einzugehen und so dem Selbstverständnis unserer Zeit in einer zeitgemäßen Theologie gerecht zu werden.

Kritiker der Negativen Theologie sind dagegen der Auffassung, dass christliche Theologie ohne affirmative Bestandteile unmöglich sei. So ist der Freiburger Fundamentaltheologe M. Striet der Meinung, dass die Selbsterschließung Gottes in Jesus Christus kaum Raum für Negative Theologie lasse und Grundlage für univoke Elemente in der Rede von Gott sei.

Um diese Debatte etwas einordnen zu können, gehe ich im Folgenden auf die Grundlagen der Negativen Theologie in der Tradition ein. Ihre biblischen Wurzeln hat die Negative Theologie vor allem im alttestamentlichen Bilderverbot (Ex 20,4f.; vgl. auch Dtn 5,8f.): „Du sollst Dir kein Gottesbild machen und keine Darstellung von irgendetwas am Himmel droben, auf der Erde unten oder im Wasser unter der Erde". Aber auch an anderen Stellen im Alten Testament sind Momente Negativer Theologie präsent: Gott wird als der Zeit und Raum Transzendierende beschrieben (Ps 90,2; Jes 44,6; 48,12; 1 Kön 8,27); sein Wesen ist mit nichts vergleichbar und kann in keinem Bild erfasst werden (Jes 40,18.28); er erscheint als der, der über sich nicht verfügen lässt, der Gnade gewährt, wem er will und dessen Angesicht niemand sehen kann – nur Mose darf in Gottes Rücken schauen, nachdem seine Herrlichkeit an ihm vorübergezogen ist (Ex 33,18-23); nicht in großen Stürmen, im Erdbeben oder Feuer offenbart sich Gott, sondern in einem sanften, leisen Säuseln, bzw. in einer Stimme verschwebenden Schweigens (M. Buber) (1 Kön 19,11-13).

<small>biblische Wurzeln</small>

Auch im Neuen Testament lassen sich Spuren Negativer Theologie finden: Im Leben und Sterben Jesu wird Gott gerade nicht in unverborgener Weise sichtbar. Die Mitte der jesuanischen Rede von Gott ist der Rand der Gesellschaft; in Passion und Kreuzestod kann man so etwas wie eine „Gottverlassenheit" Jesu sehen.

Eine lehramtliche Bestätigung Negativer Theologie sehen ihre AnhängerInnen in der Aussage des IV. Laterankonzils 1215: „Zwischen Schöpfer und Geschöpf läßt sich keine Ähnlichkeit feststellen, ohne daß noch eine größere Unähnlichkeit festzustellen wäre" (DH 806). Zudem wird in den Dokumenten des I. Vatikanischen Konzils (1870) festgehalten: Gott ist „der eine, wahre und lebendige Schöpfer ..., unermeßlich, unbegreiflich, unendlich in Erkennen und Wollen und jeder Vollkommenheit. Weil er eine einzige, für sich bestehende, ganz und gar einfache und unveränderliche Geistwirklichkeit ist, ist von ihm auszusagen: Er ist wirklich und wesenhaft von der Welt verschieden, in sich und aus sich überaus selig und über alles unaussprechlich erhaben, was außer ihm ist und gedacht werden kann" (DH 3001).

<small>lehramtlicher Anhaltspunkt</small>

Ihre Ursprünge hat die christliche Tradition Negativer Theologie bei dem neuplatonisch geprägten Theologen *Pseudo-Diony-*

<small>Ursprünge</small>

2) Gottes Wesen denken

via affirmationis, via negationis und *via eminentiae*

sius Areopagita[21] (5./6. Jahrhundert). Bei ihm findet sich die vielfach von der Tradition übernommene Lehre der drei Wege der Erkenntnis: der *via affirmationis,* der *via negationis* und der *via eminentiae.* Diese drei Wege bilden einen Dreischritt im Erkenntnisprozess, der von der direkten Rede über Gott zu der ihm angemesseneren analogen Rede führt (vgl. Thomas von Aquin). Parallel zu der Unterscheidung der Wege unterscheidet Ps.-Dionysius die traditionelle *affirmative* Theologie, welche den Weg der *via affirmationis* beschreitet und bejahende (*kataphatische*) Aussagen über Gott macht – Gott wird erkannt und bezeichnet als die Allursache, als der Vielnamige –, von einer *Negativen* Theologie, die Gebrauch von der *via negationis* macht und lediglich negative, verneinende (*apophatische*) Aussagen über Gott wagt. Der negative Erkenntnisweg – die *via negationis –* gelangt zu der Erkenntnis Gottes als des Un-erkennbaren, Un-endlichen, Namenlosen.

Nach Ps.-Dionysius Areopagita muss auch die *via negationis* noch einmal überstiegen werden; denn das Wort „unendlich" ist seiner Auffassung nach insofern noch anthropomorph und somit eine unangemessene Rede von Gott, als es eine Negation des dem Menschen bekannten Endlichen darstellt und so noch immer am Endlichen Maß nimmt. Daher muss das Wort „unendlich" als Gottesprädikat nochmals negiert werden, um nicht Gefahr zu laufen, bei seinem Gebrauch wieder an Endliches derart zu denken, dass seine Eigenschaften ins Unendliche projiziert werden. Die Negation der Negation macht deutlich, dass zum einen auch die apophatischen Aussagen Gott nicht erreichen, und zum anderen, dass das Ziel der Apophase nicht in ihr selbst liegt, sondern darin, Raum zu schaffen für das Erscheinen des Göttlichen selbst.

Auch auf dem Weg der *via eminentiae* (dem Weg der Steigerung über alles Denkbare hinaus), der aussagt, dass Gott ebenfalls nicht durch Negationen des Endlichen getroffen wird, also jenseits von allem Bejahen und Absprechen ist, wird noch beansprucht, Erkenntnisse zu gewinnen: Erstens die Erkenntnis, dass, um mit Anselm von Canterbury zu sprechen und dessen Denkweg mitnachzuvollziehen, Gott nicht nur das ist, worüber hinaus Größeres nicht gedacht werden kann (*id quo maius cogitari nequit*), sondern dass Gott größer ist, als gedacht werden kann

---

[21] Der unbekannte Verfasser der unter diesem Namen veröffentlichten Schriften nahm für sein Pseudonym den Namen eines Zeugen der Rede des Paulus auf dem Areopag von Athen über den „unbekannten Gott" in Anspruch (vgl. Apg 17,22-34).

(*quiddam maius quam cogitari possit*). Und zweitens wird eine „Erkenntnis" Gottes jenseits des Denkbaren beansprucht (vgl. Mystik); denn die Grenze der Sprache beinhaltet nicht zugleich die Grenze der Erfahrung.

Der bekannteste Verfechter Negativer Theologie der Tradition ist sicherlich *Nikolaus von Kues* (1401-1464). Er bezeichnet Gott im Unterschied zu den Dingen und Menschen in der Welt, die je ein bestimmtes definierbares Anderes sind, als den *non-aliud*, als den *schlechthin Nicht-Anderen*, als den Einen, der nichts neben sich und nichts sich gegenüber hat, als den, der so anders ist, dass sein Anderssein mit seinem Nichtsein verwechselt werden kann. In einem fingierten Dialog zwischen einem Christen und einem Heiden macht Nikolaus von Kues deutlich, dass Gott weder Nichts noch Etwas, weder sagbar noch unsagbar ist, sondern dass er der ist, der das Nichtsein in Sein übergehen lässt, der allem Sein und Nicht-Sein vorausgeht. Gott als der Schöpfer alles Endlichen könne aufgrund dieser Wesensunterschiedenheit nicht auf endliche Weise begriffen werden. Der Ursprung des Endlichen könne von dem/den Endlichen nicht erkannt werden. Daher plädiert Cusanus für eine *„belehrte Unwissenheit" (docta ignorantia)*: für ein Wissen davon, dass wir über Gott nichts wissen können; denn die Erkenntnis dieses Nichtwissens ist selbst ein Wissen.

Neben dieser zentralen Denkfigur des Cusaners ist in seiner Theologie der Paradigmenwechsel von einer Substanzmetaphysik, in der Gott als vorhandenes Seiendes bestimmt wurde, zu einer relational-funktionalen Ontologie (= Lehre vom Sein) bedeutsam. In dieser wird der Gottesbegriff ungegenständlich vollzugstheoretisch bestimmt, d.h. Gott wird dynamisch als in Relation seiend gefasst. Cusanus versucht dies seinen Mönchen mit Hilfe einer Ikone Gottes als des „Alles-Sehenden" anschaulich zu machen: Das Kunstwerk ist so gestaltet, dass jeder, der die Ikone – aus je unterschiedlichen Richtungen – betrachtet, die Erfahrung macht, nur er werde von ihr angeschaut. Auch in Bewegung verlässt der Blick des Allessehenden den Betrachter nicht, so dass der Betrachter das Gefühl bekommt, begleitet und umsorgt zu werden. In diesem Experiment sieht der Betrachter Gott nicht gegenständlich, sondern er erfährt einen Vollzug des Angeschautwerdens – er nimmt ein Gesehenwerden und damit einen Blick, das Sehen Gottes, das Gott selbst ist, wahr. Hier ereignet sich die Koinzidenz von Sehen und Gesehenwerden. Auch erfährt der Betrachter das Gesehenwerden nur dann, wenn er selbst das Bild anblickt.

Nikolaus von Kues/ Cusanus

docta ignorantia

2) Gottes Wesen denken

Damit wird erfahrbar, was es heißen könnte, dass das Sein Gottes relational zu fassen ist. Es wird in Relation zu dem Anblickenden bestimmt. Und jene Wirklichkeit, für die das Wort „Gott" steht, wird für den Menschen nur erfahrbar, wenn der Mensch sein Dasein als relational auf Gott hin gerichtet versteht. Damit wird auch der moderne Gedanke der innerweltlichen Nichtnotwendigkeit Gottes bereits vorausgedacht. Der Blick der Ikone trifft nur, wenn sie angeschaut wird. Man kann den Blick von Gott abwenden, Gott „nichts" sein lassen, ohne selbst zum Niemand zu werden.

Weder in der Tradition noch in der Gegenwart lässt sich von der einen Negativen Theologie sprechen, sondern Negative Theologie zeigt sich in unterschiedlichsten Ausprägungen. Gemeinsam ist allen Negativen Theologien als Lehre von der Erkenntnis Gottes, dass sie zum Mittelpunkt ihrer Betrachtung die rationale Unerkennbarkeit Gottes haben. Diese Unerkennbarkeit Gottes gilt in zweifacher Weise: Sie liegt erstens in der *Begrenztheit der menschlichen Erkenntnisfähigkeit* sowie in deren Perspektivengebundenheit begründet. Zweitens gründet sie in der *Wesensbestimmung Gottes als des Unerkennbaren und Unbegreiflichen.* Diese zwei Momente lassen sich mehr oder weniger in fast allen Ansätzen ausfindig machen und scheinen das Charakteristische der Negativen Theologie auszumachen. Zugleich stellen sie zwei unterschiedliche Begründungswege und Zugänge zur Negativen Theologie dar.

anthropologischer Zugang

Dabei kann die Einsicht in die Begrenztheit menschlicher Erkenntnis als anthropologischer Zugang bezeichnet werden, da die Begründung ihren Ausgangspunkt bei der Erkenntnisfähigkeit des Menschen nimmt: Von Seiten des Menschen wird eingestanden, dass wir Gott nicht erkennen, nicht begreifen können, dass er all unser Erkenntnisvermögen übersteigt und alle Fassbarkeit menschlichen Denkens sprengt. Wenn überhaupt etwas über Gott gesagt werden könne, dann nur, dass er „größer ist, als gedacht werden kann" (Anselm von Canterbury).

theologische Motive

Die zweite Begründung arbeitet mit genuin theologischen Motiven: Gott wird durch die Negation alle Begrenzung und Unvollkommenheit abgesprochen, er wird als der Un-begrenzte, der Un-begreifliche, der Un-sagbare verstanden. Es wird demnach nicht, wie bei dem ersten Weg, eine Aussage über den Menschen, sondern es wird eine Aussage über Gott gemacht: Dem, was Gott ist, können wir näher kommen, indem wir ausschließen, was Gott nicht ist. Gott wird affirmiert/ charakterisiert als der Unbegreifliche (*deus absconditus*) – so die Sichtweise Negativer Theologie.

Zur Negativen Theologie in ihrer modernen Fassung gehört der „Bruch des kohärenten Diskurses" (Levinas)[22]; denn das, was über Gott gesagt werden kann, – so die Option Negativer Theologie im Diskurs der Gegenwart – besteht weniger aus festen dogmatischen Antworten als aus offenen Fragen. Damit will sie jedoch nicht für die Zerstörung des Logos und der Vernunft zugunsten von Relativismus und Beliebigkeit plädieren, sondern sie will sich gegen Versteinerungen und Verabsolutierungen und für einen ständigen Ikonoklasmus und immer neue hermeneutische Selbstrelativierungen aussprechen.

Ob ihr das gelingt oder ob sie das Offenbarsein des Geheimnisses Gottes unterbestimmt, ist in der gegenwärtigen Diskussion der systematischen Theologie äußerst umstritten. So betont etwa M. Striet in seiner scharfen Kritik an der Negativen Theologie, dass von Gott aufgrund seiner Selbstoffenbarung in Jesus Christus auch affirmative Aussagen gemacht werden müssen. Und A. Kreiner fragt, ob man überhaupt noch sinnvollerweise von Theologie sprechen sollte, wenn man nur noch in Fragen und Negationen spricht. Wenn man meint, dass man im Letzten nichts über Gott sagen kann, solle man so konsequent sein zu schweigen und nicht immer wieder rational unausgewiesene Glaubenssätze in Anspruch nehmen.

Kritik

Karl Barth

Karl Barth (1886-1968), der vielleicht bedeutendste evangelische Theologe des 20. Jahrhunderts, war kein Mensch, der Konflikten aus dem Weg ging. Schon als Kind prügelte er sich gern und brachte es zum Bandenchef und Lehrerschreck. Als er im Erwachsenenalter einmal darauf angesprochen wurde, dass er immer Recht haben wolle, antwortete er in seinem Schweizer Dialekt: „I *ha* halt au immer rächt!" Toleranz, Neutralität und Suche nach Kompromissen galten

bedeutendster ev. Theologe des 20. Jahrhunderts

---

[22] E. Levinas, Außer sich. Meditationen über Religion und Philosophie, München-Wien 1991, 79.

ihm nie als Tugenden. Mit leidenschaftlichem Ernst suchte er nach Entscheidungen, nach klaren Positionen, nach Offenheit und Ehrlichkeit.

Prägungen Nachdem er in seiner Jugendzeit stark von der das 19. und beginnende 20. Jahrhundert dominierenden liberalen Theologie geprägt war, begann mit seiner Tätigkeit als evangelischer Pfarrer in der Schweizer Kleinstadt Safenwil 1911 eine entscheidende Wende in seinem Denken. Barth merkte, dass er mit all dem, was er in seinem Studium bei den bekanntesten Theologen der damaligen Zeit über die christliche Religion gelernt hatte, in der Gemeindepraxis und beim Predigen herzlich wenig anfangen konnte. Durch die liberale Exegese der Biblischen Theologie konnte er zwar alles mögliche historische Material ausbreiten, aber kein anderes als ein historisches Verhältnis zu der Verkündigung Jesu finden. Durch die systematische Theologie hatte er zwar gelernt, religiöse Erfahrungen zu dechiffrieren, aber die Arbeiter, mit denen er zu tun hatte, konnte er mit dem Aufweis eines „Gefühls schlechthinniger Abhängigkeit" (Schleiermacher) nicht beeindrucken. Allenfalls mit der Predigt vom Reich Gottes und dem damit verbundenen Hereinbrechen von Gottes Herrschaft konnte er ihre Herzen erreichen. Dies gelang ihm allerdings nur dann, wenn seine Predigt in der Praxis konkret wurde. Christsein hatte für Barth immer etwas mit der eigenen Praxis zu tun und hatte sich bis in politische Zusammenhänge hinein zu bewähren. Als Kind zwang ihn sein Vater, der wie Barth später selbst Theologieprofessor war, mit folgenden Worten, seine Spardose für einen Kranken zu opfern: „Wer da weiß, Gutes zu tun, und tut's nicht, dem ist's Sünde." Ganz auf der Linie eines solchen Handelns gründete Barth als Pfarrer in Safenwil drei Gewerkschaften, wurde Sozialist und setzte sich als „Genosse Pfarrer" für die Kleinen und Geringen in seiner Gemeinde ein. Den Atheismus der Sozialisten verstand er als Gericht über eine Kirche, die es schon immer versäumt hatte, sich an den von Jesus gepredigten, solidarischen, sozialen Gott zu halten. Einer der Fabrikanten des kleinen Städtchens bezeichnete Barth später als „den ärgsten Feind in meinem ganzen Leben".

Wendepunkt Als zu Beginn des Ersten Weltkriegs fast alle namhaften Theologen die Kriegspolitik Wilhelms II. unterstützten, wurde in Barth der Verdacht Gewissheit, dass nicht nur mit deren politischen Einstellungen, sondern auch mit deren Theologie etwas nicht in Ordnung war und er neue Wege beschreiten musste. Barth wusste allerdings zunächst nicht, in welche Richtung er sein theologisches Denken lenken sollte.

Als Gleichnis für seine damalige Situation erzählt Barth später ein Kindheitserlebnis: In der Pfarrei seines Patenonkels stieg er als Kind einmal allein im Dunkeln auf den Glockenturm. Als er ins Stolpern kam und sich am Geländer festhalten wollte, bekam er nur das Glockenseil zu fassen und fing an, die Glocke zu läuten. Ähnlich überrascht wie als Kind vom Klang der Glocke war Barth als Erwachsener vom ungeheuren Eindruck, den sein erstes großes Werk, der *Römerbrief*, hinterließ. Auch dieses war für ihn nicht mehr als ein Zeugnis seiner Tastversuche. Und doch wurde er mit diesem Werk schlagartig berühmt, bekam sofort – auch ohne weitere Qualifikationsschriften – einen Lehrstuhl angeboten (1921 in Göttingen) und wurde im Handumdrehen zum einflussreichsten Theologen seiner Zeit.

Römerbrief

Der *Römerbrief* wurde zum Banner einer neuen theologischen Bewegung, die unter dem Namen der *dialektischen Theologie* bekannt wurde. Dialektisch ist der *Römerbrief* insofern, als Barth in ihm ähnlich wie Sokrates die Widersprüche in den Anschauungen seiner Zeitgenossen herausarbeiten möchte. Auf diese Weise versucht er, den Anspruch des Christentums, jeder Religion und ethischen Weltanschauung auf Besitz von Gerechtigkeit zu erschüttern. Das Buch wirkte wie ein Frontalangriff auf seine Leser und lud zu einem radikalen theologischen Kurswechsel ein. Statt mit Hilfe der eigenen Religion Gott nahe zu kommen, gelte es, alles eigene Streben und eigenmächtige Planen fahren zu lassen, um frei zu werden für Gottes Handeln. Der religiöse Versuch, Gott durch Meditationstechniken oder gute Werke nahe zu kommen, sei Zeugnis des Unglaubens, weil er verkenne, dass Gott dem Menschen immer schon in unüberbietbarer Weise nahe sei. Statt Nähe herstellen zu wollen oder denkerische Vermittlungsleistungen zu erbringen, gelte es lediglich, das Herrsein Gottes anzuerkennen und ihm in der Welt Raum zu schaffen. Statt Gott durch eigene Erkenntnisleistungen hervorbringen und klein machen zu wollen, gehe es darum, sich Gott zu öffnen. Erkannt werde Gott nicht bei irgendwelcher Gedankenakrobatik, sondern allein da, wo der Mensch nur noch „Einschlagtrichter" eines „senkrecht von oben" begegnenden Widerfahrnisses sei.

dialektische Theologie

Dieses Widerfahrnis ist es, das den Theologen allererst ermächtigt und verpflichtet, das Unmögliche zu tun und von Gott Zeugnis abzulegen. „Wir sollen als Theologen von Gott reden. Wir sind aber Menschen und können als solche nicht von Gott reden. Wir sollen beides, unser Sollen und unser Nicht-Können, wissen und eben damit Gott die Ehre geben." Eben dies war der Grundsatz der dialektischen Theologie, die dann in den 20er Jahren zur bestimmenden theologischen Schule im deutschen Sprachraum wurde.

Aus seinen Erfahrungen mit der Kriegsbegeisterung der führenden liberalen Theologen wurde ihm deutlich, dass allein die strikte Unterordnung unter das Wort Gottes gegen die Vergötterung der Nation und gegen die totalitäre Ideologie immunisiert. Eben diese klare Erkenntnis erlaubte ihm auch in der Zeit der NS-Herrschaft in Deutschland, zum Wortführer der „bekennenden" Opposition in der Kirche zu werden – eine Position, die er bereits 1934 mit der Emigration in die Schweiz bezahlen musste. Auch nach dem Krieg blieb Barth durch seine Sympathien für den Sozialismus und seine Kritik am Kalten Krieg und der damit einhergehenden atomaren Aufrüstung ein Unruhestifter. Der deutsche Bundespräsident Heuss verhinderte persönlich, dass Barth der Friedenspreis des deutschen Buchhandels verliehen wurde. Gegen Ende seines Lebens äußerte Barth den Wunsch, einmal für 14 Tage Papst zu sein, um dann folgende drei unfehlbare Entscheidungen zu treffen und anschließend sofort zurückzutreten: Die Einführung von Blau als Kirchenfarbe, anstelle des schrecklichen Rot und Violett; die Seligsprechung von Mozart; die Einsetzung von ganz vielen Frauen als Kardinälinnen.

Wort Gottes als Wurzel aller Theologie

Barths bis heute starke Anziehungskraft hat sicher mit seiner ungeheuren Leidenschaft und Aufrichtigkeit zu tun. Aber auch seine Rückbesinnung auf das Wort Gottes als Wurzel aller Theologie hat bis heute – vor allem in Kreisen postliberaler Theologien – eine große Ausstrahlung. An Barth faszinierte und fasziniert, dass er mit einem völlig neuen Blick an die Bibel heranging und von ihr ausgehend die Welt zu verstehen suchte, statt (wie die liberale Theologie vor ihm) umgekehrt von der Welt und ihrem landläufigen Verständnis her die Bibel zu lesen. Ihm wurde klar, dass man als Theologe von Gottes Offenbarung her denken muss und nicht von der Erfahrung der Menschen her diese herbeireden kann. Das trinitarische Handeln Gottes wird so zum Ausgangspunkt all seines theologischen Denkens, und er kämpft gegen jeden Versuch des Menschen, aus eigener Kraft eine Beziehung zu Gott herstellen zu wollen. Denn nur, wenn Gott selbst sich mir (in Christus) mitteile und zugleich mein Herz (im Geist) ergreife, damit ich diese Anrede als Anrede des Herrn begreife, sei Glaube möglich.

„Gott offenbart sich als der Herr"

„Gott offenbart sich als der Herr" ist für Barth deshalb der Grundsatz jeder Theologie. Er ist für ihn damit auch Grundlage der Trinitätstheologie. So wie in diesem Satz Subjekt, Prädikat und Objekt (also Offenbarer, Offenbarung und Offenbarsein) zu unterscheiden seien, so seien in dem Vorgang der Selbstoffenbarung Gottes drei Vermittlungsinstanzen zu unterscheiden, die zur Ausbildung der trinitarischen Rede von Gott führten. In der christlichen Offenbarung sei der eine Gott in drei verschiedenen Seinsweisen da. Einmal als das verborgene und unergründliche Geheimnis und der Urgrund allen Seins (Vater); dann als sein Wesenswort, in dem er sich uns offenbart (Sohn/ Logos); schließlich als sein innerer Anhauch, mit dem er uns im Inneren verwandelt und entzündet (Hl. Geist). Bei allen drei Seinsweisen gehe es um den einen Gott, der sich uns in seiner Liebe in verschiedener Weise vermittle. Der eine Gott sei auf diese Weise dreimal anders Gott.

Stilbildend für die Theologie des 20. Jahrhunderts wurde Barths umwälzende Neuerung in der Verortung der Trinitätslehre innerhalb der Dogmatik. Wurde in der traditionellen Theologie die Trinitätslehre erst nach der Entfaltung der Gotteslehre in einem eigenen Traktat eingeführt, so verhandelt Barth sie direkt am Anfang seiner Ausführungen im Rahmen der Prolegomena der Kirchlichen Dogmatik. Grund für diese Neuerung ist Barths radikale Absage an eine natürliche Gotteserkenntnis. Die traditionelle Theologie begann mit dem, was sich unabhängig von der Heilsgeschichte von Gott sagen lässt und entfaltete zunächst eine allgemeine Gotteslehre, um erst viel später dann das *mysterium stricte dictum* der Trinität zu entfalten. Barth dagegen besteht darauf, dass sich ohne Beistand des Heiligen Geistes gar nichts über Gott sagen lässt.

Die Wahrheit des christlichen Glaubens kann uns Barth zufolge nur einleuchten, wenn der Heilige Geist in uns bewirkt, dass wir den uns personal begegnenden Christus als das Wort des Vaters verstehen. Für die autonome philosophische Vernunft bleibe dagegen der Begriff von einer Selbstoffenbarung Gottes unerreichbar. Entsprechend lehnt Barth den Autonomiegedanken der Aufklärung ab und wendet gegen das nach Autonomie strebende Subjekt ein, dass es genau dem bereits von den Reformatoren gegeißelten, in sich verkrümmten Menschen entspreche, der alles selber erreichen wolle und meine, selber Herr und Richter über Gut und Böse zu sein. Trotz dieser Kritik an der Aufklärung nimmt Barth viele Impulse neuzeitlichen und modernen Denkens auf und darf keinesfalls als Antimodernist gesehen werden. Eher könnte man in ihm den ersten „Postmodernen" sehen, insofern er die kritischen Potentiale der Aufklärung und Moderne nutzt, um sie immer wieder in ihren Ansprüchen in Frage zu stellen. Insbesondere die funktionalistische Religionskritik des 19. Jahr-

Glaube und Vernunft

hunderts verwendet er, um die moderne Theologie zu erschüttern und eine Kehrtwende ihrer Denkrichtung zu erzwingen. Mit aller Energie versucht er immer wieder nachzuweisen, dass ohne Voraussetzung der Offenbarung und ohne das Handeln Gottes schlechterdings kein christlicher Glaube möglich sei.

Bei aller Komplexität und Eleganz seines Denkens konnte er in der Pastoral doch immer in erfrischender Einfachheit seine Positionen verdeutlichen. So antwortete er einmal auf die Frage, ob man im Himmel wirklich all seine Lieben wiedersehen werde: „Machen Sie sich darauf gefasst, nicht nur Ihre Lieben!"

Aufgaben:

1. (Wie) Lässt sich die Rede von der Unbegreiflichkeit Gottes mit der Prädikation von bestimmten Eigenschaften in Bezug auf das Wesen Gottes in Einklang bringen?
2. Erläutern Sie Ansatz und Tragweite Negativer Theologie! In welches Verhältnis setzt sich Maria zur Tradition Negativer Theologie?
3. Was ist im christlichen Verständnis unter Allmacht zu verstehen? Wie kann Allmacht sinnvoll von einem Wesen ausgesagt werden?
4. Was ist unter Allwissenheit zu verstehen? Wie kann Allwissenheit sinnvoll von einem Wesen ausgesagt werden?
5. Erläutern Sie die christliche Trinitätslehre. Verwenden Sie dabei die Begriffe Appropriation, Proprietät, Perichorese, Person, immanente und ökonomische Trinität!
6. Diskutieren Sie verschiedene Verstehensmöglichkeiten des Personenbegriffs! Wie kann man den Personenbegriff zu verstehen suchen, wenn man einen Weg zwischen Tritheismus und Modalismus ausloten möchte?
7. Inwiefern ist die Trinitätslehre erforderlich, um Gott als Liebe denken zu können? Warum ist sie notwendig, um eine göttliche Offenbarung mit der schlechthinnigen Absolutheit Gottes zu vereinbaren?

Literaturhinweise

Eigenschaften Gottes

RUSTER, THOMAS, Der verwechselbare Gott. Theologie nach der Entflechtung von Christentum und Religion, Freiburg-Basel-Wien 2000 (QD 181) *(Pamphlet gegen das Gottesbild der liberalen Theologie; verwegener Totalangriff gegen den Gott der Liberalen, gegen den Markt und gegen alles, was sonst noch böse ist, mit dem biblischen Gott als Compañero).*

WIERENGA, EDWARD R., The nature of God. An inquiry into divine attributes, Ithaca–London 1989 *(gutes Handbuch aus der Sicht der perfect being theology).*

Trinität

GRESHAKE, GISBERT, Der dreieine Gott. Eine trinitarische Theologie, Freiburg-Basel-Wien 1997 *(ausführliches Lehrbuch mit innovativen Impulsen; positive Integration des neuzeitlichen Person- und Freiheitsdenkens).*

DERS., Kleine Hinführung zum Glauben an den drei-einen Gott, Freiburg 2005 *(neueste Kurzfassung von Greshakes Ansatz).*

KASPER, WALTER, Der Gott Jesu Christi, Mainz ²1983, 171-383 *(hervorragende lehrbuchartige Präsentation der klassischen Herangehensweise an die Trinitätslehre).*

MAURER, ERNSTPETER, Der lebendige Gott. Texte zur Trinitätslehre, Gütersloh 1999 (Theologische Bücherei; 95) *(gute Textsammlung klassischer Texte v.a. der protestantischen Tradition).*

SCHÄRTL, THOMAS, Theo-Grammatik. Zur Logik der Rede vom trinitarischen Gott, Regensburg 2003 (ratio fidei; 18) *(brilliante, aber schwer zu lesende und sehr umfangreiche Rehabilitation des Ansatzes lateinischer Trinitätslehre im Anschluss an die Semiotik von Charles Sanders Peirce).*

Negative Theologie

FABER, EVA MARIA, Negative Theologie heute. Zur kritischen Aufnahme und Weiterführung einer theologischen Tradition in neuerer systematischer Theologie. In: ThPh 74 (1999) 481-503 *(hilfreiche Übersicht).*

HÖHN, HANS-JOACHIM, „Vor und mit Gott leben wir ohne Gott". Negative Theeologie als theologische Hermeneutik der Moderne. In: G. RISSE/ H. SONNEMANS/ B. THESS (Hg.), Wege der Theologie an der Schwelle zum dritten Jahrtausend. FS H. Waldenfels, Paderborn 1996, 97-109 *(instruktive Aneignung der Intuitionen negativer Theologie als Beitrag zu einer zeitgemäßen Glaubensverantwortung).*

SCHÜSSLER, WERNER (Hg.), Wie läßt sich über Gott sprechen? Von der negativen Theologie Plotins bis zum religiösen Sprachspiel Wittgensteins, Darmstadt 2008 *(Sammelband mit stichprobenartigem Durchgang durch Philosophie- und Theologiegeschichte).*

STRIET, MAGNUS, Offenbares Geheimnis. Zur Kritik der negativen Theologie, Regensburg 2003 (ratio fidei; 14) *(harsche Kritik an der gegenwärtigen Konjunktur negativer Theologie bei Auseinandersetzung mit ausgewählten Standpunkten der Tradition; Entfaltung des Offenbarungsgedankens im Horizont neuzeitlichen Freiheitsdenkens).*

Barth

BARTH, KARL, Die kirchliche Dogmatik, Zürich 1932ff. *(= dickstes Buch der Theologiegeschichte; Barths Lebenswerk).*

DERS., Einführung in die evangelische Theologie, Zürich 1962 *(= Abschiedsvorlesung und zugleich bester Einstieg in Barths reifes Denken).*

BUSCH, EBERHARD, Die große Leidenschaft. Einführung in die Theologie Karl Barths, Gütersloh 1998.

3) Gottes Handeln denken

Mmh, wenn ich Dich so reden höre, habe ich den Eindruck, dass Gott ein echt guter Kumpel ist, der unheimlich gerne an mir handeln und mein Leben heilsam verändern will. Komisch nur, dass ich so wenig davon merke.

Das liegt vielleicht daran, dass Du bisher nicht aufmerksam genug warst. Ich glaube, dass auch in Deinem Leben Spuren von Gottes Zuwendung zu finden sind.

Gut, dann hilf mir mal bei der Suche! Ich bin gespannt.

Dafür müsstest Du mir zunächst einmal sagen, ob es in Deinem Leben Momente gab, von denen Du meinst, dass Du in ihnen Gott begegnet sein könntest und er sich Dir mitgeteilt haben könnte.

Das ist einfach zu beantworten. Solche Momente gab es nicht.

Erfahrung der Abwesenheit Gottes und die Rede vom Vater Ich kenne gut die Erfahrung der Abwesenheit und des Schweigens Gottes. Gott ist eben zunächst einmal das absolute Geheimnis, der ganz und gar Andere, der restlos von der Welt Verschiedene. Er ist der allumfassende, aber selbst nicht fassbare ursprungslose Urgrund der Welt. Von der christlichen Trinitätstheologie her lässt sich diese Erfahrung am ehesten durch die Rede von Gott als Vater aufnehmen.

Ach, ich dachte, der Vater wäre mein guter Papa, der mir immer weiterhilft, wenn ich nicht mehr weiter weiß.

Vorsicht, auf diese Weise ist der Vater (wenn überhaupt) nur vermittelt durch den Logos in der Kraft des Geistes ansprechbar. Zunächst einmal ist Gott, insofern er Vater ist, derjenige, der sich um der Autonomie und Freiheit seiner Geschöpfe willen dazu bestimmt hat, unvermittelt nur seine Schöpfermacht, nicht aber seine unumschränkte Geschichtsmacht zu gebrauchen. Als Vater ist er deshalb bis zum Ende der Geschichte nur in der Weise des Vermissens gegenwärtig. Als Ursprung ist er innerweltlich nicht erfahrbar, sondern nur in den Spuren der Geschöpflichkeit der Welt dechiffrierbar.

Mmh, das klingt sehr geheimnisvoll. Ein Gott, der in der Weise des Vermissens gegenwärtig ist. Das sagt doch nichts anderes, als dass Gott nicht gegenwärtig ist. Du gibst also zu, dass Gott mir gar nicht begegnen kann.

Im Gegenteil! Obwohl Gott immer der gänzlich Unverfügbare bleibt, hat er sich uns doch im Logos ein für alle Mal ohne Vor- und Nachbedingungen zugesagt. Im Logos hat sich Gott für uns ausgesagt und sich uns personhaft zugewandt. In ihm ist sein Handeln offenbar und auf erlösende Weise für den Menschen greifbar. Gott als Logos ist die geschichtlich konkrete Selbstzusage Gottes, die uns Wahrheit und Erkenntnis erschließt.

Gottes Handeln im Logos/ Sohn als Gestalt unbedingter Selbstzusage

Schön gesagt. Aber genau das ist es, was ich noch nicht erfahren habe. Du hast mir doch versprochen, mich auf Erfahrungen aufmerksam zu machen, die ich schon hatte. Und Jesus, der bei Euch doch wohl die Inkarnation des Logos ist, ist mir noch nicht begegnet.

Hast Du noch nie erlebt, dass sich Dir ein anderer Mensch ohne Vor- und Nachbedingungen hingegeben hat oder Du Dich ihm allein um seiner selbst willen zugewandt hast?

Doch schon, so hoffe ich zumindest; jedenfalls wüsste ich gerade eine wundervolle Frau, von der ich mir wünsche, dass sie sich mir hingibt. Aber was hat das mit Gott zu tun?

Jeder Akt von Liebe, der unbedingte Liebe für den Anderen in Anspruch nimmt, ist darstellendes Handeln der im Logos offenbaren Intention des Gottes, der allein unbedingte Liebe ist. Jeder Akt vollmächtiger Liebe ist Öffnung für dieses Handeln Gottes in der Welt. Hast Du nie erlebt, dass Du Dich findest im Wegschenken, dass das darstellende Handeln von unbedingter Liebe Dich frei macht, dass die Zuwendung zum Armen und Bedürftigen Dir Deine eigene Bedürftigkeit zeigt und sie erfüllt? Wenn Du so etwas erlebst, kann es Dich vielleicht zu dem Bekenntnis ermutigen, dass es schon hier und jetzt tatsächlich die sich mir zusagende Person Gottes ist, die mir in meinem Nächsten begegnet, auch wenn sich die Liebe erst eschatologisch mit den Mitteln der Liebe endgültig durchsetzen und für alle offenbar sein wird.

Was eschatologisch offenbar sein wird, weiß ich nicht. Aber hier und jetzt vermag ich nicht zu sehen, wieso die Erfahrung überschwänglicher Liebe mich dazu bringen sollte, von Gott zu reden.

Dazu kann Dich auch nichts zwingen. Aber vielleicht spürst Du, wenn Du ehrlich zu Dir bist, tief in Deinem Innersten, wie Dich Gottes Geist ergreift und Dir die Augen dafür öffnet, dass das, was Dir da begegnet, eine Gestalt des sich Dir zuwendenden Gottes ist. Vielleicht entdeckst Du Dich ja eines Tages als erfüllt

Gottes Handeln im Geist

von schlechthin antwortender Liebe, von einem Dich ergreifenden und in Bewegung bringenden Beziehungsgeschehen, von einer Dein Leben verändernden Kraft. Vielleicht entdeckst Du ja, wie sich Konstellationen in Deinem Leben ergeben, die Dir ganz neue, ungeahnte Möglichkeiten eröffnen und Dir so Freiheit schenken. Das ist es jedenfalls, was Christen mit dem Heiligen Geist meinen. Eben den innersten Antrieb und Anhauch der Liebe, der unser Herz ergreift, der Freiheit herausfordert, uns neu schafft und tröstend nahe ist. Im Geist nimmt Gott das Andere, Fremde, Ihn-nicht-fassen-Könnende in die Beziehungseinheit hinein, die er ist. Zugleich gibt uns der Geist die Möglichkeit, die Ansprache Gottes allererst zu erkennen. Denn wer anders als der Gott in uns könnte uns die Ansprache Gottes im Du erschließen und dadurch die ganze Welt als Geheimnis der Liebe verständlich machen?

Clever, clever, Du hast wieder alle drei göttlichen Personen zusammen. Der Vater als das unergründliche Geheimnis, das sich mir im Wort der Liebe zusagt und durch die Kraft des Geistes mein Innerstes ergreift und sich verständlich macht. Eine schwülstig ausgedrückte, aber schöne Theorie; sie klingt allerdings etwas polytheistisch. Ihr Christen sprecht doch von drei Personen in Gott. Bedeutet das nicht, dass es drei Götter gibt? Der Vater, der sich versteckt; der Sohn, der sich mir zusagt; der Geist, der mein Innerstes erfüllt – drei Götter also!

[Jetzt ist Maria nicht mehr zu halten. Sie ist zwar etwas enttäuscht, dass Albert das Arbeitspapier zur Trinität offensichtlich nicht gründlich genug studiert hat, erläutert aber unverdrossen, gespickt mit Fachterminologie, den scholastischen Grundsatz: „opera trinitatis ad extra sunt indivisa".]

Jedes Handeln Gottes ist trinitarisch strukturiert

Jedes Handeln Gottes ist bei aller Berechtigung der Skizzierung der Eigentümlichkeiten der Personen immer trinitarisch strukturiert. Deshalb ist jede Proprietät und jede Appropriation auf Gottes trinitarisches Wesen hin durchsichtig zu machen. Wenn Gott mich ruft im darstellenden Handeln der Liebe in meinem Gegenüber (Christus/ Logos)[23], bleibt er zugleich der Verborgene, der ganz und gar Andere, der dennoch Ursprung des Rufes ist (unsagbares Geheimnis/ Vater) und der mich (auch ohne explizites christliches Bekenntnis) so erfüllt, das ich seine Gegenwart im Du erkennen kann (Geist). Wenn ich Gott vermisse und um seine Intervention bitte (Vater), ist er zugleich

---

[23] Bei den Klammerzusätzen handelt es sich um redaktionelle Zusätze, die das Verständnis beim Lesen erleichtern sollen.

der, der mich vor falscher Zufriedenheit mit dem Vorläufigen bewahrt und mich in meinem Bitten erfüllt (Geist) und der mit seiner Macht der Ohnmacht alle Mittel der Liebe in Bewegung setzt (Logos), um mich zum darstellenden Handeln seiner Gegenwart zu bewegen. Wenn ich erfüllt von der Liebe Gottes schwärmerisch aus seiner Nähe lebe und das ganze Leben mit den Augen der Liebe sehe (Geist), bleibt Gott das von mir nicht ausschöpfbare Geheimnis (Vater) und der verborgen im Nächsten Gegenwärtige (Logos).

Ach, Maria, mir wird fast schwindelig bei Deiner Art, von Gottes trinitarisch strukturierten Handlungen zu reden. Und dennoch bin ich einer wirklichen Begegnung mit Gott keinen Schritt näher gekommen. Und eines verstehe ich mittlerweile viel weniger als zuvor. Warum schafft Gott überhaupt die Welt? Wenn er doch, wie Du eben beschrieben hast, auch ohne uns so ein fideles Liebesleben entwickelt hat, wozu braucht er uns dann noch?

Gott braucht uns nicht.

Aber warum erschafft er dann die Welt?

Aus Liebe! Der einzige Grund für die Erschaffung der Welt ist die überströmende Liebe unseres Gottes, der die Welt mit dem Menschen als Krone der Schöpfung geschaffen hat, um Mitliebende in seinem kreativ-dynamischen Liebesgeschehen zu haben. Die Menschen und die ganze Welt sind zu keinem anderen Zweck geschaffen, als sich aus Freiheit anderen Wesen in Liebe zuwenden zu können. Gott erschafft Wesen, die teilhaben können an seiner Lebens- und Liebesfreude – nicht weil seine eigene Freude dadurch erst vollkommen würde, sondern weil es ihm gefällt, sie anderen mitzuteilen.

Liebe als Grund der Schöpfung

Ich bin nicht so sicher, ob ich in Gottes Lebens- und Liebesfreude einstimmen möchte. Und ich staune schon eine ganze Weile über Deinen schwärmerischen Unterton. Aber angenommen, Du hast Recht und Gott hat die Welt in sein trinitarisches Liebesleben hineingeschaffen – meinetwegen, indem er sie in Strukturanalogie zum Logos aus seinem Wesen herausgesetzt und dabei in der Liebe, also im Heiligen Geist, umfangen hat. Also angenommen, ich würde das alles akzeptieren. Wäre es damit nicht genug? Wozu soll ich darüber hinaus noch annehmen, dass Gott auch nach diesem ersten Schöpfungsakt weiter aktiv ist?

3) Gottes Handeln denken

Schöpfung als creatio ex nihilo und creatio continua

Ein Gott, der nur den Schöpfungsakt setzt und danach hilflos zuschaut, entspricht zwar dem Gottesbild des Deismus, hat aber nichts mit dem biblischen Gottesbild gemein. Im Übrigen ist selbst der Schöpfungsakt nicht so zu verstehen, als habe Gott irgendwann einmal vor grauen Vorzeiten die Welt geschaffen und sei in der Zwischenzeit nur in einer Zuschauerrolle. Vielmehr ist die christliche Schöpfungsvorstellung immer eine creatio ex nihilo und eine creatio continua zugleich gewesen. D.h. Gott hat einerseits die Welt aus dem Nichts geschaffen und erhält sie andererseits in jedem Moment neu vor dem Nichtsein. Denn da die Welt in Gott hineingeschaffen ist, hat sie nur Eigenstand, Eigengesetzlichkeit und eigene Kraft, wenn sie weiter von Gott erhalten wird.

Was hat Gott gemacht, bevor er die Welt geschaffen hat?

[Maria lächelt spöttisch.] „Er hat Ruten geschnitzt für die Leute, die so dumme Fragen stellen", lautet die Antwort, die Luther einmal im Anschluss an Augustinus auf diese Frage gegeben hat. Die Frage ist nämlich unsinnig, weil mit der Erschaffung der Welt auch die Erschaffung der Zeit verbunden ist. Die Frage nach Handlungen vor Beginn der Zeit ist aber sinnlos, weil Handlungen Zeit brauchen. Wichtig für uns ist also nur, dass Gott auch unabhängig von der Erschaffung der Welt und der Zeit als vollkommen gedacht wird. Das geschieht durch die trinitarische Explikation seines Wesens, die wir uns gerade erst klar gemacht haben.

[Gerade erst! Maria übertreibt. Albert kann kaum noch ordnen, was Maria so alles an Informationen auf ihn einprasseln lässt. Sie scheint so eine Art Glaubenskurs mit ihm machen zu wollen. Aber Albert will keinen Glaubenskurs; er will Maria. Allerdings beginnt er widerwillig zu merken, dass ihm das eigentümliche Gespräch Spaß macht. Er beschließt, wieder offensiver zu werden.] *Mit diesen Erläuterungen sind wir noch nicht an dem Punkt, an dem es für mich spannend wird. Angenommen, ich gebe alles bisher Gesagte zu; angenommen ich würde glauben, dass Gott existiert und mich aus Liebe geschaffen hat und am Leben erhält. Kann er zusätzlich zu diesem schöpferischen Erhalten auch noch konkret handeln? Würde es zum Beispiel helfen, Gott darum zu bitten, dass er in Dein Herz den Wunsch legt, mit mir Salsa zu tanzen?*

In diesem Fall wäre es vielleicht einfacher, wenn Du mich direkt fragst. Immerhin habe ich heute abend noch nichts vor. Und ich finde Dich irgendwie lustig. Also um halb 8 im „Petit Prince"?

Einverstanden. Aber Du bist meiner Frage ausgewichen. Kann Gott innerweltlich intervenieren? Kann er Deine Gefühle verändern? Kann er meinem Vater in seiner Krankheit beistehen?

Natürlich kann er das alles; er ist ja allmächtig. Und wenn die Welt in Gott hineingeschaffen ist, wüsste ich nicht, warum er nicht auf verschiedene Weise in ihr wirksam sein sollte.

Aber warum tut er es dann nicht? Warum rettet er meinen Vater nicht aus seinem Leiden? Warum erobert er nicht Dein Herz für mich, der ich doch so sehnlich darum bitte?

[Maria zieht die Augenbrauen zusammen.] Nur weil ich Dich zum Salsatanzen eingeladen habe, brauchst Du nicht gleich überzuschnappen. Wenn Gott geschöpfliche Freiheit als Freiheit erhalten will, kann er sie nicht ständig durch innerweltliche Interventionen außer Kraft setzen. Im Übrigen hast Du noch nicht verstanden, was ich mit Gottes Handeln meine, wenn Du es in ein Konkurrenzverhältnis zur menschlichen Freiheit setzt. Die Freiheit des Menschen wird durch Gottes Handeln nicht eingeschränkt, sondern allererst ermöglicht und immer weiter gesteigert.

Gottes Handeln als Ermöglichung von Freiheit

Ein Eingreifen Gottes kann doch nicht meine Freiheit steigern! Entweder Gott lässt mich in Ruhe, und ich bin frei. Oder er greift in mein Leben ein und hilft mir, das Gute zu tun. Dann mache ich zwar vielleicht schönere Dinge, bin aber weniger frei.

Gott handelt nicht, indem er erzwingt, dass ich schönere Dinge tue. Vielmehr besteht sein Handeln beispielsweise darin, dass er in ausweglosen Situationen die Konstellation meiner Lebensumstände so ändert, dass mir neue Alternativen und Lebensmöglichkeiten aufscheinen. Ich bin dann weiterhin völlig frei, weil er mich nicht dahingehend manipuliert, diese Möglichkeiten zu ergreifen. Ja, ich werde sogar freier, weil Freiheit eingeschränkt ist, wenn ich keine Handlungsalternativen habe.

Wenn man die Bibel liest, merkt man aber doch, dass Gott nicht nur Alternativen aufzeigt, sondern auch Alternativen zerstört und ziemlich viel an der menschlichen Freiheit herummanipuliert.

Gott manipuliert nicht, sondern er versucht, sich als die Liebe den Menschen mitzuteilen. Das jedenfalls scheint mir der Kern der durch Christus geoffenbarten Botschaft zu sein, von dem her auch die Bibel zu interpretieren ist. Eine solche Liebesmitteilung kann nur konkret in bestimmten Ereignissen und in bestimmten Menschen erfolgen. Sie muss freisetzenden Charakter haben und umwirbt die Freiheit des Menschen, indem sie ihm in seinem Lebensweg immer wieder Hinweise auf sein Hineingeschaffensein in den trinitarisch strukturierten Raum göttlicher Gegenwart gibt.

In der Bibel ist aber nicht nur von Liebeszeichen die Rede, sondern zumindest genauso viel vom Zorn Gottes.

Zorn Gottes

Der Zorn Gottes ist sein letztes Mittel, um den Sünder noch einmal für sich zu gewinnen. Jedes von Christen geglaubte Handeln Gottes lässt sich als Handeln aus Freiheit und Liebe um der Freiheit und Liebe willen dechiffrieren. Zorn, Gericht oder göttliches Wort, das nicht noch einmal in dieser Gesamtintention verstanden werden kann, passt nicht in die christliche Botschaft.

Was ist das Kriterium, das Dich dazu berechtigt zu entscheiden, was in die christliche Botschaft passt und was nicht? Wann ist eine schlechte Laune Gottes ein Versuch, mich für ihn zu gewinnen, und wann ist die Rede von ihr eine Verfälschung der Glaubenswahrheit?

Christus als Kriterium und Mitte der Offenbarung

Das lässt sich nur im Blick auf Jesus Christus sagen, der das Kriterium schlechthin zum Verstehen der christlichen Rede von Gott darstellt. Alle Rede vom Handeln Gottes gründet in seiner Selbstoffenbarung in Jesus Christus. Als Gottmensch ist er die alles entscheidende Mitte der Offenbarung und der Grund all meiner Rede.

[Albert verkneift sich jede Nachfrage. Er will unbedingt noch heim, um in Erwartung des Abends mit Maria das Chaos in seiner Wohnung zu ordnen und etwas sauber zu machen. Zumindest will er sein Bett freiräumen und Kondome einkaufen. Nicht, dass er sich Hoffnungen machen würde; aber irgendwie hatte Maria trotz ihrer Christlichkeit Format. Und man kann ja nie wissen. Immerhin hatte ihn die Einladung von Maria sehr überrascht, und so will er für alles gerüstet sein.]

Offenbarung als Schlüsselbegriff moderner Theologie

Offenbarung gilt in der modernen Theologie als eine grundlegende Schlüsselkategorie. Diese Wertschätzung für den Offenbarungsbegriff basiert auf der Einsicht, dass jede Rede von Gott in christlicher Perspektive in seinem Offenbarungshandeln gründet. Christliche Theologie ist in ihrem Selbstverständnis Offenbarungstheologie, d.h. sie gründet in Offenbarung. Nur weil Gott sich in der Geschichte geoffenbart hat, können wir von ihm sprechen und Zeugnis von dem ablegen, der größer ist, als gedacht werden kann. Nur weil Gott sich selbst den Menschen mitgeteilt hat, können wir die Liebe bezeugen, über die hinaus eine Größere nicht gedacht werden kann.

Ein hilfreiches Erklärungsmodell für das Verstehen von Offenbarung kann der Verweis auf sogenannte Erschließungserfahrungen sein. Mit Erschließungserfahrungen sind Erfahrungen gemeint, die einem die Welt in einem neuen Licht erscheinen lassen. So wie sich einem in der Betrachtung eines Kippbildes wie beispielsweise des Hasen-Enten-Kopfes auf einmal und plötzlich ein neuer Aspekt der Wirklichkeit erschließen kann, so wird auch im Offenbarungsgeschehen eine neue Dimension der Wirklichkeit sichtbar.

Erschließungserfahrungen

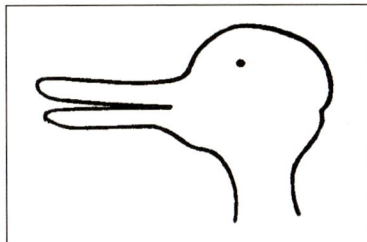

Auf einmal wird die Blindheit für den religiösen Aspekt der Wirklichkeit behoben, und ein neuer Blick auf die Welt wird möglich. Durch das Offenbarungsereignis wird klar, dass die Wirklichkeit nur angemessen gewürdigt werden kann, wenn sie im Licht des Glaubens betrachtet und gedeutet wird.

Um begrifflich klarer fassen zu können, um was für ein Geschehen es sich bei der Offenbarung handelt, ist es hilfreich, drei verschiedene Offenbarungsmodelle zu unterscheiden. Diese sind nicht unbedingt alternativ zu verstehen. Vielmehr sind wichtige Einsichten der zuerst aufgeführten Stufe in der zuletzt genannten integriert und kommen in neuer Perspektive zur Geltung.

1. Das älteste, die biblische und frühpatristische Zeit dominierende, Offenbarungsmodell im Rahmen christlicher Theologie basiert auf einem *epiphanischen Offenbarungsverständnis*. Offenbarung wird in ihm als *göttliche Erscheinung* gedacht. Es speist sich aus der frühchristlichen Euphorie der Naherwartung

epiphanisches Offenbarungsverständnis

und des unmittelbaren Erlebens der Gegenwart Christi als des Auferstandenen. Aufgrund von Parusieverzögerung und philosophischen Auseinandersetzungen um das richtige Glaubensverständnis wird dieses Modell noch in der alten Kirche abgelöst durch ein:

instruktionstheoretisches Offenbarungsverständnis

2. *instruktionstheoretisches Offenbarungsverständnis*. In ihm wird Offenbarung als *belehrende Mitteilung* bzw. als Übermittlung von Daten verstanden. Offenbarung wird in dieser Sicht im Plural gedacht und bezeichnet die prozedural außergewöhnlichen Ereignisse, durch welche Gott die Glaubenswahrheiten dem Menschen zu Bewusstsein gebracht hat. Offenbarung wird also als Instruktion (Belehrung) über Sachverhalte gedacht, die der autonomen Vernunft nicht zugänglich sind. Etwas überspitzt könnte man Offenbarung nach diesem Verständnis als „himmlische Paketsendung" bezeichnen. Aufgabe der Fundamentaltheologie ist es in diesem Modell, ohne Öffnen des Pakets durch Prüfung von Absenderangabe und Postweg die übernatürliche Herkunft des Pakets nachzuweisen. Aufgabe der Dogmatik wäre es, das Paket zu öffnen und seine Inhalte zu ordnen, ohne sie an irgendeiner Stelle kritisch zu hinterfragen.

Es ist klar, dass ein solches Offenbarungs- und das damit zusammenhängende Wunderverständnis und Vernunftkonzept in der Aufklärung nicht lange Bestand haben konnte. Dennoch dauerte es in der katholischen Theologie bis weit ins 20. Jahrhundert hinein, bis dieses – noch den Definitionen des Ersten Vatikanischen Konzils 1869/70 zugrunde liegende – Offenbarungsverständnis durch ein modernes Verständnis abgelöst wurde.

kommunikationstheoretisches Offenbarungsverständnis

3. Spätestens seit dem Zweiten Vatikanischen Konzil (1962-65) wird Offenbarung in der katholischen Theologie als Nahekommen der erlösenden Wirklichkeit Gottes selbst verstanden. Diesem *kommunikationstheoretischen Offenbarungsverständnis* zufolge wird Offenbarung nicht als Mitteilung von Sachverhalten, sondern als Mitteilung von Gottes eigenem Wesen und damit als personale Selbstmitteilung Gottes verstanden. Gott verschickt demnach kein Paket und will den Menschen auch nicht durch eine Erscheinung überwältigen, sondern er sucht als Person selbst Gemeinschaft/ Kommunikation mit dem Menschen. Die *eine* Offenbarung, von der her sich jede Rede von Offenbarung erschließt, ist damit die *Selbstoffenbarung* bzw. *Selbstmitteilung Gottes in Jesus Christus*. Sie schenkt dem Menschen eine lebensverwandelnde und -erneuernde Gemeinschaft, indem sie ihn in

die Gemeinschaft/ Beziehung aufnimmt, die der trinitarische Gott ist.

Dieses moderne Verständnis von Offenbarung, das maßgeblich von Hegel, Barth und Rahner geprägt ist, leugnet natürlich nicht, dass Offenbarung auch den Charakter einer Epiphanie oder instruktionstheoretisch verwertbare Elemente haben kann. Diese Elemente werden freilich von der personalen Beziehung Gottes zum Menschen her interpretiert.

Innerhalb des kommunikationstheoretischen bzw. personalistischen Offenbarungsverständnisses lassen sich in Bezug auf das Verhältnis der Offenbarung/ des Glaubens zur Vernunft zwei grundlegend verschiedene Herangehensweisen unterscheiden:

a) *Karl Barth* betont in seinem Ansatz sehr stark den Primat (= Vorrang) der Offenbarung und des Glaubens (s.o.). Entsprechend lehnt er jede natürliche (= ohne Voraussetzung des Glaubens und nur auf der Basis des menschlichen Erkenntnisvermögens argumentierende) Theologie ab und versteht sein Theologietreiben dezidiert als Offenbarungstheologie. In seinen Augen kann man nicht genug hervorheben, dass Gottes Selbstmitteilung nicht durch die Vernunft vorhersehbar ist oder autonom kriterial geprüft werden kann. Wir können nicht durch Überlegungen mit Hilfe der Vernunft herausfinden, ob oder dass Gott trinitarisch ist und sich in einem Menschen offenbart hat. All das muss uns gesagt werden („Der Glaube kommt vom Hören"/ Röm 10,17).

Barth

b) Gegen dieses Verdikt neo-orthodoxer (= an Barth orientierter) Theologie gegen die philosophische Theologie betont die liberale Theologie ebenso wie die traditionelle katholische Theologie die Notwendigkeit der autonomen Bestimmung eines Begriffs von Offenbarung oder zumindest einer transzendentalen (= nach den Bedingungen der Möglichkeit fragenden) Bestimmung der Verstehbarkeit von Offenbarung.

In diesem Sinne versucht etwa der vielleicht bedeutendste katholische Theologe des 20. Jahrhunderts *Karl Rahner* (1904-1984) durch anthropologische Reflexionen aufzuzeigen, welche Bedingungen auf Seiten des Menschen erfüllt sein müssen, damit eine als personale Selbstmitteilung gedachte Offenbarung überhaupt für ihn vernehmbar und verstehbar sein kann. Rahner bestimmt den Menschen in diesem Zusammenhang als „Hörer des Wortes", der von seinem ganzen Wesen her eine Antenne für Gott ist. Nur wegen dieser wesensmäßigen Offenheit für das

Rahner

3) Gottes Handeln denken

Unbedingte sei der Mensch (im Unterschied zu anderen Geschöpfen) für die Selbstmitteilung Gottes ansprechbar.

Tillich In ähnlicher Stoßrichtung bemüht sich der protestantische deutsch-amerikanische Theologe *Paul Tillich* (1886-1965), den Menschen als die Frage zu verstehen, auf die die christliche Botschaft eine Antwort sein will. Wie in seinem ganzen Ansatz geht es Tillich dabei darum, eine Korrelation (= ein wechselseitiges Entsprechungsverhältnis) zwischen den existenziellen Fragen der Menschen in einer bestimmten Zeit und in bestimmten Situationen auf der einen Seite und der Antwort durch die Botschaft des christlichen Glaubens auf der anderen Seite vorzunehmen. Tillich will also mit Hilfe der Korrelationsmethode christliche Botschaft und menschliche Grundsituation so aufeinander beziehen, dass die christliche Botschaft als Antwort auf die Fragen verständlich wird, die jeder menschlichen Existenz zugrunde liegen.

Auch wenn Rahner und Tillich natürlich nicht die Offenbarung aus der Wesensbestimmung des Menschen ableiten, betrachten sie das Offenbarungsgeschehen doch in gänzlich anderer Perspektive als Barth. Während Barth Offenbarung von Gott her, also streng *theozentrisch*, denkt, gehen Rahner und Tillich in ihren Überlegungen vom Menschen aus und vollziehen somit in gewisser Weise die *anthropozentrische* Wende neuzeitlicher Philosophie mit. Stark vereinfachend könnte man sagen, dass Barth besonders die Unerschöpflichkeit von Gottes Offenbarung im Blick hat, während Rahner und Tillich ihre Aufmerksamkeit auf die Vernehmbarkeit dieser Unerschöpflichkeit für den Menschen richten.

anthropozentrische Wende

Versteht man Gottes Offenbarung als unerschöpfliche Quelle, so könnte man Rahners und Tillichs Anliegen so verstehen, dass diese Quelle bei aller Reichhaltigkeit dem Menschen nur so viel zu trinken geben kann, wie er aufzunehmen in der Lage ist. Ein Glas kann nicht mehr als einen bestimmten Inhalt aufnehmen, auch wenn man noch so lange Wasser hineinschüttet. Insofern ist es sinnvoll zu überlegen, welche Inhalte der Mensch überhaupt aufnehmen kann.

Trotz der unterschiedlichen Ansätze kommen alle drei Theologen zu einem ähnlichen Ergebnis. Gott kann sich dem Menschen offenbaren, weil der Mensch nicht bloß ein begrenztes Geschöpf ist; er ist gewissermaßen nicht nur ein Glas, das nur eine begrenzte Menge Wasser aufnehmen kann. Der Mensch ist in seinem Alles-hinterfragen-Können und Sich-zu-allem-in-ein-

Verhältnis-setzen-Können (d.h. in der formalen Unbedingtheit seiner Freiheit; vgl. Freiheitsanalyse in Kap. 7) ein dynamisches, auf das Unbegrenzte angelegtes Geschöpf, das durch das Angesprochenwerden durch Gott seine Lebens- und Verstehensbedingungen erweitern kann. Während Barth betont, dass erst diese durch Gott bewirkte Erweiterung Offenbarung denkbar macht, liegt die Aufmerksamkeit von Rahner und Tillich auf dem philosophischen Aufweis der dynamischen Verfasstheit des Menschen.

Handelt Gott, wenn ich ihn bitte?

Die Hoffnung darauf, dass der sich als Liebe offenbarende und dem Menschen zuwendende Gott rettend in den Lauf der Weltgeschichte einzugreifen vermag und immer wieder zum Wohle des Menschen handelt, ist fester Bestandteil des christlichen Glaubens und der biblischen Überlieferung. Nicht nur das Alte Testament erzählt immer wieder davon, dass Gott sich von den Bitten der Menschen zu seinem Heil schaffenden Handeln bewegen lässt (vgl. z.B. Gen 18,23-33; Ex 32,11-14; Num 11,10-15), sondern auch die Verkündigung Jesu betont an zentraler Stelle, dass Gott auf unser Bitten hin heilbringend antwortet (vgl. Mt 7,7-11; Lk 18,1-8). Von daher kann keine christliche Theologie vom Handeln Gottes in der Welt darauf verzichten, von einem konkreten, auf den Menschen eingehenden und ihm in seinem Bitten antwortenden Handeln Gottes zu sprechen.

biblische Überlieferung

Diese Einschätzung folgt bereits aus der Bestimmung von Gottes Wesen als Liebe. Denn Liebe kann der Not des Menschen gegenüber nicht gleichgültig bleiben, und Liebe muss konkret werden, um Wirklichkeit zu sein. Eine Liebe, die nur auf allgemeine Weise artikuliert wird und jedem genau das Gleiche zuspricht, ist keine wirkliche Liebe. Liebe besteht gerade in der Würdigung der Einzigartigkeit und Besonderheit eines konkreten Menschen. „Wenn Gott also wirklich jeden liebt, muss er jeden einzelnen in verschiedener und einzigartiger Weise lieben"[24], und zwar aufgrund eben der Eigenheiten, die den jeweiligen Menschen ausmachen.

Gottes Liebe zeigt sich in der unüberbietbaren Würdigung der Besonderheit des Menschen

Zugleich gilt aber auch, dass die Liebe Gottes ausnahmslos jeden Menschen in unüberbietbarer und unbedingter Weise meint. Ihre göttliche Würde besteht gerade darin, dass sie einer-

---

[24] K. Ward, Divine action (s. Lit. in diesem Kap.), 207 (eigene Übersetzung).

seits niemandem mehr gibt als anderen, weil sie sich immer unbedingt verströmt, dass sie andererseits aber die universale Geltung liebender Gegenwart in bestimmten geschichtlichen Daseinskonstellationen konkret und auf jeweils besondere Weise zur Geltung bringt. Ziel göttlicher und damit unbedingter Liebe kann es nur sein, der Liebe allein mit Mitteln der Liebe Geltung zu verschaffen. Deshalb wird Gott an keiner Stelle manipulativ oder zwingend in das Weltgeschehen einwirken, sondern sich immer nur werbend und einladend um die von ihm frei gesetzte Schöpfung bemühen. Gott handelt also personal auf den je konkreten Menschen eingehend und kann doch nicht anders, als um der Liebe willen in Treue zur einmal gegebenen Zusage geschöpflicher Autonomie zu stehen.

Umstritten ist an dieser Stelle, wie weitgehend diese Zusage zu verstehen ist. Große Einigkeit besteht darin, dass diese Zusage impliziert, dass Gott an keiner Stelle die freie Selbstbestimmung des Menschen außer Kraft setzt. Denn wenn das letzte Schöpfungsziel Gottes darin besteht, Mitliebende zu erschaffen, kann Gott an keiner Stelle anders als freisetzend handeln, ohne sich in seiner Schöpfungsintention zu widersprechen. Denn Liebe ohne Freiheit ist unmöglich. Wenn Gott einem Menschen, der ein Verbrechen begehen will, durch Zwang an der Ausführung dieses Vorhabens hindert, nimmt er dessen Freiheit nicht ernst. Dabei macht es keinen Unterschied, ob er dessen Gedanken manipuliert oder ihm einfach eine Krankheit schickt, die ihn an der Ausführung seines Vorhabens hindert. Beide Vorgehensweisen widersprechen dem Werben um Liebe allein mit Mitteln der Liebe.

Liebe ohne Freiheit ist unmöglich

Von daher ist klar, dass das Ernstnehmen menschlicher Freiheit auch Folgen für die Respektierung der Autonomie naturaler Prozesse hat. Weitgehende Einigkeit besteht im Rahmen der Debatte um ein mögliches Handeln Gottes in der Welt dahingehend, dass Gott nicht ständig manipulativ in den Ablauf natürlicher Prozesse eingreifen kann, weil sonst die für menschliche Freiheit unabdingbare Verlässlichkeit der Daseinsbedingungen des Menschen nicht gegeben wäre. Gegenstand erregter Debatten ist freilich die Frage, ob Gottes Treue zu seiner Zusage zu menschlicher Freiheit und der damit verbundenen Verlässlichkeit der Naturgesetze wirklich kategorisch ausschließt, dass er gelegentlich unter deren Durchbrechung handeln könnte.

Die sog. *Interventionisten* (u.a. R. Swinburne, W. Alston und R. Adams) betonen ganz im Einklang mit dem römisch-katholischen Lehramt, dass es der geschöpflichen Autonomie nicht widerspricht, wenn Gott gelegentlich auch unter Durchbrechung von Naturgesetzen für den Menschen Partei ergreift. Allerdings entstehen durch diese Position zwei schwerwiegende Probleme.

1) Zum einen steht die Frage im Raum, ob ein Mensch, der von einem interventionistisch konzipierten Eingreifen Gottes betroffen wird, noch frei ist, sich für oder gegen den Glauben an Gott zu entscheiden, bzw. ob er in seiner Handlung überhaupt noch als frei angesehen werden kann. Wenn das Messer meines Feindes beim Einstechen auf meinen Körper zu Butter wird, weil ich verzweifelt zu Gott um Hilfe schreie, wäre es dumm, anschließend nicht an Gott zu glauben. Wenn ich aufgrund der Fürbitte eines Heiligen nachgewiesenermaßen von einer unheilbaren Krankheit geheilt werde, würde auch das meinen Glauben mehr oder weniger erzwingen. Wenn Glaube also keine Frage der Intelligenz sein und wenn er nicht mit beweisbarem Wissen verwechselt werden soll, wird man das Handeln Gottes also nicht in einer derart offensichtlichen Durchbrechung von Naturgesetzen suchen dürfen. Zum anderen fragt sich im Blick auf den Weltverlauf, wieso Gott so viele Möglichkeiten eines solchen unvermittelten radikal innovatorischen Handelns verstreichen lässt, wenn er es denn gelegentlich vollbringen kann.

Probleme des Interventionismus

2) Aber auch wenn man die Durchbrechung der Naturgesetze weniger offensichtlich denkt und Gottes Wirken mehr im Verborgenen sieht, entsteht ein grundsätzliches Problem, das jede interventionistische Theorie vom Handeln Gottes in ernste Schwierigkeiten bringt. Wenn Gott überhaupt Naturgesetze durchbricht, warum hat es dann nicht an entscheidenden Wendepunkten der Weltgeschichte getan, warum hat er es nicht getan, wenn menschliche Grausamkeit alle Maße überstiegen hat? Warum hat er nicht durch einen Sturm die Infrastruktur der deutschen Armee im Zweiten Weltkrieg zerstört oder Hitler durch einen böswilligen Tumor dahingerafft? Warum hat er nicht das Gas in Auschwitz am Ausströmen gehindert, und warum stillt er nicht den Hunger wenigstens einiger verhungernder Kinder in Afrika? Wird an irgendeiner Stelle ein interventionistisches Handeln Gottes in der theologischen Theoriebildung konzediert, ist kaum noch einsichtig zu machen, wie Gott gegen den Verdacht der Willkür angesichts seines nur gelegentlich und an unverständlichen Stellen vorgenommenen Handelns verteidigt werden soll.

Abmildern lassen sich die bisher genannten Probleme dann, wenn man statt von einer Durchbrechung der Naturgesetze von einem *Handeln Gottes in der kontingenten Öffnung der Naturgesetze* ausgeht. Diese Konzeption macht sich neuere Erkennt-

Handeln Gottes in der kontingenten Öffnung der Naturgesetze?

nisse der Quanten- und Chaostheorie zunutze und geht davon aus, dass es eine gewisse Bandbreite gibt, innerhalb derer sich die Naturprozesse vollziehen. Sie geht davon aus, dass winzige, für den Menschen aus prinzipiellen Gründen nicht entdeckbare Eingriffe auf mikrophysikalischer Ebene Auswirkungen auf naturale Prozesse auf makrophysikalischer Ebene haben. Durch diese Konzeption sei es denkbar, wie Gott den Israeliten den Durchzug durch das Rote Meer ermöglicht habe, ohne dass deshalb behauptet werden müsse, dass alle Winde von Gott determiniert seien. Ganz davon abgesehen, dass diese Konzeption naturwissenschaftlich umstritten ist, räumt auch sie das Willkürproblem nicht aus. Immerhin vermag sie aber plausibel zu machen, wieso nur gelegentlich ein die Naturprozesse positiv wendendes Eingreifen Gottes möglich ist und wieso dieses gelegentliche Eingreifen nicht an allen nur denkbaren Stellen vonstatten gehen kann. Von daher stellt der Gedanke eines Handelns Gottes in der kontingenten Öffnung der Naturgesetze einen wichtigen Schritt über den Interventionismus hinaus dar, ohne sich in der allgemeinen Debatte durchgesetzt zu haben (vgl. als Vertreter K. Ward, R. Russell, N. Murphy).

Gott handelt, wo sein Wille geschieht

Unabhängig davon, wie man zu den bisher diskutierten Möglichkeiten eines Handelns Gottes in der Welt steht, so besteht in der christlichen Theologie Einigkeit darüber, dass der Regelfall des Handelns Gottes in der Welt anders konzipiert werden muss. Gott handelt in der Regel eben nicht in den Lücken naturaler Prozesse, sondern in diesen Prozessen selbst, die allein durch ihn ermöglicht und erhalten werden. Vor allem aber handelt Gott da, wo sein Wille geschieht und wo Menschen würdigend und liebevoll miteinander umgehen.

Stufen des Handelns Gottes

Tabellarisch ausgedrückt ergeben sich damit folgende Handlungsstufen:

1. Gottes unvermitteltes Schöpfungshandeln (*creatio ex nihilo*)

2. Kreatürlich vermitteltes allgemeines und ständiges Schöpferwirken Gottes (*creatio continua*)

3. Kreatürlich vermitteltes (oder in seiner Unvermitteltheit nicht erkennbares) besonderes Handeln Gottes

    a) Handeln Gottes durch menschliche Akteure (wobei die Besonderheit in dem besonderen Akt der Öffnung des Menschen gegenüber dem uniformen und universalen Handeln Gottes besteht).

b) Gottes Handeln als personale (Inter-) Aktion, wobei die Besonderheit in individuellen Akten Gottes besteht, die aber bewusstseinsimmanent konzipiert bleiben.

c) Handeln Gottes in der kontingenten Öffnung der Naturgesetze. Gedacht ist an ein Handeln innerhalb der statistischen Schwankungsbreite der Naturgesetze, d.h. Gott kann die natürlichen Abläufe dann ohne Einschränkung der menschlichen Freiheit beeinflussen, wenn dieses Handeln nicht vom Zufall zu unterscheiden ist.

4. Unvermitteltes radikal innovatorisches (interventionistisch konzipiertes) besonderes Handeln Gottes

Diese vier Stufen werden, wie die oben zusammengefasste Debatte bereits verdeutlicht hat, keineswegs alle von der Mehrzahl der gegenwärtigen Theologen anerkannt. Außer von der Prozesstheologie wird die erste Stufe in der christlichen Theologie allgemein vertreten, und die weitergehende zweite Stufe wird, soweit ich sehe, von niemandem bestritten.[25] Stufe 4 dagegen ist den meisten christlichen Theologen zu weitgehend und wird meistens lediglich im Blick auf das eschatologische Vollendungshandeln und den Akt der Inkarnation konzediert.

Der in der gegenwärtigen theologischen Landschaft am meisten umstrittene Punkt betrifft den Umfang der auf der dritten Handlungsstufe zu integrierenden Konzepte. Die meisten Theologen würden sicherlich noch der auf dieser Stufe zuerst genannten Konzeption (3.a) zustimmen, wenn die Autonomie der Öffnung des Menschen sichergestellt ist. So denkt etwa Hans Kessler hier an ein innovatorisches Gotteshandeln „vermittelt durch menschliche Akteure, die sich Gott (im Glauben) öffnen, die ihm in sich und in ihrem Handeln freien Willens so Raum geben, daß Gott kommen und *durch* sie (als Instrumentalursachen) wirken kann."[26]

Debatte um Stufe 3

Bei genauerer Betrachtung muss man bei einem durch menschliche Akteure vermittelten, besonderen Handeln Gottes über die *creatio continua* hinaus die beiden nachfolgend genannten Hinsichten unterscheiden. Entweder ich spreche von einem *darstellenden* Handeln in dem Sinne, dass Gottes Handeln an uns durch freie Subjekte, die sich dem Anderen anerkennend zuwenden, dargestellt wird (= 3.a). In diesem Fall ist zwar der menschliche

---

[25] Zur näheren Erläuterung dieser beiden Stufen vgl. Kap. 6 „Konzepte".
[26] H. Kessler, Sucht den Lebenden nicht bei den Toten (s. Lit. in Kap. 6), 294.

Akteur der Handelnde. Aber dadurch, dass er sein Handeln als Darstellung bzw. symbolische Realisierung des göttlichen Handelns auffasst, ist es in dem Maße Handeln Gottes, in dem die Darstellung dem Dargestellten entspricht. Aus christlicher Sicht ermöglicht dabei die Wirksamkeit des Heiligen Geistes, dass das Dargestellte im darstellenden Handeln wirklich präsent ist.

Mit dem Stichwort des Heiligen Geistes ist aber bereits der Ansatzpunkt für die andere Hinsicht genannt. Es lassen sich nämlich gewichtige Gründe dafür ins Feld führen, (u.a. zur Bestimmung dieser Wirksamkeit des Heiligen Geistes) von einem Handeln oder Wirken Gottes auf intramentaler Ebene zu sprechen, bei dem dieser mit dem freien Subjekt so interagiert, dass dieses zur Umsetzung von Gottes Grundintention befreiender Anerkennung und Würdigung befähigt wird. Eben diese Möglichkeit bewusstseinsimmanenter, das Subjekt herausrufender, heilend-befreiender Erfahrung der Wirklichkeit Gottes ist bei der Stufe 3.b) im Blick. Eine solche *interaktionale Konzeption* rekurriert auf bewusstseinsimmanente Erfahrungen des Geführt- und Aufgehobenseins. Sie beruft sich zudem auf plötzliche Eingebungen und Intuitionen, die ein Mensch als Hinweise Gottes für sein Leben betrachtet und mit denen Gott ihn dazu bringen will, den besonderen Auftrag, den er für ihn hat, umzusetzen. In diesem Sinne wird beispielsweise Abraham gerade darin als Vater des Glaubens konturiert, dass er aufgrund solcher bewusstseinsimmanenter Erfahrungen aus seiner Heimat fortzieht und alles für die innere Stimme der Verheißung aufs Spiel zu setzen bereit ist (vgl. Gen 12,1-5). Und in dieser Stoßrichtung kann man auch die vielen anderen Berufungsgeschichten deuten, die sich innerhalb und außerhalb der biblischen Tradition finden.

interaktionale Konzeption vom Handeln Gottes

Natürlich ist es prinzipiell möglich, all diese Berufungsgeschichten und anderen Erzählungen über bewusstseinsimmanente Wirkungen Gottes auch psychologisch und naturalistisch zu erklären. Es ist allerdings die Frage, ob religiöse Menschen nicht doch das Argument stark machen könnten, dass diese Erklärungen überzeugender sind, wenn sie nicht-naturalistische Erklärungen ergänzend in Anspruch nehmen. Immerhin sind erstaunlich viele auch psychisch gefestigte und rationalen Argumenten zugängliche Menschen dazu bereit, auf einen Ruf Gottes hin ihr ganzes Leben zu verändern, so dass sich die Frage stellt, ob man diesen wirklich insgesamt eine überbordende Phantasie attestieren sollte. Sicherlich gibt es religiöse Halluzinationen und Missbrauch angeblich göttlich inspirierter Berufungen. Und sicherlich ist die subjektive Gewissheit, Gottes Ruf zu folgen, kein Kriterium für ihre objektive Wahrheit. Andernfalls müsste man sofort die Ideologie von Selbstmordattentätern zur Richtschnur des eigenen Lebens machen. Aber ob eine situationsbezogene Prüfung von durch die christliche Glaubensgemeinschaft als maßstäblich anerkannten Einzelfällen wirklich zu dem Ergebnis käme, dass die (natürlich prinzipiell immer mögliche und auch erforderliche) naturalistische Interpretation ihrer Bezugnahmen auf eine intramentale Wirksamkeit Gottes plausibler ist als deren Autointerpretation, scheint mir sehr fraglich zu sein.

In diesem Zusammenhang ist es allerdings unverzichtbar, angeben zu können, nach welchem Kriterium die Frage nach der objektiven Wahrheit dieser Autointerpretationen beantwortet werden kann. Aus christlicher Sicht müsste man, wie in der Quaestio christiana noch ausführlich zu begründen sein wird, an dieser Stelle sicherlich auf Gottes in Jesus Christus Gestalt gewordene Selbstbestimmung als befreiende Liebe Bezug nehmen, um von ihr her die Deutung angeblich religiöser Erfahrungen kriterial zu prüfen. Damit scheint mir in hinreichender Weise die Möglichkeit ausgeschlossen zu sein, Selbstmordattentate durch den Rekurs auf 3.b) zu legitimieren. Und trotz der immer zuzugebenden Anfälligkeit für Missbrauch scheint mir der Rekurs auf ein (nicht-manipulatives, interaktionales) intramentales Handeln Gottes für das Verstehen der biblischen und kirchlichen Tradition unverzichtbar zu sein.

Christus als Kriterium

Gibt man aber die Möglichkeit von die menschliche Freiheit wahrenden Interaktionen zwischen Gott und Mensch auf intramentaler Ebene zu, ist nicht so recht einzusehen, warum es nicht auch Einwirkungen Gottes auf extramentaler Ebene geben sollte (3.c). Für den naturwissenschaftlichen Zugriff stellen diese (gerade angesichts der gegenwärtigen Skepsis gegenüber dualistischen Auffassungen in der Leib-Seele-Problematik) kein größeres Problem dar als die intramental verorteten Interaktionen. Um menschliche Willensfreiheit und Autonomie mit ihnen zusammendenken zu können, müsste lediglich vorausgesetzt werden, dass sie entweder in der kontingenten Öffnung der Naturgesetze stattfinden (bei der Unterstellung ontischer Indeterminiertheit) oder aber angesichts der epistemischen Indeterminiertheit quanten- und chaostheoretisch interpretierter Prozesse nicht als Akte Gottes nachweisbar sind.

Auch hier könnte jeweils überlegt werden, ob eine naturalistische oder eine religiöse Interpretation beispielsweise einer (scheinbar?) unerklärlichen Krankenheilung als angemessener erscheint. In dieser Richtung könnte man dann den berechtigten Kern der kirchenamtlichen Untersuchungen von Wunderberichten verstehen. Wäre es das Ziel solcher Untersuchungen, die Unmöglichkeit einer naturalistischen Erklärung der berichteten Ereignisse nachzuweisen, würde das Selbstverständnis moderner Wissenschaft nicht ernst genommen. Denn ein Wissenschaftler kann und wird niemals zugeben, dass ein Ereignis innerweltlich schlechterdings unerklärbar ist. Möglich ist allerdings das Eingeständnis des Fehlens einer plausiblen Erklärung, die es seiner Freiheit überlässt, eine auf ein besonderes Handeln Gottes zurückgreifende, religiöse Deutung des Geschehenen zu akzeptieren. Menschliche Willensfreiheit und die ihr zugrunde liegende Verlässlichkeit der Naturgesetze ist jedenfalls nur so lange in vollem Umfang aufrecht zu erhalten, wie sich das besondere und unvermittelte Handeln Gottes innerhalb des prinzipiell auch naturgesetzlich Erklärbaren bewegt. Im Übrigen betrifft die eigentliche Pointe des Wunders nicht die Frage, ob es prinzipiell im Rahmen naturwissenschaftlicher Weltbeschreibung erklärbar ist. Vielmehr geht es darum, die im Wunder enthaltene Botschaft bzw. das Zeichen Gottes zu verstehen und es sich in seiner heilsamen Wirkung entfalten zu lassen.[27]

Ob man sich an dieser Stelle entscheidet, die Stufen 3.b) und 3.c) mit in eine Theorie vom Handeln Gottes einzubeziehen, hängt wesentlich von der Einschätzung der Theodizeefrage ab, der es deshalb im nächsten Kapitel in einem eigenen Reflexionsgang nachzugehen gilt.

Wolfhart Pannenberg

Werdegang

Pannenberg gilt als einer der bedeutendsten evangelischen Theologen des 20. Jahrhunderts. Er wurde 1928 in Stettin geboren und ist in der Atmosphäre des totalitären Regimes des Nationalsozialismus aufgewachsen. Sein Studium absolvierte er in Berlin, 1967-1993 war er Professor für Systematische Theologie in München, dort auch Direktor des Ökumenischen

---

[27] Vgl. C.S. Lewis, Wunder. Eine vorbereitende Untersuchung. Dt. v. S. Radecki, Köln-Olten 1952, 153: „Jedes Wunder schreibt für uns etwas in kleinen Lettern hin, was Gott bereits über das ganze Gemälde der Natur hin in Lettern, fast zu gewaltig, um bemerkt zu werden, geschrieben hat oder schreiben wird."

Instituts und maßgeblich an den Konsenspapieren der ökumenischen Theologie in den 80er und 90er Jahren beteiligt.

Wie Barth und Rahner und im Rückgriff auf Schelling und Hegel geht Pannenberg in seiner Offenbarungskonzeption davon aus, dass Offenbarung als Selbstoffenbarung bzw. Selbstmitteilung Gottes zu verstehen und nur in dieser Interpretation als Schlüsselbegriff der Theologie geeignet ist.

Anders als Barth und Bultmann, die jeweils auf ihre Weise (christologisch bzw. kerygmatisch vermittelt) Offenbarung als direkte Wortoffenbarung verstehen, vertritt Pannenberg die These, dass Gott sich indirekt durch Taten offenbart, die er in der Geschichte vollbringt. Pannenberg versteht Offenbarung also als indirekte geschichtliche Selbstoffenbarung. Damit möchte Pannenberg nicht leugnen, dass das Wort wesentlichen Anteil am Offenbarungsgeschehen hat. Aber es verweist in seinen Augen auf die Geschichte und ist dieser untergeordnet.

Offenbarung als Geschichte

Pannenberg ist in diesem Zusammenhang wichtig, dass der Glaube an Gott nicht auf einem Geheimwissen oder einer nur bestimmten Menschen vorbehaltenen Botschaft gründet, sondern auf der für alle Menschen offenbaren *Geschichte*. Die christliche Wahrheit sei keine „Konventikelangelegenheit", sondern beruhe auf prinzipiell für alle Menschen bekannten und zugänglichen Tatsachen. Im Zentrum dieser geschichtlichen Tatsachen stehe die Erweckung des Gekreuzigten. Die Auferstehung Jesu nehme das Ende der Geschichte vorweg und sei dadurch Prolepse bzw. Antizipation des eschatologischen Selbsterweises Gottes. Ihr liege ein historisch gut belegtes Faktum zugrunde, und sie lege im Blick auf Jesu Leben und Sterben ein auch vor dem Forum der Vernunft überzeugendes Votum für die Botschaft von Jesus als dem Christus und der dadurch legitimierten Verkündigung von der Menschenfreundlichkeit Gottes ab.

Ein unvoreingenommener Blick auf die Geschichte nötige zwar nicht zum Glauben, aber biete genügend Evidenz, um das Wagnis des Glaubens einzugehen. Offenbarung dürfe nicht durch die Autorität einer kirchlichen Instanz oder einer als göttlich geglaubten Botschaft begründet werden, sondern habe sich vor dem Forum der autonomen philosophischen und historischen Vernunft zu bewähren. Gott offenbare sich nicht durch eine autoritative Selbsterklärung, sondern durch eine für alle Menschen aller Zeiten verstehbare Selbstmitteilung: eben durch sein Wirken in der Geschichte, die vor aller Augen steht. Gegen Hegel betont er dabei, dass nicht die Geschichte insgesamt als Offenbarung Gottes anzusehen ist und nicht mit dem Willen Gottes gleichge-

Evidenz des Glaubens und rationale Begründung

3) Gottes Handeln denken

Kraftfelder göttlichen Wirkens

setzt werden darf. Vielmehr gelte es, in der Geschichte die Kraftfelder göttlichen Wirkens auszumachen und so wirkmächtige und glaubwürdige Zeichen seiner Gegenwart und Geschichtsmacht zu entdecken.

Im Laufe seines theologischen Schaffens betont Pannenberg allerdings immer mehr, dass diese Entdeckung der Geschichtsmacht Gottes nur in subjektiven Aneignungen möglich ist. Er beharrt jedoch darauf, dass diese Aneignung intersubjektiv zu bewähren und in einer Erkenntnis zu verankern ist, die auch außerhalb des Glaubens rational begründet werden kann.

Urvertrauen als Argument für den Glauben

Neben der Universalgeschichte stelle auch die Anthropologie Erkenntnisgründe für die Wirklichkeit Gottes bereit, insofern jeder Mensch immer schon auf Gott hin angelegt sei. Pannenberg geht davon aus, dass jeder Mensch ein natürliches Wissen von Gott hat, das sich etwa im menschlichen *Urvertrauen* manifestiert. Aufgrund einer „exzentrischen Offenheit" leben Menschen ihm zufolge in einem unthematischen Bewusstsein, dass ihr Leben in das Ganze der Wirklichkeit gestellt und von dem göttlichen Grund der Wirklichkeit abhängig ist.

Trinitätstheologie

Pannenbergs Konzentration seiner Theologie auf Gottes Handeln in der Geschichte führt ihn dazu, in seiner *Trinitätstheologie* die ökonomische Trinitätslehre zum Ansatzpunkt seiner Reflexionen zu machen (vgl. Kap. 2 „Konzepte"). Er entwickelt sie deshalb aus der Art und Weise, in der das Verhältnis von Vater, Sohn und Geist in der Offenbarung erschlossen wird. Eine solche Konzeption macht es unmöglich, die drei innertrinitarischen Personen – wie Barth – als drei Seinsweisen in einem Subjekt zu verstehen. Stattdessen müssen sie als drei Handlungszentren verstanden werden, die jeweils als Knotenpunkt vielfältiger Beziehungen gedacht werden.

Christologie von unten

Im Blick auf die *Christologie* macht es Pannenbergs Standpunkt erforderlich – gegen Bultmann – hinter den verkündigten Christus zurück zum historischen Jesus zu gehen und ihn als Anknüpfungspunkt für eine „Christologie von unten" zu gewinnen. Was Jesus für uns bedeutet – so Pannenbergs Standpunkt –, kann nur in dem gründen, was er ist. Und was er ist, lässt sich nur fassen, wenn man bei der vergangenen Wirklichkeit des historischen Jesus ansetzt. Ausgehend von dieser Wirklichkeit lasse sich auf indirektem Wege die Verkündigung Jesu als die Selbstzusage Gottes plausibilisieren. Schlüssel ist für Pannenberg dabei der unbedingte Gehorsam des Sohnes, der sich ganz und gar an den Willen des Vaters hingibt und gerade dadurch Gottes Zuwendung an uns Wirklichkeit werden lässt. Nicht aufgrund seiner Identifizierung mit Gott, sondern aufgrund seiner Unterscheidung von Gott, von dem doch sein ganzes Handeln so geprägt war, dass Gottes Königsherrschaft in ihm anbrach, macht es möglich, ihn als Gott zu bekennen. Pannenbergs Christologie gipfelt dabei in dem Satz, dass Jesus Christus als der konkrete Mensch, der er ist, Gott war. Pannenberg löst sich also von der traditionellen und mit Aporien (= Ausweglosigkeit) behafteten Zwei-Naturen-Lehre und macht dagegen deutlich, wieso der Mensch Jesus gerade aufgrund seiner Hingabe an den Willen des Vaters nicht anders denn als Gott angemessen gewürdigt werden kann (vgl. Kap. 5).

Aufgaben:

1. Handelt Gott nur an bestimmten Menschen, oder ist das Handeln Gottes für jeden erfahrbar? Gibt es so etwas wie ein besonderes Handeln Gottes, oder handelt Gott immer in der gleichen Weise?
2. Versuchen Sie so etwas wie eine trinitarische Perspektivierung der Rede von Gottes Handeln in der Welt!
3. Erläutern Sie die christliche Schöpfungsvorstellung! Was ist unter der *creatio ex nihilo*, was unter der *creatio continua* zu verstehen (vgl. auch Kap. 6 „Konzepte")?
4. Was ist die Voraussetzung dafür, Gottes Schöpfungshandeln als Ausdruck von Liebe deuten zu können?
5. Erläutern Sie die verschiedenen Typen des Handelns Gottes in der Welt! Welche Typen würden Sie in eine Theorie vom Handeln Gottes in der Welt einbeziehen wollen?
6. Wie würden Sie Wunder im Rahmen einer Theorie vom Handeln Gottes in der Welt einordnen wollen? Welchen Sinn könnten Fürbittgebete nach allem bisher Gesagten haben? Wie sind Aussagen über ein Zornes- und Gerichtshandeln Gottes zu bewerten?
7. Explizieren Sie, was im christlichen Sinn unter Offenbarung zu verstehen ist! Welche Funktion im Begründungsgefüge der christlichen Rede von Gott hat der Offenbarungsglaube? Schildern Sie mindestens zwei verschiedene Verhältnisbestimmungen von Offenbarung und Vernunft!
8. Welches Offenbarungsverständnis folgt aus einem trinitarischen Gottesverständnis? Welchem Offenbarungsmodell der Tradition entspricht dieses Verständnis am ehesten?

Literaturhinweise

BERNHARDT, REINHOLD, Was heißt „Handeln Gottes"? Eine Rekonstruktion der Lehre von der Vorsehung, Gütersloh 1999 *(sehr guter ausführlicher*

Gesamtüberblick zur Debatte um das Handeln Gottes in der Welt; pneumatozentrischer Ansatz).

Kraus, Georg, Welt und Mensch. Lehrbuch zur Schöpfungslehre, Frankfurt a.M. 1997 (Grundrisse zur Dogmatik; 2) *(eher konventionelles, aber gediegenes Lehrbuch zur Schöpfungstheologie).*

Ders., Die Vereinbarkeit von Schöpfungsglaube und Evolution. In: MThZ 49 (1998) 113-124 *(gelungene Kurzfassung der üblichen Bearbeitung dieses zentralen Themas).*

Küng, Hans, Der Anfang aller Dinge. Naturwissenschaft und Religion, München-Zürich ⁴2005 *(kompetente Heranführung an den status quaestionis im Gespräch zwischen Theologie und Naturwissenschaften; Position im theologischen Mainstream in leicht verdaulicher Aufbereitung).*

Pannenberg, Wolfhart, Systematische Theologie. 3 Bde., Göttingen 1988/91/93 *(wichtigstes Werk Pannenbergs).*

Polkinghorne, John, Theologie und Naturwissenschaften. Eine Einführung. Aus dem Engl. v. G. Etzelmüller, Gütersloh 2001 *(innovative, mitunter umstrittene Aufbereitung des Verhältnisses von Theologie und Naturwissenschaften aus der Sicht eines Physikers und Theologen).*

Stosch, Klaus von, Gott – Macht – Geschichte. Versuch einer theodizeesensiblen Rede von Gottes Handeln in der Welt, Freiburg 2006, Teil B *(Überblick über neuere Debatte zum Handeln Gottes).*

Ward, Keith, Divine action, London 1990 *(sehr gut gelungenes und profiliertes Handbuch zum Handeln Gottes).*

Offenbarung

Bongardt, Michael, Einführung in die Theologie der Offenbarung, Darmstadt 2005 *(gelungenes, ökumenisch orientiertes Lehrbuch).*

Eicher, Peter, Offenbarung. Prinzip neuzeitlicher Theologie, München 1977 *(immer noch lesenswerte, ausführliche Einführung in die wichtigsten Offenbarungskonzeptionen neuzeitlicher Theologie).*

Hoff, Gregor, Maria, Offenbarungen Gottes? Eine theologische Problemgeschichte, Regensburg 2007 *(eigenständiger problemorientierter Überblick).*

Seckler, Max, Aufklärung und Offenbarung. In: CGG 21 (1981), 5-78, bes. 54-59 *(klassischer Text zur Entwicklung der verschiedenen Offenbarungsmodelle).*

4) Gott und das Leid

[Der Abend war ein Fiasko. Für Albert war der ganze Ablauf eine einzige Demütigung. Er hätte nie gedacht, dass Tanzen so schwierig sein kann. Ein unbeteiligter Beobachter hätte wahrscheinlich gedacht, dass er Maria verletzen wollte. Zudem hatte er in seiner Unbeholfenheit so viel kaputt gemacht, dass er schließlich aus dem für ihn sowieso viel zu schicksigen Laden herausgeworfen wurde. Maria war zwar so nett mitzugehen, winkte aber nur müde ab, als er ihr vorschlug, seine Briefmarkensammlung anzusehen. Natürlich war das nicht ernst gemeint gewesen. Aber ehe ihm ein anderer Vorwand eingefallen war oder er seinen Witz hätte erklären können, hatte sich Maria schon von ihm verabschiedet und war verschwunden – nur mit einem flüchtigen Kuss auf seine Wange, der ihm zwar gut tat, aber irgendwie zu schnell war, als dass er sich richtig daran hätte erfreuen können. Er hatte sich einfach mehr von dem Abend versprochen. Auch wenn Maria sich also sehr anständig verhalten hatte, ist er am nächsten Tag wütend auf sie und will es ihr heimzahlen. Wenn er sie schon im Tanzen nicht erobern kann, will er wenigstens ihrem unsinnigen Gottesglauben ein Ende bereiten. Er beschließt, sein wichtigstes Argument gegen den Glauben an Gott ins Feld zu führen – ein Argument, das zudem sehr gut an die Überlegungen des letzten Gesprächs anknüpft:]

Wie kannst Du nach Auschwitz noch an Gott glauben? Wie kannst Du zu einem Gott beten, der tatenlos zugesehen hat, als jüdische Kinder ins Feuer geworfen wurden, um den einen Cent pro Tötungsvorgang in den Gaskammern zu sparen?

Wie nach Auschwitz an Gott glauben?

Gerade weil für diese Kinder ohne Gott alles verloren ist, muss ich an Gott glauben. Gerade weil ich sie nicht aufgeben darf, will ich von Gott nicht lassen. Gerade weil ich eine Instanz brauche, die verbürgt, dass der Tod dieser Kinder unbedingt nicht sein soll, glaube ich an Gott. Wenn ich weiter auf der Existenz Gottes beharre und sogar zu ihm bete, tue ich übrigens nur, was auch viele Juden in Auschwitz getan haben. Sie haben Gott nicht aufgegeben, sondern zu ihm gebetet; er war ihre letzte Hoffnung.

Aber das ist es ja gerade; diese Hoffnung hat sie getrogen. Gott ist teilnahmslos in seinem fernen Himmel geblieben, während sein Volk hingemetzelt wurde.

Gott ist nicht teilnahmslos in einem fernen Himmel. Der Gott des Alten und Ersten Testaments ist ein Gott, der mit seinem Volk mitgeht und sich immer wieder von dem Schicksal der Menschen

Gott leidet mit uns

4) Gott und das Leid

erschüttern lässt. Gott lässt uns in unserem Leiden nicht im Stich, sondern er steigt zu uns herab und ist mit uns solidarisch. In Christus hat er sich als mitleidender Gott gezeigt, dem unser Schicksal alles andere als gleichgültig ist.

Was hilft es, wenn Gott mit uns leidet und es ihm dadurch genauso dreckig geht wie den Menschen? Er soll das Leid der Menschen nicht durch sein eigenes Leiden verdoppeln, sondern es beenden. Bei solchen Greueltaten, wie sie die Nazis begangen haben, darf er nicht sorgenvoll zuschauen, sondern muss eingreifen. Dein Gott ist doch allmächtig. Warum schlägt er den Nazis aller Zeiten also nicht einfach ihre Folterwerkzeuge aus der Hand?

free will defense

Dadurch würde er die Freiheit der Nazis aufheben und sie somit nicht mehr als menschliche Wesen respektieren. Da sich Gott aber ein für alle Mal dazu bestimmt hat, die Würde des Menschen unbedingt zu respektieren und ihn allein mit den Mitteln der Liebe für sich zu gewinnen, kann er nicht gewaltsam diese Freiheit negieren, wenn sie sich versündigt. Die Freisetzung des Sünders ist die Kehrseite der Unbedingtheit des göttlichen Willens, Freiheit bis ins Letzte zu respektieren.

Auf diese Kehrseite würde ich lieber verzichten. Meinetwegen kann Gott ja unter normalen Umständen die menschliche Freiheit respektieren. Aber in Situationen wie Auschwitz muss dieser Respekt ein Ende haben. Es gibt einfach Menschen, die ihre Würde verwirkt haben. Es gibt Menschen, die so bestialisch handeln, dass man ihre Freiheit nicht mehr respektieren darf.

Vor Gott kann ein Mensch seine Würde nicht verlieren. Gott ist niemals bereit, einen Menschen auf seine Schuld festzulegen. In seiner unbegreiflichen Barmherzigkeit gibt er jedem und jeder in jedem Augenblick neu die Chance eines Neuanfangs.

Maria, ich bitte Dich! Gott kann doch gerne alles vergeben. Aber manche Grausamkeiten muss er doch gar nicht erst geschehen lassen. Ich kann doch nicht einen Massenmörder Tausende von Menschen umbringen lassen, weil ich seine Freiheit immer und überall respektieren will, und ihm hinterher einfach verzeihen. Es ist doch zynisch, die Freiheit der Täter mit dem Leiden und dem Tod der Opfer zu bezahlen.

Du hast Recht, dass es zynisch wäre, eine Rechnung aufzumachen, die die Opfer den Preis für die Freiheit der Täter bezahlen

4) Gott und das Leid

lässt. Ich will auch gar nicht behaupten, dass das Leiden als Preis der Freiheit gerechtfertigt ist – jedenfalls weder in einem allgemeinen Sinne noch in dem Sinne, dass die Freiheit des einen das Leiden des anderen aufwiegen kann. Eine intersubjektive Aufrechnung ist an dieser Stelle unmöglich. Und doch würde ich für mich sagen, dass alles Leiden, das ich in meinem Leben erdulden musste, das Geschenk der Freiheit und Liebe, die ich erleben durfte, nicht aufwiegen kann.

Leiden als Preis von Freiheit und Liebe?

Das kann ich nachvollziehen. Zumindest hoffe ich gelegentlich auf eine Liebe, die so stark ist, dass sie die Verletzungen, die ich erlitten habe, zu heilen vermag. Ich bin nicht sicher, wie meine Bilanz am Ende aussehen wird. Nach den Erfahrungen von gestern Abend bin ich wieder skeptischer. Aber es könnte sein, dass ich am Ende meines Lebens das Leiden als Preis der Freiheit und Liebe für mich akzeptiere. Aber was nützt das Dir in Deinem Glauben? Es gibt genug Menschen, die so viel Schreckliches erlebt haben, dass sie das Leiden als Preis der Freiheit gar nicht akzeptieren können.

Ich glaube nicht, dass ein Mensch so sehr leiden kann, dass es für ihn schlechterdings unmöglich ist, das von ihm erlittene Leiden als Preis für die eigenen Erfahrungen von Freiheit und Liebe zu akzeptieren. Mich hat einmal ein entsprechendes Zeugnis von Victor Frankl sehr bewegt. Du weißt vielleicht, dass Frankl Jude war und in der Nazi-Zeit nach Auschwitz deportiert wurde. Im Angesicht des allgegenwärtigen Todes hat er dort für seine Frau folgendes aufschreiben lassen: „Erstens – wir haben täglich und stündlich von ihr gesprochen... Zweitens: ich habe nie jemanden mehr geliebt als sie. Drittens: die kurze Zeit mit ihr verheiratet zu sein, dieses Glück hat alles aufgewogen, auch was wir hier jetzt erleben mussten."

Beneidenswert! So sehr würde ich auch gerne lieben können. Aber, Maria, die Liebe ist viel flüchtiger als Herr Frankl denkt, und früher oder später geht jede Beziehung in die Brüche – nur dass es sich nicht alle eingestehen. Doch selbst wenn Frankl mit seinem Vertrauen Recht hätte und er eine Frau erwischt hat, wie ich sie noch nicht kennengelernt habe, so gibt es doch mehr als genug Menschen, die nicht so viel Glück hatten wie er. Es gibt unzählige Menschen, die in den Marterstätten dieser Erde zerbrochen sind, die allen Glauben verloren haben und die von einem solchen Testament nur träumen können. Das Schreckliche an Auschwitz ist doch gerade, dass es den Nazis vielfach gelungen ist, die Men-

4) Gott und das Leid

schen zu Tieren zu machen, die nur noch instinkthaft ihren Überlebenstrieben folgten, ohne auch nur einen Pfifferling für den Wert der Freiheit zu geben. Was glaubst Du, wie viele nach einem Jahr KZ noch an den Wert von Freiheit glauben und für diese Freiheit, von der sie in ihrem Alltag so gut wie nichts haben, alles zu ertragen bereit sind?

Ich weiß es nicht, Albert.

Glaube mir, Maria, außer ein paar Heroen vielleicht würde jeder, der in dieser Hölle steckt, sofort seine Freiheit aufgeben, wenn er dafür aus ihr entlassen wird. Wenn ich drohe, Dich zu Tode zu foltern, und Dir als Alternative anbiete, ohne Freiheit in einem schmerzfreien Paradies zu wohnen, würdest Du dann die Folter wählen oder das Leben im Paradies?

Ein Leben ohne Freiheit kann für mich kein Paradies sein, es wäre nur das Vorgaukeln des Paradieses. Ohne Freiheit bin ich ja gar nicht mehr ich selbst, ich kann mich nicht zu mir verhalten, ich kann nicht mehr handeln, ich bin nur noch Marionette des Schicksals. Das kann ich nicht wollen. Aber zu Tode gefoltert werden möchte ich natürlich auch nicht. Ich könnte auch nicht an Gott glauben, wenn das Leben für die meisten Menschen eine Art von Folter und Qual darstellen würde.

Genügt es denn nicht, wenn auch nur einige wenige Menschen in diesem Leben gefoltert werden, um den Glauben an Gott zu verlieren? Mir genügt schon ein einziges Kind, das zu Tode gemartert wird, um den Glauben an Gott aufzugeben. Dieses eine Kind macht einen Riss durch die Schöpfung von oben bis unten. Das eine zu Tode gemarterte Kind verbietet mir den Glauben an Gott.

Praktische Theodizee

Aber damit gibst Du das Kind doch auf!

Ich gebe es nicht auf, ich kämpfe für sein Überleben, bis ich umfalle.

Das finde ich sehr sympathisch. Aber irgendwann fällst Du tatsächlich tot um, und spätestens dann ist es vorbei mit all Deiner Kämpferei, wenn es nicht eine Wirklichkeit gibt, die auch im Tod noch zu retten vermag. Ohne Gott gibt es keine Hoffnung und keine Zukunft mehr für dieses Kind. Nur Gott ist die Wirklichkeit, die auch im Tod noch retten kann.

Das ist in der Tat wahr. Ich weiß an dieser Stelle auch nicht weiter. Überhaupt denke ich nicht gerne an den Tod und habe manchmal – ehrlich gesagt – sogar große Angst davor. Aber dennoch beharre ich darauf, dass niemand an Gott glauben darf, wenn es auch nur einen Menschen gibt, der unschuldig zu Tode gequält wird.

Genauso gut könnte ich sagen, dass der Unglaube an Gott so lange verboten ist, wie es auch nur einen Menschen gibt, den ich im Tod nicht aufgeben will. So kommen wir nicht weiter. Mein Ansatzpunkt ist ja auch nur, dass es logisch möglich und ein möglicher Gegenstand einer rational verantworteten Hoffnung ist, dass in der Begegnung mit Christus alle Personen im Blick auf das Ganze ihrer Existenz und ihres Daseins „Ja" zu ihrem Leben und dem damit verbundenen Wert der menschlichen Willensfreiheit sagen werden, so dass sie faktisch im Blick auf ihr Leben das Leiden als Preis für Freiheit und Liebe akzeptieren.

Am Ende „Ja" sagen

[*Albert hält einen Moment inne, um diesen verschachtelten Satz richtig zu verstehen. Maria hat ihn bestimmt für eine Prüfung auswendig gelernt.*]
Eben das bezweifle ich. Es gibt doch mehr als genug Menschen, die dieses „Ja" mit guten Gründen verweigern.

Als Christin hoffe ich, dass jeder Mensch im Tod Jesus Christus und damit der ihm zugesagten Liebe Gottes begegnet. Der eschatologische Christus ist ja erst die vollendete Gestalt von Freiheit als vollkommener Liebe. Niemand kann wissen, was genau es für die Bewertung von Freiheit und Liebe bedeutet, dieser Gestalt zu begegnen. Im Namen der vielen Gefolterten dieser Erde darf und muss man hoffen, dass diese vom Leiden gezeichnete Gestalt göttlicher Zuwendung unsere Zustimmung zu unserer je eigenen Lebensgeschichte zu gewinnen vermag.

Maria, das ist doch pure Jenseitsvertröstung, die Du mir hier bietest. Ich will aber keine Vertröstung auf bessere Zeiten, sondern ich suche nach einer plausiblen Erklärung für das, was ich hier und jetzt erlebe. Wenn Gott helfen kann, dann soll er jetzt helfen; wenn das Jenseits wirklich besser wäre als das Diesseits, dann würde ich nicht verstehen, warum uns ein guter Gott den Umweg über dieses Jammertal zumutet und uns nicht direkt ins Paradies hinein erschafft.

Nur weil Du nicht Salsa tanzen kannst, musst Du nicht gleich das ganze Leben als Jammertal bezeichnen. Dennoch hast Du natürlich Recht mit Deinem Hinweis. Schon aus logischen Gründen ist es allerdings nicht möglich, dass Gott uns direkt ins Jenseits hinein erschafft. Denn, wie wir später noch genauer überlegen sollten, meint das Jenseits zumindest in christlicher Perspektive ein Vollendungsgeschehen menschlicher Freiheit, das schlechterdings unmöglich ist, wenn sich Freiheit nicht vorher in Zeit vollzieht.

Trotzdem bleibt es dabei, dass jede nachträgliche Versöhnung zu spät kommt und kein Stück weiterhilft.

Ich denke die rettende Begegnung mit Christus auch nicht als nachträgliche Versöhnung. Das ist diese Rettung nur, wenn sie nicht die Macht hat, an Vergangenem zu rühren und wenn hier und jetzt nichts von ihr zu spüren ist. Aber als Christin bekenne ich gerade, dass Gott das Leid in Jesus Christus von innen her verwandelt hat und dass dies auch hier und jetzt im Leiden spürbar sein kann.

Sprich nicht so viel von Jesus in diesem Zusammenhang; sonst sagst Du, dass Juden nicht an Gott glauben dürfen; und das darfst Du als Christin nicht sagen. Erklär mir lieber, was das heißen soll: die Macht haben, an Vergangenem zu rühren und Leid von innen her zu verwandeln.

Hast Du noch nie erfahren, wie Leid erst im Nachhinein sinnvoll oder wenigstens erträglich wurde? Wie etwas in der Situation absolut Schreckliches und Absurdes hinterher fruchtbar wurde oder sich zumindest als in die eigene Lebensgeschichte integrierbar erwies? Nicht so, dass hinterher alles wieder gut war, aber so, dass es selbst im Nachhinein zu etwas anderem wurde, weil in ihm etwas verborgen war, das erst später ans Licht kam.

Du redest zwar etwas kryptisch, aber was Du erzählst, erinnert mich an meinen letzten Marathon. Auch da kam mir bei Kilometer 35 alles nur noch schrecklich und absurd vor. Hinterher hatte ich aber gerade auch wegen dieses Einbruchs ein um so schöneres Gefühl. Insofern gebe ich Dir gerne Recht, dass Leid von innen her verwandelt und sinnvoll werden kann. [Albert N. ist sehr zufrieden damit, dass er Maria auf diese Weise beiläufig demonstriert hat, was für ein toller Sportler er ist. Zudem weiß er, dass der von Maria regelrecht verehrte HJH leidenschaftlich gerne Marathon läuft, so dass er hofft, den Misserfolg des Salsa-Abends langsam vergessen zu machen. „Doch genug Süßholz geraspelt", denkt Albert.]

Leid von innen her verwandeln

Aber mein Problem ist, dass viele Menschen bei Kilometer 35, also mitten in der Leiderfahrung, abkratzen. Wie soll hier etwas im Nachhinein noch sinnvoll werden? Und gibt es nicht auch das Leiden, das schlechterdings nicht sein soll?

Natürlich gibt es das auch. Und Du hast völlig Recht, dass sich die Bedeutung des Leidens nicht an den Leidenden vorbei ändern kann. Auch Gott kann deshalb nicht an den Opfern vorbei universale Versöhnung schaffen. Aber wenn Auferstehung nicht irgendeine nachträgliche Rehabilitierung, sondern eine innere Verwandlung des Geschöpflichen ist, die das bisher Geschehene nicht einfach auslöscht, sondern ihm eine neue Wirklichkeit verleiht – eine Wirklichkeit, die an Deinen Möglichkeiten anknüpft und nicht ohne deine freie Mitwirkung entstehen kann –, so kann Leiden auch nach Deinem Tod noch durch Dich (und gegebenenfalls durch die, die dir Leid zugefügt haben) eine neue Bedeutung bekommen.

Leiden, das schlechterdings nicht sein soll

Nehmen wir z.B. an, Du seist mit 18 Jahren von zu Hause fortgelaufen und Deine Eltern würden, ehe Ihr Euch über diesen Schritt austauschen könntet, vor Kummer und Schmerz sterben. Sollte es da Gott, wenn er tatsächlich die Wirklichkeit ist, die auch im Tod noch retten kann, nicht möglich sein, Deinen Eltern und Dir auch über den Tod hinaus die Möglichkeit zu geben, die Bedeutung dieses Schrittes neu zu verstehen und so das Leiden zu verwandeln? So wie sich der Schmerz Deiner Eltern in diesem Leben durch eine echte Versöhnung in tieferes gegenseitiges Verstehen hätte wandeln und eine tiefere, diesen Schmerz integrierende Beziehung hätte ermöglichen können, so sollte eben eine solche Bedeutungsveränderung durch Gott auch über den Tod hinaus möglich sein.

Das mag bei dem von Dir gewählten Beispiel ja so sein. Aber ich kann mir beim besten Willen nicht vorstellen, wie das Leiden eines zu Tode gemarterten Kindes im Nachhinein sinnvoll oder gar für irgendetwas fruchtbar sein sollte, weil Gott es von innen her verwandelt hat. Wenn Du so redest, könntest Du ebenso gut chinesisch reden; ich verstehe Dich nicht.

Ich sagte ja auch nicht, dass Gott das Leiden verwandelt, sondern dass er die Verwandlung des Leidens durch die Betroffenen selbst, also durch die Täter und Opfer, auch über den Tod hinaus ermöglicht. Ich will mir gar nicht vorstellen, wie das bei einem zu Tode gemarterten Kind geschehen soll. Aber ich kann nicht aufhören darauf zu hoffen, dass auch das von Dir erwähnte Kind am Ende „Ja" zu seinem Leben sagen wird. Um diese Hoffnung zu schützen, habe ich auf die Analogie hingewiesen, die zeigt, wie eine nachträgliche Verwandlung von Leiden möglich ist; wie sich etwas im Nachhinein ändern kann, ohne eine nachträgliche, letztlich perverse Harmonie zu sein. Ich leugne nicht, dass sich allzu oft die Bedeutung des Leidens selbst nicht ändert. Und doch kann es unter Umständen aufgrund neuer Erfahrungen mit Freiheit und Liebe neu eingeordnet werden.

Aber wie kannst Du denn auf einen Gott hoffen, der doch letztlich für all die Übel in dieser Welt verantwortlich ist? Hätte Dein Gott die Welt nicht so einrichten können, dass uns all diese Verwandlungsnotwendigkeiten erspart geblieben wären? Hätte er nicht die Welt mit weniger absurdem Leiden versehen können? Hätte Gott nicht dem Leiden, wie es in alle Maße sprengender Weise im 20. Jahrhundert über uns gekommen ist, von vornherein eine prinzipielle Grenze setzen müssen?

Tod als prinzipielle Begrenzung der Leidensmöglichkeiten

Das hat er doch getan; oder ist unsere Sterblichkeit etwa nicht so eine Grenze? Mit dem Tod findet auch das größte Leid eine Grenze.

Auschwitz ist doch gerade die Erfahrung, dass es Schlimmeres als den Tod gibt. Aber ich meine etwas anderes: Hätte Gott die Welt nicht so einrichten können, dass uns zumindest die Erfahrungen von Erdbeben und Sturmfluten erspart geblieben wären? Auch ohne allmächtig und allgütig zu sein, fallen mir eine Menge von Möglichkeiten ein, wie diese Welt besser eingerichtet werden könnte. So fände ich z.B. eine Welt ohne die Möglichkeit bösartiger Tumore deutlich besser als unsere Welt.

Keine-bessere-Welt-Hypothese

Die Frage ist nur, wie man die Möglichkeit bösartiger Tumore ausschließen kann. Immerhin beruht diese Krankheit auf dem Prinzip der Zellteilung. Zellteilung ist aber für die Entwicklung von Leben unverzichtbar. Die Frage ist, ob man eine Welt mit weniger Leiden wirklich widerspruchsfrei konzipieren kann, ohne dass dadurch die Möglichkeit der Entstehung menschlichen Lebens aufgehoben wird. Mir scheint angesichts des naturwissenschaftlichen Forschungsstandes viel für die These zu sprechen, dass man nicht nach Belieben einzelne Elemente an den Rahmenbedingungen dieser Welt ändern kann, ohne auch die Möglichkeitsbedingungen für die Entstehung des Lebens entscheidend zu verändern oder gar zu zerstören. Aber um diesen Punkt zu klären, müssten wir jetzt eine sehr genaue naturwissenschaftliche Diskussion führen.

Das ist gar nicht nötig. Mich überzeugt die Entlastung Gottes durch den Hinweis auf unsere Willensfreiheit ohnehin nicht. Wenn es tatsächlich logisch unmöglich wäre, dass Gott eine Welt geschaffen hätte, in der es freie Wesen gibt, die nicht zu solchen Verbrechen wie die Nazis fähig gewesen wären, hätte er die Welt nicht erschaffen dürfen.

Wäre es Dir wirklich lieber, wenn es Dich nicht gäbe?

Was für eine lustige Frage! Wie soll ich das wissen? Ich habe jedenfalls schon gesagt, dass ich selber durchaus mit meinem Leben zufrieden bin. Zumindest habe ich mich in gewisser Weise mit dem Leben arrangiert. Mir geht es nicht um mich, sondern um die Anderen. Im Blick auf deren furchtbares Leiden hätte er darauf verzichten müssen, sich mit Mitliebenden zu umgeben. Oder er müsste wenigstens öfter rettend in das Weltgeschehen eingreifen. Es ist ja immer wieder rührend, in Heiligenkapellen die Votivtafeln zu sehen, auf denen Gott für die Rettung aus größter Not gedankt wird. Aber wo sind die Tafeln der Menschen, die er im Stich gelassen hat; die mit dem verzweifelten Ruf nach ihm in den Tod gegangen sind? Sag mir nicht, dass nur Du als Glaubende dieser Menschen gedenken kannst, weil nur Du noch Hoffnung für sie hast und ich sie vergessen muss. Ich will keine Strategie gegen Verzweiflung und Amnesie, sondern Ehrlichkeit und Klarheit. Wo war Dein Gott in Auschwitz; wo war er, als das Baby meiner Freundin gestorben ist?

Wir drehen uns im Kreis. Ich habe Dir schon gesagt, dass ich nicht an einen Gott glaube, der alle innerweltlichen Gesetzmäßigkeiten außer Kraft setzt, um Leiden zu verhindern. Wenn er das täte, wäre es sofort mit der menschlichen Freiheit vorbei.

[Maria ist froh, Albert mit dieser letzten Bemerkung erst einmal ruhig gestellt zu haben. Sie fühlt sich aber nicht wohl, weil sie gerade gestern wieder für die Freundin von Albert gebetet hat. Sie würde gerne noch einmal verdeutlichen, auf welche Weise sie an ein Handeln Gottes in der Welt glaubt, kriegt aber im Moment kein Wort mehr heraus. Wenn sie mit Albert redet, immunisiert sie sich manchmal zu schnell, um seinen bohrenden Fragen etwas entgegensetzen zu können. Manchmal gibt sie Antworten, wo sie eigentlich lieber schweigen würde. Vielleicht sollte sie ihm klarer sagen, wie nahe sie ihm manchmal ist und wie sehr ihr manchmal alle Gewissheiten schwinden. Aber das würde er nur wieder falsch verstehen und irgendwelche atavistischen Beschützerinstinkte entwickeln. Sie lädt ihn ein, gemeinsam mensen zu gehen, erzählt ihm aber unterwegs von ihrem lesbischen Schalke-Fanclub – eine sichere Methode, um zudringliche Männer auf Distanz zu halten. Albert ist offenkundig amüsiert von Marias Erfindungsreichtum und glaubt ihr kein Wort. Maria ist keine Lesbe, soviel weiß er sicher. Er bemerkt, dass er wieder ein gewisses Interesse an Maria hat und dass dieses Interesse nicht ganz frei von Erotik ist.]

Das Theodizeeproblem

Definition

Beim Theodizeeproblem geht es um die Frage, wie der Glaube an einen guten und allmächtigen Gott angesichts des Leidens bzw. Übels in der Welt verantwortet werden kann. Bereits Epikur (341-271) brachte es auf die Formel: Entweder will Gott das Leid nicht ändern, dann ist er nicht gut; oder er kann es nicht, dann ist er nicht allmächtig. Seit mit der Neuzeit die Existenz Gottes nicht mehr fraglos vorausgesetzt werden kann (vgl. Kap. 1 „Debatte") und die Gottesbeweise ihre Kraft für die Rechtfertigung des Glaubens verloren haben (vgl. Kap. 1 „Konzepte"), gilt dieses Problem vielen als „Fels des Atheismus" (G. Büchner). Angesichts des Ausmaßes des Leidens in der Welt scheint es Gottes einzige Entschuldigung zu sein, dass er nicht existiert (H.B. Stendhal).

drei Lösungsoptionen

Da es aus christlicher Sicht ausgeschlossen ist, das Theodizeeproblem durch die Einführung eines Gegengottes aufzulösen, der dann für alles Übel verantwortlich wäre[28], bleiben als Lösungsmöglichkeiten grundsätzlich drei Optionen offen: Entweder man setzt bei der Wirklichkeit des Leidens oder bei den Eigenschaften Gottes (also bei Gottes Allmacht und Güte) an und versucht diese so zu bewerten, dass das Widerspruchsproblem aufgelöst wird. Will man sich keinen dieser beiden Wege zu eigen machen, bleibt noch die Möglichkeit, das Verhältnis von Gott und Menschen so zu bestimmen, dass das Theodizeeproblem in einem neuen Licht erscheint. Führt keine der genannten Optionen zum Erfolg, bleibt nur noch die Möglichkeit einer Zurück-

---

[28] Diese dualistische Lösung verfolgen etwa der Manichäismus und der Taoismus. Unplausibel wird eine dualistische Lösung des Theodizeeproblems durch die Erfahrungen der Kontinuität in dem naturgesetzlich strukturierten Ablauf der Welt. Im Übrigen ist der Dualismus mit dem christlichen Glauben unvereinbar und zerstört die christliche Erlösungsgewissheit. Die Gestalt des Teufels im Christentum ist, falls man seine Existenz annehmen möchte, keineswegs ein für das Übel letztverantwortlicher Gegen-Gott, sondern ein von Gott in Freiheit gelassenes, gefallenes Geschöpf, so dass die Annahme seiner Existenz in der Theodizeeproblematik nicht weiter hilft.

Das Theodizeeproblem

Gott

ist per definitionem

sittlich gut/ vollkommen **allmächtig/ allwissend**

Wie ist der Glaube an einen solchen Gott vermittelbar mit der Erfahrung von:

Leiden/ Übel

widerspr.

Neuinterpretation der Güte:

Gott ist ganz anders gut. Gott ist kein Kuschelgott, sondern hat dunkle Seiten. Man muss Ambivalenz aushalten lernen.

Neuinterpretation des Leidens:
Lösungen durch **Bonisierung** (d.h. Pädagogisierung, Ästhetisierung oder Funktionalisierung), **Depotenzierung** (d.h. Privatio boni, Jenseitsvertröstung oder Banalisierung) oder durch **Mitleiden Gottes.**

Neuinterpretation der Allmacht:
Gott kann aus metaphysischen Gründen nicht rettend eingreifen (**Prozesstheologie**).
Gott gibt Allmacht bei bei Erschaffung der Welt auf.
Begriff der Allmacht selbstwidersprüchlich.

führung der Theodizeeproblematik in die Geheimnishaftigkeit Gottes.

1. Lösungen durch Bonisierung oder Depotenzierung des Leidens

In der Tradition war in der christlichen Theologie am weitesten der Versuch verbreitet, das Theodizeeproblem dadurch zu lösen, dass die Wirklichkeit des Leidens depotenziert oder gar bonisiert wurde. Eine Depotenzierung liegt vor, wenn das Leiden für ontologisch irrelevant erklärt wird (*Privatio-boni-Lehre*) oder es im Blick auf das Jenseits und andere Güter trivialisiert und banalisiert wird. Jede Depotenzierung krankt daran, dass das Leiden für viele Menschen existenziell ein so bedrängendes Problem ist, dass seine ontologische Umbenennung nicht weiterhilft und jede Banalisierung als zynisch empfunden wird.

Depotenzierung

Von einer Bonisierung des Leidens oder einer „Entübelung des Übels" spricht man, wenn versucht wird aufzuzeigen, dass das Leiden notwendiger Bestandteil eines höheren Gutes ist und sich das Leiden in dieser Perspektive als etwas Gutes erweist. Eine solche Bonisierung liegt beispielsweise vor, wenn Leiden als erzieherisches Mittel oder Sündenstrafe um der Besserung des Menschen willen verstanden wird (*Pädagogisierung*) – eine Strategie, die heute aber kaum noch vertreten wird, da sie allzu offensichtlich der Wirklichkeit widerspricht und verheerende Folgen für das Gottesbild hat (vgl. bereits die innerbiblische Kritik dieser Position im Buch Ijob).

Bonisierungsstrategien:

Pädagogisierung

Eine andere Strategie, die sog. *Ästhetisierung*, basiert auf der Beobachtung, dass durch die Konfrontation mit Leiden oft das Gute im Leben klarer hervortritt und erst richtig gewürdigt werden kann. Schon Plotin (205-270) hatte in dieser Zielrichtung festgestellt, dass kein Schauspiel ohne Bösewicht auskommt, Augustinus (354-430), dass sich die Schönheit und Harmonie aller Dinge aus Gegensätzen speist, und Thomas, dass positive Welterfahrung erst vor dem Hintergrund des Negativen möglich ist. Oft ist es tatsächlich in unserer Erfahrung so, wie Leibniz herausstellt, dass das Gute nur durch das Böse erkennbar ist, dass der Schatten die Farben heraushebt und dass der Missklang die Harmonie hervortreten lässt. Aber andererseits wird man kaum sagen können, dass das Gute aus logischen Gründen das Böse oder dass das Glück aus logischen Gründen das Leiden braucht, um gewürdigt werden zu können. Sonst wäre der christliche Gottesbegriff inkonsistent und die Vorstellung des Himmels vollkommen absurd oder müsste dahingehend pervertiert werden,

Ästhetisierung

dass das Glück der Seligen erst dann als vollkommen gedacht werden kann, wenn diese das Unglück der Verdammten vor Augen haben. Darüber hinaus dürfte auch kein Zweifel daran bestehen, dass die Quantität des Leidens in der Welt bei weitem nicht so hoch sein müsste, um die Güter des Lebens schätzen zu können. Das gilt zumindest dann, wenn man die Erde nicht als Gesamtkunstwerk betrachtet, sondern das Schicksal einzelner Menschen in den Vordergrund rückt. Hier wird man viel zu oft mit Formen des Leidens konfrontiert, die für die betroffene Person in keiner Weise in eine Gesamtharmonie integrierbar sind oder irgendeinen ästhetisch fassbaren Nutzen haben.

Am weitesten verbreitet unter den Bonisierungsstrategien ist die sogenannte *Funktionalisierung* des Leidens. Gemeint sind dabei alle Versuche, die Leiden als akzeptable Mittel für einen guten Zweck darstellen und eine ihm verborgene Funktion zeigen wollen, die es letztlich als Ursache des Guten ausweisen. So wird beispielsweise gerade von naturwissenschaftlicher Seite immer wieder betont, dass die Logik der Evolution und damit die Höherentwicklung unserer Gattung ohne Leiden undenkbar wäre. Ohne Leiden, wie sie etwa die Prozesse der Selektion und Mutation mit sich bringen, wäre die evolutive Entwicklung hin zum *Homo sapiens* niemals zustande gekommen.

Funktionalisierung

In ähnlicher Stoßrichtung betont der englische Religionsphilosoph Richard Swinburne in seiner *need-for-knowledge*-Argumentation, dass das Leiden erforderlich sei, um die positiven und negativen Auswirkungen menschlicher Freiheitsentscheidungen und die Breite des sittlichen Handlungsspielraums des Menschen zu erkennen. Zudem seien viele Fortschritte in der menschlichen Erkenntnis der Welt erst der Konfrontation mit Leiden geschuldet. In dem von diesem Argumentationsgang zu trennenden *being-of-use*-Argument bemüht sich Swinburne aufzuzeigen, dass die Ausbildung moralischer Tugenden (z.B. Solidarität, Mitleid und Tapferkeit) allererst möglich wird, wenn es so etwas wie Leiden, Gefahren und Schmerzen gibt. Und erst die mannigfachen Leiden dieser Welt ermögliche es den Menschen, sittliche Reifungsprozesse durchzumachen. Persönlichkeiten wie Mutter Teresa, Mahatma Gandhi oder Albert Schweitzer hätte es ohne Leiden nie geben können.

Auch wenn man dem Funktionalisierungsargument nicht jede Plausibilität absprechen kann, so gibt es doch allzu offensichtlich viele Formen des Leidens, für die es nicht in Anspruch genommen werden kann. Denn selbst wenn man bezogen auf das eigene Leben zu der Erkenntnis kommt, dass jedes Leiden, dem

Kritik

4) Gott und das Leid

man begegnen musste, einen tieferen Sinn hatte oder zumindest in den Gesamtsinn des eigenen Lebens integriert werden kann, so ist aus moralischen Gründen eine solche Aussage doch niemals in Bezug auf das Leiden Anderer zulässig. Nur die leidende Person selbst darf ihrem Leiden einen Sinn geben. Sobald die Theologie anfängt, fremdes Leiden funktional zu verarbeiten, verletzt sie in unerträglicher Weise die Würde der Leidenden. Das entscheidende Gegenargument gegen eine Bonisierung des Leidens durch eine der genannten Formen der Funktionalisierung besteht also darin, dass das Leiden oft gerade für die leidenden Personen selbst keinen Sinn hat und für diese selbst keinerlei Funktion erfüllt. Und es widerspricht der sittlich gebotenen Achtung vor dem Menschen als Zweck an sich selbst, sein Leben und Leiden ohne Einwilligung des Betroffenen als Zweck für andere Güter anzusehen.

Zu Tode gemarterte Kinder können durch ihre Qualen keinen personalen Reifungsprozess durchmachen, und der für andere ggf. durch ihre Qualen entstehende Nutzen kann aus kategorischen Gründen niemals ihr Leiden rechtfertigen. Jede Bonisierung des Leidens durch seine Funktionalisierung scheitert also schon daran, dass in vielen Fällen die behauptete Funktion des Leidens ohne Auswirkung für die leidenden Personen selber bleibt.

Während alle bisher aufgeführten Lösungsversuche unabhängig vom christlichen Glauben diskutiert werden können, will ich im Folgenden noch kurz einen Bonisierungsversuch des Leidens nennen, der seine Überzeugungskraft ausdrücklich aus der spezifisch christlichen Gestalt religiösen Glaubens bezieht: nämlich den Hinweis auf den *Kreuzestod Jesu Christi* und seine Inanspruchnahme als Lösung des Theodizeeproblems (z.B. bei P. Henrici). Die dabei verwendete Argumentationsfigur lautet in der Regel, dass der Gott, der selber mit den Leidenden leidet, nicht Adressat der Anklage und Verursacher der Leiden sein kann. Zudem könne das Leiden nicht mehr als prinzipiell sinnlos angesehen werden, weil in dem Leiden eine Begegnung mit Christus stattfinden könne. Leiden werde zur Christusnachfolge und verliere so seinen anstößigen Charakter.

Aber auch wenn Gott sich noch so sehr mit den Leidenden solidarisiert oder sich von dem Leiden betreffen lässt, bleibt die Frage, wieso er das Leiden allererst zulässt. Gott ist zumindest in der christlichen Auffassung niemals nur der Leidende, sondern immer auch der Schöpfer, der aus souveräner Entscheidung heraus diese Welt, und damit auch ihre Leiden, ermöglicht hat.

Gott als der Mitleidende

Daher ist eine Beantwortung der Frage, warum Gott die Welt so leidvoll eingerichtet hat, unerlässlich, und die dadurch gegebene Bedrohung des Glaubens ist nicht durch den Hinweis auf das Mitleiden Gottes zu neutralisieren.

Mit J. Moltmann, D. Sölle u.a. ist zuzugeben, dass das Kreuz als Ausdruck des universalen Mitleidens Gottes mit seiner leidenden Schöpfung anzusehen ist. Im Kreuz erweist sich der christliche Gott als solidarisch mit dem leidenden Menschen verbunden, dem er in jede Einsamkeit und jede Verworfenheit hinein nachgehen will. Zugleich kann nur von einem mitleidenden Gott gedacht werden, dass er eine wirkliche Freiheitsgeschichte und Liebesbeziehung mit den Menschen eingeht und sich von ihnen und ihrer Geschichte betreffen lässt. Diese Überlegung ist ein zentraler Bestandteil der weiter unten noch zu diskutierenden *free will defense* und kann als unerlässlicher Bestandteil jeder aussichtsreichen Bearbeitung des Theodizeeproblems angesehen werden.

Für sich alleine genommen hilft ein mitleidender Gott aber nicht weiter, weil nicht klar wird, was es mir in meinem Leiden bzw. in „meinem Dreck und Schlamassel und meiner Verzweiflung" helfen soll, wenn es „Gott – um es einmal grob zu sagen – genauso dreckig geht"[29] wie mir. Der bloße Hinweis auf einen Gott, der die Liebe ist und mit dem Leidenden mitleidet, löst das Theodizeeproblem nicht, sondern verschärft es eher noch. Denn je mehr Gottes Liebe betont wird, desto mehr wird diese durch die Verhältnisse in dieser Welt in Frage gestellt. Und je mehr Gott leidet, desto größer wird die Gesamtmenge des Leidens.

2. Lösungen durch Modifikation der Eigenschaften Gottes

Am weitesten verbreitet ist in diesem Zusammenhang die Meinung, dass Gott im Zuge der Erschaffung der Welt seine Allmacht aufgegeben hat (H. Jonas) bzw. die These, dass es Allmacht aus metaphysischen Gründen nicht geben könne (Prozesstheologie). Hintergrund dieser Revision des christlichen Gottesbildes ist die Ansicht, dass es nur die Preisgabe der Eigenschaft der Allmacht ermögliche, uneingeschränkt an der Güte Gottes festzuhalten und zugleich das kategorische Nicht-sein-Sollen des Leidens unbedingt ernst zu nehmen.

Modifikation der Allmacht

Allerdings stellt dieser Gedanke nur dann eine wirkliche Lösung des Theodizeeproblems dar, wenn Gott seine Allmacht nicht

---

[29] K. Rahner, Im Gespräch. Bd. 1: 1964-77. Hrsg. v. P. Imhoff/ H. Biallowons, München 1982, 246.

4) Gott und das Leid

erst ab einem bestimmten Zeitpunkt freiwillig aufgibt, sondern wenn Gott radikal und d.h. von Anfang an als nicht allmächtig gedacht wird. Verzichtet nämlich Gott während der Zeit des fortgehenden Weltprozesses auf jede Eingriffsmöglichkeit in der Welt, bleibt er für diesen freiwilligen Verzicht verantwortlich. Eine Lösung des Theodizeeproblems ist also nur dann in Sicht, wenn Gott schon immer in seiner Souveränität eingeschränkt ist und nicht etwa erst ab einem von ihm gewählten Zeitpunkt freiwillig seine Macht aufgegeben hat.

Prozesstheologie Entsprechend geht beispielsweise die sog. *Prozesstheologie* davon aus, dass Gott bereits vor der Schöpfung Beschränkungen unterworfen war – sei es aufgrund der Struktur der ewig bestehenden Materie, sei es aufgrund der Gott vorgegebenen metaphysischen Prinzipien. Auf diese Weise kann man überzeugend erklären, warum Gott keine weitergehende Kontrolle über den Lauf der Geschichte ausüben kann und warum er nicht kontrollierend, sondern überredend in den Lauf der Geschichte einzuwirken versucht. Bei einer solchen Konzeption wäre klar, dass Gottes *modus operandi* – d.h. Gottes Weise, in der Welt zu handeln – niemals auf der Ausübung von zwingender Macht basieren kann, sondern als überredend und lockend gedacht werden muss.

Auf der anderen Seite bedeutet eine so weitgehende Entmachtung Gottes eine ernste Infragestellung des christlichen Gottesbegriffs. Denn ein Gott, der immer schon von metaphysischen Prinzipien oder der Materie begrenzt ist, kann kaum als etwas gedacht werden, über das hinaus Größeres nicht gedacht werden kann. Er scheint immer schon nicht selbst gewählten Beschränkungen zu unterliegen, so dass der in der Prozesstheologie zugrunde gelegte Gottesbegriff dem Gottesbegriff der philosophischen Tradition ebenso wie dem des Christentums an elementarer Stelle zu widersprechen scheint.

Zudem ist Gott selbst bei einer so weitgehenden Entmachtung immer noch hinsichtlich seiner Welturheberschaft haftbar zu machen. Insofern sollte man die insbesondere in der analytischen Philosophie ausgetragene Debatte um die widerspruchsfreie Konzipierbarkeit des Allmachtsbegriffs nicht überbewerten, sondern klar sehen, dass der eigentliche Stein des Anstoßes schon beim Schöpfungsgedanken bzw. dem Gedanken der Welturheberschaft und nicht erst beim Allmachtsbegriff erreicht ist. Denn auch wenn Gott angesichts ihm vorgegebener (metaphysischer) Gegebenheiten die Welt nicht anders konzipieren konnte, bleibt die Frage offen, warum Gott überhaupt etwas geschaffen hat bzw. warum er überhaupt damit begonnen hat, das Chaos in Ordnung zu überführen.

3. Lösungsvorschlag auf der Basis einer Reflexion des Gott-Welt-Verhältnisses

Da weder eine Neuinterpretation des Leidens noch eine Revision der Eigenschaften Gottes[30] das Theodizeeproblem zu lösen vermag, liegt es nahe, die Relation der Eigenschaften Gottes und des Leidens in der Welt einer genaueren Betrachtung zu unterziehen und damit das Gott-Welt-Verhältnis neu zu denken. Eben diesen Versuch unternimmt die sogenannte *free will defense*[31], wenn sie das Gott-Welt-Verhältnis als Freiheitsverhältnis ausbuchstabiert und Gottes Schöpfungsziel mit Duns Scotus darin sieht, dass Gott Mitliebende gewinnen will (*Deus vult condiligentes*). In dieser Perspektive erscheint das Leiden als von Gott nicht gewollte Folge menschlicher Freiheitsverfehlungen (*malum morale*) bzw. als Folge von Naturgesetzen (*malum physicum*), die ihrerseits notwendige Bedingung der Möglichkeit für die Entstehung menschlichen Lebens sind (vgl. zu dieser Position den Dialogtext und das Arbeitspapier zur free will defense).

<small>free will defense</small>

Besonders umstritten ist an dieser Stelle die Frage, inwiefern sich das *malum physicum*, also das nicht von Menschen verursachte Leiden wie z.B. Erdbeben oder Krankheiten, wirklich in der angedeuteten Weise in die *free will defense* integrieren lässt. Normalerweise verweisen die Verteidiger dieser Form der Theodizee an dieser Stelle auf die sogenannte Keine-bessere-Welt-Hypothese und die damit verbundene *natural law defense*. Die Keine-bessere-Welt-Hypothese stellt eine Fortführung von Leibniz' Versuch dar, unsere Welt als die beste aller möglichen Welten auszuweisen. Als aussichtsreichste Version dieser Theorie gilt in der gegenwärtigen Debatte die *natural law defense*. Diese argumentiert in folgenden Schritten:

<small>natural law defense</small>

1. Die Naturgesetze sind die Bedingung der Möglichkeit von Freiheit. Denn ohne Gesetzmäßigkeit ist ein ethisch bedeutungsvolles, planendes Handeln im eigentlichen Sinn nicht möglich. So könnte ich z.B. keinen Mord ausführen, wenn ich damit rechnen müsste, dass die Pistolenkugel der Mordwaffe willkürlich ihre Flugbahn ändert.

---

[30] Natürlich wäre es noch möglich, die Eigenschaft der Güte Gottes in Frage zu stellen. Das führt aber dazu, dass es unmoralisch wäre, an Gott zu glauben und sich ihm zu unterwerfen, so dass diese Möglichkeit hier nicht näher vorgestellt werden muss.

[31] Da die Debatte um die free will defense im amerikanischen Sprachraum entstanden ist (v.a. ausgehend von A. Plantinga) ist in der deutschen Rezeption weithin die amerikanische Schreibweise üblich geworden.

4) Gott und das Leid

2. Es ist angesichts des gegenwärtigen Forschungsstandes eine plausible Hypothese, dass eine Verbesserung einzelner Naturgesetze physikalisch unmöglich ist, wenn zugleich die Entwicklung hin zum Menschen möglich sein soll. Konsens in der gegenwärtigen naturwissenschaftlichen Diskussion ist jedenfalls die Feststellung, dass die Naturkonstanten, wie z.B. die Gravitations-Konstante, die elektrische Elementar-Ladung, die Lichtgeschwindigkeit, das Planck'sche Wirkungsquantum bzw. deren Verhältnisse, ziemlich genau den Werten entsprechen müssen, die wir beobachten können, um die Entstehung eines Universums mit der Struktur des unsrigen zu ermöglichen. Die Bildung von Galaxien, von Sternen, Planeten und vor allem die Evolution des Lebens, die den Menschen hervorgebracht hat, wäre nicht möglich gewesen, wenn die Naturkonstanten, die auch für das *malum physicum* verantwortlich zu machen sind, andere wären.

3. Es lässt sich dafür argumentieren, dass die physikalische Unmöglichkeit einer Verbesserung der Naturkonstanten in einer logischen Unmöglichkeit gründet. Dies setzt allerdings voraus, dass so etwas wie eine widerspruchsfreie Beschreibung aller Naturkonstanten und der entsprechenden Theorien möglich ist. Klarheit wäre an dieser Stelle erst dann zu gewinnen, wenn es der theoretischen Physik gelingen würde, eine „Theorie für Alles" zu entwickeln.

4. Es ist sinnlos, die Ausführung von in sich widersprüchlichen bzw. logisch unmöglichen Handlungen von Gott zu fordern. Wenn eine Verbesserung der Naturkonstanten aus logischen Gründen nicht möglich ist, ohne die Entwicklung hin zum Menschen unmöglich zu machen, kann auch Gott diese Verbesserung nicht leisten, bzw. es wäre zumindest unsinnig, dies von ihm zu fordern.

Vor allem der 3. Schritt dieser Argumentation ist sehr umstritten, so dass viele TheologInnen die Einbeziehung des *malum physicum* in die *free will defense* für wenig überzeugend halten. Andere scheuen davor zurück, das Leiden als Preis der Freiheit zu behaupten.

4. Reductio in mysterium

theoretische Unlösbarkeit des Theodizeeproblems

So erkennen in der gegenwärtigen Theologie viele TheologInnen die von atheistischer Seite behauptete *theoretische Unlösbarkeit des Theodizeeproblems* an (u.a. H.U. von Balthasar, J. Brantschen, H. Küng, G. Neuhaus) und plädieren zumeist dafür, seine Unbegreiflichkeit in einer *reductio in mysterium* als Teil der Unbegreiflichkeit des unendlichen Geheimnisses Gottes anzuerkennen (K. Rahner) bzw. es als Rückfrage an Gott zu reformulieren (J.B. Metz), der allein eine authentische Theodizee/ Selbstrechtfertigung angesichts des Leidens (I. Kant) als eschatologische Verifikation des Glaubens leisten könne. Verbunden ist mit dieser Position oft die Forderung nach einer praktisch-authentischen Theodizee, die die Rechtfertigung des Glaubens in einem durch praktisch-solidarisches Handeln vermittelten Vorgriff auf Gottes Selbstrechtfertigung gewährleistet sieht (R. Ammicht-Quinn) und die Option für eine Negative Theologie (J.B. Metz).

Zur Untermauerung dieser Ansicht wird immer wieder der Protest von Dostojewskis Romanfigur *Iwan Karamasow* zitiert, der sich weigert, die Eintrittskarte in einen postmortalen Versöhnungsprozess anzunehmen. Als Illustration dieser Verweigerung wählt Iwan den Bericht über einen russischen General und sehr reichen Gutsbesitzer, der zu Beginn des 19. Jahrhunderts einen achtjährigen Jungen eines Hofleibeigenen dafür bestrafen möchte, dass er beim Spielen einen seiner Lieblingshunde mit einem Stein am Fuß verletzt hat. Die Strafe besteht darin, den Jungen vor den Augen aller Hofleibeigenen und vor den Augen seiner Mutter nackt auszuziehen und ihn von der ganzen Meute der Windhunde des Generals zu Tode hetzen und in Fetzen reißen zu lassen. Trotz des schrecklichen Ausmaßes dieses Verbrechens gibt Iwan zu, dass er gar nicht ausschließen kann, dass sich angesichts der Offenbarung der Herrlichkeit Gottes alle Menschen versöhnen und dass auch er selber dem General verzeihen und die Gerechtigkeit Gottes preisen wird. Doch zugleich hält er fest:

Protest des Iwan Karamasow

> „Ich will aber gar nicht, daß ich dann so ausrufe. Solange es noch an der Zeit ist, beeile ich mich, mich dagegen zu wehren, und deshalb sage ich mich auch völlig los von der höchsten Harmonie. Sie lohnt gar nicht das Tränchen, sei es auch nur eines einzigen gemarterten Kindchens, das sich mit seinen kleinen Fäustchen an die Brust schlug in seiner übelriechenden Höhle, und mit seinen ungesühnten Tränchen zu dem lieben Gott betete!"

Eine Sühne aber für das Leiden der Kinder sei nicht denkbar, so dass man die auf den Leiden namenloser Unschuldiger errichtete Harmonie des Himmels nur ablehnen könne:

> „Ich aber will gar keine Harmonie, aus Liebe zur Menschheit will ich sie nicht. Ich will lieber verharren bei ungesühntem Leiden! ...

4) Gott und das Leid

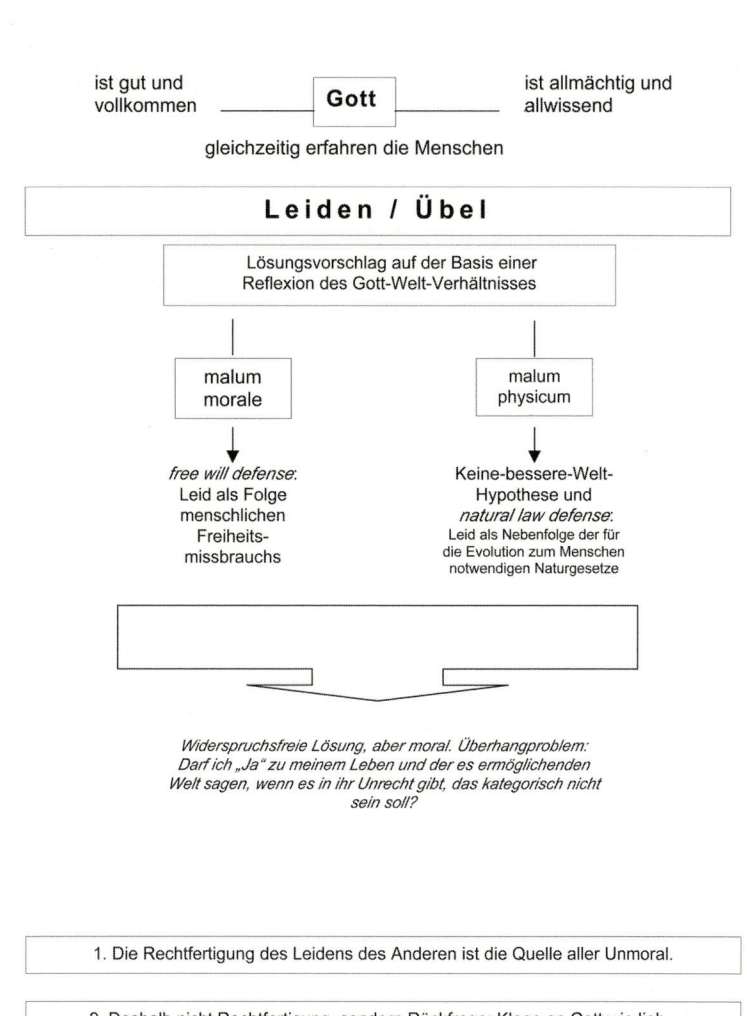

Deshalb beeile ich mich auch, mein Eintrittsbillet (in diese Harmonie; Vf.) zurückzugeben".

Der Hinweis auf postmortale Entwicklungsprozesse kommt bei dieser Form des Protestes immer schon zu spät. Theologen wie Hansjürgen Verweyen bestehen deshalb auf einer Ausbuchstabierung der christlichen Eschatologie, die Auferstehung als einen Akt kennzeichnet, der den Anschein der Sinnlosigkeit von innen her unterläuft. Unabhängig davon, ob man dieser Näherbestimmung des Auferstehungsglaubens beipflichtet, darf sich die Bearbeitung des Theodizeeproblems nicht von Hoffnungsfiguren abhängig machen, die das Dasein hier und jetzt unverändert lassen. Denn nur, wenn das Leben hier und jetzt durch die eschatologische Perspektive verwandelt wird, gibt es in diesem Leben den Sinn, der es im Letzten lohnend macht, auch angesichts der äußersten Gestalt der Vernichtung dem Bösen standzuhalten.

Free will defense

Der aussichtsreichste Versuch einer Rechtfertigung des Glaubens an Gott angesichts der Theodizeeproblematik besteht vor dem Forum der theoretischen Vernunft im Verweis auf die menschliche Willensfreiheit als Grund des Übels. Während das *malum morale* direkt als Folge menschlicher Freiheitsverfehlungen zu verstehen ist, kann man versuchen, das *malum physicum* als unerwünschte Nebenfolge von Naturgesetzen zu verstehen, die um der menschlichen Willensfreiheit willen unerlässlich sind (*natural law defense*). Auf diese Weise wäre alles Leiden als etwas um der menschlichen Freiheit und damit der Möglichkeit der Liebe willen Hinzunehmendes verstanden.

Doch selbst wenn man diese Vorgehensweise für schlüssig hält, fragt sich, ob die unermesslichen Leiden der Menschen als Preis von Freiheit und Liebe akzeptiert werden dürfen. In der nachfolgend vorgestellten Version der *free will defense* versuche ich, diesen gängigen Einwand zu unterlaufen und auf diese Weise die *free will defense* in einer modifizierten Form zu verteidigen. Um meinen Vorschlag vor dem Hintergrund der aktuellen Debatte einordnen und selbständig bewerten zu können, nenne ich im Folgenden die Prämissen meines Vorschlags und stelle jeweils die wichtigsten Argumente vor, die für und gegen sie ins Feld geführt werden können. Stilistisch kleide ich die Argumente in die Form von Fragen, die zur Selbstreflexion einladen sollen,

Argumentationsstruktur

4) Gott und das Leid

um so eine eigenständige, ergebnisoffene Auseinandersetzung zu ermöglichen. Kursiv sind jeweils die Fragen gedruckt, die Anregungen gegen die aufgeführten Prämissen bieten. Am Ende nenne ich jeweils stichwortartig den entscheidenden Punkt, der mich zur Annahme der Prämisse bewegt.

Prämisse 1 *(1) Die Annahme bzw. die Postulierung von Personen mit einem freien Willen ist ein unumgängliches Erfordernis sittlichen Handelns. Sie ist mit Mitteln der theoretischen Vernunft nicht widerlegbar.*

– Wenn der Mensch in keiner Weise Willensfreiheit hat, muss er als vollständig determiniert betrachtet werden; alle seine Handlungen wären vorherbestimmt. Entspricht diese Behauptung von einer durchgängigen Vorherbestimmtheit unserer Selbsterfahrung?

– Falls es keinen freien Willen des Menschen gäbe, müsste prinzipiell vorausgesagt werden können, wie sich eine Versuchsperson X entscheidet, z.B. bei der Wahl zwischen einem blauen und einem roten Stift. Wenn vorausgesagt wird, dass X sich für den blauen Stift entscheidet, und X diese Information vorher bekannt gegeben wird, kann sich X noch umentscheiden, also den roten Stift nehmen?

– Welche Konsequenzen ergeben sich aus der Negierung der Willensfreiheit, z.B. für unser Rechtssystem oder für die Rede von authentischer Liebe?

– Kann eine deterministische Position rational vertreten werden, wenn der rationale Diskurs auf Überzeugung durch Argumente aufbaut und die Zustimmung oder Ablehnung von bestimmten Thesen nicht im freien Willen begründet liegt, sondern schon vorherbestimmt ist?

– Kann die schöpferische Leistung eines Komponisten ohne die Unterstellung von Willensfreiheit gedacht werden? Stand wirklich von Beginn der Welt an immer schon fest, wie Beethoven die fünfte Symphonie enden lassen würde?

– *Die Entwicklungen in verschiedenen Humanwissenschaften wie Genetik, Neurophysiologie, Psychologie und Soziologie zeigen uns mehr und mehr, wie bestimmt und vorhersehbar der Mensch ist. Wieso sollte man in Anbetracht dieses stetig zunehmenden Erkenntnisgewinns noch eine Ursache wie die Willensfreiheit annehmen?*

– Wenn die Menschen und die Welt in einer Kette von Ursache und Wirkung stehen, wie können dann Wesen entstehen, die

frei handeln können und damit die Ursache ihrer Handlungen in sich tragen?
- *Ist die Selbstwahrnehmung des Menschen als Grundlage für die Behauptung der Willensfreiheit nicht eine sehr unsichere und oft täuschende Basis? Ist es nicht so, dass es mehr ein frommer Wunsch als eine nachweisbare Tatsache ist, dass wir frei sind?*
- *Wie soll man beweisen können, dass sich Menschen frei entscheiden?*
- *Ist es nicht so, dass man eine Handlung im strengen Sinne vorhersehen könnte, wenn man alles über die genetische Disposition und den bisherigen Werdegang eines Menschen wüsste?*
- *Hätte die Annahme genuiner Willensfreiheit nicht eine unerträgliche Einschränkung der Souveränität Gottes zu Folge (vgl. Luthers Schrift „De servo arbitrio")?*

Willensfreiheit lässt sich mit Mitteln der theoretischen Vernunft weder beweisen noch widerlegen. Deshalb ist Prämisse (1) so formuliert, dass sie sich nur auf die schon von Kant begründete, vernunftnotwendige praktische Setzung von Freiheit beruft. Mit dieser Einschränkung kann man sie kaum ablehnen.

(2) Die Existenz von Personen, die in Freiheit das moralisch Richtige wählen können, ist besser – im Sinne von wertvoller – als die Existenz von Personen, deren Handeln durchgängig determiniert ist.

Prämisse 2

- Was würde es für Sie bedeuten, wenn die Welt durchgängig determiniert wäre?
- Die Willensfreiheit stellt so etwas wie einen Basiswert in Relation zu anderen anthropologischen Faktoren dar. Ohne sie gäbe es keine Rationalität, keine Kreativität, keine sittliche Verantwortlichkeit, keine gewählte Identität des Subjekts, keine authentische Liebe, keine unbedingte Liebe, keine sinnvollen Versprechen, etc. Wäre ein Leben ohne diese Faktoren wünschenswert?
- *Selbst wenn man mit Prämisse (1) Willensfreiheit behauptet, ist doch damit noch nicht gesagt, dass sie einen besonderen Wert darstellt, vor allem kein überragendes Gut.*
- *Ist es nicht gerade die Freiheit, die den Menschen unglücklich macht? Ist „die Wahl zu haben" nicht oft auch eine Qual?*
- *Freiheit bürdet dem Menschen große Verantwortung auf, die er in vielen Fällen nicht tragen kann.*

– *Vergleichen Sie unsere Welt (W) mit einer Paradieseswelt (PW), einer Welt ohne sinnloses Leiden (WOS) oder einer sonstwie nach Ihren Wünschen eingerichteten Welt (WW). In PW fließen Milch, Honig, Bier und Wein in den Flüssen; es fallen Schokolade, Chips und Trauben von den Bäumen; und jeder hat Lust auf Sex mit jedem. Alle können gar nicht anders, als glücklich zu sein, lächeln sich von morgens bis abends zu und singen fröhliche Lieder. WOS entspricht exakt unserer Welt, aber es gibt keine Naturkatastrophen, keine Massenmorde und kein schlechterdings sinnloses Leiden. WW dürfen Sie sich einrichten, wie es Ihren Wünschen entspricht. Nur Freiheit gibt es in WW genauso wenig wie in PW oder in WOS. Allerdings denken die Menschen in diesen Welten, dass sie frei sind. In welcher Welt würden Sie leben wollen, wenn Gott Sie fragt: in W, in PW, in WOS oder in WW?*

Sollten Sie sich bei dieser Abwägung nicht für W entscheiden können, bliebe immer noch die Möglichkeit, mit Hilfe der Keine-bessere-Welt-Hypothese anzuzweifeln, dass die hier genannten alternativen Welten logisch möglich sind. Prämisse (2) beschränkt sich deshalb auf die Feststellung, dass es besser ist, frei zu sein, als wie eine Marionette in allem bestimmt zu werden. Die Frage nach der Einrichtung der Welt insgesamt wird ausgeklammert. Aufgrund dieser Einschränkung scheint mir Prämisse (2) allgemein zustimmungsfähig zu sein.

Prämisse 3 *(3) Es ist logisch unmöglich, jemandem die Freiheit zu eröffnen, ohne ihm gleichzeitig die Möglichkeit zu geben, auch das moralisch Falsche wählen zu können. Dabei impliziert die Möglichkeit, das moralisch Falsche wählen zu können, die Möglichkeit, dass das moralisch Falsche irgendwann auch faktisch getan wird, wobei die Realisierung dieser Möglichkeit ausschließlich von den Entscheidungen der freien Subjekte abhängt.*

– J.L. Mackie argumentiert folgendermaßen gegen diese Prämisse: Wenn Entscheidungen wirklich frei sind, wäre es logisch möglich, dass sich alle Menschen jederzeit frei für das Gute entscheiden. Wenn das logisch möglich ist, hätte Gott durch sein Vorherwissen nur all die Menschen erschaffen können, die sich immer (oder zumindest meistens) frei für das Gute entscheiden werden. Das Vorherwissen kommt Gott durch seine Allmacht und die damit verknüpfte Allwissenheit zu. Vergleichen Sie dieses Argument mit den Überlegungen zur Allwis-

sensheitsproblematik in Kapitel 2 sowie dem Debattentext „Gott und die Zeit" in Kapitel 8!
- Vergleichen Sie unsere Welt (W) mit der Welt W*! In W* wissen alle Menschen immer, was moralisch gut ist, und sind von ihrer Natur her auch so ausgerichtet, dass es ihnen Lust bereitet, das Gute zu tun. Sittliche und natürliche Ordnung sind erkennbar aufeinander abgestimmt. Trotzdem ist jeder frei, auch das moralisch Verwerfliche zu tun. Würden Sie W* unserer Welt vorziehen? Ist W* physikalisch möglich? Wäre es in W* möglich, sich frei für oder gegen den Glauben an Gott zu entscheiden?
- *Ist nicht eine Welt vorstellbar, in der es freie Wesen gibt, deren Freiheitsspielraum sich nur auf ein positives Spektrum bezieht und nicht auf ein negatives – eine Welt also, in der Taten selbstloser Liebe möglich sind, nicht aber leiderzeugende Handlungen, und in der es nicht Hass, sondern allenfalls Gleichgültigkeit gäbe?*
- *Hätte Gott die Welt nicht so einrichten können, dass Menschen durch ein Naturgesetz daran gehindert werden, einander umzubringen?*

Eine erfolgreiche Integration des *malum physicum* in die *free will defense* durch die Keine-bessere-Welt-Hypothese beantwortet auch die Anfragen an Prämisse (3). Denn wenn es physikalisch und logisch unmöglich ist, eine Welt mit „besseren" Naturgesetzen zu erschaffen, ohne die evolutive Entwicklung hin zum Menschen unmöglich zu machen, dann stellt auch eine Welt mit den Eigenschaften von W* keine reale Alternative für menschliches Leben dar.

(4) Es ist logisch möglich und ein möglicher Gegenstand einer rational verantworteten Hoffnung, dass alle Personen im Blick auf das Ganze ihrer Existenz und ihres Daseins „Ja" zu ihrem Leben und dem damit verbundenen Wert der menschlichen Willensfreiheit sagen werden, so dass sie faktisch im Blick auf ihr Leben das Leiden als Preis für Freiheit und Liebe akzeptieren. — Prämisse 4

- Prämisse (4) überlässt die Bewertung des Leidens den leidenden Menschen selbst. Darf ich wirklich von außen ein definitives Urteil über die Bedeutung des Leidens eines Anderen treffen?
- Impliziert die Ablehnung der Prämisse (4) nicht die Aussage, dass es besser keine Menschen geben sollte? Schließlich ist die Existenz der Willensfreiheit notwendig mit dem menschlichen

Dasein zusammenzudenken. Und würden Sie wirklich sagen, dass es besser wäre, wenn Sie nicht existierten?

– Nehme ich, wenn ich in letzter, und damit unbedingter Instanz, gegen den unbedingten Wert von Freiheit und Liebe rebelliere, nicht eine Instanz in Anspruch, die eine Ablehnung von Prämisse (4) zu einem Selbstwiderspruch machen würde?

– *Ist überhaupt ein Wert denkbar, der die Zulassung des konkreten Leids rechtfertigt?*

– *Bleibt das zugrunde liegende Gottesverständnis nicht in moralischer Hinsicht höchst bedenklich, wenn Gott eine Welt schafft, in der das höchste Maß an Leid zumindest denkbar ist? Ist es nicht zynisch, von einem Gott zu sprechen, der das Risiko der Schöpfung eingeht und somit auch das immense Ausmaß an Leid zulässt?*

– *Darf ich als jemand, für den Freiheit und Liebe hohe Werte darstellen, diese Werte auch für andere, insbesondere für ungerecht Leidende, in Anspruch nehmen, bzw. darf ich hoffen, dass andere, die von diesen Werten kaum profitieren, sie am Ende anerkennen werden? Ist die Prämisse (4) nicht angesichts von Auschwitz der reinste Zynismus?*

– *Ist die Qualität des Leidens für viel zu viele Menschen nicht bei weitem zu hoch, ist der Schmerz nicht viel zu oft zu schrecklich, als dass er in eine akzeptable Relation zu den Werten der Freiheit und der Liebe gebracht werden könnte?*

– *Gibt es nicht Personen, die mit guten Gründen ein „Ja" zum Dasein verweigern und diese Weigerung bis in den Tod hinein für definitiv erklären?*

Auch als definitiv behauptete und gut begründete Verweigerungen sind prinzipiell revidierbar, und auch nach dem Tod ist eine solche Revision bzw. das Offenbarwerden einer solchen Revision denkbar. Prämisse (4) behauptet nicht mehr als die logische Möglichkeit dieser Revision.

Prämisse 5

(5) *Die eschatologische Hoffnung der Christen lässt sich so ausbuchstabieren, dass es zu einer rational verantwortbaren Hoffnung wird, dass tatsächlich jede Person am Ende der Geschichte auch trotz aller erlittenenen Leiden „Ja" zu ihrem Leben sagen wird.*

– Der definitive Wert und die eigentliche Gestalt von Freiheit und Liebe werden eschatologisch offenbar, weil erst dann in der Begegnung mit der vollkommenen Freiheit Jesu Christi als der vollkommenen uns zugewandten Liebe Gottes der Wert der

eigenen Freiheit in ihrer Unbedingtheit erkennbar wird. Ist es nicht denkbar, dass an dieser Stelle eine bisher verborgene Einschätzung der Werte von Freiheit und Liebe offenbar wird?
– Wieso sollte ich Gott eigentlich nicht zutrauen, dass er am Ende die Zustimmung aller zu ihrem Leben gewinnen wird? Sollten wir uns in unserem Fragen nach Gott angesichts des Leids nicht die Rückfrage Gottes gefallen lassen, ob wir nicht trotz und in allem „Ja" zu ihm und der uns verliehenen Freiheit sagen können?
– Macht das im Dialogtext zitierte Testament Victor Frankls nicht deutlich, dass bereits die kurze Erfahrung authentischer Liebe alle Leiden der Welt aufzuwiegen vermag?[32]
– *Entlarvt nicht schon das Leiden eines einzigen, zu Tode gemarterten Kindes P (5) als zutiefst zynisch und menschenverachtend? Kann P (5) nicht nur am Schreibtisch lebensferner „Elfenbeinturm-Theologen" erdacht sein, die von der Wirklichkeit des Leidens nichts wissen?*
– *E. Wiesel schreibt zu seinen Erfahrungen im dritten Reich: „Nichts kann Auschwitz rechtfertigen. Und wenn Gott selbst mir eine Rechtfertigung anböte, ich würde sie, glaube ich, zurückweisen. Treblinka hat alle Rechtfertigungen außer Kraft gesetzt. Und alle Antworten."[33] „Für mich steht fest, daß der Tod von sechs Millionen Menschen eine Frage aufwirft, die niemals eine Antwort finden kann."[34]*
– *Darf ich „Ja" zu meinem Leben und der es ermöglichenden Welt sagen, wenn es in ihr ein Unrecht gibt, das kategorisch nicht sein soll und damit durch nichts in der Welt und durch nichts außerhalb ihrer gerechtfertigt werden kann? Darf ich einem Dasein zustimmen, in dem so furchtbare Dinge passieren, wie sie im weiter oben zitierten Roman Dostojewskis geschildert werden und wie sie in Auschwitz in unvorstellbarem Ausmaß zum Alltag wurden?*

Auch wenn man Prämisse (5) zustimmt, ist das oben benannte Problem Iwan Karamasows, das auch in den zuletzt genannten Fragen anklingt, nicht erledigt. Sein Problem besteht ja gerade nicht darin, dass er sich keine eschatologisch begründete Neu-

Überhangfragen

---

[32] Vgl. das im Dialogtext zitierte Testament aus V. Frankl, ... trotzdem Ja zum Leben sagen. Ein Psychologe erlebt das Konzentrationslager, München 1977, 92.
[33] E. Wiesel, Alle Flüsse fließen ins Meer. Autobiographie, Hamburg 1995, 142.
[34] Ebd., 119.

orientierung denken kann. Er gibt sogar zu, dass er sich angesichts der Begegnung mit Gott auch nicht mehr dem Jubel der ganzen Schöpfung und dem Ja zu seinem Leben wird entziehen können. Seinen Protest gegen das Leiden des zu Tode gemarterten Kindes nimmt er dennoch nicht zurück. Der Grund für diesen Protest ist nicht die logische Widersprüchlichkeit oder die mangelnde Plausibilität der Gegenposition, sondern ihre moralische Widerwärtigkeit. Iwan würde also hier und jetzt auch dann auf seinem Protest beharren, wenn er die rationale Verantwortbarkeit der Hoffnung zugeben würde, dass alle Menschen eschatologisch die Werte von Freiheit und Liebe als Preis des Leidens akzeptieren und zu ihrem Leben „Ja" sagen werden. Denn er könnte darauf bestehen, dass ein Vertrauen auf eine solche Hoffnung angesichts des zu Tode gemarterten Kindes eine zynische und perverse Denkungsart offenbart und dass deshalb aus moralischen Gründen allein der Verzicht auf den Gottesglauben eine die Würde des Menschen achtende Option darstellt.

Verlagerung der Debatte auf die Ebene der praktischen Vernunft

Die Antwort auf diesen moralischen Protest kann nicht in einer subtilen Erörterung vor dem Forum der theoretischen Vernunft bestehen. Ja, jede theoretische Erörterung, die am Ende das Leiden des Anderen rechtfertigt oder zumindest die Welt auch trotz dieses Leidens als zustimmungswürdig auszuweisen sucht, verschärft den Einwand noch. Denn dieser Einwand basiert auf der Einsicht, dass die Rechtfertigung des Schmerzes des Anderen – wie weiter oben bereits unter Berufung auf E. Levinas vermerkt – der Ursprung aller Unmoral ist.

Die auf moralischen Erwägungen basierende Infragestellung des Gottesglaubens angesichts des Theodizeeproblems kann also mit theoretischen Überlegungen zwar abgeschwächt, aber nicht gänzlich ausgeräumt werden.[35] Auf eine moralische Infragestellung kann nur auf moralischer Ebene geantwortet werden. Auch wenn es auch auf dieser Ebene nicht möglich ist, die in den Blick gerückte Anfrage zum Schweigen zu bringen, so ist es doch mit Hilfe der praktischen Vernunft möglich auszuweisen, dass auch die Position des Protestatheismus moralisch bedenkliche Implikationen hat. Man kann also gewissermaßen versuchen, den Spieß

---

[35] Die entscheidende Abschwächung des Einwandes durch die bisherigen Überlegungen besteht darin, dass nur jedes Subjekt selbst in Bezug auf die eigenen Leiden die Abwägungsfrage entscheiden darf. Moralisch anrüchig bleibt aber auch diese Position, insofern sie zugleich die Hoffnung artikuliert, dass auch die Anderen am Ende „Ja" sagen und so das kategorische Nicht-sein-Sollen ihrer Schmerzen relativiert wird.

herumzudrehen und auch der protestatheistischen Position moralische Vorwürfe zu machen.

Verzichtet man nämlich angesichts des bei Dostojewski beschriebenen Kindes auf den Glauben an Gott, um es vor jeder Vereinnahmung in einen übergreifenden Sinnanspruch zu schützen, und beharrt deshalb auf der Sinnlosigkeit des Daseins insgesamt, gibt man nicht nur die Vereinnahmung, sondern auch jede Hoffnung für dieses Kind auf. Denn mit der Zurückweisung Gottes wird nicht nur das Postulat eines umfassenden Sinnzusammenhangs oder einer allgemeinen Zustimmungswürdigkeit des Daseins abgelehnt, sondern auch die Hoffnung auf eine Wirklichkeit, „die den anderen im Tod rettet"[36]. Durch den Protestatheismus wird – wie Karl-Josef Kuschel zu bedenken gibt – „auch die Möglichkeit ausgeschlossen, daß Leid jemals überwunden oder wiedergutgemacht werden kann. Eine Sinn- wie Hoffnungsperspektive ist damit endgültig zerstört"[37]. Die Leidende wird auf diese Weise mit und in ihrer Sinnlosigkeit allein gelassen; sie wird endgültig aufgegeben und jede Hoffnung auf Rettung wird zur Illusion erklärt.

Mit dem Glauben an Gott gebe ich auch die Hoffnung auf Rettung des Anderen auf

Dadurch wird es aber äußerst schwierig, die Erinnerung an die unschuldig zu Tode Gefolterte zu wahren, weil ohne Bezugnahme auf Gott fast nur das Vergessen den ungesühnten Schmerz der Anderen erträglich machen kann. Das Andenken an die Ermordeten ohne Hoffnung auf eine Wirklichkeit, die auch im Tod noch zu retten vermag, kann leicht zu Verzweiflung, Zynismus oder Amnesie führen. Insgesamt fragt es sich, wie man angesichts von endgültiger Vernichtung leben kann, ohne sich den Leidenden durch Vergessen zu entziehen. Wer aber angesichts von Auschwitz vergisst, wird abermals schuldig, weil er sich auf die Seite derer schlägt, die die Juden und ihr Andenken systematisch vom Erdboden vertilgen wollten.

Erinnerung an die Leidenden als Auftrag praktischer Vernunft

Die Rede von Gott angesichts des Leidens ist demgegenüber – wie J.B. Metz nicht müde wird zu betonen – in ihrem Ursprung nicht dessen theoretische Erklärung, sondern ein „Schrei nach der Rettung der Anderen, der ungerecht Leidenden, der Opfer und Besiegten in unserer Geschichte"[38]. Ohne Gott würde diesem

Rede von Gott als Schrei nach Rettung

---

[36] H. Peukert, Wissenschaftstheorie – Handlungstheorie – Fundamentale Theologie (s. Lit. in Kap. 13), 315.
[37] K.-J. Kuschel, Ist Gott verantwortlich für das Übel? Überlegungen zu einer Theologie der Anklage. In: Gotthard Fuchs (Hg.), Angesichts des Leids an Gott glauben? Zur Theologie der Klage, Frankfurt a.M. 1996, 227-261, hier 251.
[38] J.B. Metz, Theologie als Theodizee?, 104.

Schrei nach Rettung der Adressat fehlen und der Protest im Letzten sinnlos werden. Wird der Akt des Aufschreis und des Protestes nicht sinnlos, wenn er ungehört in den Weiten des Universums verhallt? Nur durch den Glauben an Gott erhält der Protest gegen das Leiden einen letzten Sinn, ja erst der Gottesglaube ermöglicht die Entschiedenheit des Protestes, die das Theodizeeproblem anstößt. Umgekehrt erklärt auch der Atheismus das Leiden nicht, und er vermag nicht den Schmerz zu beschwichtigen.

Die Rede von Gott ist dieser Argumentation zufolge also gerade aus moralischen Gründen unverzichtbar, weil der Protest gegen das Leiden nur durch eine Bezugnahme auf Gott letzten Sinn erhält. Die Bezugnahme auf Gott ist aber nicht nur um der Wahrung der Würde der Leidenden willen erforderlich, sondern kann auch eine wichtige Hilfestellung sein, um das Skandalöse des Skandals unschuldigen Leidens benennen zu können. Die Unbedingtheit des Protestes gegen das Leiden und die Verweigerung seiner Relativierung wird durch die Bezugnahme auf Gott zumindest erleichtert und erhält erst durch sie ihren letzten Sinn. Verzichtet man umgekehrt auf die Annahme der Existenz Gottes, verliert nicht nur der Protest seine Sinnrichtung, sondern das erdrückende Ausmaß des Leidens muss ohne jede Hoffnung auf durchgreifende Besserung ertragen werden. In diesem Sinne hält etwa Karl Rahner fest, dass er nicht wisse, warum es das Leiden gebe.

> Eines aber weiß ich: Wenn Sie aus Protest gegen das Böse in der Welt Gott aus Ihrem Leben streichen wollen, wird die Geschichte noch viel schlimmer, denn dann haben Sie eine abgründig böse und absurde Welt und sonst nichts. Wenn Sie das im Namen der Liebe zu anderen wirklich verantworten können – gut, aber ich glaube nicht, daß man das kann.[39]

Mit derartigen Überlegungen schafft man die oben genannten Anfragen natürlich nicht aus der Welt. Genauso wenig gewinnt man mit ihnen eine vor der theoretischen Vernunft standhaltende Argumentation für die Existenz Gottes oder Strategien für die Beantwortung der Theodizeefrage. Nichtsdestoweniger können sie deutlich machen, dass nicht nur der Glaube an einen guten und allmächtigen Gott moralisch fragwürdige Implikationen hat. Die umgekehrte Option scheint mir nach allem soeben Ausge-

---

[39] K. Rahner, Politische Dimensionen des Christentums. Ausgewählte Texte zu Fragen der Zeit. Hrsg. u. erl. v. H. Vorgrimler, München 1986, 96.

führten vor dem Forum der praktischen Vernunft vielmehr mindestens ebenso fragwürdig zu sein.

Ähnlich wie die Fragestellungen der theoretischen Vernunft scheinen mir deshalb auch die der praktischen Vernunft im Blick auf die Theodizeeproblematik auf ein argumentatives Patt zwischen Theismus und Atheismus hinauszulaufen.

argumentatives Patt

Johann Baptist Metz

Geboren wurde der revolutionäre Begründer der *neueren Politischen Theologie* Johann Baptist Metz im Jahre 1928 in der behüteten Idylle einer erzkatholischen bayerischen Kleinstadt, so dass es ihm so vorkam, als sei er nicht im 20. Jahrhundert, sondern irgendwo an den verdämmernden Rändern des Mittelalters ins Leben eingetreten. Doch bereits früh in seiner Biographie hatte er ein Erlebnis, das ihn radikal aus diesem Refugium herausriss und das ihn als Theologen und Menschen prägen sollte. Kurz vor Ende des Zweiten Weltkrieges wurde er als 16jähriger mit Freunden und Mitschülern zur Wehrmacht eingezogen und den vorrückenden Amerikanern entgegengeworfen. Metz berichtet mit folgenden Worten von diesem Schlüsselerlebnis, das sich in dieser Zeit irgendwo bei Würzburg zugetragen hat:

Begründer der neueren Politischen Theologie

Kriegserlebnis

> Da habe ich etwas erlebt, etwas erfahren müssen, was für mich eine bis heute bleibende Prägung bedeutet hat. Ich wurde eines Abends vom Kompanieführer zum so genannten Bataillonsgefechtsstand geschickt. Als ich dann durch brennende Gehöfte und durch zerschossene Dörfer zurückkam zu meiner Kompanie, war alles lautlos still. Alle die, mit denen ich noch ein paar Stunden vorher fast lachend zusammen war – Leute meines Alters, die lachen auch im Krieg, auch dann, wenn sie Angst haben – die waren alle tot. Ich konnte ihnen nur noch ins tote Antlitz schauen. Und was ich daran erinnere, diese Erinnerung begleitet mich eigentlich durch mein ganzes Leben. Es war wie ein lautloser Schrei.

Metz spricht davon, dass dieses Erlebnis so etwas wie einen Riss in seinen Kindheitsträumen darstellte, und dieser Riss kann bei ihm als der Ursprung seiner Theologie angesehen werden. Dieser Riss lässt Metz nicht mehr los und prägt ihn in seinem Leben, seinem priesterlichen Dienst und in seiner Theologie, die er von 1963-1993 als Universitätsprofessor in Münster betrieb. Er wird noch einmal verstärkt durch seine Aufarbeitung der traumatischen Erfahrungen der Judenvernichtung während der Zeit des Nationalsozialismus. Entsprechend beginnt er seinen vielleicht profiliertesten Beitrag zum Theodizeeproblem mit folgendem charakteristischen Hinweis auf seine theologische Biographie:

Theologie nach Auschwitz

> Langsam, viel zu langsam, wurde mir bewußt – und das Eingeständnis der langgestreckten Verzögerung verschärfte die Irritation! –, daß die Situation, in der ich Theologe bin, also von Gott zu reden suche, die Situation ‚nach Auschwitz' ist. Auschwitz signalisierte für mich einen Schrecken jenseits aller vertrauten Theologie, einen Schrecken, der jede situationsfreie Rede von Gott leer und blind erscheinen ließ. Gibt es denn, so fragte ich mich, einen Gott, den man mit dem Rücken zu einer solchen Katastrophe anbeten kann? Und kann Theologie, die diesen Namen verdient, ungerührt nach einer solchen Katastrophe einfach weiterreden, von Gott und von den Menschen weiterreden, als ob angesichts einer solchen Katastrophe nicht die unterstellte Unschuld unserer menschlichen Worte zu überprüfen wäre? Ich war beunruhigt: Warum sieht man der Theologie diese Katastrophe – wie überhaupt die Leidensgeschichte der Menschen – so wenig oder überhaupt nicht an? Kann und darf theologische Rede hier ähnlich distanziert verfahren wie (vielleicht) philosophische? Ich war beunruhigt von dem augenfälligen Apathiegehalt der Theologie, von ihrer erstaunlichen Verblüffungsfestigkeit ... ‚Nach Auschwitz' kennzeichnet einen Riß in meiner christlich-theologischen Biographie.[40]

Der Schrecken der Leidensgeschichte dieser Welt ist es, der Metz in seinem Schaffen in rastloser Unruhe hält und auch sein theologisches Denken und seinen Stil prägt. Metz schreibt meistens kurze, eindringlich formulierte Texte, die erkennbar eine Botschaft vermitteln wollen und auf eine Reihe von rhetorischen Mitteln zur Herausstellung der eigenen Position zurückgreifen. Metz schreibt sehr pointiert und profiliert, nicht selten polemisch und immer herausfordernd. Nie versucht er, ein geschlossenes System vorzulegen, sondern er denkt bewusst skizzenhaft und fragmentarisch. Rastlos versucht er, sich in immer neuen Anläufen den wichtigsten Anfragen und Herausforderungen zu stellen, die die ausgehende Moderne der Theologie stellt.

---

[40] J.B. Metz, Theologie als Theodizee?, 103. In diesem Aufsatz finden sich auch die im Folgenden zitierten Begriffe von Metz.

Bekannt geworden ist Metz durch die Begründung der sogenannten *neuen Politischen Theologie* – einer besonders in den 70er und 80er Jahren des vorigen Jahrhunderts einflussreichen theologischen Strömung, die sich in Anknüpfung an den „praktischen Kant" und Elemente neomarxistischer Philosophie um eine Rückgewinnung des Politischen in der Theologie mühte und beispielsweise prägend für die Ausbildung der Befreiungstheologie in Lateinamerika war. Ihr zentraler Ansatzpunkt war und ist die Forderung nach dem Primat der Praxis und der Priorität der Orthopraxie vor der Orthodoxie.

Primat der Praxis

Diesen Primat der Praxis hält Metz auch im Blick auf die Leidensgeschichte dieser Welt durch. Entsprechend versteht er die Theodizeefrage nicht als argumentativ zu lösendes Problem, sondern als eschatologische Frage, auf die die Theologie keine alles versöhnende Antwort ausarbeiten darf. Vielmehr gelte es, die Theodizeefrage als unablässige, zeitlich gespannte Rückfrage an Gott auszuarbeiten. Statt sich durch ein theologisches System in der Gegenwart einzurichten und sich mit der Leidensgeschichte der Welt zu arrangieren, gelte es, in der Theologie zumindest einen „Hauch von Unversöhntheit" und „eschatologische Unruhe" zu bewahren. Nur so könne es der Theologie gelingen, ihren „augenfälligen Apathiegehalt" und ihre erstaunliche „Verblüffungsfestigkeit" zu überwinden und in den „Kampf um die Geschichte als dem konstitutionell gefährdeten Ort theologischer Wahrheitsfindung und Wahrheitsbezeugung" einzutreten. Nur wenn es gelinge, die gefährliche Geschichtslosigkeit der idealistischen Theologie in einem nach-idealistischen Denken zu überwinden, könne der Blick auf die Wirklichkeit Gottes und seines Verhältnisses zur Leidensgeschichte dieser Welt wieder frei werden.

eschatologische Unruhe

Ziel sei dabei nicht die Lösung des Theodizeeproblems oder die Antwort auf die Frage nach dem „Warum" des Leidens. Diese Frage könne allein von Gott beantwortet werden und sei unablässig an ihn zu stellen. Eine befriedigende Antwort sei nicht vorstellbar ohne ein Handeln Gottes, das alles ungerechte Leiden beendet und das jede Träne trocknet. Diese tröstende und rettende Antwort Gottes, die vom Glaubenden ersehnt wird, kann und soll bereits bruchstückhaft im eigenen Handeln vorweggenommen und also antizipativ verwirklicht werden. Zu einem solchen tröstenden und rettenden Handeln habe Theologie anzustiften, nicht zur Erklärung des Leidens und damit zur Beschwichtigung des Protestes gegen Gott.

Wie lange noch?

Gemeinsam mit Theologen wie J. Moltmann und D. Sölle fordert Metz deshalb, die Frage des „Warum?" durch die des „Wie lange noch?" zu ersetzen, bzw. jene auf diese zurückzuführen. Es sei nicht die Aufgabe der Theologie, sich hinter dem Rücken der Leidenden mit Gott zu verabreden, sondern es gelte, die Leidensgeschichte der Welt ihm gegenüber zu artikulieren und nach Rettung zu rufen. Die Rede von Gott angesichts des Leidens sei in ihrem Ursprung eben nicht dessen theoretische Erklärung, sondern ein „Schrei nach der Rettung der Anderen, der ungerecht Leidenden, der Opfer und Besiegten in unserer Geschichte". Ohne Gott würde diesem Schrei nach Rettung der Adressat fehlen und der Protest im Letzten sinnlos werden. Wenn die Ursprungsmacht dieser Welt nicht als absolut gut gedacht wird, fehlt ein geeigneter Adressat für eine Haltung, die sich schlechterdings nicht abfinden will mit dem Leiden in der Welt. Gott wird so zur Instanz, deren Anrufen das absolute Nicht-sein-Sollen des Leidens unterstreicht. Denn der Akt des Aufschreis und des Protestes verliert seinen letzten Sinn, wenn er ungehört in den Weiten des Universums verhallt. Erst der Glaube an Gott ermöglicht in dieser Perspektive die Entschiedenheit des Protestes gegen das Leiden, die das Theodizeeproblem anstößt.

Aufgaben:

1. Worin besteht das Theodizeeproblem? Halten Sie es für notwendig und möglich, das Problem mit den Mitteln der theoretischen Vernunft zu lösen?
2. Welche Lösungsstrategien für das Theodizeeproblem sind denkbar und wie sind diese zu bewerten?
3. Skizzieren Sie das Argument von der Willensfreiheit (= *free will defense*) im Rahmen der Theodizeeproblematik. Worin liegt seine Stärke und worin seine Grenze?
4. Erläutern und bewerten Sie die Lösungsperspektive der *free will defense* für das Problem des *malum physicum*! Erläutern Sie in diesem Zusammenhang die *natural law defense*!
5. Nehmen Sie Stellung zur Position Leibniz', dass wir in der besten aller möglichen Welten leben! Was könnte man auf die Frage antworten, warum uns Gott nicht direkt ins Paradies hinein erschaffen hat?
6. Welche Herausforderungen stellen sich im Rahmen des Theodizeeproblems vor dem Forum der praktischen Vernunft?
7. Kann man sagen, dass Gott dem Leiden/ Übel prinzipiell eine Grenze gesetzt hat? Inwiefern kann man die Entscheidung zwischen Glauben und Unglauben als Entscheidung zwischen Annahme und Ablehnung des Lebens interpretieren?

Literaturhinweise

Kreiner, Armin, Gott im Leid. Zur Stichhaltigkeit der Theodizee-Argumente, Freiburg-Basel-Wien 1997 (QD 168), bes. 49-78; 191-393 *(neu aufgelegt bei Herder; hervorragender Überblick über den status quaestionis mit profiliertem eigenen Ansatz und Verteidigung der free will defense).*

Ders., Das Theodizeeproblem und Formen seiner argumentativen Bewältigung. In: EuS 12 (2001) 147-157 *(gelungene Kurzfassung von Kreiners Ansatz zur Bearbeitung der Theodizeeproblematik).*

Metz, Johann Baptist, Zum Begriff der neuen Politischen Theologie. 1967-1997, Mainz 1997 *(hilfreiche Aufsatzsammlung).*

Ders., Glaube in Geschichte und Gesellschaft. Studien zu einer praktischen Fundamentaltheologie, Mainz 1977 *(programmatisches Hauptwerk der neueren Politischen Theologie).*

Ders., Theologie als Theodizee? In: Willi Oelmüller (Hg.), Theodizee – Gott vor Gericht? Mit Beitr. v. C.-F.Geyer u.a., München 1990, 103-118 *(pointiert und wortgewaltig geschriebene Kurzfassung von Metz' Plädoyer für eine praktisch orientierte Theodizee).*

Peters, Tiemo Rainer, Johann Baptist Metz. Theologie des vermißten Gottes, Mainz 1998 (Theologische Profile).

Pröpper, Thomas, Fragende und Gefragte zugleich. Notizen zur Theodizee. In: Tiemo Rainer Peters (Hg.), Erinnern und Erkennen. Denkanstöße aus der Theologie von Johann Baptist Metz, Düsseldorf 1993, 61-72 *(behutsame, fragend-tastende Lösungsansätze in der Richtung der free will defense).*

Rahner, Karl, Warum läßt uns Gott leiden? In: Ders., Schriften zur Theologie XIV, Zürich-Einsiedeln-Köln 1980, 450-469 *(knappe Begründung einer reductio in mysterium).*

Stosch, Klaus von, Gott – Macht – Geschichte. Versuch einer theodizeesensiblen Rede von Gottes Handeln in der Welt, Freiburg 2006, Teil C *(Überblick über Forschungsstand beim Theodizeeproblem).*

Streminger, Gerhard, Gottes Güte und die Übel der Welt. Das Theodizeeproblem, Tübingen 1992, bes. 117-177 *(atheistischer Widerlegungsversuch aller Theodizeen).*

II. Quaestio christiana

5) Jesus, der Gottmensch/ Christologie

[Angetrieben von seinem wieder neu erwachten Interesse und beeindruckt davon, dass Maria keiner Frage ausweicht, kommt Albert direkt nach dem Essen auf Jesus zu sprechen, der in seinen Augen schon deshalb nicht so vollkommen und anziehend wie etwa Maria sein konnte, weil er keine Frau war.]

Nach allem, was ich so von diesem Mann aus Nazareth weiß, hätte ich bestimmt nichts gegen ihn gehabt. Vielleicht wäre ich ihm ja sogar auch gefolgt, wenn er mich dazu aufgefordert hätte. Insofern ist es keineswegs so, dass ich Deine Jesus-Schwärmereien nicht nachvollziehen könnte. Abstoßend finde ich nur, dass Du ihn – übrigens ganz gegen seinen Willen – vergöttlichst. Es hat schon etwas Groteskes, dass Du ausgerechnet diesen Menschen, der so ganz und gar menschlich war und dem selbst seine Verschiedenheit vom „Vater" völlig klar war, zum Gott erklärst.

Ich leugne gar nicht die Verschiedenheit Jesu vom Vater. Ich behaupte ja gerade, dass er ganz und gar Mensch war.

Ja ja, ich weiß schon: ganz und gar Mensch und ganz und gar Gott. Das ist ja ganz sympathisch, so zu reden, und dann wie Kierkegaard[1] das Paradox des Glaubens zu betonen. Aber es tut mir Leid: In solch einen unsinnigen Glauben kann ich nicht einmal hineinspringen. Ich wüsste gar nicht, wo ich hinspringen sollte, weil ich mir überhaupt nichts darunter vorstellen kann. Das ist so, wie wenn Du von meinem Kanarienvogel sagst, er sei ganz und gar Kanarienvogel und ganz und gar Mensch. Nun kann mein Kanarienvogel zwar fast so gut sprechen wie ein Mensch, aber deswegen ist und bleibt er doch ein Kanarienvogel. Und selbst, wenn es irgendwelchen Genforschern gelänge, ihn mit einem Menschen zu kreuzen, dann wäre das Ergebnis nicht ganz Mensch und ganz Kanarienvogel, sondern halb Mensch und halb Kanarienvogel. Also wenn tatsächlich Gott der Vater und Maria

Ganz Mensch und ganz Gott

---

[1] Søren Kierkegaard (1813-1855): dän. Philosoph und Theologe; forderte in seinen Schriften immer wieder den Sprung in das Paradox des Glaubens, das er etwa in Furcht und Zittern anhand der ethisch widersinnigen Bereitschaft Abrahams, seinen Sohn zu opfern, verdeutlicht. Seine Glaubensauffassung wurde im 20. Jahrhundert evangelischerseits vor allem von der dialektischen bzw. neo-orthodoxen Theologie um Karl Barth rezipiert, katholischerseits aber meist als fideistisch abgelehnt.

die Mutter von Jesus waren, dann war er halb Gott und halb Mensch. Das glaube ich zwar nicht, und wie ein solches Wesen beschaffen sein soll, weiß ich auch nicht, aber bei einem derartigen Glaubenssatz kann ich wenigstens erklären, warum ich ihn ablehne. Wenn Du sagst, dass Jesus ganz Mensch und ganz Gott war, ist es, als hättest Du gar nichts gesagt. Das ist der reinste intellektuelle Amoklauf. [Albert findet, dass „intellektueller Amoklauf" ein schöner Ausdruck ist. Ihm gefallen seine Ausführungen. Aber ein ungeduldiger Augenaufschlag Marias belehrt ihn darüber, dass er nicht den entscheidenden Punkt getroffen hat.]

Der Glaube an ein gottmenschliches Zwitterwesen wäre nach allem, was wir uns bisher über das Verhältnis von Gott und der Welt klar gemacht haben, in der Tat ein Amoklauf der Vernunft. Aber das meint der christliche Glaube ja auch gar nicht, wenn er bekennt, dass Jesus Christus wahrer Mensch und wahrer Gott zugleich ist.

Aha, was meint er dann? War Jesus also etwa doch nur ein außergewöhnlicher Mensch, und die Rede von Jesus als dem Gottmenschen ist nur ein hübsches Bild? Oder war Jesus nur die menschliche Maske Gottes?

Abwehr klassischer Fehldeutungen

In der Geschichte der ersten Christinnen und Christen hat es in der Tat viele Versuche gegeben, den Glauben an den Gottmenschen dadurch mit der Vernunft zu versöhnen, dass man entweder erklärt hat, dass Jesus nur ein ganz außergewöhnlicher Mensch, aber nicht Gott selbst war, oder erst nach seinem Tod von Gott adoptiert wurde, dass er also erst Mensch und dann Gott war. Oder dadurch, dass man gesagt hat, er sei nur Gott gewesen, Gott habe das Menschsein Jesu also, wie Du schon sagtest, als Maske benutzt. In der Tat hat es auch einige Versuche gegeben, sich Jesus als eine Art Zwitterwesen vorzustellen, wie Du es vorschlägst. Die Kirche hat dagegen immer darauf bestanden, dass Jesus wahrhaft Gott und wahrhaft Mensch war. Denn nur, wenn er beides ganz war, kann er uns erlöst haben. Nur wenn Gott in Jesus Christus wirklich Mensch geworden ist, hat er unser Schicksal geteilt und es von innen her verändert.

Darüber, wie das mit der Erlösung funktionieren soll, müssen wir auch noch sprechen. Aber eins nach dem anderen. Du hast meine Frage von eben noch nicht beantwortet. Es ist ja schön und gut, dass mein Problem schon die ersten Vertreter Deines Vereins beschäftigt hat. Und es mag ja sein, dass Du für Deinen Erlösungsglauben ein Wesen brauchst, das wahrhaft Gott und wahrhaft

5) Jesus, der Gottmensch/ Christologie

Mensch zugleich ist. Aber damit hast Du noch nicht erklärt, wie die Behauptung eines solchen Wesens ein gehaltvoller, verstehbarer Satz sein soll. Was soll ich mir unter einem Wesen, das ganz und gar Mensch und ganz und gar Gott ist, vorstellen?

Nun, beginnen wir mit dem ersten Teil dieses Satzes. „Jesus war ganz und gar Mensch" heißt, dass er ganz und gar so lebte und fühlte wie wir; er war nicht allwissend oder allmächtig. Er war kein Supermann mit übermenschlichen Eigenschaften. Bei ihm war nicht irgendein Teil durch etwas Göttliches ausgetauscht. Selbst sein Verhältnis zu Gott dürfen wir uns nicht prinzipiell anders vorstellen als bei uns.

Aber er ist doch Gott!?

Ja, als der konkrete Mensch, der er war, ist er das verbindlich zugesagte, Fleisch gewordene Wort bzw. der Logos Gottes. Um zu verstehen, wie er als ein konkreter Mensch das Wort Gottes sein kann, ist es nötig, zu überlegen, was an diesem Menschen war, das ihn von allen anderen Menschen unterscheidet. Die christliche Tradition benennt diesen Punkt dadurch, dass sie bekennt: „Er war in allem uns gleich – außer der Sünde".
Wenn die Diagnose von Kierkegaard stimmt, dass die Wurzel der Sünde immer die Angst um uns selbst ist, bedeutet diese Aussage, dass die Besonderheit Jesu darin besteht, dass diese Angst letztlich keine Macht über ihn hatte. Als begrenzter Mensch, der er war und blieb, musste er doch niemanden ausgrenzen, weil er oder sie ihm fremd war und ihm dadurch Angst machte. So heilte er Kranke und Aussätzige durch seine Berührung und Nähe und nahm Partei für die Menschen am Rande der Gesellschaft. Statt sich ängstlich von Sündern und Unreinen fernzuhalten, forderte er dazu auf, alle diskriminierenden Grenzen und Trennungen zu beseitigen. Die von der Dorfgemeinschaft Misshandelten und nach der offiziellen Doktrin von Gottes Liebe Ausgesperrten lud er zu seinen fröhlichen Gastmählern in den galiläischen Dörfern ein. Alle, die mitfeiern wollten, waren ihm willkommen. Er hielt Festmähler mit Zöllnern und Sündern, ...

Ja, so heftig sogar, dass seine Leute als Säufer und Zecher verschrien waren. Ich sag ja, dass ich ihm eine Zeit lang gerne gefolgt wäre. So ein Weinchen mit Jesus; das wär bestimmt nett gewesen. Zumindest dann, wenn Du auch dabei gewesen wärest. Aber warum ihn zum Gott machen? Alles, was Du von Jesus sagst, auch die Behauptung, dass die Angst letztlich keine Macht über ihn

— Zum Menschsein Jesu

— „In allem uns gleich – außer der Sünde"

hatte, lässt sich doch auch von Menschen wie Gandhi sagen. Warum also macht Ihr Jesus zum Gott?

Christus als unüberbietbare Selbstmitteilung Gottes

Wenn ich bekenne, dass er wahrer Gott war, will ich damit sagen, dass mit ihm nicht einfach ein weiterer nachahmungswürdiger Mensch in die Welt gekommen und in ihr gescheitert ist, sondern dass sich Gott in ihm unwiderruflich und unüberbietbar als unser Heil geoffenbart hat. Etwas Unwiderrufliches und Unüberbietbares kann Gott uns aber nur sagen, wenn er sich selber sagt. Denn sonst könnte er, was er gesagt hat, immer durch etwas Neues rückgängig machen. Und sowieso kann er sich als unser Heil nicht zusagen, indem er etwas von sich sagt, sondern nur, wenn er sich selber sagt.

Damit hast Du noch nicht gesagt, wie man denken soll, dass dieser nicht von Angst bestimmte Mensch Gott ist. Ich verstehe immer noch nicht, wie Gott sich selbst in einem Menschen sagen soll.

Trinitätstheologische Voraussetzungen

Die Voraussetzung dafür, dass Gott sich sagen kann, ist natürlich der bereits weiter oben explizierte trinitarische Gottesbegriff. [Maria doziert jetzt wieder, als stünde sie im Hörsaal. Albert beschließt, sie diesmal ausreden zu lassen. Er konzentriert sich dabei ganz auf die fast unheimlich flackernden Augen von Maria.] Gott kann nur dann eine Beziehung zur Welt und also Gemeinschaft mit uns Menschen haben und dabei Gott bleiben, wenn er durch diese Beziehung nichts dazugewinnt. Diese Beziehung muss er schon in sich sein, bevor er sie, also sich selbst, der Welt mitteilen kann. Nur dann, wenn die Beziehung Gottes zur Welt an nichts Weltlichem ihr Maß hat, sondern an der Beziehung, die Gott schon innertrinitarisch ist, nur dann macht sie Gott nicht vollkommener, als er ist, und nur dann ist sie unbedingt verlässlich; nur dann lässt sich wirklich sagen, dass sie an keiner menschlichen Vorleistung und Qualität ihr Maß nimmt, sondern sich maß-los, ohne Vor- und Nachbedingungen ereignet, also Geschenk ist. Und nur eine solche unbedingte Zusage, die unsere Befreiung nicht moralisierend von der Richtigkeit unseres Tuns abhängig macht, sondern uns vorbehaltlos bejaht, kann den Teufelskreis der Angst

Soteriologische Zielrichtung

durchbrechen. Jesus muss also ganz Gott sein, wenn er unsere Rettung sein soll, wenn sich durch ihn definitiv etwas in unserer Situation geändert haben soll. Wahrhaft Gott und wahrhaft Mensch heißt also: Gott hat sich hier in einem Menschen irreversibel als der zugesagt und verstehbar mitgeteilt, der die heilvolle Gemeinschaft zu uns Menschen sucht und schenken will.

Du redest wieder nur um den heißen Brei herum. Also ein letztes Mal meine Bitte: Wie denkst Du das: Gott und Mensch zugleich?
[Maria ist jetzt nicht mehr zu stoppen. Sie erklärt, so gut sie kann, ihren in Anlehnung an den Münsteraner Theologen Thomas Pröpper entwickelten Zugang zur Transformation der Zwei-Naturen-Lehre. Gleichzeitig hofft sie, dass Albert bei all den spröden Formulierungen nicht vergisst, was sie ihm eigentlich sagen will.] Ich denke eine strukturelle Übereinstimmung zwischen dem Wesensvollzug des innertrinitarischen Logos und der Freiheit des Menschen Jesus von Nazareth. Der innertrinitarische Logos geht in seinem Personsein ganz und gar darin auf, vom Vater her und auf den Vater hin zu sein und ist gerade so (mit dem Vater zusammen) der Ausgang für den Heiligen Geist. Gerade durch sein Vom-Vater-her- und Auf-den-Vater-hin-Sein ist er also die Ermöglichung von einer Gemeinschaft, die gerade durch Andersheit konstituiert ist. Wenn ein Mensch seine Freiheit so lebt, dass er ganz darin aufgeht, vom Vater her und auf den Vater hin zu sein und gerade dadurch Gemeinschaft ermöglicht, die die Andersheit des Anderen anerkennt, stimmt die Freiheit dieses Menschen in struktureller Hinsicht mit dem Wesensvollzug des innertrinitarischen Logos überein.

Erklärung der Zwei-Naturen-Lehre

Mit struktureller Übereinstimmung meine ich, dass die Freiheit Jesu in der gleichen Struktur, Ausrichtung und Form vollzogen wird wie der innertrinitarische Logos sein Wesen vollzieht. Eine solche Übereinstimmung als vollkommene Wesensprägung einer endlichen Freiheit ist nur denkbar, wenn sich Gott in seinem Wesenswort dazu bestimmt die Gestalt der Freiheit Jesu zu prägen. Als material bedingter Mensch kann der Logos dann zwar nicht mehr material unbedingte, ungeschaffene Realisierung des innertrinitarisch gegebenen Wesensvollzuges sein. Aber er kann darin aufgehen, ganz und gar (allerdings auf material bedingte Weise) vom Vater her und auf den Vater hin und dadurch Ermöglichung von Gemeinschaft zu sein.

Genau dies scheint mir aber bei Jesus von Nazareth der Fall zu sein. Auch in historisch-kritischer Perspektive kann kaum ein Zweifel daran bestehen, dass Jesus sich vom Vater gesandt fühlte und seine Freiheit darin aufgehen ließ, auf seinen himmlischen Vater zu verweisen. Gerade diese Beziehung vom Vater her und auf den Vater hin gab Jesus das Selbstbewusstsein, anderen Menschen Gemeinschaft mit Gott zu vermitteln, und sie doch in ihrer Andersheit anzuerkennen.

Historisch-kritische Anhaltspunkte

Wenn die Angst aufgrund seiner einzigartig intensiven Vertrautheit mit dem Vater tatsächlich keine Macht über Jesus hatte, und er deshalb keine Abwehrmauern gegenüber seinen Mitmenschen aufbauen musste, sondern ihre Andersheit in seine Gemeinschaft mit Gott hineinnehmen konnte, ohne durch diese verängstigt zu werden, dann ist doch ganz offensichtlich, dass die Freiheit dieses Menschen strukturell mit dem Wesensvollzug des innertrinitarischen Logos übereinstimmt.

[Albert hat die ganze Zeit aufmerksam zugehört und verkneift sich jede Frotzelei über Marias gestelzte Sprache.] *Genügt Dir denn diese strukturelle Übereinstimmung? Müssen die Freiheit Jesu und der Wesensvollzug des innertrinitarischen Logos nicht identisch sein?*

Wie sollten sie das? Das wäre in der Tat der von Dir befürchtete intellektuelle Amoklauf! Eine geschaffene Freiheit kann doch mit nichts Ungeschaffenem identisch sein. Außerdem kann die Zuwendung von Personen nur im Unendlichen material unbedingt sein. Wenn Gott Mensch wird, kann er sich uns nur auf menschliche Weise mitteilen und muss uns die Zusage, die er ist, in materialer Bedingtheit geben. Wenn der innertrinitarische Logos Mensch wird, bedeutet das, dass er die Unbedingtheit der Zusage, die er ist, nur auf material bedingte Weise geben kann. Ein Mensch kann deshalb Realsymbol der Zusage Gottes sein, indem er ermächtigt ist, in seiner Freiheit strukturell ganz und gar die Bewegung der göttlichen Zusage mitzuvollziehen. Aber er kann nicht die Unbedingtheit der Zusage, die er damit strukturell mitvollzieht, auch material sein, ohne aufzuhören, Mensch zu sein.

> Strukturelle Übereinstimmung der Freiheit Jesu mit dem Wesensvollzug des Logos

Aber wenn nur eine strukturelle Übereinstimmung und keine materiale Identität zwischen der Freiheit Jesu und dem Wesensvollzug des innertrinitarischen Logos besteht, kann es dann nicht noch andere Gottmenschen geben?

Prinzipiell ausgeschlossen ist das nicht. Schon Thomas von Aquin machte auf diese Möglichkeit aufmerksam. Allerdings wüsste ich nicht, welchen tieferen heilsgeschichtlichen Sinn es haben sollte, wenn mehreren Menschen diese – ihnen aus der Kraft des Geschöpflichen nicht mögliche – strukturelle Übereinstimmung ermöglicht würde. Die Endgültigkeit der Zusage Gottes wird ja dadurch nicht deutlicher, dass er sich immer wieder inkarniert. Außerdem gibt es keine Religion außer dem Christentum, die sich auf die endgültige und irreversible Selbstzusage Gottes in

> Möglichkeit mehrerer Inkarnationen?

5) Jesus, der Gottmensch / Christologie

einem Menschen zurückführt, so dass sich Deine Frage nicht stellt.

Das könnte sich ändern. Wenn ich mich z.B. dazu entschließe, nur noch vom Vater her und auf den Vater hin zu sein und dadurch Gemeinschaft zu meinen Mitmenschen in ihrer Andersheit herstelle, bin ich dann auch Gott?

Das wird Dir nicht gelingen, weil eine solche Ausrichtung der Freiheit Dir sündigem und mit der Erbsünde befrachteten Menschen nicht möglich ist.

Schade eigentlich! Aber lass uns später auf meine Sünden und unsere Erbsünde zu sprechen kommen. Für den Augenblick bin ich erst einmal amüsiert über Deine Art, die Gottmenschheit Jesu Christi zu erklären, frage mich aber noch, ob Deine komplizierten dogmatischen Formeln mit dem konkreten Jesus von Nazareth zusammenpassen. Irritiert es Dich eigentlich nicht, dass die historisch-kritische Forschung uns nahezu einhellig lehrt, dass Jesus selbst sich nicht als Gottes Sohn angesehen hat? Wenn Du ihm gesagt hättest, dass er wahrhaft Gott und wahrhaft Mensch zugleich ist, oder dass seine Freiheit strukturell mit der Freiheit des innertrinitarischen Sohnes übereinstimmt, hätte er, wenn er Dich überhaupt verstanden hätte, wahrscheinlich den Eindruck gehabt, dass Du seine Botschaft vom nahegekommenen Königreich Gottes nicht verstanden hast.

Historisch-kritische Rückfrage

Da bin ich nicht so sicher. Jesus hat die Botschaft von dem hereinbrechenden Reich Gottes so eng mit seiner Person verbunden, er hat so sehr von Gott her und auf ihn hin gelebt, dass er vielleicht auch anders reagiert hätte. Er hätte sich zwar sicher nicht so ausgedrückt wie ich jetzt, und er hat sich auch nicht als Sohn Gottes bezeichnet oder als wahrer Gott gefühlt. Aber nichtsdestoweniger ist das christliche Bekenntnis die sachlich angemessene Antwort auf den Anspruch, den Jesus an uns gerichtet hat, ein Anspruch, der es – bei bestimmten begrifflichen und geistesgeschichtlichen Voraussetzungen – erforderlich macht, ihn als Sohn Gottes oder als unüberbietbare Selbstmitteilung Gottes zu bezeichnen.

Ach, diesen Anspruch haben die Evangelisten Jesus doch nur angedichtet.

Sicherlich ist es eine theologische Interpretation, wenn etwa der Evangelist Johannes Jesus die Worte in den Mund legt, er sei „der Weg, die Wahrheit und das Leben" (Joh 14,6). Nichtsdestoweniger

5) Jesus, der Gottmensch/ Christologie

Selbstbewusstsein Jesu

lässt sich auch aus historisch-kritischer Sicht das besondere Selbstbewusstsein Jesu deutlich machen: Er erhob einen Anspruch, den kein Prophet erhoben hat; er verkündigte die Botschaft vom hereinbrechenden Reich Gottes ohne Berufung auf Schrift und Tradition, sondern nur im Rekurs auf seinen „Abba", sein „guter Vater", von dem er sich gesandt und zu dem er sich immer in einer einzigartigen Nähe wusste. Er hat Sünden vergeben, also getan, was nur Gott tun durfte, und damit das Sühnemonopol des Tempels angegriffen – eine Anmaßung, die ihn schließlich Kopf und Kragen kostete. Ich habe eher den Eindruck, dass das enorme Selbstbewusstsein und der Anspruch Jesu auf Nachfolge durch unsere Versuche, sie in Worte zu fassen, eher verkleinert als vergrößert werden.

Na gut, es spielt für unsere Frage ja auch nicht so eine Rolle, was dieser Mensch von sich selber dachte. Auch wenn ich es schon etwas merkwürdig finde, dass Jesus selbst den Anspruch erhoben haben soll, Sohn Gottes zu sein. Das erinnert mich ein wenig an diesen bedauernswerten Asylbewerber, dessen Story da neulich durch die Presse ging, der der versammelten, auf seine Leidensgeschichte wartenden JournalistInnenschar erzählte, er sei der Messias oder Gott oder so was Ähnliches. Ich habe mir den Erfolg von Jesus immer auch damit erklärt, dass er auf solche peinlichen Auftritte verzichtet hat und stattdessen einfach so richtig menschlich lebte und ziemlich interessante Sachen zu erzählen wusste.

Ich wollte auch nicht sagen, dass Jesus sich als Sohn Gottes gewusst oder gar verkündigt hat, sondern nur, dass seine Vertrautheit mit dem Vater und sein Anspruch so groß waren, dass wir Jesus nur durch ein Bekenntnis gerecht werden können, in dem so starke Wörter wie Letztgültigkeit, Unüberbietbarkeit oder ähnliche vorkommen. Im Übrigen war Jesus Christus als Inkarnation des innertrinitarischen Sohnes ja gerade dadurch Gott, dass er sich vom Vater unterschieden und auf ihn als seinen Ursprung verwiesen hat. Und genau das hat doch auch Jesus von Nazareth in seiner Predigt immer wieder betont.

Dennoch bleibt es dabei, dass da ein Graben ist zwischen dem historisch-kritisch Feststellbaren und Deiner dogmatischen Konstruktion – ein Graben zwischen allem empirisch über Jesus und seine einzigartige Gottesbeziehung Sagbaren und diesem plötzlichen Glauben, dass sich in alledem etwas ereignet, was wichtiger als alles sonst auf der Welt ist. Alles mit dem konkreten Jesus in Verbindung Bringbare kann Deinen Anspruch nicht rechtfertigen.

5) Jesus, der Gottmensch/Christologie

Doch, nur das mit ihm in Verbindung Bringbare kann ihn rechtfertigen. Alles, was ich über Jesus als den Christus sage, muss Anhalt an dem historischen Jesus haben und darf nicht zu ihm in Widerspruch stehen.

Ja, aber letztlich kann das doch keine Rechtfertigung sein. Was Du auch immer historisch-kritisch über Jesus herausfinden magst; es genügt nicht, um ihn als den Gottmenschen auszuweisen. Also ist und bleibt Dein Glaube ein Sprung ins Nirgendwo.

Ich leugne gar nicht, dass ich historisch-kritisch nicht mehr tun kann, als zu prüfen, ob das, was ich glaubend über Jesus Christus bekenne, nicht dem wissenschaftlich ermittelbaren Zeugnis über ihn widerspricht. Mein Glaube wurzelt ja auch nicht in der historischen Forschung über Jesus, sondern in seiner kirchlichen Verkündigung. Und er wurzelt darin, dass ich die Wahrheit dieser Verkündigung am eigenen Leib erfahre. Das tue ich zum Beispiel dann, wenn dieser mir durch die Kirche vermittelte Jesus mich heute noch aus meinen Ängsten und Sorgen befreit. Oder dann, wenn seine erlösende Gegenwart tatsächlich, wie er verheißen hat, im solidarischen Handeln mit den an den Rande der Gesellschaft Gedrängten Wirklichkeit wird.

Verhältnis von Historie und Kerygma

[Die Mensa ist schon fast leer und eine Angestellte bittet Albert und Maria, das Gebäude zu verlassen. Albert ist berauscht von Marias Gegenwart. Selbst wenn sie auf diese merkwürdig gestelzte Weise spricht, findet er sie wundervoll. Beim Hinausgehen schweigen beide, und Albert wundert sich, warum er so ausführlich über Marias Glauben sprechen will. Wahrscheinlich geht es ihm einfach nur darum, alles an dieser faszinierenden Frau zu verstehen. Vielleicht nutzt er die Gespräche auch nur, um sich an Maria heranzumachen. „Man muss Frauen das Gefühl geben, dass sie etwas zu sagen haben, wenn man sie rumkriegen will. Denn auch wenn sie letztlich nur im Bett interessant sind, darf man ihnen das nicht sagen, wenn man sie ins Bett kriegen will" – so dachte Albert bisher immer. Gerade wird er unsicher und spürt, dass sein Interesse für Maria tiefer geht als seine Lust auf Sex mit einer attraktiven Frau. Was nicht bedeutet, dass er diese Lust verloren hätte.]

Entwicklung des kirchlichen Bekenntnisses zu Jesus als dem Christus

Das kirchliche Bekenntnis entwickelte sich in den ersten Jahrhunderten vorwiegend durch die Auseinandersetzung mit verschiedenen Versuchen, das Bekenntnis zu Jesus als dem Christus den herrschenden philosophischen Systemen anzupassen. Dabei wurden v.a. folgende Irrlehren abgewehrt:

Adoptianismus

1. Der *Adoptianismus*, demzufolge der Mensch Jesus von Nazareth erst nachträglich – bei der Taufe oder der Auferstehung – zum Gottessohn „adoptiert" worden sei, fand sich v.a. in judenchristlichen Kreisen des 2. Jh. wie den „Ebioniten". Aus seiner Sicht erhält Jesus die Würde der Gottessohnschaft erst aufgrund seines heiligmäßigen und gesetzestreuen Lebens.

Doketismus

2. Der v.a. in hellenistischen, von der Gnosis beeinflussten Kreisen verbreitete *Doketismus* leugnet in seinen verschiedenen Spielarten jeweils das wahre Menschsein Jesu. Für ihn sind der irdische Jesus, sein Leben und Sterben, sein Leib und seine Auferstehung nichts als bloße „Scheinwirklichkeit". Den Doketisten schien es unvorstellbar, dass ein göttliches, geistiges Wesen mit dem „Fleisch", d.h. mit der unreinen, vergänglichen und leidensfähigen Materie eine wirkliche Verbindung eingehen könne.

Subordinatianismus

3. Dagegen behauptet der stark vom Neuplatonismus beeinflusste *Subordinatianismus* (Arianismus) eine ontologische Unterordnung des Sohnes unter den Vater. Allein der Vater ist Arius (260-336) zufolge ungezeugt, ungeworden, ewig und ohne Anfang. Der Sohn und Logos ist für ihn zwar das erste unter allen Geschöpfen, aber er ist und bleibt Geschöpf; bestenfalls bleibt ihm die Rolle eines geschöpflichen Zwischenwesens, das nach der Lehre der platonischen Philosophie die Erschaffung der Welt durchgeführt hat.

Konzil von Nizäa

In Zurückweisung des im 3./4. Jahrhundert sehr populären Arianismus stellt das *Konzil von Nizäa (325)* klar, dass Jesus Christus von der Kirche als „wahrer Gott aus wahrem Gott, gezeugt, nicht geschaffen, wesensgleich (homousios) mit dem Vater"[2] bekannt wird. Dabei hat die Verwendung des unbiblischen, helle-

---

[2] DH 125 (eigene Übersetzung).

nistischen Begriffs *homousios* das Ziel, eine verfremdende Hellenisierung des biblischen Glaubens durch die Lehre des Arius abzuwehren und das ursprüngliche christliche Kerygma auch im hellenistischen Raum zu bezeugen. Nur durch die Behauptung der Wesensgleichheit von Vater und Sohn war nämlich angesichts der arianischen Herausforderung ein Festhalten am Erlösungsglauben möglich.

Mit dieser Betonung der Wesenseinheit von Vater und Sohn war aber noch nicht geklärt, wie das Verhältnis von „Göttlichem" und „Menschlichem" in Jesus zu denken ist. Auch bei dieser Frage suchte die Kirche ihren Standpunkt in der Auseinandersetzung mit verschiedenen Irrlehren deutlich zu machen: Dem *Monophysitismus* (v.a. vertreten durch Apollinaris von Laodicea) zufolge war in Jesus die Seele durch den göttlichen Logos ersetzt; der Logos war also – wie bei anderen Menschen die Seele – mit dem Leib in einer einzigen Natur (mia physis) verbunden. Dagegen betonte v.a. Gregor von Nazianz, dass ein vollständiges Menschsein in Jesus angenommen werden müsse, weil sonst die Erlösung nicht den ganzen Menschen umfasse – eine Argumentation, der sich auch das *Konzil von Konstantinopel (381)* bei seiner Verurteilung der apollinaristischen Position anschloss. Damit war zwar klar, dass der Logos eine vollständige menschliche Natur mit einer Geistseele angenommen hatte, ohne jedoch einen Teil des Menschen zu ersetzen. Noch nicht geklärt war damit aber die Auseinandersetzung darüber, wie die Einheit von göttlicher und menschlicher Natur in Jesus Christus zu denken sei. Diese vollzog sich von diesem Konzil an bis zum 3. Konzil von Konstantinopel (680/1) in einem Wechselspiel zwischen zwei Polen, nämlich der sog. Entscheidungs- oder Trennungschristologie der theologischen *Schule von Antiochien* (die ein bloß äußerliches Beieinander der beiden Naturen annahm und dabei ausgehend von ihren biblischen Studien vor allem die Menschheit Jesu betonte) und der sog. Einigungschristologie der *Schule von Alexandrien* (die zu einer Vermischung der beiden Naturen tendierte und die Gottheit Jesu betonte).

Zwischenzeitlich entschied das *Konzil von Ephesus (431)* den Streit der beiden Schulen zugunsten der alexandrinischen Seite, indem es Nestorius in seiner Auseinandersetzung mit Cyrill von Alexandrien zwang, die Bezeichnung Mariens nicht nur als Christus-, sondern auch als Gottesgebärerin zu akzeptieren.

Monophysitismus

Konzil von Konstantinopel

Konzil von Ephesus

5) Jesus, der Gottmensch / Christologie

Konzil von Chalcedon

Das *Konzil von Chalcedon (451)* setzte schließlich einen bis heute gültigen „dogmenpolitischen" Kompromiss fest, der die Extrempositionen beider Lager ausschloss. Seine bis heute für jede Christologie maßgebliche Formel besagt, dass von Jesus Christus gilt:

> derselbe ist vollkommen in der Gottheit und derselbe ist vollkommen in der Menschheit; derselbe ist wahrhaft Gott und derselbe wahrhaft Mensch aus vernunftbegabter Seele und Leib; derselbe ist der Gottheit nach dem Vater wesensgleich und der Menschheit nach uns wesensgleich, in allem uns gleich außer der Sünde (vgl. Hebr 4,15); ... ein und derselbe ist Christus, der einziggeborene Sohn und Herr, der in zwei Naturen unvermischt, unveränderlich, ungetrennt und unteilbar erkannt wird, wobei nirgends wegen der Einung der Unterschied der Naturen aufgehoben ist, vielmehr die Eigentümlichkeit jeder der beiden Naturen gewahrt bleibt und sich in *einer* Person und *einer* Hypostase vereinigt (DH 301f.).

Dabei richten sich die Adverbien *unvermischt/ unveränderlich* gegen das bei einer extrem alexandrinischen Theologie drohende Abgleiten in den Monophysitismus, während die Adverbien *ungetrennt/ unteilbar* einer antiochenisch-nestorianischen Aufspaltung Einhalt gebieten. Damit wird sowohl die Göttlichkeit Gottes (Unterscheidung zwischen Schöpfer und Geschöpf) als auch die Realität der Menschwerdung und damit der Erlösung gewahrt.

Durch die Konzilsentscheidung wird der eine göttliche Logos als Subjekt sowohl der menschlichen als auch der göttlichen Prädikate Jesu Christi gefasst, so dass eine einzige Person bzw. Hypostase als Träger von zwei Naturen gedacht wird. Allerdings bleibt offen, wie das Verhältnis von der göttlichen und menschlichen Natur in Christus zu denken ist und wodurch die Personeinheit konstituiert ist. Die auch durch Chalcedon nicht geklärte Frage lautet also, wie sich einerseits von einer Hypostase sprechen lässt, ohne die menschliche Natur hinsichtlich ihrer Vollständigkeit zu beeinträchtigen (Gefahr des Monophysitismus), und wie sich andererseits von zwei vollständigen Naturen sprechen lässt, ohne die Personeinheit Jesu zu gefährden (Gefahr des Nestorianismus).

neuchalkedonische Enhypostasielehre

In Aufnahme der Intuitionen der Schule von Alexandrien versuchte in den Jahrhunderten nach Chalcedon die *neuchalkedonische Enhypostasielehre* (Vertreter: Leontios von Byzanz und Leontios von Jerusalem) diese Probleme dadurch zu lösen, dass sie die göttliche Hypostase im präexistenten Logos als Ausgangs-

Christologie/Entwicklung des kirchlichen Bekenntnisses

Leugnung des wahren Menschseins Jesu:

Doketismus (Jesus nur Schein-wirklichkeit)

Leugnung des wahren Gottseins Jesu:

Subordinatianismus/ Arianismus (Unterordnung Jesu unter den Vater); Adoptianismus (Gottsein Jesu erst durch Adoption)

Konzil von Nizäa (325):

Jesus wesensgleich mit dem Vater, wahrer Gott von wahrem Gott

Einigungschristologie der Schule von Alexandrien
(Athanasius, Kappadozier, Cyrill)

Trennungschristologie der Schule von Antiochien
(Theodor von Mopsuestia, Nestorius, Theodoret von Kyros)

Gefahr der Verkürzung der menschlichen Natur in Jesus: Monophysitismus

Gefahr der Verkürzung der göttlichen Natur in Jesus: Nestorianismus

Konzil von Chalcedon (451):

Jesus wahrhaft Gott und wahrhaft Mensch göttliche und menschliche Natur in ihm

| unteilbar/ | und | unvermischt/ |
| ungetrennt | und | unveränderlich |

punkt und Grund der Einheit beider Naturen Christi ansah. Nur der präexistente Gott-Logos ist dieser Theorie zufolge ermöglichender, ontologischer Grund der Hypostatischen Union und damit Träger der unvermischten Einheit der göttlichen und der menschlichen Natur in Christus. Durch diese Bestimmung ist gewahrt, dass sich die Inkarnation ausschließlich der Initiative Gottes verdankt. Zugleich entsteht aber die Gefahr, dass die Integrität des Menschseins Jesu nicht zureichend gedacht wird. Denn wenn behauptet wird, dass die menschliche Natur ohne eigene Hypostase zu denken ist, ist dann nicht die Vollständigkeit und Integrität des wahren Menschseins Jesu gefährdet? Wie kann eine Natur ohne eigene Hypostase gleichwohl hypostatisch und damit als Person existieren?

Die Antwort der neuchalkedonischen Enhypostasie-Theorie auf diese Fragen bestand darin, den Begriff der Hypostase so zu definieren, dass er auf seine die Naturen einigende Funktion eingegrenzt wurde. Spätestens bei Leontios von Jerusalem wird deshalb der Enhypostasiebegriff so zugespitzt, dass er eben diese henotische Funktion bezeichnet, die die göttliche Hypostase der erhöhten menschlichen Natur Jesu gegenüber ausübt. Mit Enhypostasie soll also der Akt bezeichnet werden, in dem und durch den die menschliche Natur ihren Selbststand wie ihren Existenzgrund nicht in sich selbst, sondern in einem anderen, nämlich der präexistenten Hypostase des Logos findet. Bei der Natur Jesu gilt also, dass ihr Erschaffenwerden und ihr Aufgenommensein in die Hypostase des Logos ununterscheidbar zusammenfallen. Die menschliche Natur existiert von Anfang an und ausschließlich als vom Logos angenommene und in ihm enhypostasierte. Zugleich ist durch die die leontische Begriffsbestimmung fundierende metaphysische Anthropologie sicher gestellt, dass mit dem Begriff der Natur bereits der vollständige Wesensbestand des Menschen mit Sinnlichkeit, Bewusstsein und Freiheit gegeben ist. Der Hypostasenbegriff zielt lediglich auf den metaphysischen Akt, durch den eine individuelle Natur zur Existenz gelangt und ihren Selbststand gewinnt.

Abwehr des Monotheletismus

Entsprechend lag es in der Logik der neuchalkedonischen Enhypostasielehre, wenn Maximus Confessor (um 580-662) darauf bestand, dass der menschliche Wille Jesu noch einmal von dem Willen des göttlichen Logos zu unterscheiden ist und wenn das *Dritte Konzil von Konstantinopel (680/681)* den diese Lehre ablehnenden Monotheletismus verwarf. Denn die Integrität der menschlichen Natur Jesu ist nur gewahrt, wenn ihr auch ein eigener Wille zugesprochen wird.

Der Preis für den Erhalt der Vollständigkeit und Integrität der beiden Naturen ist allerdings die von jedwedem Gehalt freie, abstrakte Leere des Begriffs der Hypostase, die es nach Rahner sehr schwer macht, die Heilsbedeutung der Hypostatischen Union für uns nachzuvollziehen, und die kaum verständlich zu machen vermag, wie die Einheit der Hypostatischen Union gedacht werden kann. Deshalb wird in der gegenwärtigen Debatte nach anschaulicheren Wegen gesucht, die Zwei-Naturen-Lehre zu reformulieren.

Kenosis als christologische Basiskategorie
Suchbewegungen im Umfeld der Zwei-Naturen-Lehre

Um die Grundidee christlichen Inkarnationsdenkens anschaulich zu machen, kann man folgende Geschichte erzählen:[3] Es war einmal ein König, der die Liebe eines armen Mädchens gewinnen wollte. Der König war so mächtig, dass er sich und ihr jeden Wunsch erfüllen konnte. Jeder Staatsmann und jeder Wirtschaftsboss fürchtete seinen Zorn, und jeder fremde Staat zitterte vor seiner Macht. Alle Menschen unterstützten ihn deshalb in seiner Absicht, und er konnte das Mädchen problemlos zwingen, ihn zu heiraten und mit ihm zu schlafen. Solcher Zwang war bei dem Mädchen allerdings vollkommen überflüssig, weil es begeistert die Nähe seiner Macht und Herrlichkeit suchte und nichts lieber wollte, als an der Seite des Königs zu sein.

Doch trotz dieser Machtfülle und trotz der Bereitschaft des Mädchens gibt es für den König unter den beschriebenen Voraussetzungen als König keine Möglichkeit, die Liebe des armen Mädchens zu gewinnen. Denn die wahre Liebe des Mädchens kann er nur gewinnen, wenn er sich auf die gleiche Ebene mit ihm begibt. Erhebt er das Mädchen aber zu sich und macht es zur Königin, so können weder er noch das Mädchen sicher sein, ob es wirklich ihn liebt oder nicht nur vom Glanz der neu gewonnenen Möglichkeiten geblendet ist. Die einzige Chance, seine Liebe zu gewinnen, ist die, Knecht zu werden und so an (fehlender) Machtfülle ganz und gar ihm gleich zu sein.

Diese Notwendigkeit besteht in gleicher Weise für Gott in seiner schlechthin grundlosen und unableitbaren Liebe zum Men-

Märchen vom König und dem armen Mädchen

---

[3] Vgl. S. Kierkegaard, Philosophische Brocken. Übers. u. hrsg. v. L. Richter, Hamburg 1992 (= Werke; 5), 27-33.

Gott in Knechtsgestalt

schen. Wenn Gott unsere Liebe gewinnen will, muss er ein Mensch werden, Knechtsgestalt annehmen und auf alle Machtfülle verzichten.

> Denn das ist die Unergründlichkeit der Liebe, nicht zum Spaß, sondern in Ernst und Wahrheit von gleicher Art wie der Geliebte sein zu wollen, und dies ist die Allmacht der entschlossenen Liebe, das zu können, was weder der König noch Sokrates vermochten, weshalb ihre angenommene Gestalt doch eine Art Betrug war.[4]

Anders als der König in der Geschichte nimmt Gott die Knechtsgestalt also nicht nur zum Schein an, sondern gibt sich ganz und gar dem von ihm aus Freiheit gewählten Gegenüber in dieser Gestalt hin. Gott kehrt – wie bereits Schelling deutlich macht – sein Innerstes nach außen, setzt sich dem Menschen aus und offenbart sich so in seiner Schwäche für den Menschen. Denn Gott will nichts als die Liebe des Menschen und ist bereit, dafür alle Auswirkungen der von ihm umworbenen Freiheit auf sich zu nehmen und den Menschen also nur mit den Mitteln der Liebe für sich zu gewinnen. Deshalb gilt:

> Aber die Knechtsgestalt war nicht bloß angenommen, deshalb muß der Gott alles leiden, alles dulden, alles versuchen, in der Wüste hungern, in Qualen dürsten, im Tode verlassen sein, absolut gleich dem Geringsten – sehet, welch ein Mensch! ... Jede andere Offenbarung wäre für die Liebe ein Betrug, weil sie entweder zuerst eine Veränderung mit dem Lernenden vorgenommen haben müßte ... und vor ihm verborgen hielte, daß dies notwendig war, oder leichtsinnig darüber unwissend geblieben sein müßte, daß das ganze Verständnis eine Täuschung war.[5]

Die einzige Möglichkeit für den vom Christentum verkündigten Gott der Liebe, unsere Liebe zu gewinnen, besteht also darin, dass er Knechtsgestalt annimmt und uns so in der Preisgabe seiner Macht und Herrlichkeit auf der Ebene unseres Seins von gleich zu gleich umwirbt. Denn die Zusage von Liebe ist ohne demütige Selbsterniedrigung hin zur Ebene des Anderen nicht möglich. In diesem Sinne zeigt sich auch Gottes Souveränität und Freiheit darin, dass er auf seine Unabhängigkeit vom Menschen verzichtet und sich von ihm bestimmen lassen will, indem er Knecht wird und um die Liebe des Menschen wirbt.

Anschlussprobleme

Bei aller Konsistenz dieser Grundidee stellen sich gleichwohl zumindest zwei Anschlussprobleme, die die Christologie bis heu-

---

[4] Ebd., 32.
[5] Ebd., 32f.

te in Atem halten. Wie kann Gott uns als Gott in seiner Liebe nahe sein, wenn er diese Liebe nur offenbaren kann, wenn er nicht mehr Gott ist? Oder anders gewendet: Wie kann Gott Knecht *werden* und doch gerade dadurch der Gott der Liebe *sein*, dem ich mich im Glauben überantworten kann (= Problem der Zwei-Naturen-Lehre)? Neben dieser ontologischen Frage stellt sich aber auch die gnoseologische: Wie kann der Mensch erkennen, dass ihm im Knecht Gott begegnet, ohne dass dadurch die Möglichkeit der Liebe widerrufen würde? Wie kann also die Unerkennbarkeit Gottes gewahrt bleiben, die Voraussetzung dafür ist, dass die Zuwendung zum Knecht allein aus Liebe geschieht, ohne dass das Bekenntnis zum menschgewordenen Gott pure Willkür wird? Oder ist das Bekenntnis zum menschgewordenen Gott etwa schon als solches Widerruf der soeben konzipierten Menschwerdung Gottes, die ja nur erfolgt ist, um die Liebe des Menschen zu gewinnen?

1. Zur ontologischen Grundlage des Inkarnationsglaubens

Die erste der soeben gestellten Fragen ist keine andere als die nach dem Verhältnis von göttlicher und menschlicher Natur in Jesus Christus. Denn das Bekenntnis zur vollen Menschheit Jesu war der Alten Kirche ja nicht zuletzt deshalb so wichtig, weil nur bei der Wahrung der Integrität seiner menschlichen Natur Erlösung gedacht werden kann. Nur wenn Gott wirklich Knecht geworden ist und also ganz und gar Mensch war, ist die letzte Hoffnung unserer Liebe erfüllt, ist die Offenbarung kein Betrug.

Verhältnis von göttlicher und menschlicher Natur in Jesus Christus

Doch andererseits gilt genauso, dass diese Knechtsgestalt nur dann unser Leben entscheidend verändert, wenn sie in strengem Sinne die Wirklichkeit des uns in Liebe zugewandten Gottes ist. Ist sie nicht die Wirklichkeit Gottes selbst, so ist dieser Knecht nur eine liebenswerte, aber letztlich gescheiterte Existenz zusätzlich im Vernichtungskampf der Geschichte. Wie kann nun aber gedacht werden, dass Jesus Christus zugleich Gestalt der göttlichen Liebe und doch ganz und gar Mensch ist?

So richtig die zu dieser Frage führenden Grundintentionen der Zwei-Naturen-Lehre sind, so unmöglich ist es, eine (auch heute noch) befriedigende metaphysische Rahmentheorie zu finden, die es erlaubt, ein Wesen zu denken, das sowohl eine unverkürzte menschliche als auch eine unverkürzte göttliche Natur hat. Will man nicht die Aporetik der Zwei-Naturen-Lehre zum Anlass nehmen, der Theologie insgesamt einen aporetischen Denkstil zu verordnen, bleibt deshalb nur die Möglichkeit, die zu bewahrenden Grundintentionen der Zwei-Naturen-Lehre begrifflich neu zu fassen.

Diesen beispielsweise von W. Pannenberg eingeschlagenen Weg hat seit einigen Jahren Georg Essen aufgenommen und eine Neubestimmung der neuchalkedonischen Enhypostasielehre in der Begrifflichkeit neuzeitlichen Freiheitsdenkens versucht. Dabei geht er von Pannenbergs viel zitierter Einsicht aus, dass Jesus gerade aufgrund seiner besonderen Art des Menschseins Gott ist. Diese Aussage versucht Essen dadurch zu präzisieren, dass er von einer formellen Identität der Freiheit Jesu mit der Freiheit des innertrinitarischen Logos spricht. Die Freiheit Jesu ist nach Essen insofern identisch mit der Freiheit des innertrinitarischen Logos, als sie sich wie diese aus der unvermittelten Unmittelbarkeit des Vaters bestimmt.

Neubestimmung bei G. Essen

Fragwürdig bleibt an dieser Stelle von Essens Konzeption allerdings, wie ein eigener Freiheitsbesitz des innertrinitarischen Logos gedacht werden kann, ohne dass die Gesamtkonzeption in eine tritheistische Schieflage gerät (s. Kap. 3). Ich würde deswegen nicht von einer eigenen Freiheit des Logos sprechen und entsprechend keine formelle Identität mit der Freiheit Jesu behaupten. Stattdessen bevorzuge ich die Rede vom Wesensvollzug des Logos, dessen relationale Struktur der Form der Freiheit Jesu entspricht, insofern die Besonderheit der Freiheit Jesu darin besteht, dass er sich dazu bestimmt hat, seine Freiheit vom Willen des Vaters her füllen zu lassen und auf diesen hin zu leben. Die ontologische Besonderheit Jesu Christi wäre dann so zu fassen, dass er „seine personale Identität darin (findet; Vf.), Gottes Willen als den eigenen mitzuwollen und dafür da zu sein, dass dieser gute Wille geschehen kann. ... Es macht sein Menschsein aus, das Wesens-Wort Gottes zu sein."[6]

Kritische Aufnahme

Die Bestimmung der eigenen Freiheit zur vollmächtigen Darstellung des Willens des Vaters bleibt – da ist Essen Recht zu geben – in der Kenosis (= Herabstieg) des Logos dem Wesensgesetz menschlicher Freiheit unterworfen. Sie kann sich deshalb in Jesus von Nazareth nur auf material bedingte Weise realisieren (vgl. Kap. 7). Während der prä-inkarnatorische Logos ganz aus der Fülle des Vaters lebt und dadurch die umfassende Wirklichkeit von Liebe realisiert, kann derselbe Logos als Mensch gewordener nur Realsymbol dieser Liebe sein, weil er dem Wesensge-

---

[6] J. Werbick, Von Gott sprechen an der Grenze zum Verstummen, Münster 2004, 129.

setz der Freiheit entsprechend die Wirklichkeit der Nähe des Vaters nur auf symbolische Weise zum Ausdruck bringen kann. Trotzdem lässt sich denken, dass es sich um denselben Logos handelt, der vor der Inkarnation und in Jesus von Nazareth in je unterschiedlicher Weise sein Wesen vollzieht.

Auf das oben skizzierte Szenario Kierkegaards angewendet bedeutet das, dass der Mensch gewordene Logos dadurch, dass er das Wesensgesetz menschlicher Freiheit tatsächlich vorbehaltlos vollzieht, auf die gleiche Ebene mit uns Menschen gekommen ist. Er verfügt weder über supranaturale Eigenschaften noch über eine Rückkehroption in die immanenttrinitarische Fülle und Reinheit Gottes. Somit erfüllt er tatsächlich die Bedingung, Knecht geworden zu sein, und steht insofern so auf unserer Ebene, dass uns echte Liebe zu ihm möglich ist. Fraglich ist allerdings, wie er dabei als das definitive Zusagewort Gottes erkannt werden kann. Auch wenn man bis zu diesem Punkt mitgeht, bleibt also die gnoseologische Frage ungelöst, wie erkannt wird, dass Jesus von Nazareth in einer solchen einzigartigen Vertrautheit mit dem Vater lebte, dass er durch die Realisierungsweise seiner Freiheit unverbrüchliche Gemeinschaft mit dem Vater ermöglicht.

2. Die Frage nach dem Erkenntnisgrund des Inkarnationsglaubens

Die dadurch angerissene Frage nach der Erkennbarkeit der Inkarnation beantwortet Essen einerseits mit dem Hinweis auf „Jesu Gottvertrauen und Gottverbundenheit als Mitte seines Lebens."[7] Dabei wählt er im Anschluss an Pannenberg einen indirekten Weg, um die Identität der Freiheit Jesu mit der Freiheit des innertrinitarischen Logos aufzuweisen. Dieser Weg geht von der Vertrautheit und einzigartigen Nähe zum Vater aus, die Jesus in seinem Selbstverständnis prägen. Jesu Besonderheit besteht demnach nicht in irgendeiner besonderen Beziehung zum Logos, sondern in seiner Einheit mit dem Vater bei gleichzeitiger Unterschiedenheit von ihm.

Andererseits scheint Essen diesen Hinweisen nicht ganz zu trauen, insofern er offenbar den Auferstehungserfahrungen eine *de facto* und *de iure* unabdingbar konstitutive Rolle für den Inkarnationsglauben zuschreibt (vgl. Kap. 6). Diese Position bringt aber Schwierigkeiten bei der Beantwortung der eingangs gestellten Frage mit sich: Wenn Gott unsere Liebe nur gewinnen kann, indem er ganz und gar Knecht wird, darf es keinen Moment in

Rolle der Auferstehungserfahrungen

---

[7] G. Essen, a.a.O., 295.

der Beziehung zwischen Gott und Mensch geben, in dem seine Kenosis widerrufen wird. Auch Auferstehung darf kein Widerruf der Kenosis sein. Sie darf – im Bild gesprochen – nicht der Moment sein, in dem der König dem armen Mädchen seine vorher verborgene Macht und Herrlichkeit offenbart, weil sonst das Mädchen doch wieder nur aufgrund der Herrlichkeit des Knechtes lieben würde. Einer Liebe, die die als Triumph gedeutete Auferstehungserfahrung als gnoseologische Basis verwendet, bleibt die Möglichkeit unbedingter Realisierung versagt. Auferstehung kann im Rahmen des Inkarnationsglaubens also nicht als (offensichtlicher, für alle sichtbarer) Triumph über den Tod gedeutet werden; „denn der Glaube, der triumphiert, ist das Lächerlichste von allem."[8]

Die Kategorie der Auferstehung bringt aus fundamentaltheologischer Sicht also erhebliche Schwierigkeiten mit sich, wenn sie in einer triumphalistischen Weise als Sachgrund des christlichen Bekenntnisses zu Jesus als dem Christus verwendet wird. Ich will deshalb im Folgenden versuchen, die Frage nach dem Erkenntnisgrund des Inkarnationsglaubens zumindest zunächst unabhängig vom Auferstehungsglauben zu formulieren. Dabei will ich so vorgehen, dass ich den bereits von Essen und Pannenberg vorgezeichneten Weg eines indirekten Aufweises der formellen Identität der Freiheit Jesu mit dem Wesensvollzug des innertrinitarischen Logos weiterverfolge.

Ansatzpunkt bei der Struktur der Freiheit Jesu

Geht man induktiv in einer Suchbewegung von unten an das Leben Jesu von Nazareth heran, so gibt es zwei Eigenschaften Jesu, die angesichts der bis jetzt entwickelten Begrifflichkeit besonders ins Auge fallen. Da ist zum einen sein oben bereits ins Feld geführter besonders vertrauter Umgang mit seinem „Abba" im Himmel. Zum anderen fällt auf, dass sein Umgang mit seinen Mitmenschen frei von jeder ausgrenzenden Angst gewesen zu sein scheint.

Fasst man mit Kierkegaard die Angst um sich selbst als Wurzel der Sünde,[9] kann man völlig im Einklang mit der kirchlichen Tradition ein entscheidendes Moment der Besonderheit Jesu dadurch charakterisieren, dass aufgrund seiner besonderen Beziehung zu seinem Vater im Himmel die Angst letztlich keine Macht über ihn hatte. Als begrenzter Mensch, der er war und blieb, musste er doch niemanden ausgrenzen, weil er oder sie ihm fremd war und dadurch Angst machte. So erwies er sich gegen-

---

[8] S. Kierkegaard, a.a.O., 98.
[9] Vgl. S. Kierkegaard, Der Begriff Angst, Gütersloh ²1983, 60f.; T. Pröpper, Erlösungsglaube und Freiheitsgeschichte (s. Lit. zu Kap. 7), 201.

über allen ausgegrenzten Gruppen als der große Einladende und nahm Partei für die Menschen am Rande der Gesellschaft. Er machte Mut dazu, alle diskriminierenden Schranken einzureißen und lud alle nach der offiziellen Doktrin von Gottes Liebe Ausgesperrten zu seinen fröhlichen Gastmählern in den galiläischen Dörfern ein. Alle, die mitfeiern wollten, waren ihm willkommen.

Insofern wird man auch in der Perspektive der historisch-kritischen Methode zum einen zugeben dürfen, dass Jesus sich vom Vater gesandt fühlte und seine Freiheit darin aufgehen ließ, auf seinen himmlischen Vater zu verweisen. Zum anderen wird man festhalten dürfen, dass es gerade diese Beziehung vom Vater her und auf den Vater hin war, die Jesus das Selbstbewusstsein gab, anderen Menschen Gemeinschaft mit Gott zu vermitteln und sie in ihrer Andersheit anzuerkennen.

Hält man also als grundlegende Identitätsmerkmale Jesu seine besondere Beziehung zum Vater und seine in dieser Beziehung wurzelnde erkennende Anerkennung anderer Freiheit fest, dann weist Jesu Freiheit genau die Merkmale auf, die auch den Wesensvollzug des innertrinitarischen Logos ausmachen. Denn der innertrinitarische Sohn geht ganz darin auf, vom Vater her und auf den Vater hin zu sein, und ist gerade dadurch mit dem Vater zusammen (in der Hauchung des Heiligen Geistes) die Ermöglichung von vollkommener Gemeinschaft und Liebe mit anderer Freiheit. Nur von einem Menschen, der ganz darin aufgeht, vom Vater her und auf den Vater hin zu sein, der also aus einer einzigartigen Vertrautheit mit dem Vater lebt und immer von sich weg auf diesen hin verweist, und der durch diese Bindung an den Vater allumfassende, angstfreie Gemeinschaft ermöglicht, kann deshalb ausgesagt werden, dass sich in seiner Freiheit das Personsein des innertrinitarischen Sohnes verwirklicht. Die Besonderheit der Freiheit Jesu könnte man dann dadurch charakterisieren, dass er aus seiner einzigartigen Vertrautheit mit dem Vater heraus seine Mitmenschen gewissermaßen mit den Augen Gottes anschauen und sie so zur eigenen Identität und zur Gemeinschaft mit Gott führen konnte.

3. Ein Märchen wird wahr

Kommen wir nach diesen Überlegungen noch einmal zur Ausgangsfrage zurück, wie Gott so in seiner Knechtsgestalt erkannt werden kann, dass dem Menschen wirkliche Liebe zu Gott möglich wird. Wie also kann das Märchen wahr werden, dass der

König/ Gott sich dem armen Mädchen so zuwendet, dass wechselseitige, unbedingte Liebe Wirklichkeit werden kann?

Wie bereits angedeutet, führt an dieser Stelle die oben angeführte Analogie Kierkegaards nicht weiter. Für das Mädchen gibt es keine Möglichkeit, im Knecht den König zu lieben. Entweder ist die Tarnung des Knechtes so perfekt, dass das Mädchen tatsächlich nur den Knecht liebt, ohne dass es merken könnte, dass seine Zuwendung dem König gilt. Oder der Knecht gibt sich ihm zu erkennen, was sofort zur Folge hätte, dass entsprechend dem oben skizzierten Dilemma wirkliche Liebe unmöglich wird. Eine Offenbarung der Liebe des Königs zu dem armen Mädchen durch Annahme der Knechtsgestalt ist also unmöglich, weil entweder die Liebe des Königs durch den Knecht nicht erkennbar wird oder die unbedingte Liebe des Mädchens nicht gewonnen werden kann.

Bei näherer Betrachtung lässt sich allerdings zeigen, dass dieses Dilemma nicht für den Gott gilt, der die Liebe ist. Wenn der Gott der Liebe Knechtsgestalt annimmt und den Menschen im Knecht vorbehaltlos, ohne Vor- und Nachbedingungen erkennend liebt und anerkennt, ist die Wahrnehmung und Erwiderung dieser Liebe mehr als die Liebe zum Knecht, gerade wenn sie nur den Knecht meint. Denn der Knecht als Gestalt gewordene Liebe Gottes *ist* gerade als Knecht die ausgesagte Seite Gottes. Die Zuwendung zu ihm als Gestalt gewordener Liebe *ist* deshalb Zuwendung zum Logos. Bezogen auf Jesus von Nazareth würde gelten, dass er gerade deswegen Gottes Wesenswort ist, weil er nicht nur den Glauben an seine Liebe, sondern den Glauben an die Liebe überhaupt hervorruft.

Vorbehaltlose Liebe als Liebe zu Gott

Da die vorbehaltlose Bejahung eines anderen Menschen zugleich die Bejahung von Bejahung ist, ist sie auch Bejahung dieses Wesenswortes Gottes; die Hingabe an die Liebe zum Anderen ist zugleich Hingabe an die Liebe überhaupt. Insofern ist jede ohne Vor- und Nachbedingung ergehende erkennende Anerkennung des Anderen als des Anderen Zuwendung zu dem diese Liebe vollziehenden Gott. Eben deshalb hat auch schon Rahner völlig zu Recht nicht nur die Einheit von Gottes- und Nächstenliebe,[10] sondern ebenfalls die in jedem totalen Akt der Liebe liegende suchende Christologie herausgestellt.[11] Denn vorbehaltlose Liebe ist immer auch ein Bekenntnis zur Liebe und

---

[10] Vgl. K. Rahner, Über die Einheit von Nächsten- und Gottesliebe. In: Ders., Schriften zur Theologie VI, Einsiedeln-Zürich-Köln 1965, 277-298.

[11] Vgl. Ders., Grundkurs des Glaubens. Einführung in den Begriff des Christentums, Freiburg-Basel-Wien 51976, 288f.

damit Ausgriff nach dieser Liebe als uns zugesagter letzter Wirklichkeit unseres Seins.

Wenn der Mensch im Gegenüber die Unbedingtheit bzw. den unbedingten Ernst der Liebe erfährt, erlebt er für den Augenblick dieser Erfahrung die bleibende Wirklichkeit ohne Vor- und Nachbedingungen geschenkter Liebe. Wird diese Erfahrung gedeutet als Begegnung mit dem uns in Liebe zugewandten Gott, der uns allein mit den Mitteln der Liebe an sich binden will, bedeutet dies dann keinen Verrat an der Liebe, wenn unsere Liebe weiter der uns begegnenden Knechtsgestalt gilt. Wende ich mich vorbehaltlos und ohne Vor- und Nachbedingungen dem mir begegnenden Knecht in Liebe zu und meine ich mit meiner Liebe allein dieses mein menschliches Gegenüber, so gilt meine Liebe nicht dem mir in Herrlichkeit weit überlegenen Gott, sondern dem auf meiner Stufe stehenden Knecht und dem in dieser Gestalt verborgenen Gott, und kann deshalb vollkommen sein. Wende ich mich in meiner Liebe auf den Knecht gewordenen Gott (und nicht auf die Idee des Mensch gewordenen Gottes, die – wie alle Ideen – per definitionem nicht geliebt werden kann), so braucht meine Liebe mein menschliches Gegenüber, um Wirklichkeit zu werden, und ist abermals Liebe zum konkreten Knecht. Liebe zu Gott ist sie unabhängig von ihrer ursprünglichen Intention dadurch, dass sie sich dem Anderen total und in rückhaltlosem Vertrauen übereignet, ohne dabei blind für die Eigenart und Andersheit des Anderen zu werden.

Romano Guardini

Nach mehreren Glaubens- und Lebenskrisen und einigen für ihn im Letzten unbefriedigenden Studienversuchen in Chemie, Staatswissenschaft und Volkswirtschaft entschloss sich Romano Guardini (1885-1968) trotz der dadurch entstehenden Konflikte mit seinem Elternhaus im Jahre 1906, Priester zu werden. Nach dem Theologiestudium in Freiburg und Tübingen musste er zwei Jahre im Priesterseminar in Mainz verbringen und litt unter der dort herrschenden geistigen Enge und der autoritären Führung des

Werdegang

Hauses so sehr, dass er sich ein ernstes Magenleiden zuzog. 1910 wurde er endlich zum Priester geweiht, promovierte 1915 in Freiburg und habilitierte sich 1922 in Bonn – Thema seiner Arbeiten war jeweils Bonaventura.

1923 erhielt er in Berlin einen Lehrstuhl für „Religionsphilosophie und katholische Weltanschauung", den er bis 1939 innehatte. Dieser war an kein akademisches Fach angebunden, weil man in Berlin nicht katholische Theologie studieren konnte. Er musste seine Hörer also allein durch den Stoff und seine Person fesseln. Keine leichte Aufgabe für diesen schüchternen und sensiblen Mann, der oft von Schwermut heimgesucht wurde und der sich auch als theologischer Lehrer immer wieder selbst in Frage stellte.

Doch Guardini gelang es schnell, Hörer aller Fakultäten für seine Vorlesungen zu begeistern. Dabei half ihm seine einfache, klare Sprache, in der er auf allen Fachjargon verzichtete; bewusst suchte er das Gespräch mit der Literatur (von Dostojewski und Dante bis Rilke und Hölderlin) und suchte doch anspruchsvolle theologische Sachverhalte zu verdeutlichen.

Obwohl er sich lange Zeit nicht übergroßer Sympathien der Kirchenleitung erfreuen konnte, wurde er 1952 päpstlicher Hausprälat und hätte 1965 ebenfalls Kardinal werden können – eine Ehrung, die er jedoch dankend ablehnte. Seine akademische Karriere setzte er nach dem Krieg in Tübingen und ab 1948 in München fort. Berühmt wurde er nicht nur wegen seiner Theologie, sondern auch als Inspirator der liturgischen Bewegung und der Jugendbewegung, die er ab 1920 immer stärker zusammenführte.

Guardini war ein Mensch, der sich gerne die Welt anschaute. Schon früh besaß er einen sündhaft teuren Fotoapparat. Bereits als junger Professor, als die Bilder gerade erst das Laufen gelernt hatten, ging er gerne ins Kino, und sein Nachdenken über die Kultur der Mickymaus wäre wohl kaum denkbar, wenn er sich nicht auch Comics angeschaut hätte.

Einladung zur Schau Christi

In der Tradition Bonaventuras ist es auch die Schau, genauerhin die Schau der Gestalt Christi, die für ihn den entscheidenden Ansatz für den Zugang zum katholischen Glauben bietet. Guardini will nicht ein einheitliches System schaffen, sondern eine Vielzahl von Perspektiven auf die Gestalt Jesu verdeutlichen und so zur Praxis der Nachfolge einladen.

Nachfolge Jesu meint dabei mehr als bloßes Folgen eines Beispiels aus der Vergangenheit. Vielmehr geht es Guardini um Gleichzeitigkeit mit dem heute lebenden Christus. Oder mit Guardinis eigenen Worten:

> Dem Herrn nachfolgen heißt nicht, Ihn wörtlich nachahmen, sondern Ihn im eigenen Leben ausdrücken. Der Christ ist keine Kopie des Lebens Christi, das würde zur Unnatur und Unwahrheit. ... Die Aufgabe des christlichen Lebens ... besteht darin, Ihn in das eigene Dasein zu übersetzen; in den Stoff des täglichen Tuns, der menschlichen Begegnungen, der Fügungen und Schicksale, so, wie das alles jeweils ist.[12]

Erst durch diese konkrete Nachfolge im vom Geist getragenen praktischen Handeln wird der christliche Glaube bewahrheitet.

Wer den Ruf zur Nachfolge auf diese Weise annimmt, kann nicht anders, als sich liebevoll der Welt zuzuwenden und sie wohlwollend anzuschauen. Guardini ist das Gegenteil von all den Kämpfern gegen die Moderne, die in allem Weltlichen nur Sünde und Abfall wittern. Für ihn ist die Welt der Ort, in dem Christsein konkret wird und die Gestalt Christi zu jeder Zeit neu erkannt werden kann. Mit dieser positiven, aber keineswegs unkritischen Grundhaltung der Welt gegenüber lud und lädt er die Katholiken ein, aus dem Ghetto herauszukommen, in das sie sich seit dem 19. Jahrhundert abgeschottet haben und in das sich manche auch heute wieder zurücksehnen.

Entscheidender Mittler bei diesem Weg heraus aus der Isolation und in die Welt hinein ist für Guardini immer wieder Jesus von Nazareth. Seine konkrete historische Gestalt gewinnt für ihn und bei ihm eine enorme Bedeutung. Zugleich meldet er aber Zweifel daran an, ob sich auf historisch-kritische oder psychologische Weise ein adäquater Zugang zu Jesus finden lässt. Wenn Jesus tatsächlich Gestalt des innertrinitarischen Logos ist, dann sprengt er all unsere Kategorien und psychologischen Zugangsversuche. Guardini sucht aber auch nicht sein Heil im Festhalten an den christologischen Dogmen. Er will kein dogmatisches System über Jesus bilden, sondern Zugänge zu seinem Leben schaffen, damit sein Ruf in die Nachfolge konkret erfahrbar werden kann. Bei dogmatischer Systembildung und bei jeder vom Christusdogma ausgehenden Christologie sieht Guardini die Gefahr, „das Über-Menschliche zu behaupten, es aber nicht sichtbar zu machen."[13] Die starre Fixierung auf bestimmte Formeln kann den Zugang zum lebendigen Glauben und zur Lebendigkeit der geschichtlichen Gestalt Jesu verstellen. An die Stelle der theoretischen Spekulation will er die konkrete Anschauung des Bildes und der Gestalt Jesu setzen.

Ruf in die Nachfolge erfahrbar machen

---

[12] R. Guardini, Der Herr, 544.
[13] Ebd., 482.

Wie ist diese konkrete Anschauung aber uns Menschen heute möglich? Guardini meint, dass wir den gleichen Weg wie Paulus gehen können und gehen müssen. Auch Paulus ist Jesus erst nach seinem Tod begegnet. Und wie bei ihm, so kann auch bei uns der Glaube nur auf der Begegnung mit dem lebendigen Wort Gottes gründen, wie es in Christus Gestalt gefunden hat und wie es in Liturgie und Zuwendung zur Welt erfahrbar werden kann. Die Möglichkeit authentischer Begegnung mit Christus gründet dabei in der Wirkmächtigkeit des Hl. Geistes, der es uns ebenso wie Paulus ermöglichen kann, die lebendige Wirksamkeit der in Jesus ergangenen Zusage zu erfahren.

Es ist eben Jesus selbst, der für Guardini allein und ohne Frage Kern und Kriterium des Christlichen ist. Aus der Begegnung mit ihm gilt es sich existenziell um- und neuprägen zu lassen. Auf diese Weise wird die menschliche Freiheit erfüllt und der Mensch wird selbst zum Bild Jesu. Erst wenn sich das Bild Jesu im Leben eines jeden Menschen ausprägt, ist die Geschichte Jesu an ihr Ziel gekommen.

Jesus als Mittler

Insgesamt sieht Guardini Jesu Rolle wesentlich in seiner Mittlerfunktion. Dadurch, dass er sich ganz vom Vater her und auf den Vater hin versteht, führt gerade die Herausstellung der Bedeutsamkeit Jesu in den Dialog mit dem einen Gott. „Christus ist nicht Zentrum, sondern Mittler; Gesendeter und Heimholender; ‚Weg, Wahrheit und Leben'."[14] Durch ihn spüren wir die Zuwendung des einen Gottes und können uns mit ihm auseinandersetzen.

letzte Frage auf dem Sterbebett

Diese Auseinandersetzung mit Gott und das Sichaussetzen seiner lebendigen Gegenwart prägen Guardini bis zu seinem letzten Atemzug. Guardini bildet bis zum Ende seines Lebens kein theologisches System, das die Rückfragen nach Gott stillegt, sondern versucht – vermittelt über die Gestalt Jesu – in den Dialog mit Gott zu führen. Berühmt geworden ist seine letzte Frage, die der bereits vom Tode gezeichnete Romano Guardini auf dem Sterbebett stellt. „Er werde sich im Letzten Gericht nicht nur fragen lassen, sondern auch selber fragen; er hoffe in Zuversicht, daß ihm dann der Engel die wahre Antwort nicht versagen werde auf die Frage, die ihm kein Buch, auch die Schrift selber nicht, die ihm kein Dogma und kein Lehramt, die ihm keine ‚Theodizee' und Theologie, auch die eigene nicht, habe beantworten können:

---

[14] R. Guardini, Das Wesen des Christentums, 85.

Warum, Gott, zum Heil die fürchterlichen Umwege, das Leid der Unschuldigen, die Schuld?"[15]

Aufgaben:

1. Worin liegt die Schwierigkeit des chalcedonensischen Bekenntnisses, dass Jesus „wahrhaft Mensch und wahrhaft Gott" zugleich gewesen sein soll?
2. Worin liegt die Besonderheit von Jesu Menschsein? Lässt sich aus dieser Besonderheit ein Anhaltspunkt für christologische Bestimmungen gewinnen?
3. Skizzieren Sie den dogmengeschichtlichen Weg nach Chalcedon und erläutern Sie die Adverbien *unvermischt* und *unverändert* sowie *ungeteilt* und *ungetrennt* des dogmenpolitischen Kompromisses von Chalcedon!
4. Wie wurde und wird versucht, die Probleme der Zwei-Naturen-Lehre zu lösen?
5. Worin besteht der ontologische und worin der gnoseologische Grund des christlichen Inkarnationsglaubens?
6. a) Worin liegt der Sinn des Bekenntnisses, dass Jesus Christus der Sohn Gottes ist?
   b) Ist es für den christlichen Glauben unerlässlich zu betonen, dass nur Jesus Christus und niemand sonst der Sohn Gottes ist?
7. Widerspricht das Bekenntnis zu Jesus als dem Christus der Selbsteinschätzung Jesu? Wenn ja; welchen Anhalt hat es am historischen Jesus?

Literaturhinweise

ESSEN, GEORG, Die Freiheit Jesu. Der neuchalkedonische Enhypostasiebegriff im Horizont neuzeitlicher Subjekt- und Personphilosophie, Regensburg 2001 (ratio fidei; 5) *(innovativer Ansatz zur Reflexion der Hypostatischen Union vor dem Horizont neuzeitlicher Freiheitsphilosophie; schwer zu lesen, aber lohnend).*

GRILLMEIER, ALOIS, Jesus der Christus im Glauben der Kirche I. Von der Apostolischen Zeit bis zum Konzil von Chalcedon (451), Freiburg-Basel-Wien 1979 *(umfassender Überblick über frühchristliche Lehrentwicklung).*

HOPING, HELMUT, Einführung in die Christologie, Darmstadt 2004 *(um Anknüpfung an die aktuelle Diskussion bemühtes, traditionell orientiertes, knapp gehaltenes Lehrbuch aus katholischer Perspektive).*

KASPER, WALTER, Jesus der Christus, Mainz ⁵1976 *(immer noch lesenswerter Klassiker; gediegene Einführung).*

---

[15] Bericht von Walter Dirks, zit. n.: E. Biser, Interpretation und Veränderung. Werk und Wirkung Romano Guardinis, Paderborn u.a. 1979, 132f.

Kühn, Ulrich, Christologie, Göttingen 2003 *(übersichtliches Lehrbuch aus evangelischer Perspektive).*

Schillebeeckx, Edward, Jesus. Die Geschichte von einem Lebenden, Freiburg-Basel-Wien ³1975 *(eher induktiv, vom historischen Jesus ansetzende, materialreiche Einführung).*

Zu Guardini:

Balthasar, Hans Urs von, Romano Guardini. Reform aus dem Ursprung, Freiburg ²1995.

Gerl-Falkovitz, Hanna-B., Romano Guardini 1885-1968. Leben und Werk. 4. erg. Ausg., Mainz 1995.

Guardini, Romano, Der Herr. Betrachtungen über die Person und das Leben Jesu Christi, Würzburg ¹³1964.

Ders., Das Wesen des Christentums, Würzburg ²1939.

6) Jesus, der Auferstandene

[Albert lädt Maria noch auf einen Kaffee ein und setzt sofort das unterbrochene Gespräch fort.] *Sind diese Erfahrungen mit der Verkündigung der Kirche das, was Du meinst, wenn Du von der Auferstehung Jesu redest? Dann kann ich nach allem, was ich bisher mit diesem lahmen Haufen der Anhänger Jesu erlebt habe, für mich nur sagen, dass Jesus noch im Grab liegt.*

Nein, die Auferstehung Jesu meint mehr als eine Auferstehung in die Verkündigung hinein. Natürlich dringt die Botschaft von der Auferstehung nur durch die Verkündigung der Kirche zu mir. Aber ihre Botschaft ist nur gültig, wenn sie unabhängig vom Glauben von uns Menschen gilt. Denn nur Gottes Liebe kann den Tod überwinden. All unser Glaube kann Jesus nicht aus dem Grab holen.

Auferstehung in den Glauben?

Also siehst Du in der Auferstehung Jesu so etwas wie einen objektiven Vorgang, der erweist, dass Gottes Liebe stärker ist als der Tod. Woran machst Du diesen Glauben fest? Ein angeblich leeres Grab kann doch viele Gründe haben: Der Leichnam kann z.B. von den Jüngern gestohlen worden sein, oder Pilatus hat den Leichnam versteckt, um die Juden zu verarschen. Pilatus war eh ein ganz schön fieser Typ.

Ein als leer festgestelltes Grab kann als solches niemals ein Beleg von Auferstehung sein, weil Auferstehung etwas völlig anderes meint als die Wiederbelebung eines Leichnams.

leeres Grab?

Also glaubst Du gar nicht, dass das Grab leer war?!

Die Frage nach dem leeren Grab hat mit meinem Auferstehungsglauben nichts zu tun. Sie hat für mich deshalb keine Bedeutung. Auferstehung meint bleibende Gerettetheit jenseits unserer Welt. Eine Wiederbelebung in dieser Welt kann deshalb die Wirklichkeit von Auferstehung nicht verbürgen.

Dann können aber auch die vielen Erscheinungen des Auferstandenen und die interessanten Visionen der Jünger und Jüngerinnen nicht die Wirklichkeit von Auferstehung verbürgen. Denn auch Erscheinungen und Visionen finden nicht jenseits unserer Welt statt.

Auferstehung kann nicht als historisches Faktum in dieser Welt greifbar sein, weil nichts in der Geschichte die Endgültigkeit von

6) Jesus, der Auferstandene

endgültige Besiegelung der Person-Sache Jesu

Geschichte verbürgen könnte. Mit der Auferstehung Jesu meine ich, dass der Mensch Jesus, der sein Leben ganz für seine Botschaft von der Zusage Gottes an jeden einzelnen Menschen eingesetzt hat, bleibend und endgültig gerettet ist. Dadurch dass Jesus in einzigartiger Weise die von ihm verkündigte Sache mit seiner Person verbunden hat, bedeutet der Glaube an die Endgültigkeit seiner Person auch den Glauben an die Geltung der von ihm verkündigten Sache.

Wie kommst Du auf den Glauben an die Auferstehung Jesu, wenn doch nichts in der Geschichte ihn verbürgen kann? Und wie kommst Du dazu, Auferstehung als objektiven Vorgang zu behaupten, wenn doch nichts in unseren Erfahrungen für ihn sprechen kann? Das ist gerade so, als würde ich behaupten, dass ich in einer anderen Welt wilden Sex mit drei wundervollen Frauen mit dem Namen Maria hatte. Zwar kann ich mich nicht mehr daran erinnern und auch sonst spricht kein empirisches Faktum für meine Behauptung. Aber verbürgen kann eine Erfahrung aus einer anderen Welt in dieser Welt eh nichts. Also musst Du mir glauben, weil ich es eben weiß.

[Maria überhört den anzüglichen Unterton in Alberts Bemerkung und konzentriert sich auf ihren Gedankengang.] Die Einsicht, dass Auferstehung nicht in der Geschichte und in dieser Welt stattfindet, bedeutet nicht, dass sie eine beliebige Erfindung darstellt. Sie findet Anhalt an Fakten in dieser Welt und kann dann als diese Welt transzendierendes Faktum geglaubt werden.

Jetzt bin ich aber auf Deine Fakten gespannt. Willst Du jetzt vielleicht doch noch mit den Visionen der Jünger kommen? Wenn Du das vorhast, sag mir einfach den Unterschied zwischen objektiven Visionen und subjektiven Visionen und erkläre mir, wie Du diesen Unterschied empirisch nachprüfen kannst.

auslösendes Faktum

Ich weiß, dass das nicht möglich ist. Ich mache die Rede von der Auferstehung Jesu auch nicht an Visionen oder leeren Gräbern fest, sondern an einem auch historisch plausiblen Faktum. Die Jüngerinnen und Jünger Jesu waren nach seinem Tod am Kreuz verzweifelt. Historisch spricht viel dafür, dass sie nach Galiläa geflüchtet sind. Sie waren zerstreut und hoffnungslos. In dieser Situation muss etwas mit ihnen passiert sein, das ihnen neuen Mut gegeben hat. Dieses Etwas muss von außen gekommen sein und etwas mit Jesus zu tun gehabt haben. Irgendwie hat es ihnen klar gemacht, dass es mit der Sache Jesu weitergeht. Die Sache Jesu war aber so unablöslich mit seiner Person verknüpft, dass sie nur weitergehen kann, wenn es mit der Person Jesu weitergeht. Es scheint also irgendwelche Ereignisse gegeben zu haben, die den Jüngerinnen und Jüngern klar machten, dass es mit Person und Sache Jesu auch nach dessen Tod weitergeht und dass dieses Weitergehen der Sache der Liebe in der Person Jesu auch durch den Tod niemals zerstört werden kann.

Mmh, Du hast mir jetzt etwas zu häufig „Es scheint", „irgendwie" und „irgendwelche" gesagt. Kannst Du Dich nicht präziser ausdrücken?

Genauer wissen wir nicht, was den Jüngern und Jüngerinnen Jesu widerfahren ist. Alle historischen Zeugnisse sprechen aber dafür, dass Jesus nach seinem Tod im Grab geblieben wäre, wenn er sich auf den Glauben seiner Jünger hätte verlassen müssen. Von daher ist die Annahme plausibel, dass ein Anstoß von außen Auslöser für den Auferstehungsglauben war.

Dieses Ereignis bzw. dieser Anstoß kann aber nicht die Auferstehung selbst gewesen sein, weil diese ja, wie Du selbst gesagt hast, in der Geschichte nicht erlebt werden kann. Also muss den Jüngern „irgendwie" klar geworden sein, dass es mit Jesus weitergeht. Ist ein solches „irgendwie" nicht etwas wenig? Wie kannst Du auf derartige schwammige Spekulationen Deinen Glauben an Jesus gründen?

Grund meines Glaubens an Jesus ist nicht die Auferstehung, sondern sind zunächst einmal Leben und Sterben Jesu. Als Du mich eben in der Mensa auf meinen Glauben an Jesus angesprochen hast, habe ich mich nicht auf die Auferstehung als Glaubensgrund zurückgezogen.

Aber an die Auferstehung glaubst Du doch auch? Und zwar nicht nur an die Auferstehung Jesu, sondern auch an Deine eigene, oder? Was ist der Grund dieses Glaubens? Das auslösende X des Jüngerglaubens? Kann dieses X nicht auch eine Wunschvorstellung der Jünger sein, die sich ihrer in ihrer Not und Verzweiflung bemächtigt hat und die sie in einer Art kollektiver Hypnose an dem Weiterleben ihres Lebenstraums festhalten ließ?

Das halte ich für unwahrscheinlich. Aber Grund meines Glaubens an die Auferstehung sind nicht die Erfahrungen der Zeugen, sondern meine eigenen Erfahrungen.

Da bin ich aber gespannt! Hattest Du etwa eine Vision des Auferstandenen? Oder ist Deinen Eltern Maria erschienen? Oder hast Du vielleicht schon im Mutterleib eine Lichterfahrung gemacht?

6) Jesus, der Auferstandene

Grundlagen des Auferstehungsglaubens heute

Ich meine auch bei mir keine Sondererfahrungen, sondern möchte gerne an Erfahrungen anknüpfen, die auch Dir nicht fremd sind. Lass mich also sehr vorsichtig beginnen. Mein erster Punkt ist der, dass jeder Mensch immer schon um seinen eigenen Tod weiß und sich deshalb zu diesem verhalten muss. Anders als ein Tier kann er nicht einfach verenden, sondern steht vor der Herausforderung, über seinen Tod nachzudenken.

Einverstanden! Das bedeutet aber nicht, dass der Mensch daran glauben muss, dass es nach dem Tod irgendwie weitergeht. Es könnte auch einfach alles vorbei sein mit dem Tod.

Es sind in der Tat verschiedene Haltungen in dieser Situation denkbar. Entweder ich akzeptiere wie Du den Tod als das Ende von allem, oder ich gehe davon aus, dass das Leben in einem ewigen Kreislauf immer weiter geht, oder aber ich glaube an eine Transformation des Lebens in Endgültigkeit hinein, also an eine Verwandlung des ganzen Menschen, wie immer diese Transformation auch genauer zu denken ist.

Es wäre auch noch möglich, dass es im Menschen etwas Unzerstörbares gibt, das den Tod überdauert, so dass also keine Transformation erforderlich ist. Ist das nicht sogar die christliche Lehre, wenn sie von der Unsterblichkeit der Seele spricht?

Die Lehre von der Unsterblichkeit der Seele will nur verdeutlichen, dass es derselbe Mensch ist, der in den Tod geht und der aus ihm gerettet wird. Die Seele ist insofern so etwas wie ein Prinzip der Identität, das es erlaubt, weiter von demselben Menschen zu sprechen. Sie darf im christlichen Sprachgebrauch keinesfalls in dualistischer Weise gegen die Leiblichkeit des Menschen ins Feld geführt werden, und sie ändert auch nichts an der Notwendigkeit, dass der ganze Mensch, also gewissermaßen Leib und Seele, von Gott verwandelt werden muss, um Endgültigkeit erreichen zu können.

So weit kann ich Dir folgen, aber Du hast noch nichts zu der alles entscheidenden Frage gesagt, was für die christliche Option spricht. Was spricht dafür, dass es nach dem Tod irgendwie weitergeht und dass es sogar so etwas wie Endgültigkeit für den Menschen gibt?

Ein erster Grund ist, dass der Mensch Sehnsucht nach mehr ist, Ausgreifen nach Endgültigkeit, Hoffnung auf unverbrüchlichen Sinn. In der Liebe sagen sich Menschen diese Hoffnung und

Sehnsucht zu und nehmen ihre Erfüllung füreinander in Anspruch.

Ich habe Dir schon bei unserem ersten Gespräch gesagt, dass Hoffnung und Sehnsucht keine Argumente sind. Im Gegenteil, diese starken, aber haltlosen Sehnsüchte scheinen mir viel eher gegen den Auferstehungsglauben zu sprechen, weil sie gut erklären, wie er entstanden ist. Menschen glauben an ihre und Jesu Auferstehung, weil sie sich nicht mit ihrer Endlichkeit abfinden können und wollen. Sie haben Wünsche und Sehnsüchte und fantasieren sich aus lauter Hilflosigkeit einen Gott herbei, der sie rettet. Diese Sehnsucht kann ich gut verstehen, aber ich habe – mühsam genug – gelernt, ohne sie zu leben. Es mag sein, dass der Mensch Sehnsucht nach mehr ist, aber mehr als dieses Leben gibt es nicht, und die Sehnsucht, von der Du sprichst, motiviert mich dazu, hier und jetzt nach mehr zu verlangen und die Liebe bis ins Letzte auszukosten.

Dann sind wir gar nicht so weit voneinander entfernt. Auch mein Auferstehungsglaube hält mich nicht vom Engagement in dieser Welt ab, sondern führt mich gerade in die Welt hinein, weil es ja um Endgültigkeit und Transformation dieser Welt und ihrer konkreten Geschichte geht.

Aber ich will keine Transformation, ich will allein dieses Leben hier und jetzt, immer und immer wieder. Ich will lernen, den Augenblick zu lieben, ohne mich von der Zukunft trösten zu lassen. Jetzt ist Erfüllung möglich. Und nur das Jetzt interessiert mich.

Gerade der Blick auf meine Erfahrung im Hier und Jetzt bringt mich dazu, an die Auferstehung zu glauben. Wirkliche Liebe wird erst richtig verstanden, wenn man einsieht, dass sie nach Endgültigkeit ausgreift. Hast Du noch nie so total geliebt, dass Du gespürt hast, dass die Liebe die Grenzen des Todes sprengt? Hast Du noch nie nach dem Verlust eines geliebten Menschen erlebt, dass Eure Beziehung als wechselseitiges Geschehen weiter Bestand hat? Oder hast Du noch nie eine sittlich gute Entscheidung auf Leben und Tod getroffen, so radikal und unversüßt, dass daraus absolut nichts für Dich herausgesprungen ist als die angenommene Güte dieser Entscheidung selbst? In solchen Momenten kannst Du hier und jetzt schon erleben, was ich mit Auferstehung meine.

Liebe als Ausgreifen nach Endgültigkeit

Wenn ich versuche, Dir zu folgen, ist das Ergebnis Deiner Schwärmereien nicht der Auferstehungsglaube, sondern der Glaube an eine ewige Wiederkehr dieser von Dir als endgültig geglaubten Momente. Wäre das nicht eine schöne Alternative? Mit Nietzsche gesprochen: Stelle Dir vor, dass dieser Moment hier und jetzt immer wiederkehrt! Ist das nicht erst die wahre Größe menschlicher Sehnsucht und die wahre Bejahung des Lebens: jeden Augenblick endlose Male wiederholen zu wollen? Warum wünschst Du Dir eine Transformation und verweigerst die Wertschätzung der Gegenwart?

Zeit wird Irrsinn, wenn sie sich nicht vollenden kann. Ein ewiges Weitermachenkönnen wäre die Hölle der leeren Sinnlosigkeit. Eine ewige Wiederholung raubt uns das Geschenk von Einmaligkeit und Einzigartigkeit. Kein Augenblick hätte Gewicht, wenn man alles ins leere Später, das nie fehlen wird, vertagen und abschieben könnte. Und viele Augenblicke würden uns mit ihrem Gewicht erdrücken, wenn sie endlos wiederkommen. Denk nur an das furchtbare Leiden dieser Weltgeschichte! Willst Du, dass sich das ohne jede Verwandlung ewig wiederholt? Willst Du wirklich unseren missglückten Salsa-Tanzabend ewig wieder erleben? Oder hättest Du nicht mehr Lust, heute Abend mit mir in den Gottesdienst zu kommen? Es spielt eine coole Band, HJH wird predigen und anschließend sitzen wir gemütlich zusammen und quatschen.

[Alberts Eingeweide ziehen sich zusammen. Gottesdienst, Sacro-Pop, Predigen, Quatschen mit den Kumpeln aus Marias religiöser Eierkuchenrunde. Schon allein der Gedanke an einen solchen Abend kuriert ihn vom Wunsch nach einer ewigen Wiederkehr des Gleichen.] *Gut, ich gebe Dir zu, dass es viel im Leben gibt, das den Wunsch nach einer Transformation unserer Erlebnisse aufkommen lässt. Der Glaube an Auferstehung ist für mich verständlich. Nur leider fehlt mir immer noch jedes tragfähige Argument für diese schöne Vorstellung, und ich sehe nicht, was Deine Ausführungen mit der angeblichen Auferstehung Jesu zu tun haben.*

<small>apostolisches Zeugnis und eigene Erfahrungen</small>

Der christliche Glaube bleibt gebunden an das apostolische Zeugnis. Aber wir hören dieses Zeugnis mit den Hoffnungen und Erwartungen, von denen ich soeben gesprochen habe. Das Zeugnis der Jüngerinnen und Jünger schwebt nicht im luftleeren Raum, sondern kann anknüpfen an meine Sehnsucht und an mein anfanghaftes Erleben von Auferstehung. Ihr Zeugnis von der Auferstehung Jesu ist Grund unserer Hoffnung auf unsere Auferstehung.

Also doch! Damit gründet Dein Glaube also doch auf unausgewiesenen Behauptungen ungebildeter Menschen, die vor fast 2000 Jahren durch nichts nachprüfbare Hypothesen aufgestellt haben.

Sie haben keine Hypothesen aufgestellt, sondern sie bezeugen ein auf Jesus zurückgehendes Erleben, an dem ich auch heute noch teilhabe. Von daher glaube ich nicht aufgrund ihrer Erfahrungen und ihres Glaubens, sondern aufgrund der Dinge, die ich erlebt habe. Ich spüre eben, dass ich der Liebe im Letzten trauen darf und dass sie stärker ist als der Tod. Ich spüre, dass auch heute noch der Geist Jesu Menschen zusammenführt und ihnen den Mut gibt, bedingungslos der Wirklichkeit der Liebe zu trauen. Historischen Anhaltspunkt hierfür bietet das Zeugnis der Jünger von einem Menschen, in dem die Liebe Gottes Gestalt gefunden hat und der von Gott her als Person endgültig Bestand hat. Sachlich gerechtfertigt ist es durch alle Erfahrungen, die es mir nahe legen, meinen vorläufigen Erfahrungen von Vertrauen, Liebe und Hoffnung so sehr zu trauen, dass sie mir eine letzte Wirklichkeit und Bleibendheit der Liebe verbürgen.

Worin besteht denn Deiner Meinung nach der Unterschied zwischen Deinen Erfahrungen und denen der Apostel?

Die Apostel kannten Jesus. Sie sind mit ihm umhergezogen und haben erlebt, wie er konkret die Liebe Gottes zu jedem Menschen in all seinen Handlungen erlebbar gemacht hat. So konnten sie nach dem Tod Jesu die Erfahrung der bleibenden Wirklichkeit der vollmächtigen Liebe dieses Gottes Jesu für jeden Menschen mit ihren Erfahrungen mit Jesus von Nazareth zusammenbringen. An dieser Stelle sind wir in einer anderen Situation, insofern wir nur auf der Grundlage des Zeugnisses der Jünger und Jüngerinnen Jesu den Bezug zu Jesus von Nazareth herstellen können. Das bedeutet aber nicht, dass wir etwas grundsätzlich anderes erleben würden als die Apostel. Ausgangspunkt ihrer wie unserer Erfahrungen ist die Liebe zum Anderen, die Endgültigkeit für ihn will, sowie die Solidarität aller, die nach Transformation und Endgültigkeit für die gesamte Geschichte verlangen. Aber ich muss jetzt los zur Kirche. Schade, dass Du nicht mitkommst!

Lass uns doch morgen im Siebengebirge wandern gehen! Dann können wir ein wenig weiterüberlegen, worin denn nun die erlösende und rettende Kraft Deines Glaubens liegen soll?

Einverstanden! Aber, Albert, eins noch! Verlieb Dich bloß nicht in mich!

[Albert wird rot. Eine solche Bemerkung hatte er nicht erwartet. Alle coolen Sprüche verschwinden aus seinem Hirn.] *Warum?*

Weil es ganz schön blöd und verletzend ist, jemanden zu lieben, ohne zurückgeliebt zu werden.

[Maria geht schnell weg und lässt Albert grußlos stehen. Ein wenig bereut sie ihren letzten Satz. Aber sie spürt, dass Albert mehr von ihr will, als sie ihm ehrlicherweise geben kann, und sie fände es unfair, seinen Illusionen immer neue Nahrung zu geben. Andererseits verbringt sie gern Zeit mit ihm und empfindet die Gespräche mit ihm als Herausforderung. Zwischendurch hatte sie sich sogar gewünscht, dass er sich in sie verliebt, aber inzwischen meint sie sicher zu sein, keine erotischen Gefühle für ihn zu haben. Jedenfalls sitzt ihr die Enttäuschung aus der Liebe zu Friedrich noch zu sehr in den Knochen, als dass sie sich so schnell einem neuen Mann öffnen könnte. Und sie möchte sich auch nicht einem Mann öffnen, der sie nur als Lustobjekt behandelt.]

Schöpfung und Neuschöpfung – Verhältnis zu den Naturwissenschaften

Auferstehung als Neuschöpfung

„Auferstehung" meint nicht den Vorgang der Wiederbelebung eines Leichnams, sondern die bleibende Rettung des ganzen Menschen über den Tod hinaus in der Gemeinschaft Gottes und damit jenseits dieser Welt. Auferstehung kann deshalb als so etwas wie ein Akt der Neuschöpfung angesehen werden. Diese Neuschöpfung ist allerdings nicht als eine Schöpfung aus dem Nichts zu verstehen, insofern Gott in dieser Neuschöpfung anknüpft an der gewordenen Identität des Menschen. So wie die Auferstehung des einzelnen Menschen also ein Akt rettend-verwandelnder Neuschöpfung ist, der an der konkreten Personalität des Menschen anknüpft und diese verwandelt, so ist auch das eschatologische Geschehen am Ende aller Tage als Neuschöpfung der Schöpfung insgesamt zu verstehen. Auch dieses eschatologische Geschehen ist als Transformation der Welt aufzufassen und knüpft also an deren gewachsene Struktur an. Wie das dabei anzunehmende Vollendungsgeschehen gerade im Blick auf den einzelnen Menschen näherhin gedacht werden kann, wird Thema in Kapitel 8 sein.

An dieser Stelle geht es nur darum, den qualitativen Unterschied dieses Geschehens zum Schöpfungsgeschehen zu würdigen. Schöpfung meint in christlicher Perspektive immer ein Doppeltes: Einerseits meint sie „Schöpfung aus dem Nichts" (*creatio ex nihilo*) und damit einen Akt, der allein aus Liebe und ohne jeden äußeren Zweck oder Grund die Schöpfung freisetzt. Andererseits meint Schöpfung aber auch das bleibende Gehaltensein der Schöpfung durch Gott und die ständig neue Bewahrung der Schöpfung vor dem Nichts (*creatio continua*). Nichts ist ohne Gottes fortdauernde Schöpferkraft, die alleiniger und dauerhafter Grund allen Seins ist.

Schöpfungsgeschehen

In welchem Verhältnis steht nun dieses grundlegende Bekenntnis des christlichen Glaubens zu naturwissenschaftlichen Forschungsergebnissen? Wie steht der christliche Glaube an Schöpfung, Auferstehung und Neuschöpfung zu den kosmologischen Theorien der Physik und zu den Erkenntnissen der Evolutionstheorie? Wie verhält sich das christliche Bekenntnis zur Wirkmächtigkeit Gottes in der Geschichte zur Welterklärung der Naturwissenschaften?

Verhältnis von Glaube und Naturwissenschaft

Entscheidend für die Vereinbarkeit von Glaube und Naturwissenschaft im Allgemeinen und von Schöpfungstheologie und Evolutionstheorie im Besonderen ist die richtige Kompetenzverteilung zwischen beiden Disziplinen. Beide Herangehensweisen an die Wirklichkeit sind für unterschiedliche Ebenen und Fragestellungen zuständig. Die Theologie will nicht erklären, *wie* die Welt entstanden ist. Die biblischen Schöpfungserzählungen sind keine Reportagen über die Weltentstehung, sondern sie wollen festhalten, *dass* alles von Gott geschaffen ist. Umgekehrt kann es nicht die Aufgabe der Naturwissenschaft sein, dem letzten Grund allen Seins nachzuspüren und nach den letzten Gründen der Welt zu forschen. Wenn beispielsweise die Urknalltheorie Hypothesen darüber aufstellt, was 10^{-43} Sekunden nach dem Urknall geschehen ist, tut sie das auf einer Ebene, die die theologische Kompetenz nicht berührt. Erst wenn sie fragt, was vor dem Urknall war oder warum es einen Urknall gegeben hat, überschreitet sie den ihr zugänglichen Erkenntnisbereich und muss ehrlicherweise sagen, dass sie mit der ihr eigenen Methodik keine sinnvollen Aussagen machen kann.

Naturwissenschaftlichen Theorien geht es um die Entschlüsselung des evolutiven Geschehens innerhalb der Geschichte, ohne eine Letzterklärung der Wirklichkeit liefern zu können. Während Glaube und Schöpfungstheologie nach dem *Dass* der Schöpfung fragen, fragen Naturwissenschaft und Evolutionstheorie nach ihrem *Wie*. Während Theologie und Philosophie also fragen, *warum* es diese Welt gibt und warum eigentlich etwas ist und nicht vielmehr nichts, fragen die Naturwissenschaften, *wie* die Welt entstanden ist.

Aus der Einsicht in diese *Arbeitsteilung* hat schon Papst Leo XIII. im Jahr 1893 festgehalten, dass es zwischen Theologen und Naturwissenschaftlern keinen wahren Gegensatz geben kann, „solange sich beide auf ihr Gebiet beschränken" (DH 3287). Trotz dieser grundlegenden Übereinstimmung in der Verhältnisbestimmung gewinnt in der gegenwärtigen Debatte die Einsicht immer mehr Raum, dass Theologie und Naturwissenschaft sich in ihren Erkenntnissen nicht voneinander abschotten dürfen, da sie ein und dieselbe Wirklichkeit verstehen wollen. In der Regel wird in der gegenwärtigen theologischen Landschaft das Verhältnis zu den Naturwissenschaften deshalb in dem Sinne als dialogisch bestimmt, dass Theologie und Naturwissenschaften eine prinzipiell kohärente und komplementäre Sicht der einen Wirklichkeit bieten, die nur durch einen gleichberechtigten Dialog als zusammenhängend verständlich gemacht werden kann. Die Folge einer solchen Verhältnisbestimmung ist die in der Theologie noch nicht allgemein rezipierte Einsicht, dass naturwissenschaftliche Erkenntnisse Rückwirkungen auf die theologische Theoriebildung haben können und haben sollen (und umgekehrt!). Dabei ist allerdings auf die Besonderheit des methodischen Zugriffs auf die Wirklichkeit zu achten, die die Naturwissenschaften prägt.

dialogisches Verhältnis

Die Eigenart ihres Zugriffs impliziert nämlich bei den Naturwissenschaften – ebenso wie bei allen anderen Wissenschaften – eine ihrer Methodik inhärente *Begrenztheit ihrer Explikationskompetenz*. Naturwissenschaften können von ihrem methodischen Zugriff her nur dasjenige erkennen, das quantifizierbar und grundsätzlich reproduzierbar ist. Damit sollte klar sein, dass Naturwissenschaften nicht in der Lage sind, alle Facetten der Realität wahrzunehmen. Insbesondere ist zu bedenken, dass dem naturwissenschaftlichen Zugriff – gewissermaßen per definitionem – der Zugang zu nicht quantifizierbaren Phänomenen verstellt ist, und es stellt sich die Frage, ob ihm dementspechend Phänomene, die aus Freiheitsentscheidungen und personalen Vollzügen hervorgehen, nicht prinzipiell verborgen bleiben müssen. Ohne die explikative Kraft und Dignität physikalischer Erklärungsmodelle in Frage stellen zu wollen, wird man deshalb festhalten dürfen, dass diese nicht einmal den Versuch unternehmen – und aus methodischen Gründen auch nicht unternehmen können –, die Möglichkeit des Handelns freier Akteure in physikalischen Prozessen als freie in den Blick zu nehmen. Von daher kann ein Handeln Gottes nicht Gegenstand naturwissenschaftlicher Analysen sein.

Wer die Möglichkeit eines Handelns Gottes in der Welt mittels physikalischer Argumente ausschließen wollte, übersieht, dass seine Argumente auf Prämissen beruhen, die die Möglichkeit der behaupteten Wirklichkeit aus methodischen Gründen nicht in den Blick zu nehmen gestattet. Wer die hier in Anspruch genommenen Lücken in der Explikationskompetenz naturwissenschaftlicher Modellbildungen ignoriert, argumentiert deshalb dogmatisch, weil er auf das Dogma rekurriert, dass wissenschaftliche Theorien alles zu erklären vermögen. Dieses (übrigens von Naturwissenschaftlern in der Regel gar nicht vertretene) Dogma ist aufgrund der Methodik der Naturwissenschaften nicht beweisbar und wäre allenfalls bei Annahme eines geschlossenen Determinismus plausibel, an dem nicht zuletzt durch die Einsichten der Quantentheorie starke Zweifel geboten sind.

Doch selbst wenn man für Handlungen in der Geschichte eine Erklärungskompetenz der Naturwissenschaften annimmt, so endet diese doch spätestens bei der Frage nach dem *Woher* und dem *Wohin* der Welt insgesamt. Die Frage danach, was vor dem Anfang der Geschichte war und was nach ihrem Ende sein wird, ist etwas, das aus prinzipiellen Gründen nicht durch empirische Untersuchung ermittelt werden kann. Entsprechend wird man durch naturwissenschaftliche Einsichten auch nie bestimmen können, warum etwas ist und nicht vielmehr nichts.

<small>Frage nach dem Woher und Wohin der Welt</small>

Die Grundaussage christlicher Schöpfungstheologie, dass Gott die Welt allein aus Liebe geschaffen hat, kann aus naturwissenschaftlicher Sicht weder bewiesen noch widerlegt werden. Dennoch kann die (auch naturwissenschaftliche) Betrachtung der Welt den christlichen Glauben an dieser Stelle mehr oder weniger plausibel erscheinen lassen (vgl. nur die Auseinandersetzung um die *Keine-bessere-Welt-Hypothese* und die *natural law defense* im Kapitel 4).

6) Jesus, der Auferstandene

Der Osterglaube im Widerstreit

Auferstehung als Bastion gegen Religionskritik

Lange Zeit galt der katholischen Fundamentaltheologie die Auferstehung als *letzte Bastion gegenüber der neuzeitlichen Religionskritik*. Ließ sich sonst keine Wundertat gegen die historische Rückfrage verteidigen und war man sonst bereit, immer mehr von dem traditionellen Terrain zu verlassen, so verteidigte man doch bis ins 20. Jahrhundert hinein den Auferstehungsglauben als das *summum miraculum*, das mehr und mehr im Alleingang die Begründungslast für den Glauben an Jesus als den Christus zu tragen hatte. Auch heute noch wird das Auferstehungshandeln immer wieder als einzige exklusiv-innovatorische Tat Gottes verteidigt, und es erscheint deshalb vielen Theologen als für die Verantwortung christlichen Glaubens unerlässlich (vgl. etwa Hans Kessler).

Der radikalste Angriff gegen diese Verwendung des Auferstehungszeugnisses stammt aus der liberalen Theologie des 19. Jahrhunderts und versucht mit Hilfe einer historisch-kritischen Untersuchung die Rede von Auferstehung als Fiktion zu entlarven. So versuchte bereits *David Friedrich Strauß*, alle Erscheinungen des Auferstandenen, ähnlich wie die Vision des Paulus vor Damaskus, psychologisch zu erklären – eine Position, die heute u.a. von Gerd Lüdemann neu aufgelegt wird und die darauf hinausläuft, die Wirklichkeit von Auferstehung vollständig zu leugnen.

Strauß

Etwas vorsichtiger agiert *Rudolf Bultmann*, der Auferstehung nicht leugnen will, sondern lediglich darauf besteht, den Auferstehungsglauben existential einzuholen (s.u.). Aus dieser Motivation heraus kommt er zu der provokativen Formel, dass der Sinn des Osterglaubens nicht im Glauben an irgendeine supranaturale Machttat Gottes liege, sondern im Glauben an den im Kerygma präsenten Christus. Bultmann wörtlich: „Der Auferstehungsglaube ist nichts anderes als der Glaube an das Kreuz als Heilsereignis."[16]

Bultmann

In Auseinandersetzung mit Bultmann modifiziert *Willi Marxsen* diese Position dahingehend, dass den Jüngern und Jüngerinnen schon etwas widerfahren sein müsse, das ihren Glauben ausgelöst habe. „Historisch läßt sich nur feststellen (das aber sicher!), daß Menschen nach dem Tode Jesu ein ihnen geschehenes Widerfahrnis behaupteten, das sie als Sehen Jesu bezeichneten – und die Reflexion dieses Widerfahrnisses führte diese Leute zur *Interpre-*

Marxsen

---
16   R. Bultmann, Neues Testament und Mythologie, 46.

tation: Jesus ist auferweckt worden."[17] Was dieses Widerfahrnis genau beinhalte, lasse sich nicht sagen. Entscheidend sei aber ohnehin nur „die Frage, wie *seine* Sache später erfahrene Wirklichkeit wurde und heute erfahrbare Wirklichkeit werden kann"; entscheidend sei also allein, dass die Sache Jesu weitergehe.

Die Positionen von Bultmann und Marxsen sind in der theologischen Diskussion auf breite Ablehnung gestoßen, werden aber immer noch diskutiert (vgl. Dialog). In der Debatte um den Auferstehungsglauben hat sich mehr und mehr herauskristallisiert, dass es nicht so sehr darauf ankommt, das angebliche (und historisch nur schwer zu verteidigende) Faktum eines leeren Grabes zu verteidigen, sondern plausibel zu machen, wie Auferstehung überhaupt gedacht und vor allem woran sie erkannt werden kann. In jüngster Zeit hat sich dabei eine neue Debatte darüber entzündet, worin eigentlich der *Erkenntnisgrund des Osterglaubens* zu suchen sei. Während kaum zu bestreiten ist, dass der Erkenntnisgrund des Osterglaubens faktisch in den Widerfahrnissen bzw. Erscheinungen Jesu vor den JüngerInnen zu suchen ist, ist umstritten, ob der christliche Osterglaube auch unabhängig von diesen (gegenüber der historischen Kritik sehr anfälligen) Zeugnissen rekonstruiert werden kann. Ausgangspunkt dieser Debatte ist die These des Neutestamentlers R. Pesch, dass es für den Osterglauben *de iure* nicht der Auferstehungserfahrungen bedurft hätte. Dagegen wendet der Lehrer Peschs A. Vögtle und mit ihm die Mehrheit der zeitgenössischen Theologen ein, dass es ohne die Auferstehungserfahrungen nicht nur *de facto*, sondern auch *de iure* zu einem Zusammenbruch der Hoffnungen der JüngerInnen gekommen wäre.

Erkenntnisgrund des Osterglaubens

In diesem Streit haben u.a. H. Verweyen und der Bonner Dogmatiker K.-H. Menke in spektakulärer Weise für die These Partei ergriffen, dass die Auferstehungerfahrungen nicht den eigentlichen Erkenntnisgrund des Osterglaubens darstellten – eine Position, die zu einer erbitterten Auseinandersetzung u.a. mit H. Kessler und Th. Pröpper geführt hat. Ausgangspunkt der Argumentation Verweyens ist die Sorge, dass die Rede von der Auferweckung Jesu den Blick auf die gemeinte Sache verstellen könne. Insbesondere Kesslers Darlegung des Osterereignisses als Handeln Gottes an dem toten Jesus hält Verweyen für eine verhängnisvolle Fehldeutung christlichen Glaubens. Im Wesentlichen nennt er drei Argumente:

Verweyen

---

[17] W. Marxsen, Die Auferstehung Jesu als historisches und als theologisches Problem, Gütersloh 1964, 10.

1. Jesus ist von Anfang an der Christus und damit der Fleisch gewordene Logos. Von der Sache her muss deshalb auch schon im Blick auf Leben und Sterben Jesu der Osterglaube möglich sein. Auferstehung stellt kein zusätzliches innergeschichtliches Datum dar, das dem christlichen Osterglauben zusätzliche Plausibilität verleiht, weil sonst der Grundgedanke der Inkarnation widerrufen würde. Gegen jeden Adoptianismus spricht Verweyen deshalb für die prinzipielle Erkennbarkeit von Jesus als dem Christus angesichts seines Wirkens zu Lebzeiten. Entsprechend könne der Hauptmann unter dem Kreuz auch ohne Auferstehungsbehauptungen bereits im Angesicht des sterbenden Jesus ihn als den Christus bezeugen (vgl. Mk 15,39).
2. Auferstehung dürfe nicht als Rettung des toten Jesus im Nachhinein gedacht werden, weil eine solche Rettung in der Perspektive des Iwan Karamasow immer schon zu spät komme (s. Kap. 4). Vielmehr sei Auferstehung als innergeschichtliche Verwandlung des Leidens von innen her zu denken – eine Verwandlung, die auch hier und jetzt immer wieder Wirklichkeit ist.
3. Der garstig breite Graben zwischen den Jüngerinnen und Jüngern erster Hand und uns Jüngerinnen und Jüngern zweiter Hand erlaube es nicht, als Geltungsgrund des Osterglaubens ein Ereignis anzunehmen, das uns prinzipiell unzugänglich sei. Auch wenn es *de facto* der Erscheinungen des Auferstandenen bedurft haben mag, um den Osterglauben zu wecken, so seien diese *de iure* weder damals noch heute für den Osterglauben erforderlich.

Kritik Die Thesen Verweyens sind heftig umstritten und werden von der Mehrzahl der gegenwärtigen Theologen abgelehnt. Interessant ist, dass sich in dieser Debatte die Kontrahenten völlig darüber einig sind, dass die Frage nach dem leeren Grab irrelevant ist und es viel grundlegender darum geht, ob nach dem Tod Jesu überhaupt noch etwas in der Welt Wahrnehmbares mit Jesus von Nazareth geschehen ist. Pröpper und Kessler bestehen also lediglich darauf, dass der christliche Glaube in einem wesentlichen Sinn *de facto* und *de iure* darauf gründet, dass es nach dem Tod Jesu noch besondere Widerfahrnisse der Begegnung mit dem Auferstandenen gegeben hat.

Rudolf Bultmann

Rudolf Bultmann (1884-1976) wurde als der älteste Sohn eines lutherischen Pfarrers in der Nähe von Bremen geboren. Er studierte ev. Theologie in Tübingen, Berlin und Marburg, hörte aber auch Vorlesungen in Philosophie und Geschichte. Theologisch hatte er zwar eine Reihe von namhaften Vertretern der liberalen Theologie als Lehrer, Auslöser seines eigenständigen theologischen Denkens aber war Karl Barth. Philosophisch prägte ihn sein Freund Martin Heidegger, der zeitweise wie er in Marburg eine Professorenstelle innehatte.

Werdegang

Bekannt wurde Bultmann durch seine – zuerst 1941 erhobene – Forderung nach einer *Entmythologisierung* des Neuen Testaments. Das Ziel von Bultmanns provozierender Rede vom Mythos im NT bestand darin, die Aufmerksamkeit auf eine grundlegende hermeneutische Herausforderung zu lenken. Diese liegt in seinen Augen darin, den Sinn des Evangeliums in einer Zeit, die nicht mehr von dem vorwissenschaftlichen Weltbild des NT geprägt ist, auf angemessene Weise zu verstehen. Bultmann hält es nämlich für die Menschen von heute für unzumutbar, das mythische Weltbild des NT zu akzeptieren. „Man kann nicht elektrisches Licht und Radioapparat benutzen, in Krankheitsfällen moderne medizinische und klinische Mittel in Anspruch nehmen und gleichzeitig an die Geister- und Wunderwelt des Neuen Testaments glauben."[18]

Entmythologisierung des NT

Entsprechend fordert er: „Soll aber die Verkündigung des Neuen Testaments ihre Gültigkeit behalten, so gibt es gar keinen anderen Weg, als sie zu entmythologisieren."[19] Der mythologische Aussagegehalt müsse so transformiert werden, dass eine existentiale Aneignung der Aussagen des NT möglich werde. Mit anderen Worten: Es gelte, die Botschaft des christlichen Glaubens so auszusagen, dass sie zur Erhellung der Konstitutionsbedingungen und Strukturen menschlichen Daseins beitrage und dem Menschen ein neues Selbstverständnis ermögliche.

---

[18] R. Bultmann, Neues Testament und Mythologie, 16.
[19] Ebd., 22.

Im Zentrum müsse dabei die Wahrung des entscheidenden Gegenstandes des NT stehen: das rettende Handeln Gottes in Christus, das Paulus das Evangelium Gottes oder das Evangelium von Gott nennt und das hinter den mythologischen Ausdrucksformen des NT aufzudecken sei. Denn die Botschaft Jesu Christi sei gerade kein Mythos und könne deswegen auf seinen Kern zurückgeführt bzw. auch im Rahmen unseres wissenschaftlichen Weltbildes artikuliert werden.

Kerygma als Ruf in die Entscheidung

Werde das Evangelium angemessen artikuliert und dadurch als *Kerygma* verstanden, so rufe es in die Entscheidung, aus der Uneigentlichkeit des Daseins auszubrechen, und es fordere zu einer radikalen Umkehr heraus. Im Anschluss an die reformatorische Tradition und in Frontstellung zur neueren Philosophie leugnet Bultmann die Möglichkeit, aus eigenen Kräften positiv auf diese Herausforderung reagieren und zur Eigentlichkeit der eigenen Existenz vorstoßen zu können. Stattdessen beharrt er darauf, dass die faktische Weltverfallenheit des Menschen nur durch eine Tat Gottes durchbrochen werden könne. „Das Neue Testament sagt also, daß ohne diese Heilstat Gottes die Situation des Menschen eine verzweifelte ist, während die Philosophie die Situation des Menschen als solche keineswegs als eine verzweifelte sieht und sehen kann."[20]

Die Umkehr und der Neuaufbruch des Menschen kann also nicht aus eigenen Kräften erfolgen, sondern bedarf des göttlichen Anstoßes von außen – er bedarf des Kerygmas. Als Kerygma bezeichnet Bultmann das Wort Gottes, wie es für den einzelnen Menschen konkret wird und ihn in die Entscheidung ruft. Es meint das Wort Gottes, wie es in der Verkündigung zur konkreten Einladung und Herausforderung für mich wird. Im Kerygma ereignet sich Offenbarung als Erhellung der je eigenen Existenz.

Christologie

Besonderen Anstoß hat in diesem Zusammenhang Bultmanns *Christologie und Auferstehungsverständnis* erregt. Bultmann unterscheidet in seiner Christologie strikt zwischen dem historischen Jesus und dem verkündigten Christus. Über den historischen Jesus meint er so gut wie nichts sagen zu können. Historisch bedeutsam sei das bloße *Dass* der Existenz Jesu und seiner Kreuzigung. Wie Jesus gelebt habe und ob er am Ende seines Lebens möglicherweise zusammengebrochen und verzweifelt sei, ob er Wunder gewirkt habe und sein Grab leer gewesen sei, sei vollkommen irrelevant. Dagegen ist der Christus des Kerygmas von höchster Relevanz für den christlichen Glauben. Er ist die kon-

---

[20] Ebd., 45.

krete Zusage Gottes für den Menschen in seine jeweilige Situation und Lebensgeschichte hinein. Wichtig an der Auferstehung sei deshalb auch nur die Auferstehung in den Glauben der Jünger Jesu, gewissermaßen ins Kerygma hinein, während die historische Grundlage dieses Glaubens unerheblich sei. Die Wirklichkeit von Auferstehung erweise sich also nicht durch den Verweis auf irgendwelche historischen Ereignisse nach dem Tode Jesu, sondern in der existentialen Erfahrung der Auferstehung im Kerygma.

Die Schüler Bultmanns – von Käsemann bis zu Fuchs, Bornkamm, Conzelmann und Ebeling – haben u.a. durch die Wiederaufnahme der Rückfrage nach dem historischen Jesus versucht, die Kluft zwischen historischem Jesus und verkündigtem Christus zu schließen. Denn in der Bestimmung des Kerygmas braucht es den historischen Jesus als Bezug und Ursprung, ohne den die kerygmatische Theologie in subjektive Willkür umzuschlagen droht. Bei Bultmann selbst bleibt jedenfalls völlig ungeklärt, wie das Kerygma eigentlich an Jesus Christus entsprungen ist.

Bereits unmittelbar nach dem Zweiten Weltkrieg war Bultmanns Entmythologisierungsprogramm Gegenstand einer lang anhaltenden Kontroverse. Bultmann wurde dabei nicht nur von fundamentalistischen und evangelikalen Kreisen, sondern auch von der ev. Kirchenleitung und vielen Katholiken vorgeworfen, mit seiner Entmythologisierung viel zu weit zu gehen und auch solche Glaubensinhalte aufzugeben, die auf Geschichtstatsachen gründen und gar nicht in mythologische Sprache gekleidet sind – eine Debatte, die bis heute nicht abgeschlossen ist, aber zu keiner (bleibenden) Lehrverurteilung Bultmanns geführt hat.

Aufgaben:

1. Was meint die christliche Rede von der Auferstehung? Ist es angesichts dieser Begriffsbestimmung möglich,
    a) einem als leer festgestellten Grab eine konstitutive Rolle für den Auferstehungsglauben einzuräumen;
    b) Auferstehung als Metapher dafür zu verstehen, dass es mit der „Sache Jesu" auch nach seinem Tod noch weitergeht, oder
    c) Auferstehung als Auferstehung in den Glauben der JüngerInnen und damit als Metapher für die Bleibendheit Jesu in der Verkündigung der Kirche zu verstehen?
2. An welche anthropologischen Vorgaben kann die Rede von der Auferstehung anknüpfen?
3. Welche Erfahrungen kann man für den Auferstehungsglauben ins Feld führen?

4. Worin unterscheiden sich Auferstehungsglaube, -hoffnung und -erfahrung bei den Aposteln und uns? Ist es vor der Vernunft verantwortbar, den Auferstehungsglauben auf das Zeugnis von Menschen zu stützen, von denen wir durch den „garstig breiten Graben" einer fast 2000-jährigen Geschichte getrennt sind?
5. Skizzieren Sie die neuere Auferstehungsdebatte! Worin würden Sie den Erkenntnisgrund des Osterglaubens sehen?
6. In welchem Verhältnis steht der christliche Schöpfungsglaube zu dem gegenwärtigen Erkenntnisstand der Naturwissenschaften?

Literaturhinweise

BULTMANN, RUDOLF, Glauben und Verstehen. Gesammelte Aufsätze. 5 Bde., Tübingen ⁵1993 *(wichtigste Artikel).*

DERS., Neues Testament und Mythologie, Nachdruck hrsg. v. E. Jüngel, München 1988 *(berühmtester Aufsatz).*

KESSLER, HANS (Hg.), Auferstehung der Toten. Ein Hoffnungsentwurf im Blick heutiger Wissenschaften, Darmstadt 2004 *(interessante Textsammlung).*

DERS., Sucht den Lebenden nicht bei den Toten. Die Auferstehung Jesu Christi in biblischer, fundamentaltheologischer und systematischer Sicht. Neuausgabe mit ausführlicher Erörterung der aktuellen Fragen, Würzburg 1995 (Neuauflage 2001/ Lit.!) *(hervorragendes Handbuch mit Überblick über biblische Wurzeln, Entwicklung bis zur heutigen Gestalt und gegenwärtige Debatten).*

VERWEYEN, HANSJÜRGEN (Hg.), Osterglaube ohne Auferstehung? Diskussion mit Gerd Lüdemann, Freiburg-Basel-Wien 1995 (QD 155) *(Kritiker des Mainstreams; bes. lohnend der Aufsatz von Verweyen).*

7) Jesus, der Erlöser/ Soteriologie

[Albert ist froh, mit Maria durchs Nachtigallental zu gehen. Dieses Tal ist ihm seit seiner Kindheit vertraut, und es gibt ihm viel Sicherheit. Die hohen Bäume vermitteln ein Gefühl der Erhabenheit. Er weiß genau, dass er sich als Kind Gott sehr nahe fühlte in diesem Tal. Er weiß aber auch, dass er sich trotzdem oft sehr einsam gefühlt hat. Jetzt genießt er, Maria nahe zu sein und kein Placebo mehr nötig zu haben. Seine Liebe zu Maria ist inzwischen so stark, dass sie allein genügt, um jede Rede von Gott und Transformation überflüssig zu machen. Dennoch spürt er, dass er Maria nur gewinnen kann, wenn er einen Zugang zu ihrer Religiosität gewinnt oder sie von ihren Ängsten an dieser Stelle befreit. So nimmt er den Gesprächsfaden vom vorigen Tag wieder auf, um herauszufinden, was genau Maria so stark am christlichen Glauben festhalten lässt.]

Wenn ich Dich richtig verstanden habe, war für all Deine Ausführungen zu Jesus die Rede von unserer Erlösung durch ihn das alles entscheidende Motiv.

Ich würde den Erlösungsglauben bzw. die Soteriologie in der Tat als Schlüssel für die Christologie ansehen. Nur wenn es *Gott* ist, der Mensch wird, und nur wenn er wahrhaft *Mensch* wird, sind wir wirklich erlöst. Nur wenn Jesus nicht nur als besonders sympathischer Charismatiker, sondern als Gottmensch bekannt wird, ist in ihm das Heil für alle Menschen endgültig eröffnet und unwiderruflich möglich geworden.

Soteriologie als Schlüssel der Christologie

[Hihi, denkt Albert. Maria kann sich noch so unabhängig und selbstbewusst geben und ihn noch so herausfordernd anschauen; solche Formulierungen sind angelernt. Und alles Angelernte lässt sich knacken. Also kramt er sein eigenes theologisches Wissen heraus und geht mit überlegenem Blick in die Offensive.] *Die Grundlage der Christologie und damit Deines gesamten christlichen Glaubens ist also Euer Glaube an die Erlösung in Christus. Dieser Euer Erlösungsglaube ist jedoch hochproblematisch. Wenn ich Euch richtig verstanden habe, argumentiert Ihr doch so, dass Gott durch die Sünde der Menschen die ihm geschuldete Anerkennung entzogen und dass er seiner Ehre beraubt wurde. Soll der Mensch nicht der verdienten Strafe verfallen, muss er eine freiwillige und angemessene Wiedergutmachung leisten. Diese Wiedergutmachung kann niemand dem Menschen abnehmen, sondern muss von ihm selbst*

Satisfaktionstheorie

getan werden, weil er sonst im Zustand der Sünde bliebe. Da der Mensch Gott aber alles verdankt, was er Gutes tun kann, kann er durch noch so viele gute Werke keine Wiedergutmachung leisten. Der Mensch kann Gott nichts geben, was er ihm nicht ohnehin schuldig wäre. Also muss Gott Mensch werden und durch den Sühnetod des einzigen Gerechten Gott Genugtuung leisten. Muss eine solche Logik der Sünde und Genugtuung nicht erschrecken? Ist ein solches Gebilde Grundlage Deines Glaubens?

Nein. Du beziehst Dich mit dem, was Du sagst, auf eine in der westlichen Tradition in der Tat weit verbreitete Weise, dem christlichen Erlösungsglauben Ausdruck zu verleihen. Sie wird in der Regel als Satisfaktionstheorie bezeichnet, stammt in der von Dir erläuterten Fassung von Anselm von Canterbury und ist in der Tat nicht unproblematisch.

Nicht unproblematisch! Du liebst wohl die Untertreibung! Der Glaube an einen in seiner Ehre verletzten Gott ist doch pervers. Das kann ja wohl nicht Dein Ernst sein, dass die erste und letzte Bedingung, an die Gott seine Gnade und sein Erlösungshandeln knüpft, die Wiederherstellung seiner göttlichen Ehre ist. Ist Gott denn egal, ob mit der Sünde sonst Schaden gestiftet wird, ob ein tiefes, wachsendes Unheil mit ihr gepflanzt ist, das einen Menschen nach dem andern wie eine Krankheit fasst und würgt? Lässt all das diesen ehrsüchtigen Orientalen im Himmel unbekümmert? Ist Sünde etwa nur ein Vergehen an ihm, nicht an der Menschheit?

Man merkt, dass Du viel Nietzsche gelesen hast. Aber Du hast mit der Stoßrichtung Deiner Kritik ja völlig Recht. Allerdings geht es Anselm, wenn er die Wiederherstellung der Ehre Gottes fordert, nicht um die Wiederherstellung der Eitelkeit eines Despoten, sondern um die Wiederherstellung der gerechten Weltordnung. Nach Anselm beleidigt der Mensch durch seine Sünde nicht Gott, sondern er führt die Grundprinzipien von Gottes Schöpfung ad absurdum, so dass Gott um der Weltordnung willen die menschliche Sünde nicht einfach so hinnehmen darf. Gottes Bestehen auf einer Wiedergutmachung durch den Menschen ist bei Anselm also Ausdruck von Gottes Achtung vor der Freiheit des Menschen. Gott hat sich aus Liebe in seinem Handeln so sehr von der Freiheit des Menschen abhängig gemacht, dass er den Sinn seiner Schöpfung nicht am Menschen vorbei, sondern nur durch ihn verwirklichen kann.

Trotzdem wird man Anselm wohl eine gewisse Verselbständigung des Sühnemotivs vorwerfen müssen. Mir leuchtet jedenfalls auch nicht ein, warum aus der Einsicht, dass Gott die Ordnung und den Sinn der Welt nicht an der Freiheit des Menschen vorbei realisieren kann, die Notwendigkeit eines Sühnopfers folgt.

Allerdings! Mir ist ehrlich gesagt auch völlig unklar, wie es zu Eurem Gottesbild passen sollte, dass die Sühne etwas wiedergutmacht, was die Sünde zerstörte. Das Sympathische an Deinen Überlegungen zur Trinitätstheologie war doch, dass wir uns Gottes Liebe nicht erst durch rechten Gebrauch unserer Freiheit erarbeiten müssen. Ich hatte das jedenfalls so verstanden, dass der Gott Jesu nicht erst aufgrund von Sühneleistungen vergibt, sondern aus seinem trinitarischen Wesen heraus. Wenn es Gott gibt, dann kann seine Vergebung und sein erlösendes Handeln nur ohne Vor- und Nachbedingungen ergebendes Geschenk sein.

Genau! Jesus hat keinen Gott verkündet, der im Verlangen nach Genugtuung seinen Respekt vor unserer Freiheit bekundet, sondern er hat Gottes entgegenkommende Vergebung realisiert und durch sie eine Freiheit ermöglicht, die ihren Sinn darin findet, dass sie einstimmt in Gottes Liebe. Zudem wird durch Anselms Darstellung Jesu Tod nicht mehr als wirksame Gestalt der Vergebung, sondern als Genugtuung und damit als Bedingung des Sündennachlasses gedacht. Und ferner: Wenn die Sühne der Schuld nur um der Wiederherstellung der gestörten Schöpfungsordnung willen erforderlich war – ist es dann nicht allein die Unendlichkeit Gottes, die der Sünde Gewicht und der Genugtuung ihr Maß gibt? Welche Rolle spielt in dieser Denkweise noch die Menschheit Jesu? Nein, Anselms Satisfaktionstheorie ist auch in meinen Augen keine angemessene Explikationsmöglichkeit des christlichen Erlösungsglaubens.

Das beruhigt mich zwar ein wenig. Aber letztlich kannst Du zu Anselm sagen, was Du willst. Der christliche Glaube an einen Kannibalen im Himmel ist und bleibt in jedem Fall pervers. Ein Gott, der den Tod seines Sohnes braucht, um uns das Heil zu schenken, ist kein akzeptabler Gegenstand menschlicher Verehrung. Solange Ihr Euren Erlösungsglauben am Leiden und Sterben Jesu festmacht, bleibt es mit oder ohne Satisfaktionstheorie bei einer Logik, die Leiden und Sterben verklärt und Gott zu einer äußerst zwielichtigen Gestalt macht.

<small>Heilsbedeutsamkeit des Leidens und Sterbens Jesu</small>

Das Festmachen des christlichen Erlösungsglaubens an Leiden und Sterben Jesu darf nicht so verstanden werden, als könne Gott unser Heil aus grundsätzlichen Gründen nur durch das Opfer seines Sohnes wirken.

7) Jesus, der Erlöser/ Soteriologie

Aber der Tod Jesu ist in Eurem Glauben doch Grund unseres Heils und unserer Erlösung!

Der Tod Jesu war nicht um unserer Erlösung willen notwendig, sondern ist Folge der menschlichen Sünde. Heilsnotwendig ist er nur insofern, als einem Gott, der sich entschieden hat, unsere Liebe nur mit den Mitteln der Liebe zu gewinnen, keine andere Wahl bleibt. Ein Gott der Liebe kann der menschlichen Verweigerung der Liebe in der Sünde nur mit den Mitteln der Liebe begegnen. Insofern muss er in letzter Konsequenz auch bereit sein, den eigenen Tod auf sich zu nehmen. Jesu Bereitschaft, für seine Botschaft der Liebe in den Tod zu gehen, zeigt also deren unbedingten Ernst in der Situation ihrer äußersten Anfechtung. Die Zusage ist aber nicht abhängig von ihrer Anfechtung, sondern gilt auch unabhängig von ihr. Deshalb darf die Heilsbedeutsamkeit von Jesu Leiden und Sterben nicht so verstanden werden, als sei Leiden und Sterben Jesu um des Heiles willen notwendig – ein Gedanke, der ja gerade im Christentum zu grotesken Glorifizierungen des Leidens geführt hat. Notwendig ist nur die Bereitschaft, sich für die Botschaft der Liebe auch im äußersten nur mit den Mitteln der Liebe einzusetzen.

Das ist zwar schön und gut, und ich finde einen Gott, der mir allein mit den Mitteln der Liebe ohne Vor- und Nachbedingungen meine Sünden vergeben und mich aus meinen Schuldverstrickungen befreien will, einigermaßen sympathisch. Auch wenn mir die Vehemenz dieses Vergebungswillens etwas klebrig vorkommt. Aber mein wichtigstes Problem mit Deinem Erlösungsglauben ist, dass ich gar nicht sehe, aus welchen Sünden Gott mich da eigentlich befreien soll. So schuldig, wie Du vielleicht hoffst, fühle ich mich gar nicht. Ich habe immer den Eindruck, Ihr Christen versucht mir mein Leben erst verdächtig und madig zu machen, um mir anschließend Eure Erlösungsbotschaft verabreichen zu können.

Schon Nietzsche, von dem ich in der Tat viel gelernt habe, hat ganz zu Recht gesagt, dass der Hauptirrtum Jesu war, dass die Menschen an nichts so sehr leiden wie an ihren Sünden. Selbst in seinem jüdischen Volk, das ja allererst die Sünde erfunden hat, war diese nie eine solche Not, wie Jesus dachte. Zwar hat das Christentum seinem Meister nachträglich Recht gegeben, indem es allen Menschen in der christlich-abendländischen Welt ein quälendes Sündenbewusstsein eingeredet hat. Aber damit ist es inzwischen mehr oder weniger vorbei. Ich jedenfalls lasse mir von Dir nicht einreden, dass ich unter der Last der Sünde leide. Ich habe erkannt, dass Du mit solcher Rede nur die Voraussetzung für Deine Erlösungsbotschaft schaffen willst.

Ich will Dir gar nicht einreden, dass Du unter der Last der Sünde leidest. Und Du hast sicher Recht, dass in den christlichen Kirchen erschreckende Methoden zur Erweckung des Sündenbewusstseins angewandt wurden. Die Berichte der Therapeuten über ekklesiogene Neurosen geben hier ein überdeutliches Bild davon ab, wie gefährlich derartige Methoden sind.

Freiheitsanalyse als Ansatzpunkt der Soteriologie

Also gibst Du zu, dass ich kein sündiger Mensch bin? Das sollte mich wundern. Normalerweise pflegt Ihr doch Menschen, die sich keiner Sünde bewusst sind, einzureden, dass gerade darin ihre Sünde besteht, dass ihnen das Bewusstsein von der eigenen Sündhaftigkeit verlorengegangen ist.

Ich will Dir weder Sünden einreden noch Dich in der Illusion eigener Reinheit bestärken. Es ist einfach nur so, dass die christliche Erlösungsbotschaft nicht beim Sündenbewusstsein einsetzen muss, sondern bereits aufgrund der Analyse menschlicher Freiheit verständlich ist.

Da bin ich gespannt.

Menschen sind deshalb in formeller Hinsicht unbedingt frei, weil sie sich in jedem Augenblick neu zu jeder Freiheitsentscheidung verhalten können. Zugleich können sie Freiheit aber nur material bedingt vollziehen, da die Konkretheit von Freiheit immer Bedingtheit erfordert. Das Grunddilemma menschlicher Freiheit besteht dabei darin, dass es nicht möglich ist, die formelle Unbedingtheit der Freiheit auch auf materialer Ebene umzusetzen. [Maria gibt Albert ein eigens für diese Überlegungen vorbereitetes Arbeitsblatt, damit er ihr besser folgen kann, und macht eine Sprechpause. Albert überlegt, ob es nicht besser gewesen wäre, er hätte Maria nie kennengelernt, liest aber dennoch weiter, auch weil er inzwischen etwas neugierig auf Marias Lösungsansatz geworden ist.] Daraus ergibt sich ein doppeltes Problem: Ich kann weder entsprechend meiner formellen Unbedingtheit unbedingte Zuwendung realisieren noch verdient die materiale Bedingtheit der Freiheit des Anderen meine unbedingte Zuwendung.

Ich sehe noch nicht, warum das ein Problem ist.

Aufgrund der Unmöglichkeit der Realisierung des Unbedingten im Bedingten ist es unmöglich, die formelle Struktur der Freiheit material zu setzen. Mein Streben nach qualitativer Erfüllung der

Freiheit scheint ins Nichts zu gehen und absurd zu sein. Auch noch so große Liebe kann nicht bleibend unbedingte Einheit in Differenz verwirklichen, sondern allenfalls symbolisch zu realisieren versuchen. Camus zieht aus dieser Unmöglichkeit die Konsequenz, auf die Realisierung von qualitativ unbedingter Liebe zu verzichten. Statt dem in seinen Augen absurden Streben menschlicher Freiheit nach qualitativer Erfüllung in der Liebe zum Anderen nachzugeben, schlägt er vor, wie Don Juan quantitativ möglichst viele Erfüllungserlebnisse zu sammeln.

[Albert ist etwas verlegen. So gestelzt Maria auch spricht (sie erinnert ihn in ihrer Diktion heute immer wieder an einen merkwürdig unbeholfen wirkenden Theologen aus Münster, den er einmal auf einer Zugfahrt getroffen hat und der mit einigen seiner Schüler dauernd von formell unbedingter Freiheit, der unbedingt entschiedenen Liebe Gottes und werweißwasnoch redete. Albert hatte damals gedacht, dass sich die Schüler dieses Theologen über ihn lustig machen, weil sie alle versuchten, seine merkwürdige Art zu sprechen nachzuahmen), an den feurigen Augen von Maria sieht er, wie ernst es ihr ist. Und dann diese Anspielung auf Don Juan. Albert hat Angst, bei Maria in ein falsches Licht zu geraten, und verkneift sich eine nähere Thematisierung der Rede von qualitativer Erfüllung in der Liebe. Er bemüht sich um Sachlichkeit.]

Und was ändert sich an dieser Diagnose durch Euren Glauben?

In Christus ist ein für alle Mal von Gott verbürgt, dass mir material unbedingte Anerkennung meiner Freiheit immer schon durch Gott geschenkt ist. Ich muss mein Streben nach qualitativer Erfüllung in der Liebe deshalb nicht als absurd negieren. [Albert bemerkt, dass Maria bei diesen Worten etwas errötet. Zudem vermeidet sie, seinem Blick zu beggnen.] Ich muss aber auch nicht mehr den Anderen durch die Hoffnung überfordern, dass er die Unbedingtheit meiner Zuwendung rechtfertigt oder mich unbedingt liebt. Ich bin ermächtigt, das unbedingte Ja Gottes zum Anderen auf symbolische Weise zum Ausdruck zu bringen.

Gottes unbedingtes Ja zum Anderen und zu mir ist Ausdruck seiner vergebenden Liebe, die ohne Vor- und Nachbedingungen geschenkt ist. Man kann deswegen wie der Theologe G. Fuchs von einem „kategorischen Indikativ" oder von der unbedingten Priorität der Zusage Gottes sprechen. Gott wendet sich mir vorbehaltlos und unbedingt zu. Diese Zuwendung entmachtet die Angst und entwurzelt damit die Sünde.

Marginalie: kategorischer Indikativ der Zusage Gottes

7) Jesus, der Erlöser / Soteriologie 185

Jetzt redest Du zwar nicht mehr von Sühne und Opfer, aber doch wieder von Sünde und Vergebung. Ich hatte Dir doch schon gesagt, dass ich keine Vergebungszusage brauche. Wozu soll die ständige Rede von dieser Zusage gut sein?

Sie soll dazu gut sein, dieses Leben schätzen und genießen zu können. Denn ohne diese Selbstzusage Gottes bliebe alles zwiespältig und letztlich absurd. So aber haben wir die Gewissheit, dass Gottes letztes Wort für uns die Liebe ist. Dass unser Wunsch nach Gemeinschaft mit ihm und untereinander keine absurde Illusion ist. Wir sind befreit von aller Sorge und Angst um uns selbst und befähigt, in jedem Augenblick neue Hoffnung zu entdecken. Es ist so, wie wenn Du verliebt bist, und dadurch alles im Leben eine völlig neue Qualität erhält: Wenn Du von einem Menschen, dem all Deine Sehnsucht und Liebe gilt, ein Wort der Liebe zugesagt bekommst, so wird dadurch alles im Leben bunt und sinnvoll, weil es von diesem Wort durchstrahlt wird. Genauso ist es, wenn Gott, dem doch all unser Sehnen gilt, sich Dir endgültig und bleibend zusagt: Alles wird dadurch bunt und schön. Dein Leben wird dadurch neu und wertvoll.

Ich verstehe nicht Dein Bedürfnis nach absoluter Gewissheit, nach Endgültigem und Bleibendem. Das Schöne am Leben ist doch gerade das Vergängliche. Das Schöne am Verliebtsein ist doch seine Begrenztheit. Deine Beschreibung des Glaubens klingt so halb nach lebenslänglicher Ekstase, eben ständigem Verliebtsein, und halb nach einem Bedürfnis nach vollkommener Sicherheit, die es hier auf Erden – Gott sei Dank! – nicht gibt. Man kann aber nicht beides haben wollen: Verliebtsein und Endgültigkeit; das wunderschöne Wagnis in einem in seiner Kontingenz akzeptierten Leben und vollkommene Sicherheit und Gewissheit, die auch in der letzten Träne eine Selbstzusage Gottes entdeckt.

Das will ich ja auch gar nicht. Vollkommene Sicherheit gibt es natürlich nicht, weil das Wort Gottes nur im Glauben seine Kraft entfaltet und Wirklichkeit wird; eine Wirklichkeit, die aber wie jede andere Wirklichkeit auch als kontingente, auf Freiheit beruhende Wirklichkeit nur aktuale Gewissheit zu geben vermag, also auch wieder zweifelhaft werden kann. Insofern entfaltet – wie das Verliebtsein – auch der Glaube seine Kraft immer wieder neu. Allerdings ist sein Grund unbedingt verlässlich, weil er die Liebe selbst ist und nicht nur hat. Und ich wüsste nicht, wie ich ohne den Glauben an eine solche letzte Verlässlichkeit leben sollte. Jedenfalls würde ich bei seiner Preisgabe die verheißungsvollsten und schönsten Erfahrungen meines Lebens für absurd erklären und damit entwirklichen. Davon wollte ich Dich aber ja gar nicht überzeugen. Mir ging es nur darum, dass auch Du mit Deiner Freiheit in dem oben beschriebenen grundlegenden Dilemma steckst, aus dem Dich nur die unbedingte Zusage einer Macht befreien kann, die auch auf materialer Ebene unbedingt die formelle Unbedingtheit Deiner Freiheit zu erfüllen vermag.

Ich glaube nicht, dass ich heute noch verstehen werde, wie die von Dir beschriebene formelle Unbedingtheit, die doch nur die Selbstursprünglichkeit von Freiheit sein soll, material erfüllt werden kann. Mir scheint eine material unbedingte Freiheit ein Selbstwiderspruch zu sein. Aber wie dem auch sei. Ich verstehe schon, dass es für einen sich sündig fühlenden Menschen schön ist, wenn Gott ihm die Sünden vergibt. Zumal wenn er es auf so charmante Weise macht wie im Christentum und sich so auf die Seite der Sünder stellt, dass diese zu ehrlicher Selbstkritik befähigt werden.

In der Tat, man könnte mit dem Theologen P. Hünermann formulieren: „In Jesus Christus vermag der Sünder mit Gott gegen sich selbst zu stehen, weil Gott sich schon zu ihm gestellt hat. In Jesus Christus vermag der Mensch aber auch, und dies ist die andere Seite des Verhältnisses, sich zu seinem sündigen Bruder oder zu seiner sündigen Schwester zu stellen – weil er in Jesus Christus und mit ihm die Sünde des Bruders oder der Schwester zu tragen vermag."

O weh, jetzt wird meine Sünde auch noch von Dir und Jesus getragen. Aber Du erinnerst Dich vielleicht, dass es bei mir nichts zu tragen gibt. Als ich noch ein ganz frommes Kind war, habe ich vor meiner Ersten Heiligen Kommunion fieberhaft nach Sünden in meinem Leben gefahndet, um dem Priester bei der Beichte irgendeine Sünde erzählen zu können. Schließlich fiel mir ein, dass ich meinen Bruder einmal in der Badewanne untergetaucht habe und habe das dann gebeichtet. Der Priester fand das wohl nicht wirklich schlimm und fragte mich lauter Sachen zu meinem Verhalten gegenüber meinen Lehrern oder meinen Eltern, um irgendeine bessere Sünde aus mir herauszuquetschen. Aber das war vergeblich. Ich bin vielleicht nicht immer ein Menschenfreund, aber ich sehe nicht, wo die Sünden sind, von denen mich ein Priester oder Jesus befreien könnte. Ich will mich und mein Leben, so wie ich bin, und brauche dafür nicht vor Deinem Gott zu Kreuze zu kriechen.

Du sollst ja gar nicht zu Kreuze kriechen, und ich will Dir Dein Ja zu Deinem Leben auch nicht madig machen. Aber wenn Du weißt, dass Dir die letzte Erfüllung Deiner Freiheit immer schon geschenkt ist, kannst Du Dein Leben vielleicht weniger ängstlich und realistischer sehen. Und Du kannst sehen, dass Du bei aller persönlichen Integrität in einer Welt lebst, in der es von Objektivationen fremder Schuld und struktureller Gewalt nur so wimmelt. In einer solchen Welt kannst Du nicht unschuldig bleiben. Schon der Strom aus Deiner Steckdose oder die Banane aus dem Supermarkt zeigt Deine Schuldverstrickung.

Erbsünde

Nein, mein Strom kommt aus einer Windmühle im Westerwald, und Bananen kaufe ich nur, wenn sie fair gehandelt sind. Insofern sehe ich nicht, wo ich diese strukturelle Schuld auf mich lade. Jedenfalls nicht eher als Jesus oder Maria, die ja angeblich frei von aller Schuld und sogar frei von der Erbsünde sind, wobei ich übrigens noch nie verstanden habe, wie Sünden vererbt werden können.

Erbsünde meint nicht die biologische Vererbung der Sünde von Adam und Eva, sondern die unausweichliche Verstricktheit in Schuldzusammenhänge in dieser Welt, die unsere Entscheidungen und damit auch die symbolisch vollzogene Anerkennung fremder Freiheit ins Zwielicht rückt. Meine Entscheidung für einen anderen Menschen kann angesichts ihrer materialen Bedingtheit immer auch falsch aufgefasst werden und negative Folgen und Nebenfolgen haben. Sie ist geprägt von einer Welt, die mir nicht erlaubt, meine ureigensten Intentionen unverstellt wahrzunehmen und auszudrücken.

Ignoriere ich diese Zwiespältigkeit jedes Freiheitsvollzuges, dann begehe ich die Ursünde, so sein zu wollen wie Gott, dem es allein vorbehalten ist, diese Zwiespältigkeit zu überwinden und den menschlichen Freiheitsvollzug ans Ziel zu führen. Die Vollendung von Freiheit ist nur durch die Initiative Gottes möglich. Wenn es heißt, dass Jesus und Maria frei von der Erbsünde empfangen wurden, soll dadurch deutlich werden, dass die Entschiedenheit der Liebe Gottes zu uns Menschen, die in Jesus Christus Fleisch wurde, ebenso wie Marias vorbehaltloses Ja zu dieser Entschiedenheit zwar in der Bedingtheit der Welt gesagt ist, aber aufgrund des Handelns Gottes nicht an ihrer Zwiespältigkeit teilhat. Christus ist die unbedingte Zusage Gottes an uns Menschen, und an Maria wird die Möglichkeit des reinen „Ja" zu diesem Wort dargestellt.

Schön, so eine reine Maria. Aber lassen wir diese Maria lieber beiseite. [Albert bleibt stehen. Es ist kein Spaziergänger weit und breit zu sehen und im Hintergrund ist nur das leise Plätschern des Bachs zu hören.] *Mir genügst Du als Maria. Die die andere Maria betreffenden Glaubenssätze sagen mir nichts. Bleiben wir bei den Folgen der Erbsünde für mich. Warum geht es mir schlechter als Jesus und warum schlechter als Dir?*

<small>Vergebung für jeden verbürgt</small>

Ich sage nicht, dass es Dir schlechter als mir geht. Aber wenn ich bekenne, dass Gott sich uns in Christus unwiderruflich zugesagt hat, behaupte ich mich nicht als unschuldig. Schuld und Schuldverstrickung mag auch Gläubige weiter bedrängen, aber durch, in und mit Christus hat die Schuld kein Anrecht mehr auf sie. Gläubige müssen ihr Denken und Tun nicht mehr durch Angst und Schuld bannen lassen, weil Vergebung für jeden verbürgt ist, der sie nur annehmen will. Und auch wenn ich weiter in Strukturen der Schuld und Gewalt verstrickt bin, ist mir innovatorisches, neuen Sinn stiftendes Handeln möglich, weil die Verheißung, von der es ausgeht und die sich im Äußersten bewährte, durch nichts mehr widerlegt werden kann.

Wozu braucht es angesichts dieser unwiderlegbaren Verheißung eigentlich noch Dich? [Albert kommt Maria bei diesen Worten so nahe, dass er den Duft ihres Parfüms riechen kann. Er denkt an den schauderhaften Salsa-Abend, und wie er trotz allem Stunden später noch an seinem T-Shirt gerochen hat, um ihre Gegenwart weiter spüren zu können. Er merkt, wie sehr er Marias Gegenwart braucht, und findet es unvorstellbar, wie sie an einen Gott glauben kann, der Liebe sein soll und der sie trotzdem nicht braucht. Wahrscheinlich liegt das daran, dass Gott nicht diesen Duft in der Nase hat, denkt er.] *Wenn Dein Gott in Jesus alles so hervorragend geregelt hat, frage ich mich, warum Du das überhaupt noch erzählen musst. Würde es nicht genügen, Eure Erlösungsbotschaft für die Menschen zu archivieren, die einen gewissen Schuldkomplex haben oder die Struktur ihrer Freiheit absurd finden?*

Die christliche Erlösungsbotschaft lässt sich nicht archivieren. Denn Erlösung ist nur durch erlöstes Handeln vermittelbar. Liebe kann Wahrheit nur sein, indem sie geschieht. Auch Gottes Liebe kann nur verkündigt werden, indem sie unter den Menschen Wirklichkeit wird. [Maria fällt auf, dass sie beide jetzt schon eine Weile stehen geblieben sind und wie nahe Albert an sie herangetreten ist; viel zu nahe für den Ernst des Themas eigentlich. Außerdem hat sie den Eindruck, dass er ihr bei diesen Worten bis auf den Grund ihrer Seele schaut. Sie kann den Blick nicht von seinen Augen lösen und merkt, dass ihr seine Nähe gut tut.] Gottes Zusage in Christus kann die Menschen nur erreichen durch das diese Liebe nie ausschöpfende, aber dennoch anzeigende und vorwegnehmende Handeln der Menschen. Nur durch Menschen, die Gottes Liebe entsprechen und nach ihr leben, kann Gottes Liebe bei uns ankommen und bleiben.

Es ist sehr schön, wenn Deine Liebe bei mir ankommt. Du tust mir gut mit Deiner Nähe. Aber ich will nicht mehr als Dein Ankommen hier und jetzt. Ich brauche es nicht als Hinweis auf ein Anderes und Schöneres morgen. Was soll also Deine Rede vom Bleiben der Liebe eines Anderen? Wozu Endgültigkeit und Auferstehung, Himmel und Hölle, Gott und Gericht, wenn nur Liebe Wirklichkeit werden kann zwischen uns?

[Maria findet, dass Albert jetzt zu weit geht. Auch wenn sie ihn gerade sehr anziehend findet, fühlt sie sich durch die Vehemenz und Leidenschaft seines Auftretens bedrängt. Sie wendet sich hastig ab und beide gehen schweigend weiter bis zum Milchhäuschen.]

Soteriologische Modelle in Ost und West

Im Anschluss an den emeritierten Freiburger Dogmatiker Gisbert Greshake[21] wird in der soteriologischen Debatte häufig eine „griechisch-östliche" einer „lateinisch-westlichen" Erlösungsvorstellung gegenübergestellt. Die östliche Erlösungsvorstellung ist nach Greshake von der griechischen Paideia-Vorstellung geprägt. Ihr gehe es darum, dass Gott bzw. der göttliche Logos in einem erzieherischen Prozess die menschliche Freiheit umwirbt und in einen Heils- und Heilungsprozess auf größere Freiheit hin einbeziehen will. Damit werde der Anknüpfungspunkt der im hellenischen Kontext kosmologisch eingebetteten Paideia-Vorstellung so verschoben, dass in der christlichen Paideia-Konzeption Freiheit und Personalität von Gott und Mensch in den Mittelpunkt rückten. Ihr Ziel und damit auch das Ziel der östlichen Erlösungsvorstellungen sei die Formung und Heranreifung des Menschen zu sich selbst, um so das Göttliche im Menschen Gestalt werden

östliche Erlösungsvorstellungen

---

21 G. Greshake, Der Wandel der Erlösungsvorstellungen in der Theologiegeschichte. In: L. Scheffczyk (Hg.), Erlösung und Emanzipation (s. Lit.), 69-101.

zu lassen. Es gehe nicht um eine Moralpädagogik im modernen Sinne, sondern um die Eigentlichwerdung des Menschen durch Nachahmung (Mimesis) Gottes und um seine Teilhabe (Methexis) am Leben Gottes. Christus biete nicht Vorschriften für moralisch gute Handlungen, „sondern bewirkt durch die Offenbarung des göttlichen Urbilds die Erneuerung des Bildes Gottes im Menschen und damit die neue dynamisch-ontologische Partizipation des Menschen mit Gott."[22]

Während es in den östlichen Erlösungsvorstellungen also um die personale Entwicklung des Menschen gehe und Erlösung als dynamisches Angebot an die Entwicklungsmöglichkeiten des Menschen verstanden werde, seien die lateinisch-westlichen Erlösungsvorstellungen stark im Rechtsdenken beheimatet und ließen wenig Entwicklungsraum. Die christliche Religion gilt in diesen Kategorien weithin als Ermöglichung und Realisierung einer neuen rechtlichen Beziehung zwischen Gott und Mensch.

westliche Erlösungsvorstellungen

> Stand bei den Griechen Erlösung unter der Fragestellung, wie die menschliche *Natur* angesichts ihrer Selbstvergessenheit, Verfinsterung und Verirrung wieder in die Ur-Dynamik der Mimesis eingesetzt und zu ihrem eigentlichen Ziel, der Vergöttlichung, heranreifen könne, so knüpft die lateinische Erlösungsvorstellung an bei der Frage nach der Heilung des Rechtsbruchs zwischen Gott und Mensch. Es geht um die Wiederherstellung des rechtlichen ordo, der durch die Schuld des Menschen zerstört ist.[23]

Auch in der westlichen Tradition steht die menschliche Freiheit also stark im Blickpunkt der Erlösungsvorstellungen. Der Fokus liegt aber nicht auf ihrer Vergöttlichung, sondern auf der Vergebung von Schuld. Die westliche Tradition braucht deshalb für ihre Überzeugungskraft die menschliche Einsicht in die eigene Schuld – eine Einsicht, die seit Nietzsche und einer immer weiter verbreiteten psychologisch begründeten Entschuldung des Menschen als Basistheorie prekär geworden ist (vgl. die Auseinandersetzung um die – für das lateinische Denken charakteristische – Satisfaktionstheorie Anselms von Canterbury im Dialogtext).

Der Vorzug der lateinischen Konzeption besteht darin, dass bei ihr eindeutig die Priorität der Gnade Gottes im Erlösungsgeschehen gewahrt bleibt. Die Wiederherstellung der Versöhnung von Gott und Mensch wird eindeutig allein durch Gott und durch die Lebenshingabe Christi ermöglicht. Unklar bleibt dabei allerdings, welche Rolle die menschliche Seite des Gottmenschen im

---

[22] Ebd., 80.
[23] Ebd., 84.

Erlösungsgeschehen hat. Erlösung wird weithin zu einem Geschehen am Menschen. Durch die stark juridische Verankerung der Soteriologie tritt zudem der einladende und lebensfördernde Aspekt der Erlösung zurück, und es entsteht die – dem östlichen Denken fremde – Kluft zwischen objektiver und subjektiver Seite der Erlösung. Während durch die Erlösungstat Christi Erlösung für jeden objektiv verwirklicht ist, muss diese objektiv ohne jedes menschliche Tun verwirklichte Seite der Erlösung subjektiv ratifiziert werden, um seine Wirkung entfalten zu können. Die exemplarische und pädagogische Funktion Christi wird vom westlichen Denken nicht bestritten; sie gilt ihm aber nicht konstitutiv für die Entwicklung von Soteriologie und Gnadenlehre, sondern kommt erst nach der Erlösung zur Geltung. Auch wenn ich als Teil der Kirche durch das Tun Christi schon vor allem eigenen Tun objektiv erlöst bin und im Besitz der Gnade Gottes bin, kann sich die subjektiv heilende Kraft dieser rechtlich abgesicherten Tatsache erst dadurch entfalten, dass ich „Ja" zur Erlösung sage und etwa das Beispiel Jesu zur Grundlage meines Lebensvollzugs mache.

objektive und subjektive Erlösung

> Während also in der östlichen Gnadenlehre *Christus selbst*, sein Eintreten in die Geschichte, seine Lehre, sein bleibendes Wirken die den Menschen erziehende, umwandelnde und zur Verähnlichung mit Gott treibende Kraft ist, verselbständigt sich im Westen die Gnade als eine zwar an eine kirchlich-sakramentale, aber nicht mehr an eine konkret-geschichtliche Vermittlung gebundene neue Ermöglichung des Menschseins von der Christologie und wird nur bezüglich ihrer Herkunft und Begründung an das Sühneopfer Jesu gebunden.[24]

Durch die Reformation geriet immer mehr die subjektive Seite der Gnaden- und Erlösungslehre in den Mittelpunkt des Interesses. Denn hinsichtlich der objektiven Seite der Erlösung waren sich Katholiken und Reformatoren einig, so dass der Akt der subjektiven Aneignung immer mehr ins Zentrum der kontroverstheologischen Theoriebildung geriet. Bei all dem Streit darüber, ob es der menschlichen Mitwirkung in diesem Aneignungsgeschehen bedarf und wie die menschliche Freiheit in dieses Geschehen einbezogen wird, geriet die eigentliche christologische Begründung von Soteriologie und Gnadenlehre immer mehr in den Hintergrund. Erlösung wird so im Zuge neuzeitlicher Theologie mehr und mehr zum Moment an der Freiheitsgeschichte des Menschen. Während Gott statisch in einer gleichbleibenden

---

[24] Ebd., 92.

Liebeshaltung dem Menschen gegenüber erscheint, wird es im westlichen Denken mehr und mehr zur einzig relevanten Frage, wie der Mensch die Liebe Gottes bemerken und auf sie antworten kann. Der biblische Gott, der seine Liebe dynamisch in der Geschichte entfaltet und dessen erlösende Kraft gerade darin besteht, dass er die Freiheit des Menschen konkret geschichtlich umwirbt und für sich zu gewinnen sucht, gerät so immer mehr aus dem Blick.

Einen in der gegenwärtigen Theologie äußerst einflussreichen, aber nicht unumstrittenen Weg zur Überwindung dieser fatalen Entwicklung und der mit ihr einhergehenden Trennung von Soteriologie und Christologie hat der inzwischen emeritierte Münsteraner Dogmatiker Thomas Pröpper vorgelegt. Er knüpft an der Kategorie an, die sowohl im östlichen als auch im westlichen Denken von zentraler Bedeutung ist: der Freiheit.

Freiheitsanalyse als Basis der Explikation des Erlösungsglaubens

Pröpper/ Krings

Freiheit und ihre Analyse vor dem Hintergrund neuzeitlicher Freiheitsphilosophie ist die Schlüsselkategorie des theologischen Denkens Thomas Pröppers. Im Rahmen der Soteriologie erlaubt ihm die Fokussierung auf die Denkform neuzeitlicher Freiheitsphilosophie, den christlichen Erlösungsglauben ohne Rekurs auf den Zusammenhang von Schuld, Opfer und Sühne zu entfalten. Philosophisch ist sein Freiheitsdenken stark vom frühen Fichte und dessen Rezeption bei Hermann Krings geprägt. Im Folgenden will ich zunächst die von Pröpper rezipierte Krings'sche Freiheitsanalyse vorstellen, um daran anknüpfend den Debattenbeitrag Pröppers zur Soteriologie, der auch Marias Ausführungen im Dialogtext prägt, würdigen zu können.

Ausgangspunkt

1. Ausgangspunkt der Krings'schen Freiheitsanalyse[25] ist die *Unterscheidung zwischen formeller und existierender Freiheit.* Unter formeller (= formaler, abstrakter oder transzendentaler) Freiheit verstehen Krings und Pröpper „das schlechthin ursprüngliche und vom Menschsein unabtrennbare Vermögen, zu jeder Gegebenheit und Bestimmtheit, zu

---

[25] Vgl. zur ausführlichen Aufbereitung dieses Abschnitts T. Pröpper, Erlösungsglaube und Freiheitsgeschichte (s. Lit.), 182-194; H. Krings, System und Freiheit. Gesammelte Aufsätze, Freiburg 1980 (Reihe praktische Philosophie; 12), 15-68, 99-130, 161-184.

den Systemen der Notwendigkeit und noch der Vorfindlichkeit des eigenen Daseins sich verhalten, d.h. sie distanzieren, reflektieren und affirmieren (oder negieren) zu können"[26]. Real wird diese formal unbedingte Freiheit nur, wenn sie sich für einen bestimmten Gehalt öffnet, also nur dann, wenn sie sich zu etwas Konkretem entschließt. Existierende (= materiale, wirkliche oder inhaltsvolle) Freiheit ist deshalb immer bedingt und an konkrete Situationen gebunden.

Formelle Freiheit besteht demnach in der rein formalen Möglichkeit, jede konkrete Entscheidung noch einmal relativieren zu können und sich zu jeder Situation noch einmal verhalten zu können. Dagegen meint existierende Freiheit die konkrete Verwirklichung von Freiheit. Wenn ich mich z.B. dafür entscheide, bei Rot über eine Ampel zu gehen (oder stehenzubleiben), ist das Verwirklichung von Freiheit im Sinne existierender Freiheit. Diese Freiheit kann mir (beispielsweise durch einen plötzlich auftauchenden Polizisten) genommen werden. Dagegen kann mich kein Polizist der Welt daran hindern, mich zu meinem „Bei-Rot-über-die-Straße-gehen-Wollen" zu verhalten. Ich kann dieses Handeln oder das Wollen dieses Handelns reflektieren und innerlich bejahen oder verneinen; darin liegt meine (mir durch nichts zu nehmende und darum unbedingte) formelle Freiheit.

2. *Das Problem der Realisierung der Freiheit:* Der Mensch befindet sich durch die Bedingtheit existierender und die Unbedingtheit formeller Freiheit scheinbar in einem konstitutionellen Selbstwiderspruch, insofern er das ursprüngliche, formal gegebene Unbedingtheitsmoment seiner Freiheit niemals realisieren kann. Die formelle Unbedingtheit der Freiheit erscheint in ihrer Fähigkeit, „jeden faktisch-endlichen Gehalt zu distanzieren und zu überschreiten, ... unerfüllbar zu sein"[27]. Freiheit sieht sich also bei jedem ihr begegnenden Gehalt dem Problem ausgesetzt, dass sie diesen wieder distanzieren kann und dass sie in dieser Distanzierung merkt, dass der Gehalt in seiner materialen Bedingtheit der eigenen formellen Unbedingtheit nicht entspricht. — Problem

3. *Das Verhältnis der Anerkennung als Wirklichkeit der Freiheit:* Freiheit kann bei der Wahl eines Gehaltes (also bei der Wahl dessen, worauf sie sich richtet) nur sich selbst in ihrer — Lösungsperspektive

---

[26] T. Pröpper, a.a.O., 184.
[27] Ebd., 185.

formellen Unbedingtheit als Maßstab akzeptieren. „Der Gehalt entspricht diesem Maßstab vollständig, wenn er selber den Charakter der Freiheit hat."[28] Ein dem Maßstab (formeller unbedingter Freiheit) entsprechender Gehalt für Freiheit kann nur die (formelle Unbedingtheit der) Freiheit eines anderen Menschen sein. Auch wenn sich meine Entscheidung für einen anderen Menschen nur material bedingt vollziehen und sich nur in Bejahung oder Verneinung dessen existierender Freiheit zeigen kann, kann sie sich (intentional) doch auf die formelle Unbedingtheit der Freiheit des Anderen richten. Ich kann mich in meinem Wollen dazu entschließen, den Anderen nicht auf eine bestimmte Realisierung seiner Freiheit festzulegen, sondern seine Möglichkeit, sich zu allen Situationen noch einmal zu verhalten, anzuerkennen. So kann ich mich z.B. weigern, einen anderen Menschen auf Schuld oder bestimmte Merkmale festzulegen und ihm so je neue Möglichkeiten der Verwirklichung von Freiheit einräumen.

4. *Die symbolische Realität der Anerkennung:* Solche Versuche der Anerkennung der Freiheit des Anderen sind nur möglich, wenn sie die andere Freiheit in ihrer Einheit von formaler Freiheit und realer Gestalt bejahen. Insofern es bei der Anerkennung um ein Zusammenfallen (= symballein) der Anerkennung von formeller und exstierender Freiheit geht, ist die Anerkennung symbolisch. Endliche, material bedingte Freiheiten können ihre gegenseitige Anerkennung nur auf bedingte Weise zeigen. Wenn ich mehr anerkennen will als die konkrete Realisation der Freiheit des Anderen, ist dies nur auf symbolische Weise möglich.

Gott als vollkommene Freiheit

5. *Die Idee Gottes als der vollkommenen Freiheit:* Auf der Grundlage der bisherigen Überlegungen lässt sich die Idee einer Freiheit konzipieren, die nicht nur formell, sondern auch material unbedingt ist. Gott wäre vor diesem Hintergrund als Anerkennungsgeschehen von Freiheiten zu denken, die einander nicht nur formal, sondern auch material unbedingt anerkennen. Ein solcher Gott könnte zwar in der Geschichte auch wieder nur symbolisch von dieser formal und material unbedingten Realität der Anerkennung Zeugnis geben (Jesus Christus als Realsymbol der Liebe Gottes zur Welt). Aber damit wäre deutlich, dass unsere symbolischen Anerkennungsversuche tatsächlich auf eine Realität verwei-

---

[28] H. Krings, a.a.O., 123.

sen, die dem Anderen die auch materiale Unbedingtheit der Anerkennung, die wir nur symbolisch realisieren können, auch tatsächlich zuteil werden lassen.

6. *Zur Explikation der Soteriologie:* Nach christlichem Glauben hat sich Gott in Leben und Geschick Jesu endgültig als Liebe zum Menschen geoffenbart. Diese Entschiedenheit der (material und formal unbedingten) Freiheit Gottes für uns konnte nur Wahrheit für die Menschen werden, indem ein Mensch sich ursprünglich so von dieser Liebe bestimmen ließ, dass er ganz und gar Realsymbol dieser Anerkennung wurde, indem er sich frei dazu entschloss und von Gott dazu ermächtigt wurde, die unbedingte Zuwendung Gottes zu uns in all seinem Tun deutlich zu machen. „So wurde die endliche und gefährdete Liebe der Menschen in Gott selber begründet und durch ihn ermächtigt, sein schöpferisches Ja schon jetzt füreinander in Anspruch zu nehmen."[29] Da Gott in Christus schon unbedingt Ja zu meinem Nächsten gesagt hat, darf ich dieses Ja auch in aller bleibenden Zwiespältigkeit dieser Welt für ihn in Anspruch nehmen. Und da ich mich unbedingt von der Zusage Gottes in Christus getragen und damit von dem Grund aller Wirklichkeit unbedingt geliebt weiß, kann die Angst um mich selbst keine Macht mehr über mich gewinnen. Auf diese Weise kann ich mich von Gott mehr und mehr zu einem Menschen umformen lassen, der die Liebe Gottes in dieser Welt spürbar werden lässt.

Explikation der Soteriologie

Dietrich Bonhoeffer

Ein Theologe, der wie kaum ein anderer die erlösende Zuwendung Gottes durch seinen Mut und seine Lebenshingabe erfahrbar werden ließ, war ohne Zweifel der evangelische Theologe Dietrich Bonhoeffer (1904-1945). Er wurde bekannt als Widerstandskämpfer gegen die Nazis, der im konspirativen Widerstand als Doppelagent an einer Verschwörung mit dem Ziel der Ermordung Hitlers mit-

Lebensweg

---

[29] T. Pröpper, a.a.O., 197.

wirkte. Bemerkenswert ist, wie konsequent und mutig er den Nazis vom Tag ihrer Machtergreifung an entgegentrat und die Kirchen zum Einsatz gegen dieses totalitäre, menschenverachtende System sowie zum solidarischen Eintreten für die Juden aufforderte. Kurz vor Ende des Zweiten Weltkrieges wurde er auf persönlichen Befehl Hitlers hin im KZ Flossenbürg hingerichtet.

Schon in den späten 20er und frühen 30er Jahren als bedeutender Theologe anerkannt, wurde Bonhoeffer durch verschiedene Publikationen (u.a. *Nachfolge*) und sein Engagement für die *Bekennende Kirche* international bekannt. Weltberühmt wurde er durch die nach seinem Tod erfolgte Publikation von Briefen, die er 1943 bis 1945 in der Gefangenschaft unter den Nazis schrieb.[30] Sie stellen nicht nur ein erschütterndes Zeitzeugnis dar, sondern enthalten erstaunlich innovative theologische Gedanken, die diese Briefsammlung zum meistgelesenen theologischen Buch des 20. Jahrhunderts gemacht haben. Die Briefe machen deutlich, dass Bonhoeffer nicht nur in seinem Leben, sondern auch in seiner Theologie bewusst eine positive Aufnahme der emanzipatorischen Potentiale neuzeitlichen Freiheitsdenkens wollte und die Autonomie und Mündigkeit modernen Denkens radikal ernst zu nehmen trachtete.

Gegen Gott als Lückenbüßer

Bonhoeffer wehrt sich in diesen Briefen dagegen, *Gott als „Lückenbüßer"* zu verwenden und immer dann als Erklärungshypothese in Anschlag zu bringen, wenn wir anders nicht mehr weiter wissen. Unsere Welt sei mündig geworden und verstehe sich selbst religionslos. Sie habe gelernt, ohne die „Arbeitshypothese: Gott" auszukommen. Die Verteidigung Gottes durch den Rückzug in letzte unerklärliche Geheimnisse sei ein aussichtsloses Rückzugsgefecht, das nicht nur durch den Erkenntnisfortschritt der Naturwissenschaften immer mehr Bastionen räumen müsse, sondern vor allem auch Gott für die die Menschen angehenden Fragen immer belangloser mache.

Statt Gott als Vormund und Lückenbüßer zu verteidigen, gelte es christlicherseits, die *Autonomie und Mündigkeit der Welt zu bejahen*. Statt den Menschen Sünden und Schwächen einzureden, um sie dann anschließend von diesen durch die Erlösungsbotschaft zu befreien, gelte es, den Menschen von heute in seinem Selbstverständnis mit der christlichen Botschaft zu konfrontieren. Statt an den Grenzen und Rändern menschlicher

---

[30] D. Bonhoeffer, Widerstand und Ergebung (im Haupttext zitiert durch Angabe des Datums der Eintragung).

Existenz gelte es, den Menschen an seiner stärksten Stelle mit Gott zu konfrontieren.

> Die Religiösen sprechen von Gott, wenn menschliche Erkenntnis (manchmal schon aus Denkfaulheit) zu Ende ist oder wenn menschliche Kräfte versagen – ... immer also in Ausnutzung menschlicher Schwäche bzw. an den menschlichen Grenzen; das hält zwangsläufig immer nur solange vor, bis die Menschen aus eigener Kraft die Grenzen etwas weiter hinausschieben ...; – ich möchte von Gott nicht an den Grenzen, sondern in der Mitte, nicht in den Schwächen, sondern in der Kraft, nicht also bei Tod und Schuld, sondern im Leben und im Guten des Menschen sprechen. (30.4.44)

Es gehöre zur intellektuellen Redlichkeit von Christen, Gott als moralische, politische, naturwissenschaftliche, philosophische oder religiöse Arbeitshypothese abzuschaffen und zu leben, als ob es Gott nicht gäbe. Bonhoeffer wörtlich:

> Und wir können nicht redlich sein, ohne zu erkennen, daß wir in der Welt leben müssen – ‚etsi deus non daretur'. Und eben dies erkennen wir – vor Gott! ... Gott gibt uns zu wissen, daß wir leben müssen als solche, die mit dem Leben ohne Gott fertig werden. Der Gott, der mit uns ist, ist der Gott, der uns verläßt (Markus 15,34)! Der Gott, der uns in der Welt leben läßt ohne die Arbeitshypothese Gott, ist der Gott, vor dem wir dauernd stehen. Vor und mit Gott leben wir ohne Gott. Gott läßt sich aus der Welt herausdrängen ans Kreuz, Gott ist ohnmächtig und schwach in der Welt und gerade und nur so ist er bei uns und hilft uns. (16.7.44)

etsi deus non daretur

Gott begegnet uns gerade nicht, wenn wir angesichts unserer Not seine Macht suchen, sondern wenn wir seine (frei gewählte) Ohnmacht angesichts unserer Macht spüren und dadurch diese in Solidarität mit den Ohnmächtigen dieser Welt anders ausfüllen. Christ wird man nicht duch den Auszug aus dieser Welt, sondern in der vollen Bejahung und Zuwendung zu ihrer Diesseitigkeit und Mündigkeit. Denn nur in ihr kann ich teilnehmen am Sein Jesu und so Gottes freilassende Selbstzusage an die mündig gewordene Welt verkörpern.

> Unser Verhältnis zu Gott ist kein ‚religiöses' zu einem denkbar höchsten, mächtigsten, besten Wesen – dies ist keine echte Transzendenz –, sondern unser Verhältnis zu Gott ist ein neues Leben im ‚Dasein-für-andere', in der Teilnahme am Sein Jesu. Nicht die unendlichen, unerreichbaren Aufgaben, sondern der jeweils gegebene erreichbare Nächste ist das Transzendente.[31]

---

[31] Ebd., 205.

7) Jesus, der Erlöser/ Soteriologie

Die aus dieser Einsicht resultierende Bejahung meines Nächsten als Verkörperung des Anspruchs und Zuspruchs Christi und das unerschrockene Eintreten für ihn ermöglichen so die Rückkehr zu einem Erlösungsdenken, in dem sich Gott so an die Freiheit des Menschen bindet, dass im dialogischen Handeln göttlicher und menschlicher Freiheit Erlösung in der konkreten Geschichte erfahrbar wird.

Aufgaben:

1. Erläutern und bewerten Sie die Satisfaktionstheorie des Anselm von Canterbury! Welche Rolle sollte Ihrer Meinung nach das Sühnemotiv bei der Explikation des christlichen Erlösungsglaubens spielen? Halten Sie die Rede vom Opfertod Jesu Christi für unverzichtbar für den christlichen Glauben?
2. Wie unterscheiden sich die östlichen Erlösungsvorstellungen von der Erlösungstheorie Anselms?
3. Inwiefern sind Leiden und Sterben Jesu Christi als heilsbedeutsam anzusehen?
4. Erläutern Sie das Grunddilemma menschlicher Freiheit und überlegen Sie, inwiefern es einen möglichen Anknüpfungspunkt für die christliche Erlösungsbotschaft bietet.
5. Erläutern Sie Bonhoeffers Rede von der mündig gewordenen Welt! Welche Folgen für die Theologie hat das Ernstnehmen der Mündigkeit der Welt?
6. Was meint die Rede von einem kategorischen Indikativ der Zusage Gottes?
7. Was kann man unter Erbsünde verstehen?
8. Wie würden Sie die christliche Erlösungsbotschaft explizieren? Wie würden Sie sich einem Christen gegenüber verhalten, der sagt, dass Sie nur dann ein Christ sind, wenn Sie von sich ganz persönlich sagen würden, dass Jesus Christus Sie erlöst hat?

Literaturhinweise

BONHOEFFER, DIETRICH, Widerstand und Ergebung. Briefe und Aufzeichnungen aus der Haft. Hrsg. v. E. Bethge, Gütersloh ^{15}1994.

MENKE, KARL-HEINZ, Das Kriterium des Christseins. Grundriss der Gnadenlehre, Regensburg 2003 *(übersichtliches, von Greshake inspiriertes Lehrbuch).*

PRÖPPER, THOMAS, Erlösungsglaube und Freiheitsgeschichte. Eine Skizze zur Soteriologie. 2., wesentl. erw. Aufl., München 1988 *(innovativer, eigenständiger und hochinteressanter Entwurf zur Soteriologie aus der Perspektive neuzeitlichen Freiheitsdenkens).*

SCHEFFCZYK, LEO (Hg.), Erlösung und Emanzipation, Freiburg-Basel-Wien 1973 (QD 61), bes. 69-101; 120-140 *(Greshake zum Wandel der Erlösungsvorstellungen in der Geschichte und Metz zur Erlösung aus der Perspektive politischer Theologie).*

WERBICK, JÜRGEN, Soteriologie, Düsseldorf 1990 (Leitfaden Theologie; 16/ Lit.!) *(sehr gut gelungenes Handbuch).*

WIND, RENATE, Dem Rad in die Speichen fallen. Die Lebensgeschichte des Dietrich Bonhoeffer, Weinheim-Basel ⁹1995 *(spannende Kurzbiografie).*

8) Jesus, der Richter und Vollender/ Eschatologie

[Nach dem langen Schweigen Marias versucht Albert, das Gespräch auf unverfänglichere Themen zu lenken und gibt sich etwas distanzierter. Innerlich brennt er aber so, dass er fast verrückt wird. Jede Bewegung Marias löst bei ihm neue Begeisterungsstürme aus, aber er lässt sich nichts anmerken. Den nächsten Schritt soll Maria tun.]

Wenn ich Dich so reden höre, bekomme ich den Eindruck, dass Gott ein echter Menschenfreund ist, der mich unabhängig von meinem Tun in seine Liebe aufnimmt. Wie passt das zusammen mit den martialischen Bildern von der Hölle, die Deine Glaubenskollegen verbreiten? Sind diese Bilder alle falsch? Oder ist da der Teufel aktiv und gräbt Deinem lieben Gott das Wasser ab?

Teufel

[Maria ist erleichtert, dass Albert das Thema wechselt und verdrängt die Frage danach, welche Gefühle sie für diesen seltsamen Mann empfindet. Belustigt beobachtet sie, wie sorgenvoll er immer wieder seine Stirn in Falten legt. Fast wie Joschka Fischer – nur hübscher – denkt sie.] Der Teufel, wenn es ihn überhaupt gibt, kann *Gott* nicht das Wasser abgraben, da er als gefallener Engel ebenso radikal von Gott abhängig ist, wie die ganze Schöpfung. Die Rede vom Teufel soll auf symbolische Weise deutlich machen, dass das Ausmaß des Bösen in der Welt nicht so leicht aus der Freiheit des Menschen erklärt werden kann.

Ach, ich dachte, der Teufel würde in der Hölle sitzen und die bösen Großgrundbesitzer, Nazis und Sittenstrolche nach ihrem Tod bestrafen und quälen. Wer ist denn nach Deiner Vorstellung für die Qualen in der Hölle zuständig?

Jedenfalls nicht der Teufel. Wenn es überhaupt eine Hölle gibt, dann nur durch uns Menschen selbst. Nur wenn sich ein Mensch gänzlich der Beziehung, in die er hineingeschaffen ist, verweigert und sein Angenommensein durch Gott als Qual empfindet und an niemanden weiterzugeben vermag, ist er in der Hölle.

Vielleicht gibt es einige Menschen, von denen ich gar nicht angenommen sein will. Aber wenn es Gott gäbe und ich nach meinem Tod auf einmal erkennen würde, dass ich in ihn hineingeschaffen bin und von ihm bedingungslos geliebt werde, wieso sollte ich, wieso sollte das irgendein Mensch als Qual empfinden!?

8) Jesus, der Richter und Vollender/ Eschatologie

Ich glaube sogar, dass das jeder Mensch zunächst einmal auch als Qual empfindet.

Also sind alle Menschen in der Hölle!? Ich verstehe überhaupt nichts mehr. Es ist doch nett, von etwas Vollkommenem geliebt zu werden. Was sollte daran quälend sein?

Quälend ist die eigene Unfähigkeit, der Vollkommenheit, mit der ich geliebt werde, entsprechen zu können. Quälend ist die Konfrontation der eigenen Lieblosigkeit mit unbedingter Liebe. Quälend ist die Begegnung der eigenen Lebenslügen und Verdrehungen mit der Wahrheit. Zugleich ist all dies allerdings keineswegs die Hölle. Denn Gott befreit uns ja gerade von diesen Lieblosigkeiten, Verdrehungen und Lebenslügen. Die Begegnung mit ihm im Tod bedeutet für uns einen zugleich schmerzhaften und heilend-befreienden Übergang aus dem verborgenen In-ihn-hineingeschaffen-Sein (in) dieser Welt in das unausweichliche Schauen seiner Nähe, das die christliche Tradition als *visio beatifica* bezeichnet.

Fegefeuer

So, wie uns die Augen schmerzen, wenn wir in die Sonne schauen, so schmerzt die Begegnung mit der Wahrheit und Liebe, die Gott ist, im Tod. Und so, wie wir mit unserer eigenen Kraft nicht dazu in der Lage sind, ständig in die Sonne zu schauen, so können wir nur durch Gott selbst befähigt werden, unbedingter Liebe und Wahrheit standzuhalten. Eben dieses Befähigtwerden hat uns Gott in Christus versprochen. Er hat uns dies in einem Menschen versprochen, der selber die Dunkelheiten dieses Lebens durchgemacht hat und der uns als dieser mit uns Solidarische zur Gemeinschaft mit Gott ruft und befähigt.

Du meinst also, dass wir durch Gott zur Gemeinschaft mit Gott befähigt werden, und dass dies ein schmerzhafter Umwandlungsprozess ist. Aber ein solcher Umwandlungsprozess ist doch in jedem Fall endlich. Die Hölle ist jedoch, wenn ich mich recht entsinne, die ewige Verdammnis. Also hast Du mir noch nicht erklärt, was Du mit der Hölle meinst. Oder ist dieses Verwandeltwerden die Hölle?

Nein, dieses Verwandeltwerden bezeichnet die christliche Tradition als Fegefeuer. Die Hölle ist die Weigerung des Menschen, diesen Verwandlungsprozess an sich vollziehen zu lassen und sich in die Beziehung, die Gott ist, hineinnehmen zu lassen. Durch diese Weigerung kann der Mensch zwar nicht ändern, dass er in Gott hineingeschaffen und dem unwiderruflichen Angebot der Gemeinschaft mit ihm ausgesetzt ist. Wenn sein Leben aber

Hölle

ein definitives „Nein" zur Wirklichkeit Gottes, also zu Beziehung, Liebe und Wahrheit, ist, kann er durch die Begegnung mit Christus im Tod nicht zur Gemeinschaft mit Gott befähigt werden. Wenn ein Mensch jede Beziehung zur Qual macht, so wie es Jean-Paul Sartre in der „Geschlossenen Gesellschaft" beschreibt, wird ihm die Ermöglichung ewiger Beziehungswirklichkeit zur niemals endenden Hölle.

Damit sagst Du, dass ein Mensch, der sich in diesem kurzen Leben jeder Beziehung und damit Deinem trinitarischen Beziehungsgott verweigert, für ewige Zeiten bestraft wird. Ein Gott, der aber für zeitliche Vergehen ewige Strafen verhängt, ist nicht die Liebe, sondern ein verachtenswürdiges Ungeheuer.

Gott verhängt keine Strafen, sondern der Mensch richtet sich selbst durch seine dauernde Verweigerung der Liebe. Gott macht dieses Gericht nur offenbar.

Es macht doch keinen Unterschied, ob diese Verdammnis von Gott verhängt wird, oder ob er nur offenbar macht, was ich mir selbst antue. In jedem Fall bleibt es dabei, dass dieses doch letztlich absurde Leben auf einmal einen unerträglichen Ernst erhält, wenn es die Möglichkeit ewiger Verdammnis in sich birgt.

Ich glaube tatsächlich, dass dieses Leben durch den christlichen Glauben an ein Jüngstes Gericht und die Möglichkeit definitiver Verweigerung Gott gegenüber eine große Ernsthaftigkeit erhält. Dadurch wird es allerdings nicht unerträglich. Ich fände es eher unerträglich, den Ernst menschlicher Freiheitsentscheidungen herunterzuspielen. Wenn dieses Leben nicht letztlich ein – wie Du übrigens selbst gesagt hast – oft recht makabres Spiel sein soll, muss die Freiheit, die uns Gott geschenkt hat, letztlich auch Nein zu ihm sagen können.

Über diesen Punkt brauchen wir uns nicht zu streiten, da ich mir eh nicht vorstellen kann, dass irgendein Mensch jede Beziehung als Qual erlebt und sich in Freiheit definitiv gegen Liebe entscheidet. Gäbe es einen Gott, wie Du ihn beschreibst, wäre die Hölle also in jedem Fall leer.

Das hoffe ich zwar auch, aber es folgt nicht aus dem Glauben an den christlichen Gott. Ob die Hölle leer ist oder nicht, lässt sich durch die christliche Botschaft nicht beantworten. Wichtig ist allerdings, die Möglichkeit der definitiven Verweigerung Gott gegenüber offenzuhalten, da sonst das Leben und die Möglichkeiten menschlicher Freiheit zu stark trivialisiert würden. Und

8) Jesus, der Richter und Vollender/ Eschatologie

wenn ich einerseits Jesus von dem Heulen und Zähneknirschen derjenigen reden höre, die sich der Wirklichkeit Gottes definitiv verweigern, und andererseits daran denke, was Menschen einander angetan haben, werde ich in meiner Hoffnung unsicher. Soll ich wirklich hoffen, dass sich Hitler und seine Handlanger alle letztlich für die Beziehungswirklichkeit, die Gott ist, entscheiden und dann mit ihren Opfern zusammen in ewiger Harmonie zusammenleben?

Wenn Jesus irgendwen in der Hölle mit den Zähnen knirschen lässt, ist er nur Kind seiner Zeit, und Dein Gerechtigkeitswunsch Hitler gegenüber müsste sich auch durch die Idee des Fegefeuers befriedigen lassen. Du musst es nur schrecklich genug ausmalen, dann hast Du genug Drohpotential für Deine Predigten und genug Sanktionsmöglichkeiten gegenüber Hitler. Also, wenn ich mir vorstelle, dass ein Nazi Deinem Gott begegnet und von ihm verwandelt werden soll, glaube ich, dass dieser Verwandlungsprozess alles, was in den Konzentrationslagern geschehen ist, noch einmal toppen kann. Ich habe darüber mal mit einem Anthroposophen geredet. Der stellt sich das so vor, dass er im Tod sein ganzes Leben wie in einem Film nochmal rückwärts anschauen muss. Nur eben in der Gegenwart Gottes. Und alles, was nicht so toll war, kommt dann in Zeitlupe, und wird so richtig schlimm erlitten. Beziehungsweise, es wird so oft gezeigt, bis Du richtig leidest und um Verzeihung winselst. Dann ist es gesühnt. Da muss ein Nazi ganz schön lange winseln. Das reicht doch als Strafe.

Wunsch nach Gerechtigkeit

Ich glaube in der Tat, dass das Fegefeuer sehr ernst genommen werden muss und als Strafe für zeitliche Vergehen ausreicht, um der Idee der Gerechtigkeit genüge zu tun.

Na also! Allerdings gibt es bei dieser Vorstellung ein kleines Problem. Wann soll dieser Verwandlungsprozess stattfinden? Nach dem Sterben? Wie soll ich mir nach meinem Tod noch einen Film anschauen?

Für mich als Christin ist mit dem Tod eben nicht alles zu Ende. Wir haben doch schon vom christlichen Auferstehungsglauben gesprochen, der die bleibende Gerettetheit des ganzen Menschen jenseits dieser Welt und damit jenseits von Raum und Zeit ...

Das ist es ja gerade: „Jenseits von Raum und Zeit!" Wie soll es nach der Auferstehung – also jenseits von Raum und Zeit! – noch irgendeinen Verwandlungsprozess geben? Oder wie sollte ohne

Auferstehung ein Verwandlungsprozess möglich sein? Ohne Deine Auferstehung bin ich mausetot und kann mir keinen Film mehr anschauen, mit Deiner Auferstehung bin ich jenseits von Raum und Zeit und kann keine zeitlichen Prozesse mehr durchmachen.

Ewigkeit

Da triffst Du in der Tat einen wunden Punkt einer prominenten Lesart der christlichen Tradition. Ob die Ewigkeit Gottes – so wie Augustinus meinte – wirklich ganz und gar jenseits der Zeit ist, bezweifle ich deshalb. Vielleicht gibt es auch Zeitlichkeit in Gott und vielleicht gibt es in verwandelter Weise auch noch ein Werden in der Ewigkeit. Im Rahmen unserer Diskussion um Gottes Allwissenheit habe ich Dir ja auch schon gesagt, dass ich das traditionelle Bild von Gottes Verhältnis zur Zeit problematisch finde. Zumindest wird Gott christlicherseits als Liebesgeschehen gedacht, und das Hineingenommenwerden in ein Liebesgeschehen kann ich mir nicht ohne zeitliche Kategorien vorstellen. Ich weiß aber nicht, ob all das an meiner Dummheit liegt oder daran, dass es Liebe ohne Prozessualität nicht geben kann.

Hört, hört! Maria, Du fängst ja an, in Deinen eigenen Konzepten unsicher zu werden.

Na ja, ich hoffe nicht, dass Du von mir den Eindruck bekommst, dass ich alles zu wissen meine. Wichtig ist mir jedenfalls, dass – unabhängig davon, wie man Ewigkeit denken will – der Übergang in die Ewigkeit in jedem Fall in zeitlichen Kategorien gedacht werden muss. Natürlich hat Zeit nach dem Tod eine andere Gestalt als in diesem Leben. Aber durch die moderne Physik wissen wir ja auch um die Relativität von Zeit und durch das Erleben von Träumen wissen wir, dass die erlebte Zeit nicht immer der scheinbar objektiv abgelaufenen entspricht.

Also, schieß los. Was passiert Deiner Meinung nach mit Dir, wenn Du tot bist?

Durch den Tod enden für uns die uns von der Erde her bekannten Formen von Raum und Zeit. Um als ganzer Mensch bleibend gerettet zu sein, muss ich verwandelt werden für ein Sein in der Ewigkeit. Das Gelingen dieser Verwandlung ist das, was wir im Auferstehungsglauben erhoffen.

Aber ist eine solche Verwandlung in die Ewigkeit hinein nicht eine furchtbare Vorstellung? Liegt der Reiz des Lebens nicht gerade in seiner Begrenztheit? Zwar fällt es mir manchmal schwer zuzugeben, dass der Preis für diesen Reiz der Tod ist. Manchmal hätte

8) Jesus, der Richter und Vollender/ Eschatologie

ich den Charme dieses Lebens mit all seinen Begegnungen mit liebenswerten und verabscheuungswürdigen Menschen auch gerne, ohne ein Ende fürchten zu müssen. Aber das hieße, etwas logisch Widersprüchliches zu wünschen. Ohne Ende würde alles seine Wichtigkeit und seinen Reiz verlieren. Du kannst nicht das Leben annehmen und zugleich seine Begrenztheit leugnen.

Die Hoffnung auf Auferstehung und ewiges Leben leugnet ja auch gar nicht die Begrenztheit und Kontingenz dieses Lebens. Sie meint etwas ganz anderes als endloses Leben.

Mir ist schon klar, dass Ewigkeit etwas anderes als endlos gedehnte Zeit meint. Ich weiß, dass es Dir bei der Rede von ‚Ewigkeit' um eine Dimension geht, die irgendwie von der Zeit, wie wir sie kennen, verschieden ist. Aber ehrlich gesagt finde ich, dass Du mit Deiner Rede von einer anderen Art von Zeit ganz schön herumeierst. Was genau passiert denn nun mit mir im Tod? Schlummere ich erst einmal eine Runde, um auf das Jüngste Gericht zu warten?

Du denkst wohl, dass ich irgendeine göttliche Reportage aus dem Himmel gesehen habe. [Maria schüttelt den Kopf und winkt nach der Rechnung. Aber Albert hat heimlich schon lange bezahlt und besteht darauf, Maria einzuladen. Maria akzeptiert es etwas widerwillig. Sie überlegt, ob Albert ein Macho ist. Jedenfalls ist er ein Phänomen. Niemand von ihren Freundinnen wird ihr auch nur ein Wort glauben, wenn sie von diesen Gesprächen erzählt. Sie merkt, dass Albert ihr beim Durchdenken ihres Glaubens hilft, und das nutzt sie jetzt einfach aus, auch wenn sie nicht weiß, ob sie mehr von Albert will als diese schönen Gespräche. Maria und Albert machen sich auf den Weg zurück ins Rheintal.] Durch den christlichen Glauben ist mir nur eines zugesagt, nämlich dass ich nach meinem Tod Jesus Christus begegne. Diese Begegnung ereignet sich wahrscheinlich entlang der Geschichte in dem eben erwähnten Verwandlungsprozess, in dem die Welt zur Ewigkeit befähigt wird. Das Jüngste Gericht findet also insofern für alle Menschen am Ende der Geschichte statt, als es in diesem Übergang von der Zeit in die Ewigkeit in der Begegnung mit Christus stattfindet. Diese Begegnung mit Christus ist das Jüngste Gericht. Die Ermöglichung dieser Begegnung ist die Auferstehung, ihr weiter oben ausgeführter reinigend-schmerzhafter Charakter ist das Fegefeuer, das totale Sichverweigern der dabei zu Tage tretenden Beziehungswirklichkeit ist die Hölle.

Mmh, Du versuchst sehr schön, die traditionellen Kategorien in Dein Denkmodell zu übersetzen. Das gefällt mir. Aber wie kannst

Jüngstes Gericht

Du in einer so weit elaborierten Vorstellung noch von einer leiblichen Auferstehung sprechen? Wie kann es in der Ewigkeit noch irgendeine Form von Leiblichkeit geben?

Leiblichkeit der Auferstehung

Genauso wie es in der Gemeinschaft mit Gott eine verwandelte Form von Zeitlichkeit geben muss, scheint es auch so etwas wie verklärte Leiblichkeit und damit eine Transformation von Räumlichkeit zu geben. Frag mich nicht, wie diese genau aussieht. Für uns Menschen sind die Anschauungsformen von Zeit und Raum unhintergehbar. Und trotzdem können wir ein Sein erhoffen, das auch jenseits von Zeit und Raum oder angesichts eines völlig veränderten Verhältnisses zu Zeit und Raum Gültigkeit hat. Wir haben beide keine innerweltlich transformierbaren Anschauungsformen von Raum und Zeit, so dass ich hier nur wüst drauflos spekulieren könnte, wenn ich Dir das näher erklären sollte.

Erspare uns das ruhig, aber verrate mir, warum Dir die Leiblichkeit Deiner Auferstehung so wichtig ist!

Nur mit Hilfe dieser Rede kann ich an der christlichen Hoffnung festhalten, als konkrete Person bleibend gerettet zu sein. Denn zu meinem Personsein gehört meine Leiblichkeit unverzichtbar dazu. Wenn Du zum Beispiel einen Menschen liebst, sagst Du ihm letztlich, dass Du für ihn, so wie er ist und mit allem, was zu ihm gehört, Ewigkeit willst. Liebe will den Tod überwinden und strebt nach Unsterblichkeit. Aber wenn Du Ewigkeit bzw. Unsterblichkeit für den Anderen willst, und zwar für ihn als konkreten Menschen, dann willst Du, dass er als er selbst jenseits von Zeit und Raum Bestand hat.

Ich könnte aber doch auch die Ewigkeit des Anderen in den mir bekannten Formen von Zeit und Raum wünschen.

ewige Wiederkehr des Gleichen versus rettende Verwandlung

Eine endlose Ausdehnung des Lebens in einer nicht transformierten Zeit scheint mir eine schreckliche Vorstellung zu sein. Du könntest zwar – wie Du es schon einmal mit Nietzsche getan hast – die ewige Wiederkehr des Gleichen wünschen. Dann forderst Du aber auch, dass sich die Greueltaten der Nazis ewig wiederholen – eine Position, die Du nach allem, was wir zum Theodizeeproblem besprochen haben, wohl kaum einnehmen wirst. Auferstehung meint nicht den Wunsch nach ewiger Wiederholung oder einem ewigen Weiter-So, sondern die Hoffnung auf rettende Verwandlung. Wenn wir Christen vom ewigen Leben sprechen, meinen wir also den Wunsch nach Bleibendheit des konkreten geliebten Du ohne Verewigung des Leidens.

8) Jesus, der Richter und Vollender/ Eschatologie

Du könntest ruhig zugeben, dass es Dir beim Glauben weniger um das „Du", als um die Bleibendheit des Ich geht. Aber sei's drum. Meinem Ego tut die Vorstellung, auf ewig gerettet zu werden, auch ganz gut. Obwohl ich mir vorstellen könnte, dass ich mir so mit der Zeit ganz schön auf die Nerven gehen würde.

Alles, was Dir und vor allem Deinen Mitmenschen auf die Nerven gehen könnte, ist in der Ewigkeit durch die Begegnung mit Christus geläutert worden. Nur deshalb ist die Ewigkeit ja keine Qual, sondern reine Seligkeit.

Das dachte ich mir schon. Aber diese reine Seligkeit will ich nicht. Ich bin gar nicht erpicht auf Deinen Himmel. Ich liebe gerade die Zwiespältigkeiten und Ungereimtheiten dieses Lebens. Manchmal gehe ich anderen Menschen schrecklich gerne auf die Nerven. Und ich genieße das Gefühl des Verliebtseins, gerade weil ich weiß, dass es wieder endet. Natürlich macht mir dieses Ende manchmal auch wieder Angst. Aber auch diese Angst will ich nicht missen. Ich will für mein Du gar keine Unsterblichkeit, sondern nur, dass wir gemeinsam das Hier und Jetzt auskosten.

[Maria hat sich Albert inzwischen wieder ganz zugewendet und ist an ihn herangetreten. Sie fühlt sich durch seine leidenschaftliche Rede vom Auskosten des Hier und Jetzt zugleich angezogen und verunsichert.] Aber macht es Dir gar nichts aus, wenn dieses Auskosten in absehbarer Zeit endet und Du tot umfällst?

Maria, wenn ich so wie jetzt Deine Gegenwart und Nähe spüre, will ich nichts mehr als diesen Augenblick! Und ich will Dich nicht als reine, makellose Jungfrau, sondern als die Maria, die ich beim Salsa-Tanzen kennenlernen durfte.

[Hihi, die Erinnerung ans Salsa-Tanzen hat sich bei Albert aber ganz schön verklärt, denkt Maria. Dabei ist er wirklich ein Trampel. Doch Maria ist jetzt nicht bereit, auf Alberts Schwärmereien einzugehen. Das Thema ist ihr zu wichtig, und die Einsamkeit im Siebengebirge zu heikel.]

Und was ist mit den Menschen, die in ihrem Dasein nichts zum Auskosten haben?

Diese Vorstellung lässt mich in der Tat nicht kalt. Ich würde gerne wünschen, dass solche Augenblicke allen Menschen zuteil werden. Und natürlich sehne ich mich manchmal danach, dass dieser Augenblick nie vergeht. Ich sehe aber, dass diese Sehnsucht aus logischen Gründen ins Leere läuft, weil jede Form des Auskostens notwendigerweise Leid mit sich bringt und gerade aus ihrer Begrenztheit ihren Reiz bezieht. Aber ehe ich deshalb an-

fange, mir eine unmenschliche Reinheit in der Ewigkeit zu wünschen, hoffe ich lieber gar nichts.

Es geht ja auch nicht um eine unmenschliche Reinheit. Auferstehung des Fleisches meint ja gerade endgültiges Gerettetsein Deiner konkreten Art, Mensch zu sein. Mit all Deinen Eigenarten, Macken und Besonderheiten. Nur wird die Mannigfaltigkeit und Verschiedenartigkeit der Menschen durch die Begegnung mit Christus so versöhnt, dass sie ihre zerstörerische Macht verliert, ohne in Einheit aufgelöst zu werden.

Reinkarnationslehre

Damit meint der Auferstehungsglaube übrigens etwas völlig anderes als die Reinkarnationslehre. Denn der Rede von einer Wiedergeburt geht es ja gerade nicht um die Gerettetheit eines bestimmten Menschen in seinen konkreten Eigenarten, sondern um die fortgesetzte Läuterung einer überindividuell gedachten Existenz des Menschen. Letztlich passt die Reinkarnationslehre am besten zu einem Gott, der die Differenz und Mannigfaltigkeit seiner Schöpfung gar nicht will, sondern alles in einem Einheitsbrei verschwinden lässt. Aber selbst wenn die Individualität menschlicher Reifungsprozesse ernst genommen wird, sehe ich keinen Gewinn darin, derartige Prozesse auf mehrere Leben zu verteilen. Darüber hinaus ist eine solche Lehre nicht gerade förderlich dabei, das kategorische Nichtseinsollen von Unrecht anzuerkennen. Denn in dieser Lehre hat man bei keinem Leid oder Unrecht die Gewähr, dass es den Betroffenen nicht völlig zu Recht trifft, da es vielleicht eine Bestrafung für Vergehen in einem anderen Leben darstellt. Und auch wenn man das eigene Leben oder das eines anderen verkorkst hat, ist es letztlich nicht so schlimm, weil in einem neuen Leben immer neu alles wiedergutgemacht werden kann.

[Maria doziert wieder, und Albert kann sich nicht mehr auf das konzentrieren, was sie sagt. Er merkt nur, dass Maria auf unnatürlich aggressive Weise von der Reinkarnationslehre redet. Albert beschließt, darüber hinwegzuhören und Maria zum Essen einzuladen. Maria geht gerne auf diese Einladung ein, besteht aber darauf, dass auch er sich dann beim nächsten Mal von ihr einladen lässt – eine Vorgabe, die Albert mit unsagbarem Glück erfüllt, weil sie ihm zwei Abende mit Maria sichert. Da er im Hinterkopf immer noch die merkwürdige Einladung vom Vortag hat, möchte Albert gerne verstehen, was Kirche und Eucharistie für Maria bedeuten.]

Eschatologie

Die *Eschatologie (= Lehre von den letzten Dingen)* befasst sich mit *Ziel und Vollendung von Schöpfung und Heilsgeschichte.*
 Der Begriff „Vollendung" meint nicht primär ein zeitliches Ende und ein lokales Ans-Ziel-Gekommensein, sondern will die Hoffnung ausdrücken, dass die Schöpfung nicht der Vernichtung anheimfällt bzw. nicht verloren geht, sondern in Gott aufgehoben wird, zur inneren bleibenden Fülle seines Wesens gebracht wird und am ewigen Leben Gottes teilhaben wird.
 Diese Hoffnung gilt für die gesamte Schöpfung, also für jedes Atom und erst recht für jedes Geschöpf, also auch für jedes Tier. Alles, was Gott geschaffen hat, wird in Gott verwandelt und zur Fülle seines Wesens gebracht. Die Besonderheit des Menschen besteht darin, dass er allein sich zu diesem Vollendungsgeschehen verhalten und es verweigern kann.

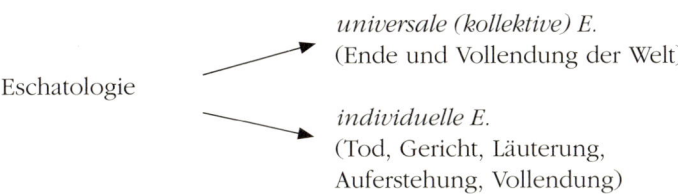

Eschatologische Aussagen sind von ihrem Wesen und ihrer Struktur her Hoffnungaussagen, d.h. sie haben immer bildhaften Charakter und sind in besonderer Weise der Offenheit und dem Wandel ausgesetzt. Dieser in der Eschatologie besonders leicht greifbare metaphorische Charakter durchzieht die Theologie in all ihren Artikulationsversuchen. Die letzte Wahrheit ihrer Rede wird sich erst eschatologisch erweisen, und ihre Bedeutung ist von der Unfassbarkeit dieses Geschehens her zu relativieren. Man spricht deshalb immer wieder vom eschatologischen Vorbehalt theologischer Rede.

Struktur eschatologischer Aussagen

8) Jesus, der Richter und Vollender/ Eschatologie

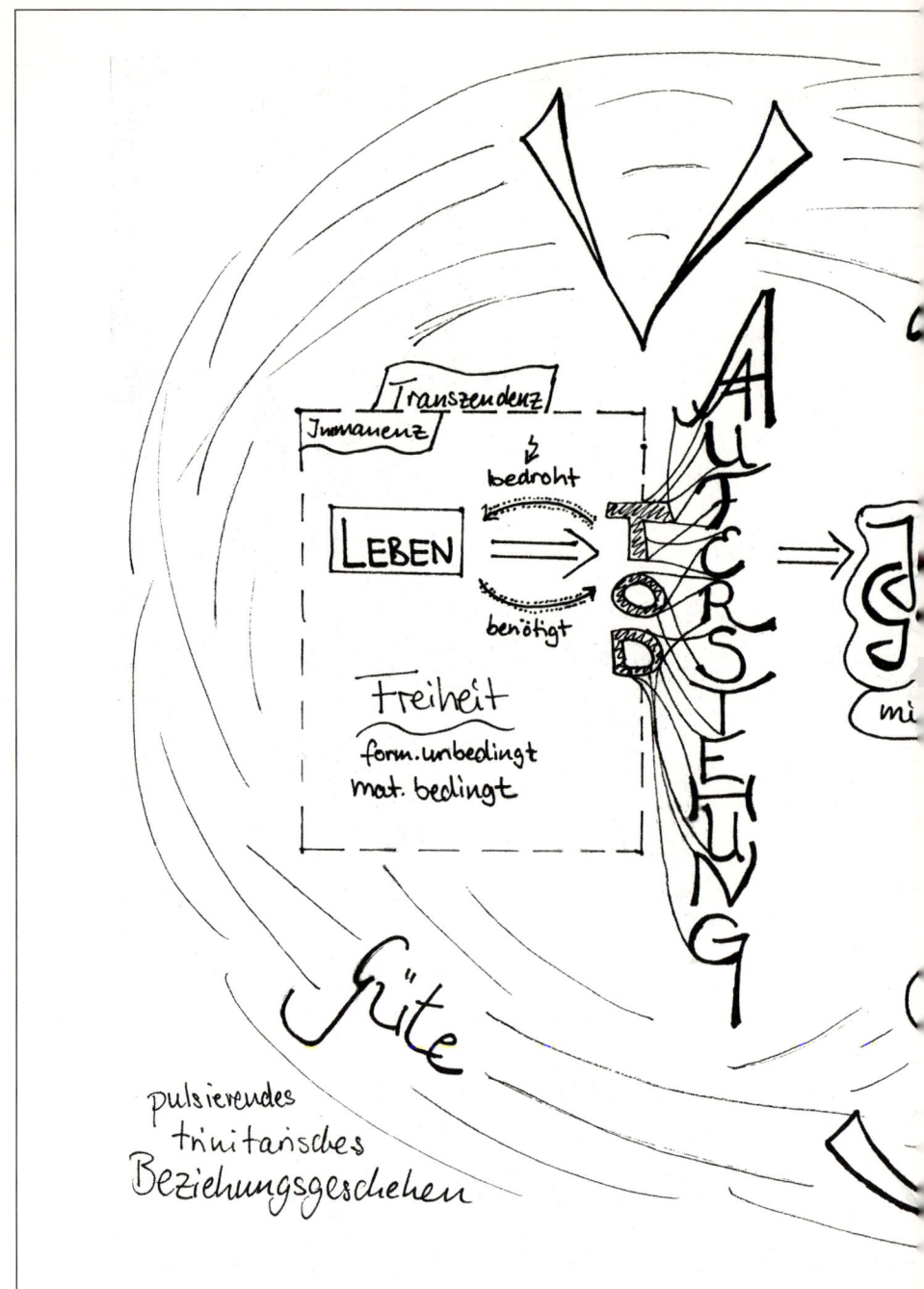

Eschatologie

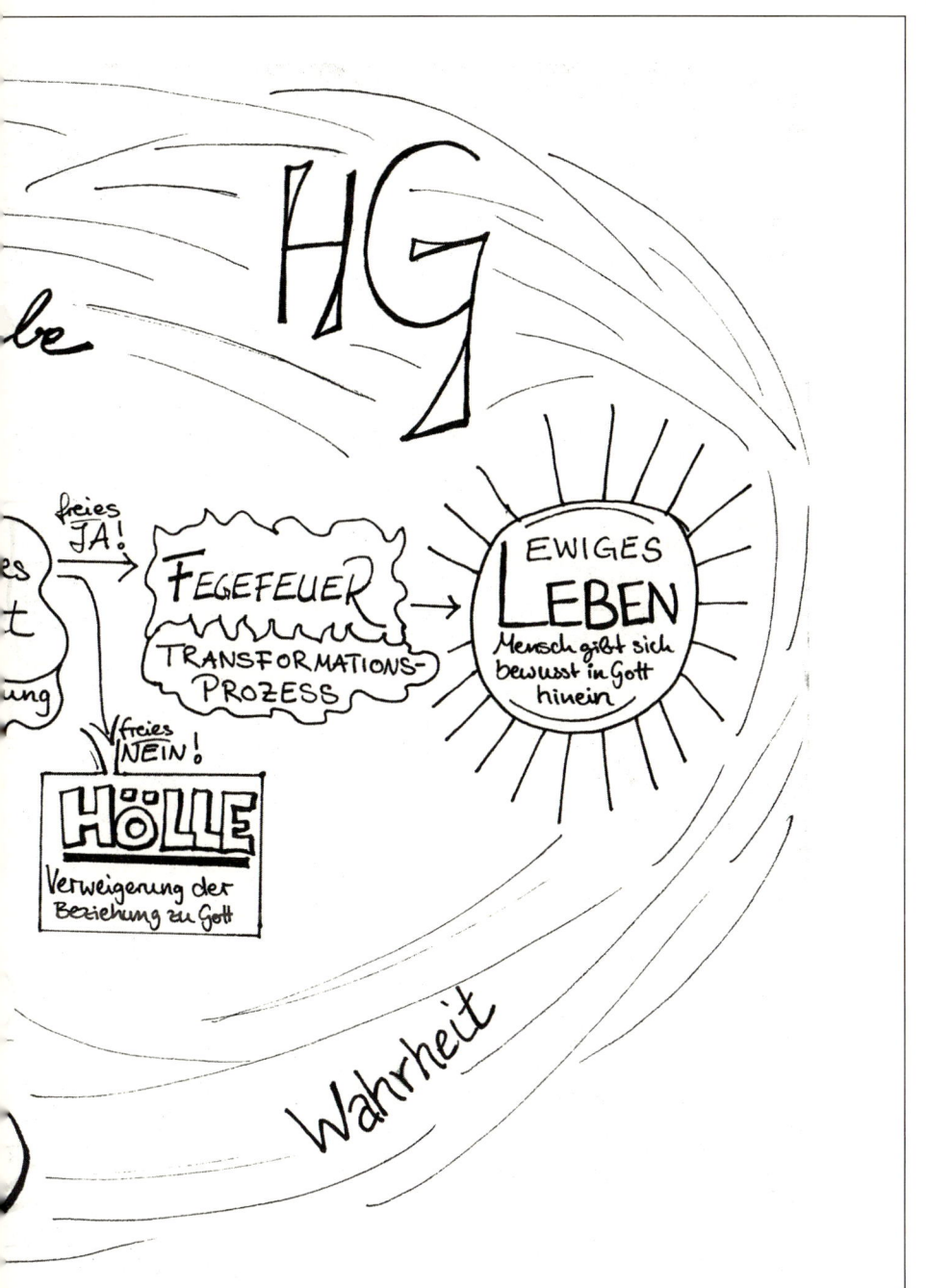

Gott und die Zeit

Ewigkeit als Zeitlosigkeit

Für den Hauptstrang der philosophisch-theologischen Tradition des Christentums war es lange Zeit selbstverständlich, die Ewigkeit Gottes als Zeitlosigkeit und Gott deshalb als schlechterdings jenseits der Zeit zu denken. Die Wurzeln dieser vor allem von *Boethius* ausgearbeiteten Vorstellung liegen in der neuplatonischen Gottesidee, derzufolge Gott aufgrund seiner Transzendenz und Einheit nicht anders als unveränderlich und zeitlos gedacht werden kann. Gott besitzt dieser Tradition zufolge sein gesamtes Leben vollkommen gleichzeitig in einem ewigen Jetzt. Alles ist für ihn gegenwärtige Fülle und wird von ihm so gesehen, als ob es unmittelbar vor ihm gegenwärtig sei.

Boethius geht also davon aus, dass Gott schlechterdings jenseits der Zeit ist und dadurch zu jedem Punkt der Geschichte gleichzeitig sein kann. Er illustriert dieses Verständnis durch das Beispiel eines auf einem Berg thronenden Beobachters, der eine Prozession von Menschen überblickt, die am Fuß des Berges vorbeizieht. Unmittelbar neben der Prozession steht ein anderer Beobachter, der sie ebenfalls beobachtet. Dieser Beobachter am Fuße des Berges sieht die Prozession – so wie wir Menschen den Ablauf der Geschichte erleben – sukzessive, in einer zeitlichen Abfolge von früher und später. Der Beobachter auf dem Berg aber erkennt ebenso wie Gott alles auf einmal in einem Blick von oben herab.

Die Ewigkeitskonzeption des Boethius hat großen Einfluss auf die weitere philosophische und theologische Theoriebildung genommen und vor allem in der Gestalt ihrer Vermittlung bei *Thomas von Aquin* die metaphysische Tradition bis heute geprägt. Allerdings wurde ihr von der Seite der Theologie immer wieder vorgeworfen, Gott lediglich die Rolle eines passiven Beobachters zuzuschreiben und dadurch seine Wirkmöglichkeiten in der Welt unzulässigerweise zu beschränken. Thomas legt in seiner Rezeption des Boethius deshalb Wert auf den Grundsatz, dass Gott die Zukunft nicht bloß als zuschauender, passiver und wahrnehmender Beobachter erkennt, sondern als deren schöpferische Ursache. Gott weiß die zukünftigen Dinge demnach nicht, weil sie schon sind, sondern diese sind, weil Gott sie in seinem schöpferischen Wissen kennt. Sein Erkennen und Wollen ist nicht abhängig von den Dingen, sondern voraussetzungslos und frei. Gott kennt dieser Interpretation zufolge die Dinge aufgrund des Begriffs, den er von ihnen immer schon in sich hat.

Das soeben beschriebene schöpferische Wissen Gottes bezeichnet Thomas als *praktisches Wissen (scientia practica)*. Es ist mit dem Wissen eines Künstlers oder Handwerkers von der von ihm zu schaffenden Wirklichkeit vergleichbar. Dadurch wird die Offenheit der Zukunft gesichert, weil ja auch der Handelnde trotz des praktischen Wissens um seine künftige Tat weiterhin frei ist und in eine offene Zukunft schaut.

Das Ewigkeitsverständnis des Thomas ist eng an das von Boethius angelehnt und wird auch durch ähnliche Beispiele illustriert. Neben dem eben erwähnten Prozessionsbeispiel verwendet Thomas das Verhältnis von Kreismittelpunkt und Kreisrand als Illustration für das Verhältnis zwischen Gott und Zeit. So wie der Mittelpunkt des Kreises jedem Punkt auf dem Kreisrand in gleicher Weise gegenüberstehe und es dennoch ein Nacheinander der verschiedenen Punkte der Linie des Kreises gebe, so sei auch Gott jedem Punkt in der Geschichte gleichzeitig, ohne dadurch die Wirklichkeit von Zeit für die Geschichte aufzuheben. Jeder Moment der Zeit koexistiert Thomas zufolge also so mit der Ewigkeit Gottes, als ob er mit ihr gleichzeitig wäre. Bezogen auf andere Zeitpunkte in der Zeit gibt es aber dennoch ein Vorher und Nachher, also eine Aufeinanderfolge von Zeitpunkten. Lediglich in Bezug auf Gott ist diese Aufeinanderfolge von Zeitpunkten objektiv aufgehoben.

Diese auf den ersten Blick bestechende Sichtweise hat allerdings eine Reihe von gravierenden Nachteilen. Zunächst einmal hat sie die Folge, dass es die Zeit eigentlich, nämlich aus der Perspektive Gottes, gar nicht gibt. Die Unterscheidung zwischen Vergangenheit, Gegenwart und Zukunft erscheint so aus der Perspektive Gottes als Illusion. Da aber allein Gottes Perspektive als die objektiv wahre angesehen werden kann, scheint diese Unterscheidung nicht wirklich zu existieren und die Rede von einer offenen Zukunft auf einer Täuschung zu beruhen. Damit lässt sich aber fragen, ob diese Sichtweise der Zeit die Leidensgeschichte der Menschheit ernst genug nimmt. Wird die Unbedingtheit der Forderung nach einem Ende sinnlosen Leidens nicht trivialisiert oder gar ad absurdum geführt, wenn es eigentlich gar keine Dauer gibt und damit auch kein Fortdauern des Leidens? Und in umgekehrter Stoßrichtung gefragt: Wie ist es mit Gottes Güte vereinbar, dass das Leiden niemals wirklich vorbei und die Tränen der Trauernden niemals wirklich getrocknet sein werden, weil sie aus der zeitlosen Perspektive Gottes immer gegenwärtig bleiben?

Kritik

Trotz dieser Anfragen an die thomanische Ablehnung der Objektivität der Zeit scheint man seine Sichtweise gerade vor dem Hintergrund der vor allem durch Kant vollzogenen transzendentalphilosophischen Transformation der Metaphysik durchaus verteidigen zu können. So wie Kant Raum und Zeit nicht als objektive Größen in der Welt, sondern als Anschauungsformen des menschlichen Intellektes bestimmt, so ist Zeitlichkeit auch für Thomas keine objektive Verfasstheit der Welt, sondern Teil unserer Erkenntnisweise. Allerdings unterscheidet sich Thomas insofern erheblich von Kant, als er eine Erkenntnis der Wirklichkeit unabhängig von dieser Erkenntnisweise für sinnvoll hält und entsprechend Gott zuschreiben kann. Für Thomas gilt, dass unabhängig davon, ob Sokrates gerade sitzt, gesessen hat oder sitzen wird, die gemeinte Sache, die *res significata*, nämlich das Sitzen des Sokrates, immer gleich bleibt und als solche auch erkannt werden kann. Nur für in der Zeit erkennende Subjekte ergibt sich (je nach Erkenntnisweise) ein Unterschied, während die Sache an sich gleich bleibt und durch Abstraktion von den Erkenntnisweisen erkennbar bleibt. Dagegen lässt sich über das Ding an sich nach der kantischen Transformation der Metaphysik gar nichts mehr sagen, so dass Zeitlichkeit durch ihre Verlagerung in den menschlichen Erkenntnisapparat nichts von ihrer Werthaftigkeit verliert. Denn nach der von Kant vollzogenen kopernikanischen Wende lässt sich über die Wirklichkeit unabhängig von unseren Kategorien und Anschauungsformen schlechterdings nichts sagen, so dass Ansprüche auf objektive Wirklichkeitserkenntnis nur in der Zeit und nicht jenseits von ihr möglich sind.

Die Behauptung einer strikten Zeitlosigkeit Gottes bringt aber noch weitere Probleme mit sich. Sie scheint kaum zu dem von Christen bekannten personalen Gott-Welt-Verhältnis zu passen, weil Gott weder bewegt noch verändert werden und damit gar nicht auf Menschen reagieren kann. Wenn Gott als zeitlos gedacht wird, kann kaum noch von einem lebendigen Gott die Rede sein, und die Vorstellung eines mit seiner Schöpfung interagierenden Schöpfers ist kaum noch aufrecht zu erhalten. Der Akt der Inkarnation kann dann genausowenig gedacht werden wie die Verwandlung und Vollendung der Zeit in Gott (siehe Dialog). Im Übrigen ist völlig unklar, wie eine Beziehung der Gleichzeitigkeit zwischen einem zeitlosen und zeitlichen Wesen gedacht werden soll.

Allwissenheit

Darüber hinaus fragt sich, ob ein zeitloses Wesen allwissend sein kann. Denn ein zeitloses Wesen scheint all jene Aussagen nicht wissen zu können, die ein unreduzierbares Zeitelement enthalten (siehe Kapitel 2). Diesem Einwand kann man zwar dadurch begegnen, dass man auch einem zeitlosen Gott das Wissen darüber zubilligen kann, an welchem Punkt innerhalb des begrifflich gedachten Zusammenhangs der Geschichte die jeweilige Aussage gültig ist. Aber auch wenn ein zeitloser Gott bei jeder Aussage p weiß, zu welchem Zeitpunkt t sie zutrifft, so kann er doch nicht wissen, ob p jetzt gerade zutrifft. Das Wissen eines zeitlosen Gottes von der Geschichte gleicht deshalb dem Wissen, das wir von einem Film haben, den wir selber gedreht haben, von dem wir aber nicht wissen, welche Szene gerade im benachbarten Kino läuft.

Zudem fragt sich, ob es bei der Unterstellung der Zeitlosigkeit eines allwissenden Gottes überhaupt noch menschliche Willensfreiheit geben kann. Wenn nämlich Gott in seiner ewigen Zeitlosigkeit die gesamte Geschichte sieht, dann steht in seiner Perspektive zu jedem Zeitpunkt t_1 bereits fest, was zu einem späteren Zeitpunkt t_2 geschehen wird. Wie kann aber ein Mensch zum Zeitpunkt t_2 noch frei sein, eine Handlung a auszuführen, wenn schon zum Zeitpunkt t_1 feststand, ob er a ausführen wird oder nicht? Oder mit einem viel diskutierten Beispiel der neueren Debatte ausgedrückt: Cuthbert kauft zum Zeitpunkt t_2 einen Leguan. Wenn Gott das mit unfehlbarem Wissen zum Zeitpunkt t_1 weiß, ist Cuthbert an t_2 nicht mehr frei, den Leguan nicht zu kaufen.[32]

Die Lösung des Boethius und des Thomas scheint mir an dieser Stelle den entscheidenden Punkt des Problems zu verfehlen. Denn die Aussage, dass Gott gegenwärtig weiß, wie sich Cuthbert in Zukunft entscheiden wird, lässt sich umformen in die Aussage, dass es gegenwärtig wahr ist, dass Gott weiß, wie sich Cuthbert in Zukunft entscheiden wird. In der zweiten Fassung wird darauf geachtet, dass Gott als jenseits der Zeit zu denken ist und entsprechend das göttliche Wissen ohne zeitlichen Index gedacht. Dennoch besteht bei beiden Formulierungen dasselbe in dem Beispiel des Leguankaufes angerissene Problem: Auch wenn es sich bei dem göttlichen Wissen nicht mehr um ein *Vorher*wissen handelt, so scheint die Tatsache, dass Gott ein gegenwärtiges Wissen von Cuthberts zukünftiger Entscheidung hat, immer noch der menschlichen Willensfreiheit zu widersprechen. Denn wenn Gottes Wissen aufgrund seiner Gleichzeitigkeit zu jedem Augenblick der Geschichte gegenwärtig wahr ist, folgen aus seiner

---

[32] Vgl. W. Hasker, The foreknowledge conundrum. In: IJPR 50 (2001) 97-114, hier 98.

Allwissenheit die gleichen Freiheit verunmöglichenden Konsequenzen wie aus seinem Vorauswissen. Insofern kann es nicht verwundern, dass viele Theologen und Philosophen vor allem im Diskussionskontext der analytischen Philosophie das boethianisch-thomistische Ewigkeitsverständnis bzw. die Rede von der Zeitlosigkeit Gottes und sein praktisches Wissen um die kontigente Zukunft für unvereinbar mit der menschlichen Willensfreiheit halten. Doch auch von diesem Problem abgesehen, sollten die bisherigen Überlegungen deutlich gemacht haben, dass es gute Gründe gegen die Annahme einer strikten Zeitlosigkeit oder Überzeitlichkeit Gottes gibt.

Ewigkeit als immerwährende Dauer?

Umgekehrt scheint aber auch die Alternative, Gott als durch die Zeit bestimmtes Wesen und seine Ewigkeit als immerwährende Dauer zu denken, in Aporien zu führen. Denn nimmt man das christliche Theologumenon der *creatio ex nihilo* ernst, wird man die Zeit nicht als Vorgegebenheit Gottes akzeptieren können, sondern muss sie als etwas von Gott Geschaffenes ansehen. Doch die Geschöpflichkeit der Zeit bedeutet nicht, dass sich Gott in seiner Beziehung zur Welt nicht an sie binden könnte. Richard Swinburne hat diesen Gedanken etwas überpointiert dadurch ausgedrückt, dass er von einer freiwillig gewählten Gefangenschaft Gottes in der Zeit spricht. So wie Gottes Allmacht nicht ausschließe, freie Willensentscheidungen der Menschen zu respektieren, könne auch Allwissenheit weiterhin von Gott prädiziert werden, wenn Gott um der Freiheit der Menschen willen eine echte Offenheit der Zukunft ermögliche. Der scheinbare Nachteil einer Verzeitlichung Gottes ließe sich dieser Überlegung folgend also dadurch vermeiden, dass Gottes dadurch entstehende Abhängigkeit von der Zeit als frei gewählte gedacht wird[33].

Der Vorzug dieser Konzeption ist, dass ein Gott, der nicht schon vor der Erschaffung der Welt alles vorherwusste, besser in dem Sinne als dialogisch-personal gedacht werden kann, dass er mit uns interagieren und auf unsere Entscheidungen und Handlungen reagieren kann. Zudem können einem in immerwährender Dauer existierenden Gott problemlos alle Handlungen zugeschrieben werden, die die biblische Tradition vom jüdisch-christlichen Gott behauptet. Gerade wenn man das Verhältnis zwischen Gott und Mensch als Freiheitsverhältnis ausbuchstabieren möchte, kann man die Zeitlichkeit Gottes durchaus als Vollkommenheit auffassen. Zumindest ist der dadurch in Kauf zu

---

[33] Vgl. R. Swinburne, Gott und Zeit. In: C. Jäger (Hg.), Analytische Religionsphilosophie, Paderborn u.a. 1998, 196-217, hier bes. 213.

nehmende Kontrollverlust über die Zukunft dann keine Unvollkommenheit, wenn wirklich autonome Freiheit der Geschöpfe als wünschenswert angesehen wird[34].

Nimmt man eine echte Offenheit der Zukunft an und billigt Propositionen über die Zukunft entsprechend keinen Wahrheitswert zu, dann ist bei einem nicht jenseits der Zeit stehenden, allwissenden Wesen nicht die von Swinburne unterstellte Selbstbeschränkung vonnöten, um geschöpfliche Freiheit annehmen zu können. Denn da auch von einem allwissenden Wesen nicht gewusst werden kann, was keinen Wahrheitswert hat, kann der Bereich des Zukünftigen aus logischen Gründen aus dem Bereich des von Gott Wissbaren ausgeklammert werden.

<small>Offenheit der Zukunft</small>

Bei allen Vorzügen, die eine Loslösung des Gottesbegriffs aus dem metaphysischen Konstrukt der Zeitlosigkeit mit sich bringt, muss der Gottesbegriff dennoch so konzipiert werden, dass nicht nur die Nachteile der Zeitlosigkeit vermieden werden, sondern Gott immer auch Herr über die Zeit bleibt. Entsprechend sollte Ewigkeit nicht als immerwährende Dauer unserer Zeit konzipiert werden. Angemessener scheint es mir, Gott – wie Pannenberg, Menke und Metz – als die Zukunft der Zeit zu verstehen, die ihr immer wieder neu Freiheitsmöglichkeiten eröffnet. Metaphysisch würde es daher nahe liegen, von einer *Einheit von Zeitlosigkeit und Vielzeitigkeit* in Gott zu sprechen, oder – wie die Prozesstheologie – einen zeitlichen und einen unzeitlichen Pol in Gott zu denken. Vielleicht könnte man auch versuchen, Gottes Zeitverhältnis so zu fassen, „dass er als der zeitlich von Ewigkeit her Existierende zugleich der ewige Ursprung und die Quelle der Zeit *ist* und er in diesem Sinn ohne zeitlichen Anfang als zeitlich Existierender in seinem Dasein unabhängig von der Zeit ist"[35]. An dieser Stelle ist die Debatte in der Dogmatik noch in vollem Gange und hat noch zu keinem allseits anerkannten Ergebnis geführt.

<small>Einheit von Zeitlosigkeit und Vielzeitigkeit in Gott</small>

Für unseren Zusammenhang genügt es festzuhalten, dass Gottes Ewigkeit nicht in einem so radikalen Gegensatz zur Zeitlichkeit gedacht werden muss, dass ein prozesshaftes Vollendungsgeschehen in Gott hinein unmöglich wird. Auch ein Handeln Gottes in der Geschichte und ein Reagieren auf Ereignisse in der Geschichte muss bei einer Modifikation des Verhältnisses Gottes zur Zeit nicht aus metaphysischen Gründen ausgeschlossen werden. Genauso wie die Unveränderlichkeit

---

[34] Vgl. K. Ward, The temporality of God. In: IJPR 50 (2001) 153-169, hier 160-165.
[35] M. Striet, Offenbares Geheimnis (s. Lit. zu Kap. 2), 251.

Gottes die Zuverlässigkeit seiner Bundestreue meint und deshalb nicht gegen ein diese Treue unterstreichendes besonderes Handeln spricht, genauso darf auch Gottes Herrsein über die Zeit nicht so verstanden werden, als verunmöglichte es ein Handeln Gottes in der Welt oder eine prozesshaft gedachte Transformation der Welt.

Hans Urs von Balthasar

Werdegang

Viele halten Hans Urs von Balthasar (1905-1988) für das letzte Universalgenie in der Theologie, das in der Breite seines Denkens und der Vielfalt seiner Interessen mit Denkern wie Goethe vergleichbar ist. Kurz vor seinem Tod wurde er vom Papst zum Kardinal ernannt. Nach Germanistikstudium und Promotion trat er 1929 in den Jesuitenorden ein und wurde 1936 zum Priester geweiht. Im Jahr 1940 entschied er sich gegen die Berufung zum Theologieprofessor, um Studentenseelsorger sein zu können. Im selben Jahr hatte Balthasar in Basel die körperlich gebrechliche, evangelische Ärztin Adrienne von Speyr kennengelernt und in die katholische Kirche aufgenommen. Die tatsächliche Bedeutung dieser von Balthasar viel zitierten Mystikerin für sein theologisches Schaffen ist umstritten. Klar ist, dass beide meinten, aus einer gemeinsamen Berufung zu leben und dass er in ihr ein entscheidendes Medium für seine theologischen Erkenntnisse sah. Klar ist auch, dass sie zumindest seine im Folgenden noch zu erläuternde „Theologie des Karsamstags" entscheidend mitgeprägt hat.

Liebe zum Drama

Ein wesentlicher Zug der Theologie von Balthasars besteht darin, dass er sie in Auseinandersetzung mit Literatur, Musik, Philosophie und vor allem dem Drama vorantreibt. Das Drama entdeckt er zudem mehr und mehr als Denkform der Theologie selbst. Denn in der Geschichte Jesu Christi wird in seinen Augen die Liebe Gottes zu den Menschen in dramatischer Weise offenbar. Das Dramatische dieser Gegebenheitsweise der Offenbarung liegt im Drama des trinitarischen Ineinanders und Zueinanders der göttlichen Personen begründet. Aber auch die Offenbarung selbst ist als Drama, als Begegnung von miteinander interagierenden Freiheiten zu verstehen. Näherhin ist sie theodramatisch zu verstehen, weil sie das von Gott initiierte Ineinandergreifen von göttlichem Ruf und menschlicher Antwort begründet. Von Balthasar plädiert dabei – ähnlich wie Barth – entschieden für eine Theologie von oben, weil nur von oben, von der Selbststoffenbarung Gottes her, seine Selbstkundgabe verständlich wird.

Das eschatologische Geschehen versteht er als die dramatische Zusammenkunft der unbedingt für den Menschen entschiedenen Liebe Gottes in Christus und der Freiheit des Menschen. Wichtig ist ihm eine Überwindung der traditionellen Vorstellung von dem doppelten Gericht, wonach der Mensch erst individuell gerichtet wird, um dann am Ende aller Tage, wenn auch die letzten Auswirkungen seiner Taten klar geworden sind, mit der gesamten Schöpfung zusammen endgültig gerichtet zu werden. Stattdessen denkt er die Auferstehung, wie das Gericht selbst, entlang der Geschichte – eine Überlegung, die G. Greshake dazu veranlasst hat, von einer *Auferstehung im Tod* zu sprechen.

In dem Moment, in dem ein Mensch stirbt, tritt er durch die Begegnung mit Christus aus unserer Zeit und unserem Raum heraus und befindet sich damit gemeinsam mit der gesamten Schöpfung im Moment des Gerichts. Dieses Gericht wird von von Balthasar personal verstanden, und er erläutert die traditionellen Zustände aus dieser Begegnung heraus. Der Himmel ist die bleibende, beseligende Gemeinschaft mit Christus; das Fegefeuer ist die Begegnung mit ihm als Reinigendem und Läuterndem; die Hölle ist das bleibende menschliche „Nein" zu der in dieser Begegnung dem Menschen geschenkten Liebe.

Läuterung bzw. Fegefeuer wird bei von Balthasar also strikt als Aspekt des Gerichts verstanden. Es kommt zustande durch das Hineintreten des Menschen in den Raum der offenbaren Gegenwart Gottes. Gott selbst ist es, der sich an dieser Stelle zum prüfenden Feuer macht. Durch von Speyr inspiriert fasst von Balthasar dabei das Feuer als „Wesenszug des dreieinigen Gottes, der nichts erträgt und alles verzehrt, was nicht rein ist"[36]. Der Prüfung im Fegefeuer kann man von Balthasar zufolge nicht ausweichen und sich nicht von anderen helfen lassen. Man stehe ganz allein vor Gott und der Wahrheit über sich und sein Leben. Seinen Nächsten sehe man erst dann wieder, wenn man durch die Liebe so gereinigt worden sei, dass man ihn mit den Augen

Eschatologie

---

[36] Adrienne v. Speyr zit. n. H.U. v. Balthasar, Das Endspiel, Einsiedeln 1982 (Theodramatik IV), 331.

Gottes anschauen könne. Der Mensch stehe vor Gott und betrachte in gleichsam objektivierter Weise sein Lebenswerk. Dabei erkenne er, dass Gott ihn immer schon nackt gesehen habe – also ohne all die Schutzhüllen und Verkleidungen, mit denen wir durchs Leben gehen.

Das Fegefeuer ermögliche es, die eigene Unreinheit in der Reinheit Gottes wahrzunehmen. Es führe dazu, das eigene Ich in all seiner Unreinheit nicht mehr ertragen zu können. „Ich habe nur noch einen Wunsch: von mir befreit zu werden. Ich zahle *jeden* Preis."[37] In diesen Zustand totaler Verzweiflung hinein werde mir mein zerstörtes Ich von Gott als ein neues wiedergegeben. In allem leide der Sohn mit uns.

> Das Ende liegt dort, wo „der Leidende zuletzt überströmend von Dank die Bitte äußert, solange unter dem Messer zu bleiben, als der Arzt will", weil ihm die Operation „die restlose Liebe geschenkt hat, die bereit ist, für andere zu leiden".[38]

Trotz des letzten Engagements, mit dem Gott mir Reinigung und beglückende Gemeinschaft mit sich schenken will, bleibt dem Menschen immer die Möglichkeit, sich der Liebe Gottes zu verweigern. Von Balthasar zitiert in diesem Zusammenhang immer wieder Paul Claudels Drama „Der seidene Schuh", in dem der Bösewicht Don Camilo folgende Überlegung anstellt:

> Ich dagegen behaupte, der Schöpfer kann sein Geschöpf unmöglich verlassen. Wenn es leidet, leidet auch er. Er selber ist das, was in jenem leidet. In meiner Macht steht es, diese Gestalt zu vereiteln, zu der er mich bilden wollte, und in der, wie ich weiß, mich niemand ersetzen kann. ... Ich bin das gründliche verlorene Schaf, das die übrigen hundert niemals aufwiegen können. Ich leide an ihm in der Endlichkeit, er aber leidet an mir im Unendlichen und in alle Ewigkeit.[39]

Sicher kann man fragen, ob diese Illustration des Bösen sehr überzeugend ist. Dennoch hat von Balthasar zumindest einen wichtigen Punkt erkannt, den das Beispiel gut illustriert. Der Mensch kann – aus welchen Motiven auch immer – bewusst „Nein" zu Gott sagen und sich dauerhaft seiner Liebe verweigern. Dieses „Nein" bedeutet für Gott einen nicht enden Schmerz und einen Bruch in der Schöpfung.

---

[37] Adrienne v. Speyr zit. n. ebd., 334.
[38] Ebd., 336 (eingeschlossenes Zitat Adrienne v. Speyr).
[39] P. Claudel, Der seidene Schuh, Salzburg ¹¹1988, 230f. (Dritter Tag, zehnte Szene).

Die vielleicht wichtigste Neuerung in der Eschatologie von Balthasars besteht darin, dass er in seiner *Theologie des Karsamstags* ein Denkmodell entwickelt, das auch angesichts dieser letzten menschlichen Verweigerung noch Handlungsmöglichkeiten Gottes sieht, ohne die menschliche Autonomie zu übergehen.

Theologie des Karsamstags

> Man wird jedoch sagen dürfen, daß Gott dem Menschen die Fähigkeit gibt, eine für den Menschen als endgültig erscheinende (negative) Wahl gegen Gott zu vollziehen, die aber von Gott nicht als endgültig gewertet zu werden braucht. Und zwar nicht so, daß des Menschen Wahl von außen her in Frage gestellt würde – was einer Mißachtung der ihm geschenkten Freiheit gleichkäme –, sondern so, daß Gott mit seiner eigenen göttlichen Wahl den Menschen in die äußerste Situation seiner (negativen) Wahl begleitet.
>
> Es gibt, am Karsamstag, den Abstieg des toten Jesus zur Hölle, das heißt (sehr vereinfachend gesagt) seine Solidarität in der Nicht-Zeit mit den von Gott weg Verlorenen. Für diese ist ihre Wahl – mit der sie ihr Ich anstelle des selbstlosen Gottes der Liebe gewählt haben – endgültig. In diese Endgültigkeit des Todes steigt der tote Sohn ab, keineswegs mehr handelnd, sondern vom Kreuz her jeder Macht und Initiative entblößt, als der rein Verfügte, als der zur reinen Materie erniedrigte, restlos indifferente (Kadaver-) Gehorsame, unfähig zu jeder aktiven Solidarisierung, erst recht zu jeder ‚Predigt' an die Toten. Er ist (aus einer letzten Liebe aber) tot mit ihnen zusammen.
>
> Und eben damit stört er die vom Sünder angestrebte letzte Einsamkeit: der Sünder, der von Gott weg verdammt sein will, findet in seiner Einsamkeit Gott wieder, aber Gott in der absoluten Ohnmacht der Liebe, der sich unabsehbar in der Nicht-Zeit mit dem Sich-Verdammenden solidarisiert.[40]

Ob diese Begegnung genügt, um den Menschen wieder für Gott zu gewinnen, lässt sich nicht mit Sicherheit sagen. Sie bietet aber einen wichtigen Grund zur Hoffnung. Auf diese Weise gibt es zwar keine Gewissheit darüber, dass die Hölle leer ist, die Hoffnung darauf ist aber rational ausgewiesen.

Aufgaben:

1. Erläutern Sie, was nach christlichem Verständnis mit Himmel, Hölle, Fegefeuer, Jüngstem Gericht und Auferstehung gemeint ist!
2. Was spricht für und was gegen die Existenz der Hölle? Erläutern Sie in diesem Zusammenhang die maßgeblich von Adrienne von Speyr beeinflusste Theologie des Karsamstags Hans Urs von Balthasars!

---

[40] H.U. v. Balthasar, Pneuma und Institution. Skizzen zur Theologie IV, Einsiedeln 1974, 407-409.

3. Ist ein in Raum und Zeit ausgedrückter Glaube an eine jenseits von Raum und Zeit bestehende Bleibendheit von einem in Raum und Zeit befindlichen X unsinnig? Erläutern Sie bei der Beantwortung dieser Frage zwei unterschiedliche Konzeptionen des Verhältnisses von Gott und Zeit!
4. Kann es eine Auferstehung des Fleisches in Gottes Ewigkeit hinein geben?
5. Vergleichen Sie den christlichen Glauben an das ewige Leben mit der Reinkarnationslehre und mit Nietzsches Lehre von der ewigen Wiederkehr des Gleichen!

Literaturhinweise

Balthasar, Hans Urs v., Das Endspiel (Theodramatik IV), Einsiedeln 1982 *(Klassiker mit großem Wert für die theologische Allgemeinbildung).*

Boff, Leonardo, Was kommt nachher? Das Leben nach dem Tode, München 1992 *(befreiungstheologisch inspirierter, gut verständlicher Kurzüberblick).*

Greshake, Gisbert / G. Lohfink, Naherwartung – Auferstehung – Unsterblichkeit, Freiburg 1975 *(Entwicklung der These von der Auferstehung im Tod).*

Höhn, Hans-Joachim, versprechen. Das fragwürdige Ende der Zeit, Regensburg 2003 (GlaubensWorte; 6) *(erfrischend anders).*

Kehl, Medard, Eschatologie, Würzburg 1986 *(hilfreiches Lehrbuch für erste Einführung).*

Krenski, Thomas, Hans Urs von Balthasar. Das Gottesdrama, Mainz 1995 (Theologische Profile).

Nocke, Franz Josef, Was können wir hoffen? Zukunftsperspektiven im Wandel, Würzburg 2007 *(anregende Aufsätze zum Nachdenken über die christliche Gestalt der Hoffnung).*

Ratzinger, Joseph, Eschatologie – Tod und ewiges Leben = Ders./ J. Auer (Hg.), Kleine Katholische Dogmatik; IX, Regensburg ⁵1978 *(Und Augustinus hat doch Recht! Unser Papst auf den Spuren der Kirchenväter im Kampf gegen unnötige Neuerungen. Harscher Angriff auf Greshake und Co.).*

III. Quaestio catholica

9) Gemeinschaft der Glaubenden/ Ekklesiologie

[Maria und Albert sitzen in der Unsicht-Bar, einem von Blinden betriebenen Restaurant, in dem es stockfinster ist. Ihr Tisch ist übersät mit Essensresten, und Albert sucht verzweifelt nach dem Dessertlöffel. Auf einmal spüren seine nervösen Finger Marias Hand. Albert hält den Atem an und erwischt sich bei einem kurzen Stoßgebet. „Jetzt ist es schon soweit, dass ich zu Marias Gott um ihre Hand bitte", denkt Albert bei sich. Schon will er unwillig Marias Hand wieder loslassen. Da spürt er, dass Maria seine Hand streichelt. Er schließt einen Moment die Augen und wird fast verrückt vor Sehnsucht, Maria endlich umarmen zu dürfen.]

Was bedeutet die Kirche für Dich?

[Maria hört Alberts Stimme nur aus weiter Ferne. Sie ist verwirrt. Sie hatte mit allem gerechnet, nur nicht mit dieser Frage in der Unsicht-Bar. Sie zögert, auf welcher Ebene sie antworten soll. Zugleich spürt sie Alberts durchdringenden Blick auf sich ruhen. Sie zieht ihre Hand zurück und versucht, ihre Gedanken zu ordnen.]

Ich meine, warum hängst Du so an diesem von verklemmten Machos betriebenen Frauenclub? Wenn Du irgendwie auf diesen Jesus abfährst und ihm nachläufst – meinetwegen. Auch wenn ich noch nicht verstanden habe, welchen Wert Dein Partner für Dich hat, wenn Jesus immer schon als Dein bester Freund feststeht. Aber wenn Du es für Dich persönlich schön findest, Dir den Glauben an den in Jesus greifbar gewordenen Gott zu setzen, kann ich das mittlerweile einigermaßen nachvollziehen. Aber warum schließt Du Dich mit anderen zusammen? Kannst Du nicht selbst für Deinen Glauben einstehen? Warum müsst Ihr Christen immer in solchen (im Übrigen oft sehr unappetitlichen) Haufen auftreten?

Kirche – warum?

[Maria ist empört über Albert und beginnt, mit einem für ihn unsichtbaren spöttischen Lächeln auf den Lippen Karl Rahner zu zitieren:] „Wenn der Mensch nicht nur nebenbei auch das Wesen der Interkommunikation ist, sondern diese Eigentümlichkeit die ganze Breite und Tiefe seines Daseins mitbestimmt, und wenn das Heil den ganzen Menschen meint, ihn als ganzen mit allen Dimensionen seines Daseins in Beziehung zu Gott setzt, wenn also Religiosität nicht nur irgendeinen Sektor des menschlichen Daseins berührt, sondern das Ganze des menschlichen Daseins in seinem Verhältnis zu dem alles tragenden, alles umfassenden, alles auf sich selbst ausrichtenden Gott – dann ist damit gesagt, dass diese Zwischenmenschlichkeit auch in die Religion des Christentums hineingehört. Wenn Heilsgeschichte als die Geschichte der transzendentalen Selbst ..."

Stopp! Bitte, Maria, sprich wieder normal mit mir. Sonst kriege ich Alpträume heute Nacht.

Das hättest Du auch verdient, Du Angeber. Ich wollte nur sagen, dass es eine spätbürgerliche Auffassung von Religion ist, sie im stillen Kämmerlein ausüben zu wollen. Religion meint den ganzen Menschen, auch und gerade in seinen gesellschaftlichen Bezügen. Mein Glaube an Gott betrifft nicht nur meine Psychohygiene, sondern jede Faser meiner Existenz. Und menschlicher Existenzvollzug ist immer auch außerhalb des stillen Kämmerleins greifbar. Religion ohne Gesellschaftlichkeit und ohne Kirchlichkeit nimmt nicht ernst, was Religion eigentlich meint.

Das sind jetzt aber sehr allgemeine Phrasen. Der Mensch, betrachtet als Zoon Politikon, der auch seine religiösen Gefühle in Gruppen ausleben muss, das klingt eher nach einer soziologischen Herleitung von Kirchenbildungsprozessen. Aber meinetwegen; dann könnten wir beide ja so eine Gruppe bilden und nach einer gesellschaftlichen Verfasstheit der Formen von Letztorientierung suchen, die uns eint.

Ich habe bisher nicht den Eindruck, dass es da genug Einheit zwischen uns gibt. Außerdem geht es mir als Christ natürlich noch um mehr, als um die allgemeine Feststellung, dass Religiosität gesellschaftliche Verfasstheit braucht.

Das dachte ich mir schon. Also, schieß los, warum brauchst Du als Christ so sehr die Kirche? Ist durch Gottes Handeln in Jesus Christus nicht alles ein für alle Mal entschieden, so dass es gar nicht so sehr darauf ankommen kann, ob Ihr Euch nun zusammenschließt oder lieber für Euch bleibt? Was kann Kirche in Deiner Sichtweise denn überhaupt sein?

<small>Definition von Kirche</small>

Wie sagt Rahner doch so schön und klar auf diese Fragen: „Die geschichtliche Bleibendheit Christi durch die Gemeinde derer, die an ihn glauben und ihn explizit im Bekenntnis als diesen Heilsmittler erfassen, ist das, was wir Kirche nennen."

Der Satz ist für Rahners Verhältnisse zwar bemerkenswert kurz und verständlich. Aber verstanden, warum das eine Antwort auf meine Fragen war, habe ich nicht.

Das Christentum braucht die Kirche bzw. die Kirchen, weil nur durch sie das Erlösungshandeln Gottes in Christus geschichtlich gegenwärtig bleibt. Der Witz der christlichen Botschaft ist ja gerade, dass uns unser Geborgensein in Gott nicht durch gnostisches Geheimwissen, durch ekstatische Verzückung oder durch endlose Meditation offenbar wird, sondern durch ein geschichtliches Ereignis. Deshalb müssen Menschen, die sich dazu bekennen, dass sie durch ein Ereignis in der Geschichte gerettet sind, auch ein Interesse daran haben, dass von diesem Ereignis in der Geschichte Zeugnis gegeben wird. Denn nur in der Geschichte erreicht uns die Botschaft des Christentums, und nur in ihr und durch sie vermittelt kann sie ihre heilsame Wirkung auf uns entfalten.

Aber in ihrer Geltung kann die christliche Erlösungsbotschaft doch nicht von den Kirchen abhängen. Entweder hat sich Gott in Christus der Welt ein für alle Mal rettend und erlösend mitgeteilt; dann gilt diese Wahrheit unabhängig von der Verkündigung der Kirchen. Oder aber die Erlösungsbotschaft ist nur gültig, wenn sie bezeugt wird; dann ist in Christus nichts ein für alle Mal geschehen.

In Christus ist ein für alle Mal offenbar geworden, dass Gott uns mit einer Liebe liebt, die an nichts Innerweltlichem Maß nimmt, sondern uns unbedingt zugesagt ist. Diese Wahrheit gilt in der Tat unabhängig von ihrer geschichtlichen Bezeugung. Sie gilt der Welt und jedem Menschen in ihr seit Beginn der Schöpfung, weil sie bereits aus dem trinitarischen Gottesbegriff folgt. Wenn diese Wahrheit aber nicht geschichtlich offenbart und bezeugt wird, kann sie auch nicht hier und jetzt für mich erfahrbare Wirklichkeit werden. Was nützt es mir, wenn ein hübscher junger Mann unsterblich in mich verliebt ist, mich ständig schmachtend anblickt und auch mein idealer Partner wäre, ich aber nie etwas davon erfahre.

Na ja, vielleicht kann die schöne junge Frau, wenn sie nicht allzu trampelig ist, ja auch etwas merken, wenn er einfach all seine innere Kraft auf sie richtet.

[Maria muss lachen, auch wenn es ihr etwas unheimlich ist, immer Alberts bohrenden Blick nicht sehen zu können, aber doch zu spüren.] Wieso soll sie sich denn so angestrengt nach irgendwelchen Kraftfeldern umsehen, wenn er ihr doch einfach seine Liebe gestehen kann?

Na, ich hatte nicht erwartet, von einem religiösen Menschen eine solche Frage gestellt zu bekommen. Aber gut, Du meinst also, Gott hat in Jesus gesagt, dass er Dich lieb hat und dass Du mir das auch ruhig sagen solltest, damit ich nicht länger im Unklaren bin, wie die letzte Wirklichkeit sich zu mir verhält. Und damit ich nicht darauf angewiesen bin, ständig mit Dir über Gott zu reden, sondern wir irgendwann auch unseren Nachtisch essen können, ist es schön, dass es mit den Kirchen gesellschaftlich greifbar Clubs gibt, die in unterschiedlich attraktiver Weise diese Nachricht allen erzählen.

Na ja, natürlich genügt es nicht, diese Botschaft nur zu erzählen. Sie muss auch im Handeln bezeugt werden. Die Botschaft der Liebe kann nur durch die Liebe bezeugt werden. Insofern ist Kirche nur dann als die geschichtliche Bleibendheit Jesu Christi wahrnehmbar, wenn sie den Gott der Liebe auch in ihrer Praxis bezeugt und geschichtlich erfahrbar werden lässt.

Hihi, dann solltest Du Dich doch besser mit mir zusammenschließen, als mit Deinem Club alter Männer. [Albert versucht, Marias Hand zu ergreifen. Auf einmal spürt er etwas, das die äußerste Spitze von Marias Fingernagel sein könnte. Albert errötet.] *Jedenfalls würde ich mir alle Mühe geben, dass durch unsere Praxis Liebe Gestalt gewinnt, während ich mir bei Deinen Clubkameraden da nicht so sicher bin.*

[Maria lächelt, weil Albert so behutsam an ihrem Dessertlöffel herumfingert.] Du solltest die Kirche nicht unterschätzen. Ich habe in der Kirche und durch die Kirche eine Reihe von Menschen kennengelernt, die auch Dir gefallen würden. Die Gemeinschaft, die ich in Kirche erfahren habe und erfahre, macht mich glücklich und gibt mir viel Kraft. Kirche war immer eine befreiende, lebensbejahende Größe in meinem Leben.

Dann hast Du Glück gehabt. Aber insgesamt willst Du die katholische Kirche doch nicht ernsthaft als symbolische Realisierung eines den Menschen bedingungslos zugewandten Gottes verkaufen. Sie verbietet, reguliert und unterdrückt viel zu viel, als dass ich sie als geschichtliche Bleibendheit dieses Menschen aus Nazareth verstehen kann, von dem Du so gerne schwärmst.

Auch in meinen Augen ist es manchmal schwer, das Handeln der Kirchen als Zeichen der Gegenwart Christi zu deuten. Auch

9) Gemeinschaft der Glaubenden/ Ekklesiologie

ich bin mit vielem in meiner katholischen Kirche nicht einverstanden. Zum Beispiel werde ich manchmal ganz närrisch, dass immer nur Männer die Funktion des Priesteramtes ausüben dürfen. [Albert will Maria gerade zustimmen, als er entdeckt, dass er die ganze Zeit an Marias Dessertlöffel herumfingert. Er spürt, dass Maria diesen peinlichen Irrtum gemerkt hat, und begibt sich leicht zerknirscht wieder auf die Suche nach Marias Hand.] Eine Freundin von mir kann schon nicht mehr in die Kirche gehen, weil sie immer laut hörbares Bauchgrummeln bekommt, wenn sie wieder einmal den Mann vorne sieht.

Warum trittst Du dann nicht endlich aus diesem sexistischen Laden aus?

Die Kirche ist weder ein Laden noch sexistisch, sondern ich bin die Kirche. Albert, ich bin nicht die Frau, die ständig nach oben auf irgendwelche Männer schaut, sondern ich lebe aus der Beziehung zu Christus und gewinne dadurch Sinn, Halt und unendlichen Reichtum in meinem Leben. Mit Menschen, die ich liebe, versuche ich, die niemanden ausgrenzende Liebe Jesu Christi Wirklichkeit werden zu lassen. In den Symbolhandlungen der Kirche wird diese grundlegende Intention unbedingter Zuwendung für alle erfahrbar inszeniert. Dabei weiß ich, dass ich weder den Anderen noch mich durch die Realisierung unbedingter Liebe überfordern muss, weil sie jedem von uns, auch Dir, ohne Vor- und Nachbedingungen geschenkt ist.

Deine Romantik in allen Ehren, aber auch wenn Du Dir Deinen Glauben noch so schön und menschenfreundlich zurecht legst, bleibt es doch dabei, dass da ein paar Männer in Rom bestimmen, was Du glauben musst.

Du irrst, Albert. Was ich glaube, bestimme in letzter Instanz ich selbst. Ich allein muss im Letzten vor meinem Gewissen und vor Gott für meinen Glauben einstehen. Und im Übrigen stimmt alles, was ich Dir bisher über den christlichen Glauben gesagt habe, mit den Aussagen des römisch-katholischen Lehramtes überein.

Gewissensfreiheit

Na ja, das glaube ich zwar nur so halb, aber es würde mich natürlich freuen. Übrigens haben wir über einige heikle Punkte ja auch noch gar nicht gesprochen. Wie ist das zum Beispiel mit der Unfehlbarkeit des Papstes? Ist es nicht absurd, einem Menschen Unfehlbarkeit zuzuschreiben? Noch dazu einem Menschen mit so einem grausligen Frauenbild, der es als seine Lebensaufgabe ansieht, Schwule und Kondome aus den Kirchen zu verbannen.

Unfehlbarkeit des Papstes

Dein Bild des Papstes ist sehr einseitig, Albert. Aber Du brauchst keine Angst zu haben. Auch nach katholischer Auffassung ist der Papst in seinen politischen Aussagen, seinem Frauenbild oder seinen Aussagen über die künstliche Empfängnisverhütung nicht unfehlbar. Der Papst ist niemals als Person, sondern nur kraft seines Amtes in bestimmten seiner Aussagen und nur unter sehr genau definierten Bedingungen unfehlbar. Nur wenn ...

Diese Bedingungen interessieren mich nicht, Maria. Allein die Tatsache, dass Katholiken bestimmten Sätzen des Papstes Unfehlbarkeit zusprechen, macht ihren Glauben für aufgeklärte, mündige und selbstkritische Menschen unmöglich. Auch wenn Du den Papst nur als Sprecher der Kirche verstehst, der einfach nur artikuliert, was der Glaube der Kirche ist, ist es eine Anmaßung, ihn in dieser Artikulation für unfehlbar zu halten. Du kannst meinetwegen glauben, was Du willst. Aber sobald Du sagst, dass Du Deinen Glauben für unfehlbar hältst, verabschiedest Du Dich intellektuell aus der Moderne und lebst im tiefsten Mittelalter. Letztlich lebt es sich zwar auch im Jahr 1312 sehr nett. Aber begegnen werden wir uns auf diese Weise nicht, weil ich hier und jetzt leben will.

[Albert hat endlich Marias Hand gefunden. Genau genommen haben sich Marias und Alberts Hände gefunden, ohne dass ihre Köpfe etwas davon gemerkt haben. Maria braucht einen Moment, bis sie antworten kann. Niemand weiß, wie lange dieser Moment gedauert hat. Albert jedenfalls weiß jetzt, was Maria damit meinte, als sie von der Relativität der Zeit sprach.] Ich will auch hier und jetzt leben, Albert. Und mein Glaube an die Infallibilität bestimmter Glaubenssätze katapultiert mich auch nicht ins Mittelalter. Vielleicht fällt es Dir leichter, das einzusehen, wenn man Infallibilität mit Unverirrlichkeit übersetzt. Ich glaube in der Tat von den grundlegenden Aussagen des Christentums, dass sie in der Situation, in der sie formuliert wurden, nicht in die Irre geführt haben und auch in vergleichbaren Situationen nicht in die Irre führen werden. Ein Dogma ist ja kein ein für alle Mal als wahr erkannter Satz, sondern ein Glaubenssatz, der insofern feststeht, als er Problemreduktionen ausschließt, die den Blick auf die all unser Begreifen übersteigende Wirklichkeit Gottes verstellen. Letztlich bezeugen alle Dogmen und damit alle als unverirrlich festgehaltenen Glaubenssätze die Wirklichkeit des uns in Christus auf eine Weise zugewandten Gottes, die all unser Begreifen und Fassungsvermögen übersteigt.

Definition eines Dogmas

Das klingt ja fast so, als sei die Verkündigung eines unfehlbaren Glaubenssatzes der Versuch, ein Problem offenzuhalten, statt es zu lösen. [Albert nimmt vorübergehend wieder den Dessertlöffel in die Hand. Dabei spürt er, dass seine Hand zittert.]

Das kann man in der Tat so sehen. Denke nur noch einmal an die christologischen Streitigkeiten des dritten und vierten Jahrhunderts. Die Lehre des Arius hatten wir in diesem Zusammenhang als einen Versuch entlarvt, das christliche Glaubensgeheimnis so mit der damals gängigen Philosophie zu versöhnen, dass der eigentlich befreiend-erlösende Impuls des Christentums nicht mehr gewahrt ist. In dieser Konstellation ist Nizäa der Versuch, eine vorschnelle Problemreduktion zu verhindern und den Blick auf den in Christus Gestalt gewordenen Gott freizugeben. Die dabei gewählte Explikation des christlichen Glaubens mit den Mitteln der Zwei-Naturen-Lehre ist nicht unfehlbar, sondern bedarf der neuen Aneignung in einer angemesseneren Begrifflichkeit. Nichts anderes haben wir in unserem Gespräch zur Christologie getan. Infallibilität behaupte ich weder für meine damals gewählte Theorie noch für die philosophische Begrifflichkeit der Zwei-Naturen-Lehre, sondern für die Entscheidung der Kirche, eine Reduktion der mit der Erlösungswirklichkeit Jesu Christi verbundenen begrifflichen Probleme dadurch zu erreichen, dass das Gottsein Christi depotenziert wird.

Aber Du willst doch nicht ernsthaft behaupten, dass alle Dogmen der katholischen Kirche nichts anderes als die Erlösungswirklichkeit Jesu Christi im Auge haben. Schon das Infallibilitätsdogma selbst hatte doch allein den Zweck, die römische Macht zu stärken.

Du musst noch lernen, den infalliblen Kern der Dogmen von ihren geschichtlichen Begleiterscheinungen zu unterscheiden. Im Kern kann ich Dir bei jedem Dogma vorführen, dass es nichts anderes ist als die Explikation des grundlegenden Glaubenssatzes, dass Gott sich in Jesus Christus als die uns ohne Vor- und Nachbedingungen geschenkte Liebe mitgeteilt hat. Jedes Dogma hat dabei die Funktion, Problemlösungen auszuschließen, die den Weg zu dieser Erlösungswirklichkeit verbauen. Ein Christ oder eine Christin, die solche in die Irre führenden Wege nicht ausschließt, kann per definitionem nicht am eigenen Glauben festhalten. Insofern ist ein Verstoß gegen das recht verstandene Infallibilitätsdogma streng genommen ein Selbstwiderspruch, den kein Christ akzeptieren kann.

Aber was ist, wenn der Papst ein Dogma formuliert, das in die Irre führt und nicht den von Dir genannten Kriterien entspricht?

Dann hat der Papst sein Amt missbraucht und muss als Häretiker abgesetzt werden. Der von ihm definierte Lehrsatz ist dann ungültig.

Auf den Putsch bin ich gespannt. Schade wäre allerdings, wenn Du dann ganz alleine putschst und exkommuniziert wirst.

<small>Vertrauen in den Hl. Geist</small>

Das wird nicht geschehen, Albert. Dazu ist der Heilige Geist viel zu aktiv in der Kirche. Und dazu erlebe ich jeden Tag viel zu viele nette Kommilitoninnen und Kommilitonen, die sich unsinnigen Lehrsätzen niemals unterwerfen würden.

[Alberts Handy klingelt. Ausgerechnet hier in der Unsicht-Bar und ausgerechnet in diesem Moment! Albert drückt das Handy in neuer Rekordzeit aus und ergreift wieder Marias Hand. Maria ist verstummt. Albert weiß nicht, woran sie denkt, und will es in diesem Augenblick auch nicht mehr wissen. Er will nur noch ihre Nähe spüren.

Was in diesem Moment eigentlich passiert ist, weiß niemand außer den beiden. Ich kann nur soviel sagen, dass die beiden insgesamt vier Stunden in der Unsicht-Bar waren und in dem Restaurant nichts weiter passiert ist, als dass sich ihre Hände gefunden haben.]

Heiliger Geist und Kirchenbildung

<small>Credo</small>

Am Anfang des dritten Teils des apostolischen Glaubensbekenntnisses heißt es: „Ich glaube an den Heiligen Geist, die heilige katholische Kirche, ..." Betrachtet man die lateinische oder griechische Originalversion dieses Bekenntnisses, so wird deutlich, dass an dieser Stelle nicht der Glaube an die Kirche bekannt wird, sondern allein der Glaube an den Heiligen Geist und damit an Gott. Die Kirche wird nur insofern genannt, als das Bekenntnis zu Gottes Wirken im Geist impliziert, dass Gott Menschen dazu ruft und dazu befähigt, Zeugnis von seiner Liebe abzulegen. Die Menschenfreundlichkeit und bedingungslose Zusage Gottes an den Menschen, die in Jesus Christus Gestalt gefunden hat, ist durch die Kraft des Geistes Jesu Christi bleibend in der Geschichte Wirklichkeit. Der Geist Jesu ist es, der immer wieder Menschen ermächtigt, seinen Liebeswillen geschichtlich wirksam werden zu lassen. Das Bekenntnis zu diesem Geist ist deshalb zentraler Bestandteil christlichen Glaubens und Grundlage der Ekklesiologie und aller Überlegungen der *quaestio catholica*.

Gottes Selbstzusage im Logos ist für seine Wirksamkeit im Leben des Menschen darauf angewiesen, dass der Geist Gottes den Menschen ergreift, um ihm Erkenntnis dieses Zusagewortes als Zusagewort *Gottes* zu ermöglichen (1) und ihn zu einem neuen Leben in Freiheit (2) und Liebe (3) zu motivieren. Ohne geistgewirkte Nachfolgepraxis bleibt das Zusagewort Gottes im Logos unhörbar; es erhält Konturen erst im Tun der vom Geist Ergriffenen. Ohne die Orientierung am Logos bliebe die Geistwirkung unbestimmt und inhaltsleer. So sind Logos und Geist wechselseitig aufeinander bezogen.

1. Gottes Geist als Erkenntnisquelle und Kraft zur Wandlung

Das Handeln Gottes im Geist ist also zunächst einmal die Bedingung der Möglichkeit dafür, dass das göttliche Zusagewort im Logos überhaupt vom Menschen verstanden werden kann. Denn allein das Unbedingte selbst (Gott als Geist) kann ein Verstehen und Erkennen des Unbedingten (Gott als Logos) ermöglichen. Dabei erweist sich Gott nicht nur so als das Unbedingte im Menschen, dass er diesem trotz aller Perspektivität erlaubt, das Unbedingte aufgrund seiner realsymbolischen Präsenz als Unbedingtes zu erfassen und zu bekennen (konstruktive Funktion). Vielmehr verhilft er im Demaskieren überzogener Ansprüche darstellenden Handelns auch dazu, Gottes Herrschaft und Gegenwart in seiner umfassenden Verwirklichung zu vermissen (kritische Funktion).

Die konstruktive Erkenntnisleistung der Ausrüstung durch den Heiligen Geist wird in der biblischen Tradition durchgängig bezeugt. Gottes Rûach ermöglicht dabei einerseits (besonders in der Frühzeit) plötzliche, ereignishafte prophetische Inspirationen – etwa beim Seher Bileam (Num 24,2), bei den Richtern und Königen (Ri 3,10; 6,34; 11,29; 13,25; 14,6.19; 1 Sam 10,6; 19,24 u.ö.) und bei dem Propheten Ezechiel (Ez 2,2; 3,12 u.ö.). Diese Inspirationen führen nicht nur zu Erkenntnis, sondern auch und durch sie zur Erhebung, zu aufrechtem Gang, Träumen, Visionen, Verzückung und machtvollem Handeln und verwandeln zu einem neuen Menschen. Neben diesen besonderen ereignishaften Inspirationen bezeugt die biblische Tradition spätestens ab David (1 Sam 16,13; 2 Sam 7,9.15; Mk 12,36), vielleicht aber auch schon bei Mose (Num 11,17) und Josua (Num 27,18), den Geistbesitz als dauernde Erkenntnisquelle – beispielsweise bei verschiedenen Propheten (vgl. Jes 61,1; Mi 3,8; Sach 7,12; 1 Petr 1,11; 2 Petr 1,21), neutestamentlich aber auch bei den Aposteln,

biblische Tradition

z.B. bei Paulus (1 Kor 7,40), und Märtyrern, z.B. bei Stephanus (Apg 6,5).

Sowohl im plötzlichen als auch im fortdauernden Ergriffenwerden geht es um den „Geist der Weisheit und der Einsicht, de(n) Geist des Rates und der Stärke, de(n) Geist der Erkenntnis und der Gottesfurcht" (Jes 11,2), der es uns ermöglicht zu erkennen, dass Gott uns immer neue Lebensmöglichkeiten schenkt (vgl. Ez 37,14). Er ist es, der dem Menschen hilft, die Tora zu erfüllen und ihre lebensermöglichende Kraft zu erkennen (Ez 36,27). Neutestamentlich werden derartige Aussagen dann so zugespitzt, dass deutlich wird, dass der Geist die Erkenntnis des göttlichen Zusageworts in Christus ermöglicht: Er erleuchtet die Augen unseres Herzens, um Christus zu erkennen (Eph 1,18). Nur in ihm können wir Gott als Vater ansprechen und sind Kinder Gottes (Röm 8,15; Gal 4,6). Er ist der „Geist der Wahrheit", der uns in die ganze Wahrheit führen wird (Joh 16,13; vgl. 1 Joh 5,6).

Der Geist ermöglicht aber nicht nur die Erkenntnis Gottes, sondern ist auch Wegweiser und Begleiter im Alltag. So wie er als Inspirator und Wegleiter Jesu tätig ist (Mt 4,1; Lk 2,27; 4,14), weist er auch Paulus und den Aposteln den Weg (vgl. Apg 13,4; 16,6f.; 20,22f.). Im Vertrauen darauf, dass diese Wegweisung auch heute noch möglich ist und in der Hoffnung, dass wir durch den Geist in unserem tiefsten Eigensein verbunden sind mit der letzten Wirklichkeit, kann es zu dem merkwürdigen Phänomen kommen, dass wir in schweren Entscheidungssituationen auf unser innerstes Gefühl vertrauen, neue Lebensmöglichkeiten und Alternativen entdecken und uns dabei zu Recht getragen oder geführt fühlen. Gottes guter Geist ist – wie das Psalmengebet verspricht – eben auch heute noch überall beim Menschen (vgl. Ps 139,7) und leitet ihn „auf ebenem Pfad" (Ps 143,10). „Der Modus der Wirksamkeit Gottes ist dabei am ehesten in Analogie persuasiver Sprechakte zu deuten: als freie interpersonale Einflußnahme durch Motivieren, Überzeugen, Zu-Reden, Aufklären, Erleuchten, Begeistern, Vorstellen erstrebenswerter Leitbilder usw., aber auch durch Anklagen und Urteilen und schließlich durch Freisprechen, Vergeben, usw."[1]

Gottes Werben um den Menschen

Es geht also nicht um eine Vergewaltigung des Menschen, die die menschliche Erkenntnis erzwingt, sondern um ein Werben um die Einsicht des Menschen, die sich in einem ständigen Lo-

---

[1] R. Bernhardt, Was heißt „Handeln Gottes"? Eine Rekonstruktion der Lehre von der Vorsehung, Gütersloh 1999, 453.

cken oder in einer besonderen Dynamik Bahn brechen kann. Zugleich deutet die soeben zitierte Aufzählung bereits an, dass die durch den Geist ermöglichte Erkenntnis auch die Aufdeckung und Kritik des Nicht-sein-Sollenden vollbringen kann. Wer von Gottes Rûach ergriffen ist, „lässt sich nicht mehr in seine Ängste einsperren und gewinnt so auch den Freimut (biblisch: die *parrhesia*), geltende Prioritäten in Frage zu stellen und sich von falschen Loyalitäten zu lösen"[2]. Sie demaskiert überzogene Macht- und Herrschaftsansprüche und eröffnet Raum für Veränderungen und Neuanfänge.

Bisher ist allerdings noch nicht präzise genug bestimmt worden, auf welche Weise Gottes guter Geist diese Erkenntnis ermöglichende, verwandelnde und schöpferische Dynamik entfalten kann, ohne in ein Konkurrenzverhältnis zur menschlichen Willensfreiheit zu treten. Es ist deshalb wichtig, sich klar zu machen, dass die Wirkung des Geistes gerade als Befreiung und Ermutigung des Menschen zur Freiheit zu denken ist.

2. Gottes Handeln im Geist als Eröffnung neuer Lebensmöglichkeiten

„Wo der Geist des Herrn wirkt, da ist Freiheit" (2 Kor 3,17). Insofern ist es klar, dass das Ergriffen-Sein vom Heiligen Geist Befreiung bedeutet und zur Freiheit aus der neuen Wirklichkeit des Geistes führt (vgl. Röm 7,6; 8,2). Umgekehrt bedeutet das, dass Freiheit auch als Kriterium für die Wirksamkeit des guten Gottesgeistes bestimmt werden kann. Das Wirken Gottes als Geist ist also erfahrbar in jeder Situation meines Lebens, die mich neu in die Wirklichkeit hineinstellt und mir so auf einmal eine neue Zugangsweise zur Welt eröffnet. Es ist immer dann spürbar, wenn in ausweglosen Situationen Alternativen und neue Lebensmöglichkeiten aufscheinen und wenn sich auf diese Weise die Freiheit des Menschen für die neuen Lebensperspektiven Gottes öffnet.

Freiheit als Frucht des Geistes

Denn wie unsere Überlegungen zum Freiheitsbegriff in Kap. 7 deutlich gemacht haben, hat Freiheit wesentlich mit dem Anderskönnen und damit mit der Ermöglichung von Alternativen in ausweglosen Situationen zu tun. Wenn Gottes Geist also Alternativen aufscheinen lässt und dem Menschen die Möglichkeit neuer Lebenswege aufzeigt, ist er Ermöglichung von Freiheit. Wie oben bereits ausführlich thematisiert wurde, stellt das so

Freiheit als Anderskönnen

---

[2] J. Werbick, Von Gott sprechen an der Grenze zum Verstummen, Münster 2004 (Religion – Geschichte – Gesellschaft; 40), 192.

vorgestellte Handeln Gottes keine Einschränkung, sondern eine Stärkung menschlicher Freiheit dar, weil Gott die neuen Wege zwar aufweist, aber nicht zu ihrer Wahl zwingt.

Die befreiende Wirkung des Geistes ist also immer dann spürbar, wenn man herausfindet aus dem Gefühl des Reagieren-Müssens und des Beherrscht-Seins von den Umständen und wenn man den eigenen Weg selbst zu wählen beginnt. Sie wird dann erfahren, wenn man sich nicht mehr von Verboten und Zwängen beherrschen lässt und wenn man allen Instrumentalisierungen von Menschen für irgendwelche Zwecke entgegentritt. Sie wird dann Wirklichkeit, wenn man sich nicht mehr vom Alltag treiben lässt, sondern bewusst aus sich heraus lebt und gerade so Gemeinschaft mit dem Anderen ermöglicht. Von daher braucht es den bereits vom Geist getragenen konkreten Freiheitsvollzug, um sein Wirken überhaupt wahrnehmen und sich in ein dialogisches Freiheitsverhältnis dazu stellen zu können.

in der Liebe erfahrbar

Was hier gemeint ist, wird anfanghaft in der Liebe erfahrbar. Denn es ist ja tatsächlich die Erfahrung von Liebenden, dass im Vollzug von Liebe und Hingabe Freiheit und eine neue Form des Selbstseins durch das Sein vom Anderen her und auf ihn hin erfahrbar wird. Die Anforderungen des Alltags verblassen. Gewohnheiten und Umstände verlieren ihre lebensgestaltende Kraft. Alle Lebensvollzüge werden durchtränkt von dem Bild des Anderen. So entstehen ganz neue Lebensmöglichkeiten und Neuanfänge. Auf diese Weise wird den Liebenden „– zumindest ein klein wenig und vielleicht nur für eine gewisse Zeit – Unabhängigkeit von anderen Ansprüchen, von den ‚Obsessionen' des Alltags zugespielt, weil sich ihnen eine Zukunft öffnet weit über die Aussichten hinaus, die sich durch klug kalkulierende Vorsorge sichern lassen."³

Eben diese Erfahrung der Befreiung durch Liebe macht deutlich, wie eng die geistgewirkte Freiheit mit der Erfahrung von Liebe zusammenhängt. Genauso wie Freiheit die Bedingung der Möglichkeit von Liebe ist, wird Freiheit im eigentlichen Sinn von Liebe getragen und ermöglicht. Liebe aber ist die wichtigste aller dem Heiligen Geist zugesprochenen Gnadengaben (vgl. 1 Kor 13; Kol 1,8).

3. Gottes Handeln im Geist als Schenken von Beziehungsfähigkeit und Dynamik

Das Wirken Gottes im Erfülltsein von schlechthin antwortender Liebe ist ein uns ergreifendes und in Bewegung bringendes Be-

---

³ Ebd., 194.

ziehungsgeschehen, eine unser Leben verändernde Kraft, eben der innerste Antrieb und Anhauch der Liebe, der unser Herz ergreift, uns neu schafft und tröstend nahe ist. Im Geist nimmt Gott das Andere, Fremde, ihn nicht fassen Könnende in die Beziehungseinheit hinein, die er ist. In ihm ist er dadurch ganz bei sich selbst, dass er beim Anderen ist und ihm absolute Zukunft eröffnet. Gott ist uns dadurch innerlicher als wir uns selbst, ohne dass unsere Verschiedenheit von ihm aufgehoben würde.

Die vom Heiligen Geist in unsere Herzen ausgegossene Dynamik der Liebe (vgl. Röm 5,5) bewirkt, dass man sich im Wegschenken findet, dass einen das darstellende Handeln von Gottes Liebe frei macht und dass die Zuwendung zum Armen und Bedürftigen die eigene Bedürftigkeit zeigt und sie erfüllt. *Ubi caritas, Deus ibi est et agit*, kann man an dieser Stelle mit H. Kessler festhalten.[4]

Dynamik der Liebe

Gottes guter Geist führt hinein in eine Dynamik des Sich-Überschreitens, die eine „Identität des Über-Hinaus, ‚ein göttliches Je-mehr, eine Steigerung, Überraschung, ein(en) Überschwang'"[5] ermöglicht. Ziel dieser transzendierenden Bewegung ist die Überwindung aller lebenshindernden Grenzen und die Etablierung umfassender Communio, in der wohltuende Verschiedenheit Einheit ermöglicht. Die gute Leidenschaft des Geistes will den Menschen packen und dennoch freisetzen; sie will ihn hineinführen in die Fülle des Lebens und zu Liebe und Vertrauen ermutigen.

4. Gottes Handeln im Geist in der Spannung zwischen Institution und Charisma

Mit dem zuletzt genannten Punkt nehmen wir die für unseren Zusammenhang besonders wichtige paulinische Kriteriologie auf, derzufolge das Bekenntnis zu Christus und die Auferbauung der Gemeinde die beiden entscheidenden Kriterien zur Unterscheidung der Geister darstellen. Formalisiert man diese Kriterien, so ergibt sich einerseits das Vertrauen in die jedem Menschen geltende, unbedingte Zusage Gottes und andererseits die Ermöglichung von Gemeinschaft in Verschiedenheit als Kennzeichen der Wirkung des Geistes. Überall dort, wo Liebe solche Gemeinschaft ermöglicht, ist der Geist Gottes am Werk und die

Kriteriologie

---

[4] Vgl. H. Kessler, Sucht den Lebenden nicht bei den Toten (s. Lit. zu Kap. 6), 290.
[5] G. Greshake, Der dreieine Gott (s. Lit. zu Kap. 2), 212, eingeschl. Zitat: H.U. v. Balthasar, Theodramatik IV, 78, mit Bezug auf A. v. Speyr.

Herrschaft Christi auch ohne explizite Bezugnahme auf ihn verwirklicht.

Andererseits bedeutet diese Formalisierung nicht, dass der Geist nicht auch innerhalb der Kirche wirken würde. Vielmehr sollte mit dem bisher Überlegten gerade deutlich werden, „daß *der Heilige Geist das innere Lebensprinzip, die Seele der sichtbaren Kirche ist.*"[6] Der Geist ist es, der nach neutestamentlichem Zeugnis auch in der Kirche die Menschen zusammenführt, gegenseitiges Verstehen ermöglicht und die Verkündigung des Wortes begleitet (vgl. Apg 2; 4,31; 10,44-46). Er ist in apostolischer bzw. kirchlicher Vermittlung wirksam (vgl. Apg 8,17; 9,17; 10,44; 11,15-17; 19,6). Er bestellt Bischöfe (vgl. Apg 20,28), leistet den Aufbau der Gemeinde und der Kirche (vgl. Apg 9,31) und führt sie zur Gemeinschaft und Einheit zusammen (vgl. Phil 2,1).

Christen sind nach Paulus geradezu als die definiert, die den Geist haben und sich von ihm leiten lassen (vgl. Röm 8,9.14). Der Geist ruht auf der christlichen Gemeinde (vgl. 1 Petr 4,14; 1 Joh 3,24), bestellt die Christen zu Erben Christi (vgl. Röm 8,17) und wohnt in ihnen (vgl. 1 Kor 3,16), bzw. durch den Geist werden sie zur Wohnung Gottes (vgl. Eph 2,22). Der Geist ist es, der gerecht macht (vgl. 1 Kor 6,11) und damit die Kirche der Heiligen konstituiert. Anders als Lukas geht es Paulus bei alledem weniger um das spektakuläre äußerliche Wirken des Geistes, als vielmehr um sein Wirken im alltäglichen Leben, das durch die oben zitierten Gnadengaben charakterisiert ist. Dennoch sind sich beide mit den übrigen neutestamentlichen Autoren einig, dass der Heilige Geist in den Grundvollzügen der Kirche wirksam ist. Er wirkt ebenso im Wort der Jüngergemeinde wie in den Sakramenten.

Geistwirken in den Grundvollzügen der Kirche

Das ständige Wirken des Heiligen Geistes in den Grundvollzügen der Kirche ist Ausdruck der Verlässlichkeit der schon Israel gegebenen Bundeszusage JHWHs (vgl. Hag 2,5), die in Christus auf die sich zu ihm bekennende Gemeinde ausgeweitet wird. „Der inkarnatorischen oder sakramentalen Struktur des göttlichen Heilshandelns entsprechend bindet sich der Geist an die Heilige Schrift, an die Verkündigung und die Sakramente und in gewisser Weise auch an das ... amtliche Tun der Kirche."[7] Damit ist selbstverständlich keine exklusive Bindung gemeint, aber es ist dem Versprechen Gottes Rechnung getragen, dass er diejenigen, die seinem Zusagewort vertrauen und es in der Welt darstellen wollen, nicht verlassen wird.

---

[6] W. Kasper, Der Gott Jesu Christi (s. Lit. zu Kap. 2), 281.
[7] B.J. Hilberath, Pneumatologie, 550.

Da es im Laufe der Kirchengeschichte durch die Auseinandersetzung mit Schwärmerbewegungen zumindest tendenziell zu einer auch heute noch wirksamen Verkirchlichung des Geistwirkens und zu einer Zurückdrängung des charismatischen Elements gekommen ist, ist es wichtig, wieder mehr das charismatische Wirken des Geistes innerhalb und außerhalb der Kirche zu betonen. Dieses darf allerdings nicht – wie teilweise in evangelikalen und charismatischen Bewegungen – gegen das Wirken des Geistes im institutionalisierten Selbstvollzug von Kirche ausgespielt werden. Genauso wenig wie das Wirken des Geistes auf das Wirken in kirchlichen Strukturen reduziert werden darf, sollte umgekehrt die Freiheit, die Gottes Geist wirkt, einfach gleichgesetzt werden mit der Auflösung von Struktur und Institution. Institutionen und Strukturen können durchaus Freiheit stiften, so dass sie auch in der Kirche eine sinnvolle Rolle einnehmen können. Die Haltung der Liebe, zu der der Geist befreit, braucht gerade das Aushalten der „Spannung zwischen den prophetischen Charismen und dem Amt der Leitung."[8] Denn Freiheit kann sich ebenso wenig im anarchischen Chaos wie in erstarrten Strukturen entfalten, so dass gerade dieses Aushalten allererst den Raum eröffnet, in dem sich Freiheit entwickeln kann.

5. Gottes Handeln im Geist in der Spannung zwischen personaler Begegnung und Unverfügbarkeit

Eine weitere Spannung in der gegenwärtigen Debatte um das Handeln Gottes im Heiligen Geist, die in keinem Fall aufgelöst werden darf, besteht in derjenigen zwischen der personalen Ansprechbarkeit des Geistes und seiner bleibenden Unverfügbarkeit und Geheimnishaftigkeit.

Auf der einen Seite kann der Geist nicht anders denn als personale Wirklichkeit gedacht werden, wenn man denn ernst nimmt, dass er sich in Freiheit und Liebe vollzieht und solche eröffnet. Freiheit aber kann nicht schlechterdings ohne Personalität gedacht werden, so dass es die dem Geist zugesprochene Freiheit ausschließt, „daß der Geist nur ein unpersönliches Prinzip, ein Medium oder eine Dimension ist."[9]

Geist als Person

Auf der anderen Seite ist er dem Menschen so nahe und innerlich, dass er kaum als personales Gegenüber, sondern eher als Entfaltungsraum und dynamisches Kraftfeld zu denken ist. Er ist dem Menschen so nahe wie sein Atem. „Der Atem steht für

Geist als Kraftfeld

---

[8] J. Werbick, Von Gott sprechen an der Grenze zum Verstummen, 198.
[9] W. Kasper, Der Gott Jesu Christi, 260 (im Orig. herv.).

ein Sagen Gottes vor allem Gesagten, für eine Nähe, die Geben bedeutet, Geben einer Sprache als Geben einer Nähe, die an Bezeichnungen gebunden bleibt."[10] Gott bleibt uns nicht äußerlich, sondern seine Nähe geht uns – wie das Bild des Atems verdeutlichen kann – buchstäblich unter die Haut. Gerade diese unsagbare Nähe des Geistes macht seine personale Erfahrung fast unmöglich. Sein Wirken bleibt geheimnisvoll (vgl. Jes 40,13) und lässt sich an keiner Stelle verobjektivieren oder verdinglichen. So steht der Geist insgesamt für die „Dimension der Unverfügbarkeit Gottes"[11] und damit für die unfassbare Tiefe seiner personalen Zuwendung.

Streitfall Unfehlbarkeit

Eines der stärksten Ärgernisse des römisch-katholischen Glaubensverständnisses ist für viele bis heute das bereits im Dialogtext diskutierte Dogma von der Infallibilität des Papstes. Oft wird diese Infallibilität als persönliche Unfehlbarkeit des Papstes missverstanden, durch die der Papst in seiner besonderen Heiligkeit aus der Irrtumsanfälligkeit der Welt herausgehoben sei. Grundsätzlich scheint das Dogma der Fallibilität aller menschlichen Erkenntnisakte und Lebensvollzüge zu widersprechen und deshalb schon aus philosophischen Gründen unannehmbar zu sein. Eben diese scheinbare Irrationalität des Infallibilitätsdogmas ist es auch, die die bleibenden Einsprüche von Theologen wie Hans Küng gegen diesen Glaubenssatz motiviert.

Definition Um den heftigen Streit um das Infallibilitätsdogma richtig einordnen zu können, ist es wichtig, zunächst einmal seine genaue Definition durch das Erste Vatikanische Konzil (1870) wahrzunehmen. Sie lautet folgendermaßen:

> Denn Petri Nachfolgern ward der Heilige Geist nicht dazu verheißen, dass sie aus seiner Eingebung heraus neue Lehren verkündeten. Ihre Aufgabe ist vielmehr, die von den Aposteln überlieferte Offenbarung oder *das anvertraute Glaubensgut unter dem Beistand des Heiligen Geistes gewissenhaft zu hüten und getreu auszulegen.*
> ... Im treuen Anschluss also an die Überlieferung, wie wir sie von der ersten Zeit des Christentums an übernommen haben, lehren wir

---

[10] E. Dirscherl, Gottes Wort im Menschenwort. Die Frage nach Jesus Christus und die Herausforderung des jüdisch-christlichen Dialogs in der Gottrede. In: M. Striet (Hg.), Monotheismus Israels und christlicher Trinitätsglaube, Freiburg-Basel-Wien 2004 (QD 210), 11-32, hier 28.

[11] G. Greshake, Der dreieine Gott, 516.

Streitfall Unfehlbarkeit

zur Ehre Gottes unseres Heilandes, zur Verherrlichung der katholischen Religion und zum Heil der christlichen Völker, unter Zustimmung des heiligen Konzils, und erklären es als von Gott geoffenbartes Dogma: Wenn der römische Papst *ex cathedra* spricht – das heißt, wenn er in Ausübung seines Amtes als Hirte und Lehrer aller Christen mit seiner höchsten Apostolischen Autorität erklärt, dass *eine Lehre, die den Glauben oder das sittliche Leben betrifft,* von der ganzen Kirche gläubig festzuhalten ist –, dann besitzt er kraft des göttlichen Beistandes, der ihm im heiligen Petrus verheißen wurde, eben jene Unfehlbarkeit/ Unverirrlichkeit, mit der der göttliche Erlöser seine Kirche bei Entscheidungen in der Glaubens- und Sittenlehre ausgerüstet wissen wollte. Deshalb lassen solche Lehrentscheidungen des römischen Papstes keine Abänderung mehr zu, und zwar schon *von sich aus, nicht erst infolge der Zustimmung der Kirche* (DH 3070 und 3074; eig. Übers. u. Herv.).

Die Infallibilität des Papstes gilt also nur unter drei Bedingungen bzw. mit drei Einschränkungen: Bedingungen
- hinsichtlich des Subjekts ist der Papst nur infallibel, wenn er *als oberster Hirte und Lehrer* der Kirche spricht,
- hinsichtlich des Objekts ist er nur infallibel bei der Definition einer *Glaubens- oder Sittenlehre,* die zur apostolischen Tradition und zum gemeinsamen Glauben der Kirche gehört,
- hinsichtlich des Aktes ist er nur infallibel, wenn er *ex cathedra* spricht, das heißt, wenn er kraft seiner höchsten Apostolischen Autorität entscheidet und ausdrücklich seine Absicht erklärt, ein endgültiges Urteil zu fällen.

Aus den Konzilsakten und den offiziellen römischen Erklärungen ist darüber hinaus
- der subsidiäre Charakter dogmatischer Entscheidungen des Papstes
- und die „prinzipielle" Notwendigkeit der Konsultation und Mitwirkung der Kirche zu entnehmen (Einholung der Meinungen der Bischöfe, Kardinäle und TheologInnen).

Eine formelle Festschreibung des Konsensprinzips in der Konzilsdefinition wird abgelehnt, damit die kirchliche Lehrautorität auch in schweren Konfliktfällen, in denen etwa eine nachträgliche oder auch vorgängige (formelle) Konsenserhebung unmöglich ist, handlungsfähig bleibt. Wenn also in der oben zitierten Definition festgehalten ist, dass der Papst *von sich aus, nicht erst infolge der Zustimmung der Kirche* unabänderliche Entscheidungen treffen kann, wird damit nicht etwa der Regelfall beschrieben, sondern ein Notstandsrecht festgehalten. Dies kann dann wichtig werden, wenn ein totalitäres Herrschaftssystem

Notstandsrecht

viele Länder der Erde kontrolliert und die Autonomie kirchlicher Lebensvollzüge bedroht. Unter normalen Umständen gilt: „Wo weder Einmütigkeit der Gesamtkirche vorliegt noch ein klares Zeugnis der Quellen gegeben ist, da ist auch eine verbindliche Entscheidung nicht möglich; würde sie formal gefällt, so fehlten ihre Bedingungen, und damit müsste die Frage nach ihrer Legitimität erhoben werden."[12]

Infallibilität und Indefektibilität

Seit dem Zweiten Vatikanischen Konzil hat sich weitgehend eine Interpretation des Infallibilitätsdogmas durchgesetzt, die 1870 nur von einer Minorität der Bischöfe vertreten wurde. Diese Deutung betont besonders die zwei zuletzt genannten Einschränkungen und bezieht die Infallibilität primär auf die Kirche als Ganze und auf ihre Indefektibilität (Unzerstörbarkeit). Diese Unzerstörbarkeit ist der Kirche insofern zugesagt, als sie aufgrund der Treue Gottes und des Wirkens des Heiligen Geistes niemals als Ganze grundsätzlich aus der Wahrheit von Gottes Treuewort herausfallen kann. Der letzte Grund des Infallibilitätsdogmas ist also die Treue Gottes und die im Hl. Geist verbürgte Unzerstörbarkeit der Kirche. Die Lehre von der Infallibilität soll also nicht irgendwelche theologischen Theorien des Papstes aus der Fallibilität aller theoretischen Daseinsvergewisserungen herausnehmen, sondern die Treue Gottes zu seinem einmal gegebenen Zusagewort unterstreichen.

Die einzigen bisher gemäß der Kriteriologie des Ersten Vaticanums erfolgten formellen Dogmen der Kirche sind neben dem Infallibilitätsdogma selbst die Definition der leiblichen Aufnahme Mariens in den Himmel vom 1.11.1950 durch Pius XII. und die Definition von der Unbefleckten Empfängnis Mariens vom 8.12.1854 durch Pius IX. Beiden Dogmatisierungen ging jeweils eine Befragung des Weltepiskopates und einer Theologenkommission voraus, die jeweils einen fast einhelligen Konsens für die Dogmatisierung deutlich machten.

Mariendogmen

Bei beiden Dogmen geht es weniger um die Anbetungswürdigkeit Mariens, als darum, Maria als Urbild der Kirche zu verstehen. Für alle Mariendogmen gilt, dass wir an Maria bekennen, was wir für uns alle erhoffen. Bei der unbefleckten Empfängnis Marias geht es nicht etwa um die Jungfräulichkeit Mariens, sondern um den Glauben, dass sie von Anfang an von der Erbsünde befreit war. Diese Freiheit von der Erbsünde ist wichtig, um das „Ja" Marias zu Jesus als ein ungeteiltes, allem Zwiespalt enthobenes „Ja" zu verstehen. Gerade durch diese Freiheit von

---

[12] J. Ratzinger, Das neue Volk Gottes, Düsseldorf 1969, 144.

der Ambivalenz der menschlichen Freiheitsstruktur wird in diesem „Ja" das Ziel des „Ja" eines jeden Menschen abgebildet. Was Maria in ihrer Antwort auf die Verkündigung der Geburt Jesu von Gott geschenkt wurde, nämlich radikal und ohne jeden Zwiespalt ganz und gar „Ja" zu Gottes gutem Willen zu sagen, erhoffen wir eschatologisch für uns alle. Das „Ja" Mariens ist auf diese Weise Urbild des „Ja" der Kirche. Auch mit der leiblichen Aufnahme Mariens in den Himmel geht es in erster Linie nicht um eine Sonderstellung Mariens, sondern um sie als Urbild der Kirche. An Maria bekennen wir in diesem Dogma das, was wir für uns alle im Auferstehungsglauben erhoffen: dass wir als ganzer Mensch – mit Leib und Seele – in Gott hinein gerettet werden.

Beide Mariendogmen müssen auch im Blick auf ihren zeitgeschichtlichen Hintergrund gewürdigt werden. In einer Zeit, in der die menschliche Freiheit zur prägenden Kraft des Denkens und politischen Handelns wurde und der Mensch immer mehr der Illusion allumfassender Machbarkeit verfiel, war es wichtig, den Menschen einzuschärfen, dass uns das Letzte und Wichtigste im Leben, also das freie, ungeteilte „Ja" zum Absoluten, geschenkt werden muss. Ebenso war es in einer Zeit, in der durch millionenhaftes Morden die Würde des Menschen in Frage gestellt wurde und in der sich eine allgemeine Verzweiflung einzustellen drohte, wichtig, die christliche Hoffnungsperspektive auf Rettung des ganzen Menschen über den Tod hinaus in eindringlicher Weise zu verdeutlichen.

Bedenkt man diese zeitgeschichtlichen Hintergründe, wird auch für die genannten Mariendogmen deutlich, was für alle Dogmen gilt. Sie tun nichts anderes, als die christliche Heilswahrheit in die konkrete Situation einer bestimmten Zeit hinein zu übersetzen. Entsprechend gilt für alle Dogmen, dass bei ihnen ausgewiesen werden kann (und bei entsprechenden Anfragen auch ausgewiesen werden muss), dass sie uns je neu die heilsame Wahrheit des Glaubens verdeutlichen. Aussagen, die nicht heilsrelevant sind und sich nicht auf das grundlegende Heilsereignis in Jesus Christus beziehen lassen, sind dagegen nicht dogmatisierbar.

9) Gemeinschaft der Glaubenden/ Ekklesiologie

Karl Rahner

Der bedeutenste kath. Theologe des 20. Jh.

Karl Rahner (1904-1984), der einflussreichste und bedeutendste katholische Theologe des 20. Jahrhunderts, war ein leidenschaftlicher Eisesser. Die sicherste Methode, ihn in aller Ruhe in ein theologisches Gespräch zu verwickeln, war es deshalb, ihn in eine Eisdiele einzuladen. Doch so brummig Rahner oft war – seine erste Reaktion auf einen Telefonanruf war oft nur ein Knurren oder Brummen –; dennoch kam er nicht nur, wenn ihm Eis angeboten wurde. So gut wie nie lehnte er eine Einladung zu einem theologischen Vortrag ab und war sich auch auf der größten Höhe seines Ruhmes nicht zu schade dafür, einen Vortrag vor Hausfrauen zu halten.

In seiner Freizeit schloss er sich während seines Theologiestudiums den ‚Bienenvätern' an, einer Gruppe von Jesuiten, die sich um die Bienenzucht des Kollegs kümmerten. Dies gab ihm u.a. die Freiheit rauchen zu dürfen – eine Leidenschaft, die Rahner bis ins hohe Alter beibehielt. Überhaupt war Rahner ein Mensch, der den Genüssen des Lebens nicht ganz abgeneigt gegenüber stand. Er trank gerne ein Bier, liebte Schokolade und Süßigkeiten, ging gerne in den Zoo, den Zirkus oder ins Kino und lachte herzhaft über Witze. Geradezu legendär ist seine Begeisterung für das Autofahren ebenso wie seine Freude beim Besuch eines Spielzeuggeschäfts.

Über sein eigenes Leben hat Rahner mehrfach gesagt, dass nichts an ihm besonders interessant oder aufregend sei. Es sei das stinknormale Leben eines mitteleuropäischen Bürgers gewesen, ohne besondere Bekehrungserlebnisse, ohne Sensationen, ohne heroische Taten. 1922 trat Rahner in den Jesuitenorden ein, um nach elfjährigem Studium der Theologie und Philosophie zum Priester geweiht zu werden. Der ignatianische Grundsatz „Gott in allen Dingen finden" wurde ganz selbstverständlich zum Leitsatz seines Lebens und Denkens. Überhaupt erschließen sich viele Grundimpulse seines Denkens aus seiner ignatianischen Spiritualität.

Seine philosophische Dissertation wurde von seinem neuscholastischen Betreuer wegen ihrer innovativen Kraft abgelehnt, so dass er schnell im Bereich der Theologie promovierte und habilitierte und bald nach dem Krieg 1949 eine Professur in Innsbruck bekam. 1964 wurde er Nachfolger von Guardini in München, 1967 ging er nach Münster.

Bekannt wurde Rahner vor allem auch dadurch, dass er als Konzilsberater maßgebliche Texte des Zweiten Vatikanischen Konzils mitgestaltete. Gerade bei der dogmatischen Bestimmung des Wesens der Kirche war er einflussreich. Da seine Thesen zu dieser Wesensbestimmung aber bereits ausführlich im Dialogtext gewürdigt wurden, will ich hier auf einen anderen Punkt aus diesem Zusammenhang eingehen: der Frage nach der Heilsnotwendigkeit der Kirche. Galt bis Mitte des 20. Jahrhunderts noch jede Heilsmöglichkeit außerhalb der Kirche als ausgeschlossen, so ist es K. Rahner, der in bahnbrechender Weise den Weg für ein positives Verhältnis zu nichtchristlichen Religionen und Weltbildern eröffnete. Maßgebend war dabei seine Theorie vom „anonymen Christentum".

Konzilsberater

Rahner entwickelt diese Theorie in erster Linie vor dem Hintergrund der Frage, wie aus christlicher Sicht die Heilsmöglichkeit von Menschen zu bewerten ist, die nicht der Kirche angehören. Dabei geht er von zwei Prämissen aus: Zum einen besteht er darauf, dass es kein Heil an Jesus Christus vorbei geben könne, dass Jesus Christus also das Heil aller Menschen aller Zeiten sei. Zum anderen geht er vom schon in 1 Tim 2,4 bekannten allgemeinen Heilswillen Gottes aus, der nicht anders denn als „wirklichkeitsschaffende Tatsache"[13] gedacht werden könne. Wenn Gott wirklich das Heil aller Menschen will, muss es – mindestens für die Menschen, die noch nie von Jesus Christus gehört haben – eine Möglichkeit geben, auch ohne explizite Beziehung zu Jesus Christus ihr Heil zu wirken. Da es Heil aber gemäß der ersten Prämisse nicht an Jesus Christus vorbei geben kann, muss es für diese Menschen die Möglichkeit einer anonymen bzw. impliziten Beziehung zu Jesus Christus geben. Rahner kann dabei darauf verweisen, dass diese Möglichkeit auch in der Gerichtsrede Jesu (Mt 25,31-46) vorausgesetzt ist, insofern dort deutlich wird, dass Jesus Christus unthematisch und unbewusst in jedem Akt tätiger Nächstenliebe geliebt wird. Die Praxis der Nächstenliebe kann also nicht von der Gottesliebe getrennt werden und muss deshalb schon für sich genommen als heilswirksam angesehen werden.

Theorie vom „anonymen Christentum"

---

[13] K.-H. Weger, Karl Rahner. Eine Einführung in sein theologisches Denken, Freiburg 1978, 89.

übernatürliches Existential

Auf der Basis dieser Überlegungen entwickelt Rahner in Weiterentwicklung scholastischer Denkfiguren und in terminologischer Anlehnung an Heidegger die Rede vom ‚übernatürlichen Existential', die davon ausgeht, dass jeder Mensch a priori, im Sinne einer existentialen Bestimmung seiner Natur, „dem Einfluß der göttlichen, übernatürlichen, eine innere Gemeinschaft mit Gott und eine Selbstmitteilung Gottes anbietenden Gnade ausgesetzt ist."[14] Von daher sei jeder Mensch in seinem tiefsten Wesen, in seiner innersten Mitte auf Gott und dessen Selbstmitteilung hin ausgerichtet. Insofern also aufgrund des übernatürlichen Existentials jeder Mensch immer schon eine Antenne für Gott ist und auf das ihm in Jesus Christus dargebotene Heil ausgerichtet ist, kann Rahner zufolge auch eine Nichtchristin ihr Heil, ohne es zu wissen, durch Jesus Christus wirken, wenn sie nur ihr solchermaßen ausgerichtetes „eigenes Dasein vorbehaltlos annimmt."[15] In seinen Appellen zur suchenden Christologie sucht Rahner das dadurch plausibel zu machen, dass er richtig verstandene Nächstenliebe, Bereitschaft zum Tode und Hoffnung der Zukunft sowie überhaupt jeden totalen Akt menschlichen Daseins als zumindest unthematische Annahme Jesu Christi interpretiert.[16] Wenn ein Mensch, der Rahner zufolge in seinem innersten Wesen ja immer Hörer des Wortes und damit ausgerichtet auf die Selbstmitteilung Gottes ist, also sein Dasein vorbehaltlos annimmt, tritt er dadurch in eine unthematische bzw. implizite Beziehung zu Jesus Christus, durch die er gleichsam als ‚anonymer Christ' sein Heil wirkt.

Mit dieser Theorie vom ‚anonymen Christentum' und der damit verbundenen Möglichkeit, auch nichtchristliche Religionen als möglicherweise legitime anzuerkennen, hat Rahner eine wirkungsgeschichtlich sehr einflussreiche, mit der christlichen Tradition gut vermittelbare denkerische Möglichkeit aufgezeigt, das Heil nicht nur auf explizite Christinnen und Christen zu beschränken, ohne deshalb den Absolutheitsanspruch des Christentums aufzugeben. Seine Theorie hat aber auch viel Widerspruch erfahren. Von konservativer Seite wurde Rahner immer wieder vorgeworfen, mit seiner Theorie einen Ausverkauf des Christen-

---

[14] K. Rahner, Das Christentum und die nichtchristlichen Religionen, in: Ders., Schriften zur Theologie V. Neuere Schriften, Einsiedeln-Zürich-Köln 1962, 136-158; hier: 145. Zitate aus den Schriften zur Theologie vermerke ich ab sofort im Fließtext durch Angabe von Band und Seitenzahl; also in diesem Fall: V, 145.

[15] K. Rahner, Grundkurs des Glaubens (s. Lit. Einführung), 298.

[16] Vgl. ebd., 289-291.

tums zu betreiben. Von Balthasar beispielsweise meint, dass es nicht einzusehen sei, warum man sich überhaupt noch explizit zum Christentum bekennen und ggf. dafür sein Leben hingeben soll, wenn man ohne explizites Bekenntnis ebenso gut wegkomme. Rahners Theorie laufe deshalb auf eine Selbstliquidierung des Christentums hinaus.[17]

Zur Besänftigung dieser Kritiker wird Rahner nicht müde zu betonen, dass das explizite Christentum „eine von seinem Wesen her geforderte höhere Entwicklungsphase" (V, 155) des Christentums sei. So wie die Gnade (*res sacramentum*) ihrem sichtbaren Zeichen (*sacramentum*) vorangehe, es in ihrer Dynamik aber dennoch fordere, so mache auch das anonyme das explizite Christentum keineswegs überflüssig, „sondern fordert es selbst kraft seines eigenen Wesens und seiner eigenen Dynamik" (IX, 508). Dies bedeute zwar nicht unbedingt, dass der einzelne explizite Christ oder die einzelne bekennende Christin das Christentum tiefer erfasst und lebt als der einzelne anonyme Christ oder die einzelne implizite Christin. Aber es bedeutet nichtsdestoweniger eine objektiv „größere Heilschance für den einzelnen Menschen" (V, 156).

Antwort auf Kritiker

Diese Privilegierung der expliziten Christen bemüht sich Rahner allerdings durch die Betonung ihrer radikalisierten Verantwortung auszugleichen. „Der Kairos der siegreichen Pfingstgnade ist auch der Kairos der äußersten Verantwortung" (VII, 195). Denn jeder einzelne Christ und jede einzelne Christin hat an dem Auftrag der Kirche teil, das in Jesus Christus allen Menschen zugängliche Heil geschichtlich greifbar bleibend zu machen. „Die eigentlichen Kirchenmitglieder wirken ihr Heil, *indem* sie voll diese ihre Zeichenfunktion den anderen gegenüber erfüllen" (X, 425), weswegen man ihnen aus Rahners Sicht auch so etwas wie einen „stellvertretenden Dienst" an der Menschheit zusprechen kann.

Durch diese Art der Verteidigung wird die explizite Kirchlichkeit nun doch wieder so positiv herausgestellt, dass die Rede vom anonymen Christentum auf eine Abwertung Andersgläubiger hinausläuft. Entsprechend wird Rahner von eher liberaler Seite immer wieder vorgeworfen, seine Theorie stelle eine unzulässige „Vereinnahmung"[18] Andersdenkender dar, ja sie sei eine „grobe Verletzung des Respekts vor den anderen."[19] Dieser Vor-

---

[17] Vgl. H. v. Balthasar, Cordula oder der Ernstfall, Einsiedeln 1966 (Kriterien; 2), 111-113.
[18] H. Küng, Christ sein, München-Zürich 21974, 90.
[19] E. Jüngel, Extra Christum nulla salus – als Grundsatz natürlicher Theologie? Evangelische Erwägungen zur ‚Anonymität' des Christenmenschen,

wurf ist sicherlich unberechtigt, wenn er einfach generell die Legitimität und die mögliche Sachgemäßheit von Heterointerpretationen in Abrede stellt. Auch wird man Rahner zugeben müssen, dass seine „Vereinnahmung" von der Sache her geboten zu sein scheint, sofern man am christlichen Wahrheitsanspruch festhalten will, und dass sie ausschließlich für den internen Sprachgebrauch konzipiert ist und insofern bestimmt niemanden vor den Kopf stoßen will.

Grundproblem Das Grundproblem von Rahners Standpunkt ist in meinen Augen nicht so sehr die mit ihm verbundene Privilegierung des eigenen Standpunktes, sondern vielmehr seine grundsätzliche Unfähigkeit, Andersdenkende in ihrer Andersheit wertzuschätzen. Eine Heilschance und damit eine positive Wertung der NichtchristInnen ergibt sich in Rahners Theorie vom anonymen Christentum nur dadurch, dass er sie nicht mehr in ihrer Andersheit würdigt, sondern als anonyme und damit defizitäre Verwirklichungen des Eigenen wahrnimmt. Zwar ist es nicht generell illegitim, Auto- als defizitäre Formen von Heterointerpretationen zu fassen, aber mir erscheint es doch als problematisch, wenn ich a priori nicht in der Lage bin, die Auto- auch nur als meiner Heterointerpretation gleichwertig zu denken. Aus der Perspektive der Theorie des anonymen Christentums kann religiöse Andersartigkeit letztlich nur als erfüllungsbedürftige Abweichung verstanden werden; wirkliche Gleichwertigkeit in Verschiedenheit und damit eine genuin nicht-negative Einschätzung religiöser Vielfalt ist in der Perspektive dieser Theorie nicht möglich.

Eng mit diesem Problem zusammen hängt die Frage, wozu noch ein interreligiöser Dialog geführt werden soll, wenn schon vor jeder konkreten interreligiösen Begegnung feststeht, dass der Glaube der Anderen defizitär und erfüllungsbedürftig ist, wenn der Dialog mir also, zumindest was die entscheidenden Fragen angeht, nichts Neues bringen kann. Selbst wenn ich durch die Theorie des anonymen Christentums dazu käme, den Anderen in vielerlei Hinsicht als gleichwertig zu betrachten, so könnte ich doch die Differenz zu ihm nie richtig ernst nehmen und von seinem Glaubenszeugnis nichts wirklich Neues erwarten.

Trotz dieser Kritik muss man festhalten, dass Rahners Theorie ein ungeheures innovatives Potential besitzt und es der christlichen Theologie der Religionen theologiegeschichtlich gesehen allererst erlaubt hat, sich produktiv mit der Herausforderung

---

in: E. Klinger (Hg.), Christsein innerhalb und außerhalb der Kirche, Freiburg-Basel-Wien 1976 (QD 73), 122-138; hier: 122.

anderer Religionen auseinanderzusetzen. Überhaupt muss man bei aller Kritik an Rahner aufpassen, dass man die ungeheuren Fortschritte und die erstaunliche Flexibilität seines Denkens angemessen würdigt. So wird Rahner immer wieder auch in etwas ungerechter Weise kritisiert.

Umstritten ist, ob die Kritik seines Schülers J.B. Metz eine solche überzogene Form der Kritik darstellt oder ob sie tatsächlich einen wunden Punkt bei Rahner trifft. Metz wirft Rahner eine spekulative Überlegitimierung des Christentums vor. Mit seiner Theorie vom übernatürlichen Existential wende Rahner einen theologischen Igeltrick an, der dazu führe, dass er – wie im Märchen von dem Hasen und dem Igel – immer schon am Ziel sei. Statt durch transzendentale Theorien immer schon am Ziel zu sein, gelte es, wie der Hase zu rennen und im Einsatz seines Lebens in der Geschichte das Heil zu wirken.

spekulative Überlegitimierung?

Wie immer man zu dieser Kritik steht, so kann man Rahner nicht vorwerfen, blind dafür gewesen zu sein, dass sich Christentum im konkreten Einsatz für die Benachteiligten und Notleidenden zeigt. Ein schönes Beispiel für Rahners Wirken ist da seine Bitte um Spenden für einen Pfarrer in Tansania an seinem 80. Geburtstag. Auf den Einwand, warum Rahner gerade diesem Priester, der ihn um Hilfe gebeten hat, Geld geben solle, antwortet er:

> wenn einer *dort* am Ertrinken ist, wo man selbst ist, kann man sich eben nicht davon dispensieren, ihn selber herauszuziehen. Und deswegen bitte ich Sie, wenn Sie hinausgehen und irgendeine Mark oder so etwas haben, etwas in ein Körbchen zu tun, damit ich dem Herrn Parahani in der katholischen Pfarrei in Sumbawanga in Tansania in Ostafrika irgendwie ein bißchen helfen kann. Wenn Sie das tun, machen Sie mir eine große Freude, denn ich hab' natürlich doch den Eindruck, daß alle theologischen, gescheiten, tiefsinnigen, großartigen, ergreifenden, zu Tränen rührenden Reden immer noch nicht so wichtig sind, als wenn man, wie, glaube ich, Meister Eckhart gesagt hat, einem Armen ein Süpplein gibt.[20]

Neben dieser Sorge um die Praxis der Nächstenliebe, die sein Denken und Handeln geprägt hat, betonte Rahner gerade gegen Ende seines Lebens sehr die Begrenztheit menschlicher Erkenntnisfähigkeit auch in der Theologie. So beklagt er, dass wir beim theologischen Reden meistens vergessen, dass eine

Unbegreiflichkeit Gottes

---

[20] K. Rahner, Nachwort. In: K. Lehmann (Hg.), Vor dem Geheimnis Gottes den Menschen verstehen. Karl Rahner zum 80. Geburtstag, München-Zürich 1984, 136f.

Zusage immer nur dann einigermaßen legitim von Gott ausgesagt werden kann, wenn wir sie gleichzeitig auch immer wieder zurücknehmen, die unheimliche Schwebe zwischen Ja und Nein als den wahren und einzigen festen Punkt unseres Erkennens aushalten und so unsere Aussagen immer auch hineinfallen lassen in die schweigende Unbegreiflichkeit Gottes selber [21]; ich möchte nur die Erfahrung bezeugen, daß der Theologe erst dort wirklich einer ist, wo er nicht beruhigt meint, klar und durchsichtig zu reden, sondern die analoge Schwebe zwischen Ja und Nein über dem Abgrund der Unbegreiflichkeit Gottes erschreckt und selig zugleich erfährt und bezeugt.[22]

Kaum ein Theologe hat dies in seinem Schaffen in so eindrucksvoller Weise bezeugt wie Rahner selbst.

Aufgaben:

1. Wie wird Kirche in dem Dialogtext definiert? Wozu braucht es die Kirche? Ist sie als heilsnotwendig anzusehen?
2. In welchem Verhältnis stehen Jesus Christus, der Heilige Geist und die Kirche zueinander?
3. Welche Arten eines Handelns Gottes im Geist lassen sich unterscheiden?
4. Arbeiten Sie die in dem Dialogtext gegebene Definition eines Dogmas heraus und vergleichen Sie diese mit der Definition eines der gängigen Handbücher!
5. Überlegen Sie, ob tatsächlich alle Ihnen bekannten Dogmen der Kirche mit Marias Definition übereinstimmen!
6. Diskutieren Sie das Infallibilitätsdogma!
7. Überlegen Sie, ob der gegenwärtige Papst gelegentlich Glaubensüberzeugungen artikuliert, die er nicht im Sinne eines infalliblen Dogmas festschreiben dürfte!

Literaturhinweise

Pneumatologie (= Lehre vom Heiligen Geist)
HILBERATH, BERND JOCHEN, Pneumatologie, Düsseldorf 1994 *(sehr gut gelungene Gesamtdarstellung in gut lesbarem, kompaktem Handbuch).*
NITSCHE, BERNHARD (Hg.), Atem des sprechenden Gottes. Einführung in die Lehre vom Heiligen Geist, Regensburg 2003 *(gut lesbare, überschaubare Einführung mit biblisch-theologiegeschichtlichem Schwerpunkt, aber auch Blick auf aktuelle Debatte).*

---

[21] K. Rahner, Erfahrungen eines katholischen Theologen. In: K. Lehmann (Hg.), a.a.O., 105-119, hier 106f.
[22] Ebd., 108.

Ekklesiologie
KEHL, MEDARD, Die Kirche. Eine katholische Ekklesiologie, Würzburg 1992 *(umfassendes Handbuch).*
MIGGELBRINK, RALF, Einführung in die Lehre von der Kirche, Darmstadt 2003 *(um ökumenische Offenheit bemühtes, knapp gehaltenes Lehrbuch).*
WERBICK, JÜRGEN, Kirche. Ein ekklesiologischer Entwurf für Studium und Praxis, Freiburg-Basel-Wien 1994 (Lit.!) *(sehr gut gelungene, umfassende Einführung; auch hilfreich zur Infallibilität).*

Infallibilitätsdogma
POTTMEYER, HERRMANN J., Die Rolle des Papsttums im Dritten Jahrtausend, Freiburg 1999 (QD 179), bes. 81-94 *(gute, historisch orientierte Übersicht zur Bedeutung des Infallibilitätsdogmas).*
SCHÄRTL, THOMAS, Können Sätze unfehlbar sein? Sprachphilosophische Überlegungen in theologischer Absicht. In: Catholica 57 (2003) 124-148 *(interessanter sprachphilosophischer Zugang).*

Einführung zu Rahner
HILBERATH, BERND JOCHEN, Karl Rahner. Gottgeheimnis Mensch, Mainz 1995 (Theologische Profile).
RAFFELT, ALBERT/ VERWEYEN, HANSJÜRGEN, Karl Rahner, München 1997 (Beck'sche Reihe).

10) Zeichen Gottes in der Welt

[Nach dem Verlassen der Unsicht-Bar gehen Albert und Maria noch auf ein Kölsch in eine benachbarte Kneipe am Eigelstein. Albert ist fest entschlossen, dass es nicht bei einem Kölsch bleiben wird. Es ist nicht etwa so, dass er Maria regelrecht abfüllen will. Aber er denkt schon, dass Maria nach ein paar Kölsch vielleicht doch leichter zu mehr bereit ist als zu einer Berührung der Hände.]

Maria, Du hast mich neulich eingeladen, mit in die Kirche zu gehen. Ich war damals vielleicht etwas zu abweisend. Aber ich muss zugeben, dass ich horrormäßige Erinnerungen an Messbesuche habe. Ich habe mich selten so gelangweilt wie in der Kirche. Ich war immer umgeben von Rentnerinnen, die mit hohen Fistelstimmen Lieder von einem blutenden Jesus oder einem geschlachteten Lamm gesungen haben, was in ihren Augen offenbar beides ungefähr dasselbe ist. Zwischendurch war eine einfach nur ätzende Predigt und nachher hat jeder einen kleinen Jesuschip gekriegt. Erkennbar verändert hat die ganze Prozedur niemanden – außer mich vielleicht: Ich war hinterher deutlich frustrierter, weil ich es nicht fassen konnte, dass man so sinnlos seine Zeit vertun kann.

Na, siehst Du, dann wärst Du doch besser mal mit mir gekommen. Auf diese Weise hättest Du erlebt, dass ein Gottesdienst auch ganz anders sein kann – viel spannender und verbindender, eben froh und Lust aufs Leben machend. Aber „Prost!" erst mal.

[Maria sieht Albert beim Anstoßen tief in die Augen. Albert denkt darüber nach, wie es wäre, wenn er mit Maria zusammen in der Kirche wäre, erwidert aber gerne ihren Blick. Es tut gut, sie endlich wieder sehen zu können, und ihre Schönheit genießen zu können.] *Aber warum sollte ich in die Kirche latschen, um ein tolles Gemeinschaftserlebnis zu haben? Solche Erlebnisse habe ich doch schon jeden Samstag im Fußballstadion oder bei Rockkonzerten. Und, mit Verlaub, Maria, ich bin sicher, dass da Deine nette Jesusversammlung nicht heranreicht.* [Maria muss lachen. Sie ist allerdings sicher, dass das nicht am Kölsch liegt. Sie findet es einfach witzig, wenn Albert „mit Verlaub" sagt. Sie wusste gar nicht, dass Albert solche Wörter kennt. Wenn er gleich noch „mitnichten" sagt, fällt sie vom Stuhl.] *Was kann ich bei Dir und in Deiner Kirche erleben, was ich nicht auch im Fußballstadion oder beim Rockkonzert erlebe?*

10) Zeichen Gottes in der Welt

Die Zielrichtung ist eine ganz andere. Es geht bei der Kirche nicht um ein inhaltsleeres Event oder um die Verehrung irgendeines blöden Vereins. Es geht um Gottes Zusagewort in Jesus Christus. Es geht darum, diese Zusage lebendig zu halten. Es geht um die Erfahrung, dass Christus weiter gegenwärtig ist und uns weiterhin durch seine Liebe und seinen Geist miteinander verbindet und uns ermächtigt, in seinem Namen die Welt zu verändern.

Du willst mir doch nicht ernsthaft weismachen, dass in diesen kleinen, vorgestanzten, geschmacksfreien Oblaten Jesus drinsteckt. Jesus würde sich gruseln, wenn er diese Begräbnisfeiern anschauen müsste, die Ihr als Gottesdienst bezeichnet.

[Maria wird allmählich ungeduldig.] Hör endlich auf, Deine negativen Erfahrungen mit Messen so hinzustellen, als wäre jede Eucharistie eine Begräbnisfeier. Sicher gibt es Gemeinden, bei denen man den Eindruck gewinnt, dass Jesus im Grabe geblieben ist und von seinem Geist nicht viel spürbar ist. Aber niemand zwingt Dich, Dich so einer Gemeinde anzuschließen.

Mich kann sowieso niemand zu irgendetwas zwingen. Aber mir ging es jetzt auch nicht so sehr um die ansprechende oder weniger ansprechende Art von Gottesdiensten als darum, dass ich nicht glauben kann, dass ein Mensch in einem Stück Brot gegenwärtig sein kann.

Ich versuch Dir das mal mit einer Geschichte zu verdeutlichen, die ich von dem Theologen Franz-Josef Nocke gehört habe. In seiner Gemeinde ist einmal ein junger Mann gestorben: Als die Freundin dieses Mannes ihn zu einer gemeinsamen Reise abholen wollte, fand sie ihn, Michael, tot in seiner Wohnung. Natürlich war das ein unbeschreiblicher Schock, ganz besonders für die Eltern. In die Eucharistiefeier zu Michaels Begräbnis aber brachte die Mutter ein Brot mit. Am Ende der Messe erzählte sie, was es damit auf sich hatte: Die Eltern von Michaels Freundin hatten dieses Brot gebacken und den jungen Leuten zu Ostern geschenkt. Michael hatte es vor dem Fest seinen Eltern gebracht mit der Bitte, es einzufrieren, damit es noch frisch wäre, wenn er mit der Freundin nach den Feiertagen von der Reise zurückkomme. Die Mutter legte das Brot auf den Altartisch. Sie brach es in Stücke und lud alle, die es mochten, ein, sich ein Stückchen davon zu nehmen.

Gegenwart Christi in der Eucharistie

Gut, da wäre ich auch hingegangen und hätte gespürt, dass mich das Brot an Michael erinnert. Aber ich hätte nicht gedacht, dass das Brot Michaels Leib ist. Ich bin doch kein Kannibale.

Wenn ich bekenne, dass Christus unter den Gestalten von Brot und Wein real gegenwärtig ist, dann meine ich damit ja auch nicht, dass ich ihn wie ein Kannibale aufesse. Es geht mir darum, dass ich mich durch die von ihm eingesetzten Zeichen an ihn erinnere. Und es geht mir darum, dass er in diesem Akt der Erinnerung auch lebendig wird und tatsächlich da ist.

Warum gerade in Brot und Wein?

Brot und Wein sind die von Jesus selbst eingesetzten Zeichen seiner Gegenwart. Dies ist allerdings aus historisch-kritischer Sicht nicht ganz unumstritten. In jedem Fall sind es aber die Zeichen, durch die die Kirche von Anfang an gefeiert hat, dass Jesus gegenwärtig ist. Das Brot steht dafür, dass Gott unsere Grundbedürfnisse stillt. Das Brechen und Teilen des Brotes sind Erkennungszeichen Jesu und Erkennungszeichen seiner Gemeinde bis heute. Der Wein steht dafür, dass Gott unser Leben in Fülle will. Christus schenkt sich mir so hin, dass ich aus ihm leben kann und dass ich durch ihn das Leben in Fülle habe.

Dann will Gott aber nur ein Leben in Fülle für die Priester. Denn sonst kriegt ja niemand was von dem Wein ab. Und die Oblaten werden auch nicht gebrochen, sondern kommen mundgerecht aus der Nonnenbäckerei. Nur die Oblate des Priesters wird gebrochen. Und die bricht er nur durch, damit er sie ganz in den Munde bekommt, wenn er sie vor aller Augen in den Mund steckt. Es ist übrigens sehr unhöflich von Euren Priestern und eine sehr schlechte Art von Gastfreundschaft, dass sie sich immer erst selbst bedienen.

Es gibt durchaus auch Priester, die nicht zuerst selbst kommunizieren. Außerdem sind die Priester nicht die Gastgeber in der Eucharistie. Der Gastgeber ist allein Christus, und vom Ritus her ist es vorgesehen, dass sich der Priester zuerst selbst die Hostie nimmt, weil er nur weitergeben kann, was er empfangen hat. Die Liebe und Lebenshingabe Christi kann der Priester eben nicht herstellen, sondern er wird wie die Gemeinde von ihr beschenkt.

Was den Wein angeht, so hast Du sicher recht, dass es keine sehr glückliche Entwicklung ist, dass es in der katholischen Kirche weithin üblich geworden ist, den Wein nur dem Priester und den Kommunionhelfern vorzubehalten. Aber wenn Du mit in meine Gemeinde kommst, wirst Du sehen, dass das auch anders geht. Und Du wirst erleben, wie schön es ist, wenn alle etwas von dem gebrochenen Brot bekommen und gemeinsam kommunizieren.

[Albert überlegt, ob es gut passen würde, jetzt einen Wein zu bestellen, zieht es dann aber doch vor, noch ein fünftes Kölsch zu trinken. Er wundert sich etwas, dass Maria sich noch so gut konzentrieren kann. Und ihre Hand hat er in der Kneipe auch noch nicht berührt.] *Okay, Maria, irgendwann komme ich mal mit. Die Idee der Tischgemeinschaft finde ich sehr schön. Und wenn der Geist dieses Galiläers dabei spürbar werden sollte, kann das Ganze eigentlich gar nicht so uncool sein. Aber ich verstehe immer noch nicht, warum Jesus gerade in Brot und Wein leiblich gegenwärtig sein soll. Wenn die Gegenwart Jesu die Gegenwart unbedingter Liebe bedeutet, dann habe ich eben in der Unsicht-Bar Jesu leibliche Gegenwart gespürt, als Deine Hand meine berührt hat.*

[Albert ergreift Marias Hand. Sie errötet, weicht aber nicht zurück.] Albert, niemand behauptet, dass Christus nur in den Zeichen von Brot und Wein leiblich gegenwärtig ist. Ich hatte doch bereits gesagt, dass mir der unbedingte Zuspruch Christi immer dann als Anspruch begegnet, wenn ein anderer Mensch meine Zuwendung braucht. Und natürlich wird die Liebe Gottes spürbar und in leiblicher Weise konkret, wenn Liebende sich berühren und sich dabei ohne Vor- und Nachbedingungen anerkennen. Die Eucharistie macht lediglich zeichenhaft gegenwärtig und erfahrbar, was auch sonst gilt. Wie alle Sakramente ist die Eucharistie eine Form gefeierter Selbstmitteilung. Sakramente sind zeichenhafte Darstellungen einer erlösten Welt. Genauso wie in jeder Erfahrung authentischer Liebe scheint in ihnen auf, wie sich unser Leben verändern könnte, wenn wir nur die Liebe Gottes glauben. Sakramente machen Geschmack auf das Leben, sie wecken die Sehnsucht nach mehr, nach Größerem. Sie zeigen die Richtung an, in der Erlösung und Vollendung zu finden ist.

Aber wozu braucht es denn ein ausdrückliches Sakrament, wenn ich doch auch so diesen Geschmack entdecke? Wenn ein Mann und eine Frau – wir beide zum Beispiel – sich lieben und diese Liebe leiblich konkret vollziehen und einander erkennen, wieso sollten sie dann noch heiraten? [Maria muss wieder kichern. „Leiblich konkret vollziehen und einander erkennen". Maria wusste gar nicht, dass Albert sich so fromm und gewählt ausdrücken kann.

Albert lässt sich von Marias Kichern nicht irritieren. Er bestellt noch ein Kölsch und fährt fort.] *Wir könnten doch auch so ernsthaft füreinander einstehen und treu sein. Was hat Gott damit zu tun, wenn zwei Menschen ein Paar sein wollen? Warum heiraten Christen in der Kirche?*

Ehe   In der Ehe versprechen sich die Liebenden mehr, als sie eigentlich verantworten können. Erotische Liebe meint ja nicht ein blindes Lieben, weil es nicht anders geht, sondern hat mit einer bestimmten Wahl zu tun, die in der Person des Anderen und in seinen Eigenarten begründet ist. Wie kann ich da dem Anderen versprechen, dass ich ihn immer lieben werde? Ich muss ihm doch zugestehen, dass er sich weiterentwickelt. Wenn ich ihn liebe, muss ich ihn radikal freisetzen und ihm immer neue Entwicklungsmöglichkeiten und Freiheitsräume zugestehen. Wie kann ich mich da endgültig an den Anderen binden? Wie kann ich „Ja" sagen, bis dass der Tod uns scheidet?

Gar nicht! Ich kann hoffen, dass wir uns immer lieben werden, aber versprechen kann ich nichts. Zum Lieben gehört leider auch die bittere Erfahrung, dass Liebe scheitern kann, und deshalb würde ich Dir nie versprechen, immer mit Dir zusammen zu sein. Ich kann Dir nur versprechen, Dich nicht zu verarschen und auch in schwierigen Situationen zu Dir zu stehen. Aber wenn ich Dich nicht mehr liebe, werde ich nicht aus Gewohnheit mit Dir zusammenbleiben, sondern auch hier ehrlich sein.

Das reicht mir nicht, Albert. Auf dieser Basis könnte ich nicht dauerhaft mit einem Mann zusammensein und Kinder in die Welt setzen. Und doch hast Du natürlich Recht. Aus sich heraus und aus eigener Kraft kann und darf der Mensch nicht mehr versprechen, als Du sagst. Deshalb nehmen Liebende im Sakrament der Eheschließung die unbedingte Liebe Gottes füreinander in Anspruch. Ich darf mich allein dann ohne Vor- und Nachbedingungen an einen anderen Menschen binden, wenn ich vertraue, dass Gott uns auf unserem Weg begleiten wird und uns durch seine Liebe in allen Entwicklungsräumen, die wir uns gegenseitig zugestehen, begleiten und miteinander verbinden wird.

Aber ein solches Vertrauen ist doch naiv. Schau Dich doch um in unserer Zeit. Wie viele Ehen werden geschieden, und fast ebenso viele Ehen sind total zerrüttet! Wie viele Eheleute leben aneinander vorbei und sind nur noch zusammen, weil sie zu feige sind, ihr Leben wieder in die Hand zu nehmen! Und glaube mir, viele von diesen Menschen haben sich ehrlich geliebt und auch mit Hilfe einer kirchlichen Eheschließung einander Treue versprochen.

Albert, wenn zwei Menschen sich wirklich lieben, füreinander bestimmt sind, ihre Bestimmung vor Gott bekennen und so den

10) Zeichen Gottes in der Welt

Segen und die Wegleitung Gottes in der Ehe für sich in Anspruch nehmen, dann scheitert ihre Ehe nicht.

Wow, Du bist sehr romantisch! Das gefällt mir, Maria. Aber es ist nicht sehr realistisch. Und Deine Romantik hat sehr unangenehme Folgen, wenn ich nur an den Umgang mit wiederverheiratet Geschiedenen in Deiner Kirche denke. Diese Behauptung, dass echte Liebe nicht vergehen und eine gültig geschlossene Ehe nicht scheitern kann, ist doch gerade die Ursache für die verbrecherische Weise, in der das katholische Lehramt Menschen, die in ihrer Liebeshoffnung enttäuscht worden sind, von der Zuwendung Gottes ausschließt.

Ich halte den Ausschluss wiederverheiratet Geschiedener von den Sakramenten auch nicht für richtig und bin sicher, dass sich an dieser Praxis in absehbarer Zeit etwas ändern wird. Allerdings würde ich dennoch darauf bestehen, dass das Scheitern einer Ehe etwas ist, das nicht sein darf und dem Versprechen der Liebe widerspricht. Die Rolle der Kirche kann aber nicht sein, Gescheiterte auszuschließen. Aufgabe von Kirche ist es ganz im Gegenteil, Gescheiterte zu trösten, Gekrümmte aufzurichten und Verzweifelten neuen Mut zuzusprechen. Kirche sollte die Bedingungslosigkeit der Zusage Gottes an jeden Menschen verkörpern und deshalb dem in der Ehe Gescheiterten Vergebung zusprechen. Und diese Vergebung darf die Kirche nicht dann zurücknehmen, wenn ein Mensch wieder neu die Hoffnung schöpft, in einer lebenslangen Partnerschaft die Treue und unbedingte Liebe Gottes erfahrbar zu machen. Sie kann und wird sich aber nie den Zynismus zueigen machen, dass Menschen Lebensabschnittspartnerschaften eingehen. Die Würde der Ehe und der Grund für ihre Bezeichnung als Sakrament ist der ernste und aufrichtige Versuch der Eheleute, durch ihre gegenseitige Treue und Liebe die Unverbrüchlichkeit der Treue und Zusage Gottes zeichenhaft erfahrbar zu machen.

wiederverheiratet Geschiedene

Um diese Treue und Zusage Gottes geht es doch, wenn ich recht sehe, auch in der Taufe! Wie kann ein Baby zu dieser Treue „Ja" sagen und zeichenhaft die Zuwendung Gottes erfahren? Ist es nicht eine verhängnisvolle Fehlentwicklung und Folge einer völlig unnötigen Angst vor der Hölle, dass unmündige Kinder getauft werden?

Bei der Taufe geht es nicht um die Bewahrung vor der Hölle, sondern darum, zeichenhaft zu verdeutlichen, dass ein Mensch immer schon ohne jeden eigenen Verdienst in die Liebe Gottes

Taufe

hineingenommen ist. Da es nicht auf die Eigenleistung ankommt und niemand sich die Liebe Gottes verdienen kann, ist es möglich, dieses Zeichen auch an einem Säugling zu vollziehen.

Ach was, wenn Du ehrlich bist, musst Du doch zugeben, dass die Kindertaufe nichts als ein perfider Versuch ist, wenigstens auf dem Papier den Einfluss der Kirche zu bewahren. Eltern wollen ihren Kindern nichts möglicherweise Gutes vorenthalten. Obwohl mündige Menschen sich in der Regel nicht mehr für die Kirche entscheiden, werden deshalb weiter Kinder getauft, weil das bisschen Wasser ja nichts schaden kann und die Taufe nichts kostet.

Eine Taufe ist nur möglich, wenn der Täufling oder seine Eltern und Paten ein freies „Ja" zu Gott sprechen und in ihrem Leben das in Christus gesprochene „Ja" Gottes erfahrbar machen. Taufe ist also auch Grundvollzug von Kirche und Aufnahme in die Kirche.

Um so ärgerlicher ist es aber doch, dass der Täufling meist noch so klein ist, dass er dieses „Ja" nicht selber sprechen kann.

Firmung

Dies wäre nur dann ein Problem, wenn mit der Taufe die Initiation in den christlichen Glauben abgeschlossen wäre. Dies ist aber nicht der Fall. Zur Taufe kommen im Laufe des Lebens des Heranwachsenden noch die Feier der Aufnahme in die Eucharistiegemeinschaft und schließlich die Firmung. Erst in der Firmung spricht der inzwischen mündig gewordene Christ sein freies „Ja" zu Gott und wird mit den Gnadengaben des Heiligen Geistes ausgerüstet.

Vorher ist er also „geistfrei"?

Natürlich nicht! Aber in der Firmung wird zeichenhaft erfahrbar und wirkmächtig bekräftigt, dass die Gefirmte aus der Kraft des Heiligen Geist als Glied der Kirche die Gestalt Christi geschichtlich konkret erfahrbar machen kann. Sie wird also zum bewussten Zeugen der Liebe Christi in dieser Welt bestellt.

Aber Maria, Firmung ist doch ein Sakrament, das nur Katholiken kennen. Überhaupt ist es doch so, dass sich die verschiedenen Kirchen an vielen Stellen darüber uneins sind, welche Sakramente es gibt. Und nicht nur an dieser Stelle gibt es Streitereien. Als ich neulich in Jerusalem in der Auferstehungskirche war, musste ich mit ansehen, wie sich zwei Mönche unterschiedlicher Konfessionen geprügelt haben. Unzählige Menschen sind in Kon-

fessionskriegen gestorben. Wieso dieser Bruderzwist unter Christen? Wie soll man das verstehen und aushalten?

Oh, Albert, ich glaube, das packe ich heute Abend nicht mehr. Ich habe dazu aber mal einen Text verfasst, den ich Dir gerne morgen in den Briefkasten einwerfe. Jetzt will ich mal lieber heimgehen, sonst komme ich morgen gar nicht mehr aus den Federn.

Na gut, ich begleite Dich noch ein Stück!

Sakramententheologie

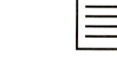

Die Kirche ist als gesellschaftlich verfasste Präsenz bzw. geschichtliche Bleibendheit Jesu Christi zeichenhafte Realisierung des uns durch das Ursakrament Christus geschenkten Heiles, d.h. sie ist *Grundsakrament* des Heils. Wenn Kirche sich als dieses Grundsakrament dem Menschen in entscheidenden Situationen des Lebens geschichtlich und leibhaftig (also in Wort und Tat) zusagt und wenn diese Zusage als solche angenommen wird, haben wir das, was mit den Einzelsakramenten der Kirche gemeint ist.

Kirche als Grundsakrament

Ein Sakrament ist also nicht eine raumzeitlich punktförmige Intervention Gottes von außen, sondern geschichtliche Erscheinung der immer schon geschenkten Gegenwart und Wirklichkeit des uns in Christus zugewandten Gottes. Wie andere *Symbole* auch, verweist es in seiner konkreten Geschichtlichkeit und Zeichenhaftigkeit auf eine unsichtbar-hintergründige Dimension der Wirklichkeit (entsprechend der ursprünglichen Bedeutung von Symbol als einem Erkenntnis ermöglichenden Zusammenbringen zweier Teile, die ursprünglich zusammengehören).

Symbole nehmen die Erfahrung auf, dass die Wirklichkeit mehrdimensional ist (z.B. dass der Mensch über seinen Leib vermittelt kommuniziert). Zugleich wird dieser Erfahrung durch eine Symbolsprache Rechnung zu tragen versucht, in der *Sichtbar-Vordergründiges auf Unsichtbar-Hintergründiges verweist*. Dabei ist zwischen einem Realsymbol und einem Vertretungssymbol zu unterscheiden. Ein *Vertretungssymbol* ist ein (lediglich) *informierendes Zeichen*, das eine unabhängig vom Zeichen existierende Sache „vertritt". So weist z.B. ein Verkehrsschild auf eine Unebenheit in der Straße hin, die aus größerer Entfernung nicht wahrgenommen werden kann.

Sakramente als Realsymbole

In einem *Realsymbol*, einem realisierenden Zeichen, dagegen wird über einen Sachverhalt nicht nur informiert, er wird nicht nur vertreten, sondern er wird im Vollzug des Zeichens realisiert: Mit einem Handschlag wird ein Versprechen besiegelt, durch eine Unterschrift wird ein Vertrag geschlossen, in einer Umarmung und einem Kuss vollzieht sich die Liebe.

Für das Verständnis des Begriffs „Sakrament" muss weiterhin zwischen einer juridischen und einer personalen Ebene differenziert werden. Während auf der *juridischen Ebene* das realisierende Zeichen die damit angezeigte Wirklichkeit erst entstehen lässt (z.B. bei einer Vertragsunterschrift), gilt auf der *personalen Ebene* (etwa beim versöhnenden Handschlag, bei der liebenden Umarmung), dass die angezeigte Wirklichkeit wenigstens ansatzweise auch schon vor dem Vollzug des Zeichens gegeben sein muss, damit sie sich vollziehen und im Vollzug wachsen kann. Ein solches Zeichen ersetzt nicht das innere Engagement, sondern es lässt das, was innen ist, zum Zuge kommen, indem es dies nach außen bringt.

In diesem letzten Sinne kann ein *Sakrament als Realsymbol, als realisierendes Zeichen* verstanden werden. In der Feier eines Mahles wird die Gemeinschaft – mit Christus und untereinander – sowohl dargestellt als auch vollzogen, vertieft, erneuert.

Herkunft der Sakramente von Jesus Christus

Die *Herkunft der Sakramente von Jesus Christus* ist nicht historisch-genetisch begründet, sondern durch die Tatsache, dass sie geschichtliche Erscheinungsformen des in Christus gegenwärtigen Gottes sind. Es kommt also nicht auf die historische Nachweisbarkeit eines Bezugs auf Jesus Christus an, sondern auf den Nachweis eines sachlichen Bezugs. Die *Siebenzahl* der Sakramente ist eine späte, prinzipiell reversible Entscheidung der katholischen Kirche. Taufe und Eucharistie sind dabei als *sacramenta maiora* auch in der katholischen Tradition so stark hervorgehoben, dass die Nichtanerkennung der *sacramenta minora* durch die protestantischen Kirchen kein kirchentrennendes kontroverstheologisches Problem darstellt (s. Kap. 11).

Ansatz bei einer Theologie des Wortes

Im Interesse der Ökumene kann auch eine katholische Sakramententheologie problemlos bei einer *Theologie des Wortes* ansetzen. Das Wort Gottes ist *schöpferisches, Wirklichkeit schaffendes Wort*, es bewirkt, was es bezeichnet (vgl. Gen 1,3.6; Ex 19,3; 20,22). So steht auch nicht das Wort dem Sakrament entgegen; denn nicht nur das Wort ist Verkündigung, sondern auch das Sakrament, die Zeichenhandlung selbst *ist* Verkündigung in der Vergegenwärtigung und Inkraftsetzung der verkündeten Wirklichkeit. Auch ein Sakrament ist Wirklichkeit schaffendes Wort (performative Rede), sowohl im Sinne des *persönlich* treffenden, innerlich umwandelnden, Beziehung stiftenden Wortes (Zuspruch der Vergebung, Erzählung vom Abendmahl) als auch im Sinne des *rechtlich* wirksamen Wortes (Taufe als Aufnahme in die Kirche, Ordination zu einem Amt). Und auch das Wort, die performative Rede ist Realsymbol, realisierendes Zeichen. Bei der Feier des Sakraments stehen Symbol und Wort in einem Handlungszusammenhang.

Die Lehre, dass Sakramente kraft des vollzogenen Ritus (*ex opere operato*) gültig sind, unterstreicht die christliche Überzeugung, dass Sakramente nicht durch menschliches Tun und menschliche Leistung, sondern allein von Gott her wirksam und gültig sind. Die religiöse Tiefe sakramentalen Geschehens und die Offenheit des einzelnen Menschen sind nicht die Ursache der Wirkmacht des Sakraments, sondern die (von Gottes Geist bewirkte) Bedingung für die *Fruchtbarkeit* des Sakramentempfangs. Bei einem Ungläubigen, der ein gültiges Sakrament empfängt, ist das Sakrament also unfruchtbar.

ex opere operato

Bereits seit der scholastischen Theologie spricht man von einer *dreifachen Zeichenfunktion* der Sakramente. Im Sinne des *signum rememorativum* wird in ihm durch erinnerndes Erzählen ein vergangenes Ereignis spürbare Gegenwart. Durch die Rede von einem *signum demonstrativum* wird die hier und jetzt in ihm wirkmächtige Macht der Gottesliebe festgehalten. Zugleich gilt aber im Sinne des *signum prognosticum* auch, dass die letzte Vollendung dieser Liebe noch aussteht und dass im Sakrament auf diese Zukunft verwiesen wird.

Sakramente sind also keine Mittel zur Herstellung einer sonst nicht vorhandenen Gegenwart Gottes. Sie sind auch nicht in dem Sinne notwendige Heilsmittel, als könne der Mensch ohne sie nicht zur Erfahrung der heilsamen Gegenwart Gottes kommen. Sie sind jedoch in dem Sinne ein *angemessener Heilsweg*, als es dem Menschen entspricht, durch sinnliche Vermittlung und konkrete geschichtliche Vollzüge zur letzten Wirklichkeit zu gelangen.

Sakramente als angemessener Heilsweg

Gotteserfahrung

→←

Nach dem auf breiter Front diagnostizierten Scheitern der Gottesbeweise und dem immer stärkeren Verlust der Selbstverständlichkeit überkommener Traditionen spielt die persönliche religiöse Erfahrung für immer mehr Menschen eine schlechterdings zentrale Rolle für den eigenen Glauben. Nur derjenige, der selbst etwas erlebt hat und in seinem Leben die Gegenwart Gottes spürt, kann in dieser Situation noch glauben – so lautet jedenfalls eine weit verbreitete Ansicht. Oder mit einem bekannten Diktum Karl Rahners ausgedrückt: *Der Christ von morgen wird ein Mystiker sein oder er wird nicht mehr sein.*

Angesichts dieses großen Interesses an Gotteserfahrungen fragt sich einerseits, ob es überhaupt legitim ist, von solchen Erfahrungen zu sprechen. Andererseits fragt sich, was genau mit Gotteserfahrungen gemeint sein könnte. Bei beiden Fragen stehen sich jeweils unterschiedliche Lager in der gegenwärtigen Theologie gegenüber.

1. Gibt es Gotteserfahrungen?

Diese Frage hängt eng mit der in Kap. 3 bereits ausführlich diskutierten Debatte um die Frage nach einem besonderen Handeln Gottes in der Welt zusammen, die ich hier nicht noch einmal wiederholen möchte. Diejenigen, die von einem besonderen Handeln Gottes in der Welt sprechen, würden entsprechend auch von besonderen Erfahrungen Gottes im Leben eines jeden Menschen sprechen. Gott würde sich dementsprechend jedem Menschen auf besondere, gerade ihm verständliche Weise zu erkennen geben und ihn so in personaler Weise auf seinem Lebensweg begleiten (vgl. z.B. K. Ward, W. Alston).

transzendentale Gotteserfahrung

Dagegen würden solche Theologen, die die Rede von einem besonderen Handeln Gottes ablehnen, allenfalls so etwas wie eine *transzendentale Gotteserfahrung* zugestehen (z.B. P. Knauer, M. Wiles). Gotteserfahrung hat ihnen zufolge die Struktur der Miterfahrung und zeigt eher eine Art an, in der man mit Erfahrungen umgeht. Jedenfalls sei sie per definitionem nicht die Erfahrung eines kategorialen Gegenstandes in der Welt, weil eine solche Behauptung Gott in unzulässiger Weise verendlichen würde. Religiöse Erfahrung sei eher eine Erfahrung auf einer Metaebene, die sich im Prinzip an jeder einzelnen Erfahrung entzünden könne.

Um in dieser Debatte klarer zu sehen, ist es wichtig, aufgrund unserer bisher angestellten Überlegungen noch einmal zu bestimmen, wie eine Gotteserfahrung gedacht werden kann und was näherhin unter ihr zu verstehen ist. Wenn Gott existiert – so hatten wir bereits ganz am Anfang dieses Buches überlegt und so besteht weitgehend Einigkeit in der Debatte –, so ist er etwas, worüber hinaus Größeres bzw. Vollkommeneres nicht gedacht werden kann, ja er ist so groß und vollkommen, dass er größer/vollkommener ist, als gedacht werden kann (Anselm von Canterbury). Wenn Gott größer ist, als gedacht werden kann, kann er weder begriffen noch definiert werden. Denn jede Definition bedeutet eine Abgrenzung, die Gott nicht mehr als den Allumfassenden zu denken vermag. Dennoch kann ein Gottesbegriff gebildet werden, wenn dieser die Dynamik des Deus semper maior bedenkt und Gott als den alles Begreifbare Übersteigenden zu denken vermag. Umstritten ist nun, was aus dieser Begriffsbestimmung für die Frage der Gotteserfahrung folgt.

2. Was ist eine Gotteserfahrung?

Eine Gruppe von Theologen argumentiert nun folgendermaßen: Gott muss als allervollkommenstes Wesen als reine Einheit und Einsheit gedacht werden. Andersheit und Verschiedenheit (d.h. die Welt und alles Nichtgöttliche) ist letztlich als defizienter Seinsmodus bzw. als bloßer Schein zu verstehen, weil die Welt sonst auf eine Stufe mit Gott gestellt würde. Hätte die Welt einen von Gott unabhängigen Wert und Eigenstand, dann wäre Gott nicht vollkommen. Um zu Gott und zur Wahrheit zu gelangen, muss dieser Sichtweise zufolge deshalb alle Differenz (und d.h. alles Menschliche) radikal negiert werden, damit nur noch Gott ist. Gotteserfahrung (und letzte Bestimmung des Menschen) wäre *Auflösung des Ich in Gott*. Dieses Verlöschen des Ich wird entsprechend auch in einigen Richtungen der Mystik der monotheistischen Religionen und den meisten östlichen Religionen gefordert. Theologen wie Willigis Jäger meinen, dass diese Erfahrung der All-Einheit auf dem Wege östlicher Meditationen der einzig adäquate Weg zur Gotteserfahrung sind.

_{Auflösung des Ich in Gott}

Gegen diese Behauptung hat zuletzt Benedikt XVI. scharf protestiert und darauf bestanden, dass christliche Gotteserfahrung auf ein personales Du verweist. Und in der Tat kann man gegen die soeben skizzierte Position folgende Gedankenfigur einwenden: Wenn Gott als reine Einheit gedacht wird, gewinnt er erst durch die Erschaffung der Welt die Möglichkeit von Beziehung. Ohne Beziehung ist weder Liebe noch Freiheit möglich. Wenn Unfähigkeit zu Liebe und Freiheit als Unvollkommenheit angesehen werden muss, kann ein als reine Einheit konzipierter Gott erst durch Erschaffung der Welt vollkommen sein.

dialogische Gotteserfahrung

Will man die Welt nicht als reinen Schein behaupten, darf Gott deshalb nicht als reine Einheit gedacht werden, sondern muss als Einheit in Verschiedenheit gedacht werden. Gott muss schon

Beziehung sein, um zur Welt eine Beziehung haben zu können, ohne dadurch erst die Möglichkeit zur Vollkommenheit zu gewinnen. Gott als Einheit in Verschiedenheit oder als Beziehung bzw. als Liebe denken, heißt Gott trinitarisch denken und heißt ein Gegenüber in Gott denken zu können. Nach christlichem Zeugnis bedeutet dieses Gegenüber zu Gott in Gott, an dem auch der Mensch teilhaben kann, keine Gefährdung der Einheit Gottes, weil die innertrinitarischen Personen ganz darin aufgehen, voneinander verschieden zu sein, und gerade dadurch eine pulsierende, dynamische Einheit der Liebe bilden.

trinitarische Perspektivierung

Es scheint mir deshalb eine lohnende Perspektive für den gegenwärtigen Streit um das Thema der Gotteserfahrung zu sein, die in ihm zum Ausdruck kommenden unterschiedlichen Intuitionen trinitarisch zu perspektivieren. Erinnern wir uns deshalb nochmal an die Überlegungen aus Kap. 2: Der Vater ist der Urgrund allen Seins, der Andere, der Verborgene. Alle diese Bestimmungen sind relational strukturiert und sind erst Wirklichkeit durch die Zeugung des Sohnes. Der Sohn ist die ausgesagte, offenbare Seite des Vaters, sein Wort, seine Liebeszusage, seine erlösende Nähe. Die Fülle und alles andere einbeziehende Dynamik dieser im Sohn ausgesagten und verbürgten Liebeszusage ist der Geist. Durch ihn ist die Einheit der gänzlich verschiedenen Personen von Vater und Sohn so verbürgt, dass bleibende Differenz in diese Einheit integriert wird und noch einmal in personaler Weise Gestalt findet.

Nur ein Gott, der allein die Wirklichkeit vollkommener Freiheit und Liebe ist, kann eine Welt schaffen, die echten Eigenstand hat und Wesen hervorbringt, die zu ihrem Schöpfer in ein Verhältnis der Liebe eintreten können. Durch das freie Einstimmen der Geschöpfe in die Liebeswirklichkeit Gottes kommt die Schöpfung an ihr Ziel, die in Gott verwirklichte Einheit in Verschiedenheit abzubilden. Soll dieses Ziel verwirklicht werden, darf Gott an keiner Stelle die Eigengesetzlichkeit und Freiheit seiner Schöpfung aufheben. Er kann und muss aber versuchen, seine Geschöpfe mit den freisetzenden Mitteln der Liebe an sich zu binden. Denn Liebe ist nur Wirklichkeit, wo sie geschieht und wechselseitig bejaht wird. Auch wenn die Welt und die Menschen nie aus Gottes bedingungsloser Liebe herausfallen können, so bedarf es doch der konkreten, geschichtlich und zeichenhaft vermittelten Anrede des Menschen, damit Liebe und Erlösung Wirklichkeit werden können.

Als Gotteserfahrungen sind dementsprechend alle Versuche Gottes zu verstehen, den Menschen in die Dynamik seiner trinitarisch strukturierten Liebe hineinzuziehen. Die Dynamik und Öffnung dieser Liebe ist aber der Geist, so dass *jede Gotteserfahrung zunächst einmal Geisterfahrung* ist. Sie ist dann authentisch, wenn sie mich in ein Kraftfeld hineinzieht, das in direkt proportionalem Verhältnis Einheit und Differenz ins Unendliche hinein wachsen lässt. Dies gilt etwa dann, wenn ich mich als unbedingt geliebt erlebe, so sehr, dass jede Eigenart von mir, d.h. jede Verschiedenheit in diese Dynamik der Liebe aufgenommen ist und die Wirklichkeit der Liebe noch einmal verstärkt. Oder wenn ich (z.B. mein Kind) mit einer Liebe liebe, die jede Andersheit der geliebten Person, die Ausdruck der Persönlichkeit und Freiheit des Anderen ist, als Bereicherung und aufs Unendliche hin offene Dynamik erfährt. Oder wenn ich gelassen in die totale Andersheit, den Tod gehe, in der Erfahrung, dass auch diese Verschiedenheit aufgehoben ist in eine Wirklichkeit, die jede Andersheit in dynamischer Fülle integriert.

Geist

Die Wirklichkeit dieser Dynamik der Liebe kann Gott seiner Schöpfung nur mit den Mitteln der Liebe mitteilen, d.h. zunächst einmal, indem er zur Wirklichkeit eines Menschen wird, der in seiner Freiheit ganz darin aufgeht, sich unterscheidend so zum himmlischen Vater in Beziehung zu setzen, dass sich jeder Mensch durch den Umgang mit ihm von diesem Vater in seiner Eigenart angemessen gewürdigt und vorbehaltlos geliebt weiß. Gotteserfahrung ist deshalb auch Begegnung mit diesem Menschen bzw. dem sakramental vermittelten Zeugnis von diesem Menschen, der ein für alle Mal die unbedingte Zusage Gottes verbürgt (Erfahrung des Sohnes/ Logos). Bleibend gegenwärtig ist das fleischgewordene Zusagewort Gottes an uns nur dann, wenn sich Gott auch heute noch auf zeichenhafte Weise als sich uns hingebende Fürsorge berührbar macht, die uns als trinitarisch strukturierte Gemeinschaft zusammenführt (Eucharistie). Gott als Sohn wird also dann authentisch erfahren, wenn mir glaubwürdig und in geschichtlicher Konkretheit die göttliche Liebe, die in Christus Gestalt geworden ist, so zugesagt wird, dass ich mich in meiner Eigenart befreit und in trinitarische Gemeinschaft hineingerufen weiß. (Beispiele: Eine Eucharistiefeier, in der ich von der Wirklichkeit von Gottes Liebe ergriffen werde; ein Wort des Evangeliums oder der Tora, das mein Herz berührt und mir die unerschütterliche Gewissheit gibt, dass diese Botschaft mein Leben zu tragen vermag; ein anderer Mensch, der mir die erlösende Nähe einer alles Geschöpfliche

Sohn/ Logos

übersteigenden Wirklichkeit wirkmächtig und realsymbolisch zuzusagen vermag).

Vater Gott bleibt auch in seiner Offenbarung der Andere, alles Begreifbare Übersteigende, das Geheimnis. Zugleich ist er gerade dadurch auch der schmerzlich Vermisste und Verborgene, den ich immer wieder um seine rettende Gegenwart anrufe. Gott als Vater erfahre ich also in meiner Geschöpflichkeit und Kontingenz und im Zerschellen aller Reflexion über Gott an der diese immer übersteigenden Wirklichkeit Gottes. Dies wird etwa dann erfahrbar, wenn ich mit letztem Einsatz gegen einen konkreten Fall gewaltsamer Negation von Andersheit (= Diskriminierung, Mord) protestiere, wenn ich aufbegehre gegen eine Wirklichkeit, die pulsierendes Leben aus Einheit in Differenz (= Liebe) vielfach unmöglich macht, wenn ich den rettenden Gott in der Not dieser Zeit vermisse – und wenn ich dabei erfahre, dass ich in diesen Setzungen nach der letzten Wirklichkeit ausgreife, dass ich an einem realen Maßstab orientiert bin, der der Unbedingtheit meines Aufbegehrens Halt und Sinn verleiht. Als Erfahrung der so vermittelten Spuren Gottes könnte man auch ein Verstummen vor der Majestät von Gottes Schöpfung angesichts der Schönheit eines geliebten Menschen oder der Natur werten, weil man dabei die unfassbare Schöpfermacht Gottes spürt. Die hier ins Auge gefasste religiöse Erfahrung findet in gegenstandsloser Meditation Ausdruck, in der Hineingabe in das Geheimnis, dass ich auch in der Leere und Unbegreiflichkeit aufgehoben, bewahrt und getragen bin.

Alle drei Arten der Gotteserfahrung sind wechselseitig aufeinander verwiesen und unlöslich miteinander verbunden. Sie sind alle miteinander verknüpft in der unausschöpflichen Wirklichkeit und Verheißung bedingungsloser Liebe. Die Rede von Gotteserfahrung bedeutet die Erfahrung, dass ich der Erfahrung dieser Liebe, die uns (hoffentlich!) allen in die Wiege gelegt wird, trauen kann, dass ich auf sie mein Leben setzen darf. Es gibt zwar genauso stark die gegenteilige Erfahrung in unserem Leben. Aber ohne diese Gegenerfahrungen (der Negation und Auslöschung der Mannigfaltigkeit des Lebens) wäre keine freie und autonome Entscheidung der göttlichen Wirklichkeit gegenüber möglich. Grundlage der Entscheidung für oder gegen Gott sind dabei nicht unsere Wünsche, Projektionen oder Sehnsüchte, sondern unsere Erfahrungen, genauerhin die Frage, welcher Art von Erfahrung ich eher die erschließende Kraft zubilligen möchte, das letzte Geheimnis der Wirklichkeit zu entschlüsseln. An den trinitarischen Gott glauben heißt, den Erfahrungen und Verheißungen der Liebe trauen und in ihnen die letzte, unzerstörbare Wirklichkeit erkennen.

Versteht man Gotteserfahrungen in der beschriebenen trinitarisch strukturierten Weise, so erweist sich der Streit darüber, ob Gotteserfahrung eher eine Erfahrung eines personalen Gegenübers oder die Erfahrung eines Einswerdens mit dem eigenen Urgrund darstellt, als falsche Alternative. Gerade die Erfahrung des Angerufenwerdens führt mich in Einheit mit mir selbst und meinem Schöpfer. Und gerade die Stärkung der konstitutiven Kräfte meiner eigenen Personalität führt mich zur Einheit mit dem trinitarischen Gott. Die Dynamik der Liebe, die auf diese Weise Einheit in Verschiedenheit vermittelt, kann in der Tat grundsätzlich in jeder Erfahrung miterfahren werden. Zugleich muss sie in bestimmten Erfahrungen konkret werden und sich als verlässlich zu erkennen geben, um Wirklichkeit zu sein. Von daher sollte man auch die transzendentale und die kategoriale Dimension der Gotteserfahrung nicht gegeneinander ausspielen.

Dorothee Sölle

„Wir können ja doch nichts tun!" In dieser Grundhaltung sieht Dorothee Sölle (1929-2003), die wohl bekannteste deutschsprachige evangelische Theologin des 20. Jahrhunderts, die markanteste Form des Atheismus verborgen. Atheistisch ist dieser Deutung zufolge der, der keine Hoffnung sieht und nicht daran glaubt, dass das Geschehen der Welt noch zum Guten gewendet werden kann. Gegen diese Mentalität des Sich-in-sein-Schicksal-Ergebens setzt sie ihr von der Bergpredigt ermutigtes Leitwort: *„Alles ist möglich, dem der glaubt!"*

„Alles ist möglich, dem der glaubt!"

Theologie hat für sie immer mit konkreten Situationen zu tun – mit Situationen, in denen Menschen leben, leiden, hungern und gefoltert werden. „Gott geschieht in dem, was zwischen Menschen geschieht" – so lautet Zeit ihres Lebens ihr Credo, und von diesem Satz aus hat sie auch ihre Theologie entwickelt. Immer wieder kommt es ihr darauf an, auf das zu schauen, was in unserer Gesellschaft an blinden Flecken namhaft zu machen war. Es geht ihr darum, mutig und engagiert Farbe zu bekennen gegen

Unterdrückung und ungerechte Wirtschafts- und Machtstrukturen. Theologie hat in ihren Augen mit der Zeit der Weltkriege endgültig ihre politische Unschuld verloren und muss sich danach fragen lassen, was sie zur Pazifizierung der Welt und zur emanzipatorischen Entwicklung der an den Rand Gedrängten und mundtot Gemachten beizutragen hat.

Einsatz für Frieden und Gerechtigkeit

Ausgangspunkt ihres Denkens sind immer wieder die unvorstellbaren Grausamkeiten Nazideutschlands. Sie sind für sie der Anlass zur Politisierung ihrer Theologie und für den kompromisslosen Einsatz für Frieden. Bekannt wurde Sölle durch das „Politische Nachtgebet" 1968 in Köln. Auf dem Höhepunkt des Vietnamkrieges und der Studentenunruhen fand sie durch diese Gebetsform eine völlig neue Art des Gottesdienstes und damit dessen, was sakramentales Handeln der Kirche heute heißen kann: Politische Informationen wurden mit biblischen Texten konfrontiert, nach den kurzen Predigten diskutierte die ganze Gemeinde. Sölle provozierte dabei durch die Gleichsetzung der Kreuzigung Jesu mit der Ermordung der vietnamesischen Männer, Frauen und Kinder.

Schnell begriff sie, dass ihr Eintreten für Frieden in der Welt auch ein Eintreten für weltweite Gerechtigkeit erforderte. Denn Frieden ohne Gerechtigkeit und ohne gleiche Teilhabe an Lebensmöglichkeiten für die Menschen in den Ländern des Südens ist auf tönernen Füßen gebaut. Sölle ließ sich deshalb stark von der Befreiungstheologie Lateinamerikas inspirieren und unterstützte jede Form von emanzipatorischen Ansätzen in der Theologie. Feministische Theologie lernte sie dabei erst im Laufe der Zeit als wichtigste Befreiungstheologie innerhalb der reichen Welt verstehen. Als sie 1971 durch die öffentliche Prüfung zur Habilitation fiel, führte sie dies zunächst auf ihre politisch stark links ausgerichteten Ansichten zurück. Erst nach vielen Gesprächen mit amerikanischen Kolleginnen sah sie diese Erfahrung und die Tatsache, dass sie in Deutschland keinen Lehrstuhl bekam, später auch darin begründet, dass sie als Frau strukturell benachteiligt wurde. Erst 1975-1987 wurde sie Professorin für Systematische Theologie am Union Theological Seminary in New York.

feministische Perspektive

Feministische Theologie heißt für Sölle zunächst einmal gegenseitige Liebe und wechselseitiges Aufeinander-Angewiesensein, auch zwischen Gott und Mensch. Die vor allem im Gefolge Barths, aber auch in der philosophischen Theologie so sehr betonte Unangewiesenheit und Unbedürftigkeit Gottes hält Sölle nicht für ein Implikat jedes konsistenten Gottesbegriffs, sondern für eine durchschaubare Projektion des Kapitalisten. Sölle wendet sich aber nicht nur gegen K. Barth und die Tradition philosophischer Theologie, sondern auch gegen ihren Lehrer R. Bultmann. Sie wirft Bultmann vor, in seinem kritischen Programm vor der Kritik des Kerygmas selbst halt zu machen und so die hinter dem Kerygma stehende kirchliche Praxis zu unkritisch zu rezipieren. Jede Rede von Gott sei nicht nur existentialontologisch auszulegen, sondern auch auf seine politischen Implikationen zu befragen. Wenn Sölle von Auferstehung und Erlösung, von Umkehr und dem Reich Gottes spricht, dann haben alle diese theologischen Begriffe eine sehr konkrete und immer auch politische Bedeutung.

Das Reden von Gott und das politische Handeln sind für Sölle nicht voneinander zu trennen. Gott hat in ihren Augen keine anderen Hände als unsere, so dass wir allein durch unser Handeln Gottes Gerechtigkeit in der Welt aufrichten können. Beten dürfe nicht zum Alibi für den eigenen Einsatz für mehr Gerechtigkeit werden. Gott könne nicht so gedacht werden, als ob er in der Welt intervenieren könne. Dieser patriarchale Gott habe ausgesorgt. Vielmehr gelte es, Gottes Willen zu verwirklichen, indem wir uns für Frieden, Gerechtigkeit und die Bewahrung der Schöpfung einsetzen. „Es ist nunmehr an der Zeit, etwas für Gott zu tun" – wie Sölle ganz am Ende ihres Buches *Stellvertretung* schreibt.

Keine anderen Hände als unsere!

Sölles Einsatz bewegt sich immer in der Spannung zwischen Gebet und Kampf, Mystik und Widerstand. Mystik und Gotteserfahrung sieht sie nicht als etwas Elitäres, sondern als etwas völlig Normales an, das jeder erlebt. Sie versucht auf diese Weise, die Mystik zu demokratisieren. Wir alle sind in ihren Augen Mystiker, nur dass viele von uns das nicht wahrhaben wollen. Ein wenig von dieser Mystik wird deutlich in einem Brief, den Sölle einige Jahre vor ihrem Tod an ihre Kinder geschrieben hat.

Mystik

> Liebe Kinder!
> In Sagen und Märchen, wie ich sie Euch früher manchmal erzählt habe, gibt es ein Motiv von einem armen Schäfer, der eines Tages von einem kleinen grauen Männchen weit fort an einen geheimnisvollen Berg geführt wird. Der Berg springt auf, öffnet sich; innen glänzen die herrlichsten Schätze. Aber während der Schäfer sich noch die Taschen vollstopft, spricht eine Stimme: „Vergiss das Beste nicht!" Und in der Sage schlägt die Tür hinter dem armen Schäfer donnernd zu, und die Schätze in seinen Taschen zerfallen zu Staub.

"Vergiss das Beste nicht!"

Ich habe nie ganz genau verstanden, was das Beste eigentlich sein soll. Vielleicht der Blumenbusch am Bergeingang? Vielleicht eine unscheinbare alte Lampe wie die von Aladin? Vielleicht der Schlüssel zum Wiederkommen, vielleicht nur der Wunsch wiederzukommen und nicht zu vergessen? – „Vergiss das Beste nicht!" Mich hat ... die Stimme des kleinen grauen Männchens weit weggelockt aus dem gewöhnlichen Leben in die Religion hinein. ... Meine Schätze kann ich Euch nicht einfach vermachen: Gott lieben von ganzem Herzen und aller Kraft und von ganzem Gemüte. In einer Welt voller Traditionsbrüche kann ich das nicht wie ein Erbe weitergeben. Meine Versuche, Euch christlich zu erziehen, hatten wenig Chancen: Die Institution fiel mir immer wieder in den Rücken. Die Kirche war und ist nur selten vertrauenswürdig. ... Aber organisierte Religion hin, organisierte Religion her, ich wünsche mir, dass Ihr alle ein bisschen fromm werdet.

„Vergiss das Beste nicht!" Ich meine damit, dass Ihr Gott manchmal lobt. Nicht immer, das tun nur Schwätzer und Höflinge Gottes. Aber doch manchmal, wenn Ihr sehr glücklich seid. ... In Eurem Leben soll Gott drin sein: am Meer und in den Wolken, in der Kerze und in dem Dunkel, in der Musik und natürlich in der Liebe. Ohne Grund im Grund des Lebens ist die wirkliche Freude nicht da. Unser Freuen ist dann immer auf Anlässe und Sachen bezogen, aber die wirkliche Freude, die Lebensfreude, das Glück am Leben zu sein, ist nicht eine Freude, *weil* es Erdbeeren oder schulfrei oder einen wunderbaren Besucher gibt. Die wirkliche Freude ist ohne Warum. ... Wenn ich Euch nur ein wenig von dieser Freude mitgeben könnte, wäre das schon sehr viel.[23]

Der Grund für die große Wirkung Sölles dürfte nicht zuletzt darin liegen, dass in ihrer Persönlichkeit spürbar war, dass ihr Engagement letztlich in diesem mystischen Erleben von Selbstzwecklichkeit gründete.

Aufgaben:

1. Erläutern Sie den Symbolbegriff! Was ist ein Realsymbol?
2. Worin besteht das Spezifikum der Sakramente?
3. In welchem Verhältnis stehen die Sakramente der Kirche zu Jesus Christus, in welchem zum Wort des Glaubens?
4. Erläutern Sie an den jeweiligen Einzelsakramenten, inwiefern diese als Grundvollzug von Kirche verstanden werden können!
5. Was ist unter der Realpräsenz Christi in der Eucharistie zu verstehen?
6. Wie lässt sich Gotteserfahrung denken?

---

[23] D. Sölle, Brief an meine Kinder. In: Dies., Verrückt nach Licht. Eine Lesung von Dorothee Sölle mit Musik von Grupo Sal, Heidelberg 1999, 16.

7. Welche verschiedenen Arten der Gotteserfahrung kann man unterscheiden? In welcher Beziehung stehen diese zu den sakramentalen Vollzügen der Kirche?
8. Wie kann man D. Sölle in die gegenwärtige Debatte zur Möglichkeit von Gotteserfahrungen einordnen?

Literaturhinweise

FABER, EVA-MARIA, Einführung in die katholische Sakramentenlehre, Darmstadt 2002 *(knapp und lehrreich)*.

HÖHN, HANS-JOACHIM, spüren. Die ästhetische Kraft der Sakramente, Würzburg 2002 (GlaubensWorte) *(innovativer Zugang; gute Ergänzung zu einem der Klassiker)*.

NOCKE, FRANZ-JOSEF, Sakramententheologie. Ein Handbuch, Düsseldorf 1997 *(sehr gut gelungene Einführung)*.

RAHNER, KARL, Über die Sakramente der Kirche. Meditationen. Mit e. Vorw. von K. Lehmann. Neuausgabe, Freiburg-Basel-Wien 1985 *(Rahner in recht gut verständlicher Weise)*.

SCHNEIDER, THEODOR, Zeichen der Nähe Gottes. Grundriß der Sakramententheologie. Durchgängig überarb. und zus. erg. m. D. Sattler, Mainz ⁷1998 *(Klassiker; umfassendes, gut verständliches Handbuch)*.

SÖLLE, DOROTHEE, Gott denken. Einführung in die Theologie, Stuttgart 1990.

VORGRIMLER, HERBERT, Sakramententheologie, Düsseldorf ²1990 *(an Rahner orientierter Klassiker; umfassendes Handbuch in verständlicher Form)*.

11) Ökumenische Theologie

[Albert findet bereits am nächsten Morgen das nachfolgend abgedruckte Arbeitspapier Marias zur Vielzahl christlicher Konfessionen. Lieber als das Papier wäre ihm allerdings Maria selbst.]

I. Bestandsaufnahme

Seit ihren Anfängen hat die Kirche eine wechselvolle Geschichte erlebt. Der Erfahrung der Einheit in versöhnter Verschiedenheit schaffenden Kraft des Heiligen Geistes stand von Anfang an auch die Erfahrung von Auseinandersetzung und Streit, von Trennung und Spaltung gegenüber. Mittlerweile gibt es 33.000 verschiedene christliche Konfessionen. Der mit Abstand größten Konfession, der römisch-katholischen Kirche mit ca. 1,25 Milliarden Mitgliedern, stehen v.a. folgende Gruppen gegenüber:

1) Die orientalisch-orthodoxen Kirchen (ca. 50 Mio Mitglieder)

Diese auch als „altorientalisch" oder „vorchalcedonensisch" bezeichneten Kirchen spalteten sich bereits im 5. Jahrhundert von der Kirche ab. Die Gründe der Spaltung waren vorwiegend politischer Natur und hatten mit der Opposition zum römischen Kaiserreich zu tun. Heute gehören zu den orientalisch-orthodoxen Kirchen u.a. das Koptisch-Orthodoxe Patriarchat von Alexandria und die Äthiopisch-Orthodoxe Kirche.

2) Die orthodoxen Kirchen (ca. 150 Mio Mitglieder)

Nach einer bereits jahrhundertelang andauernden, immer stärkeren Entfremdung von östlicher und westlicher Kirche kam es 1054 zur endgültigen Trennung. Verantwortlich hierfür waren eine ganze Reihe von Ursachen:

<small>Ursachen der Kirchenspaltung</small>

- Auf machtpolitischer Ebene liegt der Grund der Kirchentrennung in der politischen und lebensweltlichen Entfremdung zwischen Osten und Westen, die mit der Trennung von west- und oströmischem Reich ihren Anfang nahm und die sich mit dem allmählichen Niedergang des byzantinischen Einflusses im Westen immer weiter verstärkte.
- Diese Entfremdung zeigte sich in der Verwendung unterschiedlicher Sprachen (Lateinisch im Westen, Griechisch im Osten), in der Ausbildung erheblicher Unterschiede in der Liturgie, der kirchlichen Ordnung und in der Theologie.

- Auf kirchenpolitischer Ebene führte sie zu einem Streit um die Vorrangstellung zwischen den Patriarchaten des Ostens (v.a. Konstantinopel) und Rom.
- Theologischer Grund der Trennung und bis heute Anstoß zum Streit zwischen Ost- und Westkirchen ist die Aufnahme des *filioque* in das apostolische Glaubensbekenntnis durch den Westen. Der Osten berief sich in seinem Protest gegen diese Einfügung zunächst einmal auf das rein formale Argument, dass das Konzil von Konstantinopel, das 381 das sog. nicäno-konstantinopolitanische Glaubensbekenntnis verabschiedete, explizit festhielt, dass dieses Credo an keiner Stelle geändert werden dürfe. Inhaltlich kritisierten die Orthodoxen, dass innertrinitarisch die Stellung des Vaters als Ursprung von allem durch die Rede von der Hauchung des Geistes „auch durch den Sohn" gefährdet sei. Der Westen dagegen machte geltend, dass die Perichorese der drei Personen nur zu denken und ein latenter Subordinatianismus nur zu verhindern sei, wenn das *filioque* eingefügt werde.
- Anlass der Trennung war schließlich, dass der Patriarch von Konstantinopel Michael Kerullarios (1043-58) 1053 nach einem Feldzug des Papstes gegen Gebiete des Patriarchen in Unteritalien alle lateinischen Kirchen und Klöster in Konstantinopel schloss, weil er die lateinischen Riten ablehnte und den Papst und seine Anhänger für Häretiker hielt. Rom reagierte so heftig, dass es 1054 zum gegenseitigen Bann kam und zur bis heute andauernden Kirchenspaltung in westlich-lateinische und östlich (orthodox)-griechische Kirchen. Zementiert wurde diese Spaltung durch die Eroberung Konstantinopels durch die Kreuzfahrer im Jahr 1204 und deren Versuch einer gewaltsamen Repatriierung der östlichen Kirche – ein Ereignis, das sich tief ins Gedächtnis der Ostkirche eingegraben hat.

3) Die lutherischen (66 Mio) *und reformierten Kirchen*
  (75 Mio)

Auch die große Spaltung der westlichen Kirche aufgrund der Reformation hat eine ganze Reihe von Ursachen, die mit sozialen Gegensätzen und politischen Spannungen zu tun haben. Zudem gab es eine Reihe von Missständen innerhalb der katholischen Kirche, von denen nicht nur die Reformatoren Abhilfe schaffen wollten (Ablasshandel, Kauf und Verkauf von geistlichen Ämtern, Bestechung, Ämterhäufung, etc.). Im Vordergrund stehen allerdings bis heute theologische Differenzen, die wir gleich im einzelnen diskutieren werden.

Während die in Deutschland stark verbreiteten *lutherischen Kirchen* auf Martin Luther (s. Köpfe) zurückgehen, sind die *reformierten Kirchen* aus den Reformbewegungen Zwinglis und Calvins hervorgegangen. Huldreych Zwingli (1484-1531) wirkte ursprünglich in Zürich, Johannes Calvin (1509-1564) in Genf. In der Züricher Eintrachtsformel von 1549 fanden Zwinglianer und Calvinisten zu einer lehrmäßigen Übereinkunft, die fortan die Grundlage der schweizerischen Reformation bildete. Seit 1875 sind die reformierten Landeskirchen weltweit in einem Weltbund zusammengeschlossen.

4) Die anglikanische Kirche (80 Mio Mitglieder)

Die Abspaltung der anglikanischen Kirche entsprang einem reinen Willkürakt des englischen Königs Heinrichs VIII. (1509-1547), der vom Papst nicht die Scheidung seiner ersten Ehe mit Katharina von Aragonien zugunsten einer Verbindung mit der Hofdame Anna Boleyn bewilligt bekam. Beeindruckt von den durch die Reformation gegebenen neuen Möglichkeiten der Selbständigkeit gegenüber Rom, aber ohne Übernahme der Theologie der Reformatoren ließ sich Heinrich 1531 von der Generalversammlung des englischen Klerus zum obersten Haupt der Kirche von England erklären – eine Rechtsstellung, die 1534 vom englischen Parlament bestätigt wurde und die die Queen bis heute innehat. Ab 1534 war es bei Todesstrafe verboten, die neue Ehe des Königs und die daraus resultierende Thronfolge nicht anzuerkennen.

Nach dem Tod Heinrichs VIII. nahm die *Kirche von England* eine Reihe von reformatorischen Ideen auf und kam so zu einer spannungsvollen Einheit von reformatorischen Glaubensinhalten und katholischen Formen. Sie ist aufgrund des großen kolonialen Einflusses Englands mittlerweile weltweit verbreitet. Seit der Porvooer Gemeinsamen Feststellung 1992 besteht zwischen der *Kirche von England* und skandinavischen sowie baltischen lutherischen Kirchen bemerkenswerterweise Kirchengemeinschaft aufgrund eines gemeinsamen Verständnisses der Apostolizität von Kirche und Amt.

5) Die Freikirchen (ca. 400 Mio Mitglieder)

Als Freikirchen bezeichnet man zwei Typen von Kirchen: Zum einen Typ gehören Kirchen, die wie die *Baptisten* (ca. 47,5 Mio) die Säuglingstaufe ablehnen, weil sie darauf beharren, dass sich ihre Mitglieder aufgrund einer freien Entscheidung für die Kirchenmitgliedschaft entscheiden müssen. „Freikirche" steht hier im Gegensatz zu „Volkskirche". Zum anderen Typ gehören diejenigen Kirchen, die wie die *Methodisten* (ca. 70 Mio) durch den Widerspruch zum Staatskirchentum entstanden sind.

Oft schwer von den Freikirchen zu unterscheiden sind verschiedenste christliche Sekten, wie die Pfingstler, die aufgrund massiver Unterstützung aus den USA großen Zulauf in Afrika und Lateinamerika haben. Sie sind daran zu erkennen, dass sie meinen, allein im Besitz der Wahrheit zu sein und dass Kontakte zu Menschen anderer Konfessionen nur zum Mittel der Mission eingesetzt werden. Typisch für sie ist auch eine selektive Wahrnehmung des christlichen Glaubens und eine Unterbestimmung der Dimension sozialer Verantwortung und rationaler Rechenschaftspflicht.

6) Die altkatholische Kirche (400.000 Mitglieder)

Die altkatholische Kirche entstand durch die Ablehnung des 1870 erlassenen Infallibilitätsdogmas und die damit verbundene Festsetzung des Jurisdiktionsprimates des Papstes und ist vor allem im deutschen Sprachraum verbreitet.

II. Ökumenische Bewegung

Als weltweites Bestreben zur Überwindung der Konfessionsgrenzen wird die ökumenische Bewegung erst im 20. Jahrhundert zu einer kirchenpolitisch einflussreichen Kraft. Entscheidende Triebfeder dieser Bewegung war der Wunsch, angesichts der Herausforderungen der größer und unüberschaubar werdenden Welt den Auftrag Jesu, dass alle eins sein sollen (Joh 17,21), umzusetzen. Denn schon das Johannesevangelium macht deutlich, dass die Einheit als Bild der Einheit Gottes verstanden werden kann. Erst wenn es den Christen gelingt, in versöhnter Verschiedenheit zusammenzufinden, wird die Rede von einem Gott in versöhnter Verschiedenheit glaubwürdig. Die Kirchen verraten also ihren Auftrag an der Welt, wenn es ihnen nicht gelingt, zusammenzufinden. Entsprechend kann es nicht verwundern, dass es gerade der Missionsgedanke war, der das ökumenische Anliegen nachhaltig auf die Tagesordnung setzte.

ökumenische Bewegung im 20. Jahrhundert

Die *Weltmissionskonferenz* in Edinburgh 1910 gilt denn auch als Geburtsstunde der modernen ökumenischen Bewegung, obwohl in ihr nur wenige Länder und vor allem keine Katholiken und keine Orthodoxen repräsentiert waren. Während auf dieser

Konferenz interne Kontroversen der Kirchen um der Mission willen ausgeklammert wurden, kam es 1927 in Lausanne zur ersten Weltkonferenz von *Glauben und Kirchenverfassung*, an der alle großen Kirchen außer der römisch-katholischen teilnahmen. Sie stellte den Auftakt für einen zweiten Zweig der ökumenischen Bewegung dar, der sich intensiv der Aufarbeitung der verschiedenen Gegensätze in Fragen der Dogmatik und der Kirchenverfassung zuwandte. Als dritter Zweig der ökumenischen Bewegung etablierte sich (auch ohne offizielle Beteiligung der römisch-katholischen Kirche) die *Bewegung für praktisches Christentum*, der es vor allem um die Wahrnehmung des Dienstes der Kirchen gegenüber der Welt ging (1. Weltkonferenz 1925 in Stockholm).

Die beiden zuletzt genannten Bewegungen schlossen sich 1948 zum Ökumenischen Rat der Kirchen zusammen. 1961 schloss sich diesem auch die Nachfolgeinstitution der Weltmissionskonferenz, der *Internationale Missionsrat*, an. Seit 1968 arbeitet die römisch-katholische Kirche offiziell in der ÖRK-Kommission „Glaube und Kirchenverfassung" mit. Dem ÖRK gehören zur Zeit ca. 330 Kirchen aus etwa 100 Ländern an, fast die gesamte nicht-römisch-katholische Christenheit.

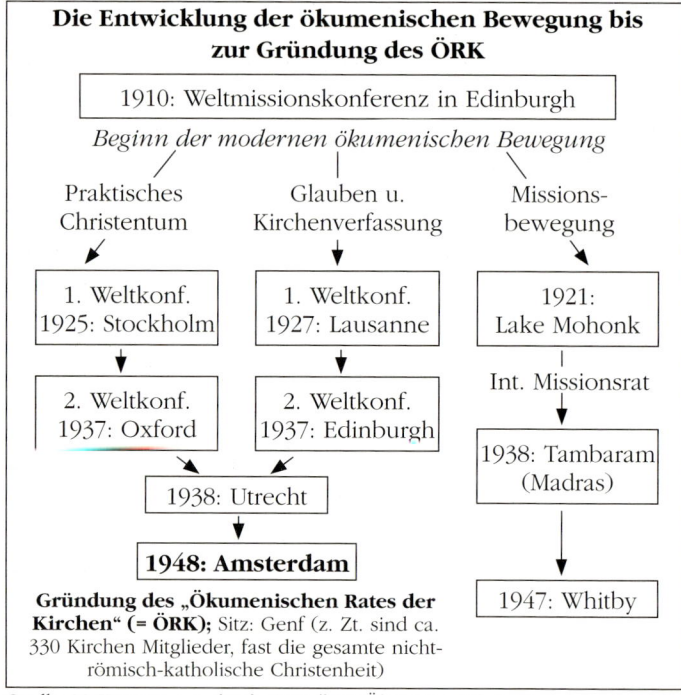

Quelle: M. Kappers u. a. (Hg.), Grundkurs Ökumene. Bd. 2, 35.

Bis in die Mitte des 20. Jahrhunderts hinein war die Haltung der römisch-katholischen Kirche zur ökumenischen Bewegung distanziert bis ablehnend. Dies liegt daran, dass sie sich als die eine allumfassende Kirche Christi sah, so dass die Wiedergewinnung der Einheit ihrer Einschätzung nach nur im Anschluss der abgespaltenen Kirchen, nicht aber in einer neuen Größe liegen konnte (Ziel der „Rückkehr-Ökumene"). „Die Ansicht des Vatikan ist, daß alle anderen Bekenntnisse sich von der Römischen Kirche, welche direkt von Christus herstammt, getrennt haben. Rom kann nicht zu ihnen gehen; es ist an ihnen, in den Schoß der Römischen Kirche zurückzukehren" (Benedikt XV. im Jahr 1919). Entsprechend sahen sich katholische Theologen und Priester, die sich für die Ökumene einsetzten, kirchlichen Repressalien ausgesetzt.

Haltung der römisch-katholischen Kirche

Dennoch gab es von Anfang an viele katholische Christen, die engagiert in der ökumenischen Bewegung mitarbeiteten (v.a. in der Una-Sancta-Bewegung bereits in den 30er und 40er Jahren des 20. Jh.). Insbesondere in Deutschland gab es nach dem Ende des Zweiten Weltkrieges einige auch von offizieller Seite getragene Versuche ökumenischer Annäherung, wie z.B. die 1946 erfolgte Einsetzung eines ökumenischen Arbeitskreises evangelischer und katholischer Theologen, der in einer Lehrverwerfungsstudie in den 80er und 90er Jahren im Auftrag von DBK und EKD offiziell prüfen sollte, ob die gegenseitigen Lehrverurteilungen den Anderen und die aktuelle Gestalt seiner Lehre treffen. Das Ergebnis dieser Studie war die Bitte an die Kirchenleitungen, verbindlich auszusprechen, dass die Verwerfungen des 16. Jh. den Partner nicht mehr treffen. EKD und DBK bezeichneten daraufhin 1994 die bestehenden Differenzen hinsichtlich der Rechtfertigungslehre und der Sakramententheologie als nicht mehr kirchentrennend, konnten aber wegen der Divergenzen im Amtsverständnis der Bitte des Arbeitskreises nur teilweise nachkommen. Bedeutendstes Resultat des so angestoßenen Vermittlungsprozesses ist die *gemeinsame Erklärung zur Rechtfertigungslehre*, in der 1999 der Lutherische Weltbund und die römisch-katholische Kirche (vertreten durch den 1960 im Vatikan gegründeten Päpstlichen Rat zur Förderung der Einheit der Christen) offiziell die bestehenden Lehrdifferenzen als nicht mehr kirchentrennend einstufen (Erklärung des differenzierten Konsenses mit Aufhebung der Lehrverurteilungen).

Dieser Wandel auf theologischer Ebene war kirchenpolitisch vor allem durch das *Zweite Vatikanische Konzil* eingeläutet worden. Im Ökumenismusdekret *Unitatis redintegratio (UR)* bekennt es sich zur Ökumene und in der Enzyklika *Ut unum sint* bekennt sich die katholische Kirche 1995 zur Unumkehrbarkeit des ökumenischen Weges. Besonders bedeutsam an der Ekklesiologie von Vaticanum II ist die Tatsache, dass ihmzufolge die Kirche Jesu Christi in der römisch-katholischen Kirche subsisitiert (und nicht etwa durch sie existiert; vgl. *Lumen Gentium* Nr. 8). Diese Formulierung anerkennt die Möglichkeit anderer Kirchen und kirchlicher Gemeinschaften und lässt die Frage ausdrücklich offen, welche getrennten Kirchen als solche anerkannt werden können und welche nicht. Mittlerweile ist allerdings klar, dass sich die römisch-katholische Kirche äußerst schwer mit einer Anerkennung der Kirchen der Reformation tut, während es ihr leichter fällt, auf die Kirchen der Orthodoxie (und in eingeschränktem Maß: die Anglikaner) zuzugehen.

III. Kontroverstheologisch umstrittene Punkte

Durch die gemeinsame Erklärung zur Rechtfertigungslehre ist aus evangelischer Sicht der wichtigste Anlass der Kirchentrennung behoben (vgl. zu den hier im Hintergrund stehenden bleibend kontroversen theologischen Themen das beiliegende Papier zu Luther). Wenn eine Kirchen- und Eucharistiegemeinschaft zwischen evangelischen Kirchen und katholischer Kirche dennoch immer noch in weiter Ferne liegt, so liegen die Gründe hierfür vor allem in der Ekklesiologie, und zwar genauerhin im Kirchen- und im Amtsverständnis.

1. Kirchenverständnis

Kirchenverständnis als Wurzel des Widerstreits

Die Wurzel des Widerstreits zwischen evangelischen Kirchen und katholischer Kirche liegt im unterschiedlichen Kirchenverständnis. Sieht die katholische wie auch die orthodoxe Kirche die Kirche als Grundsakrament des Heils, so ist aus evangelischer Sicht eine solche Bestimmung der Gefahr ausgesetzt, dass auf diese Weise einer menschlichen Institution die Rolle der Vermittlung göttlichen Heils zukommt. Dadurch sehen die reformatorischen Kirchen ihre Grundprinzipien des *solus Christus* und des *sola gratia* in Frage gestellt. Diesem evangelischen Misstrauen gegenüber der Eigenwirksamkeit der Kirche liegt das reformatorische Freiheitsverständnis zugrunde, das dem Menschen eben nicht die Möglichkeit lässt, sich in seiner Freiheit für oder gegen das Heil zu entscheiden und das dem Menschen damit auch nicht die Rolle zubilligen kann, in seiner Freiheit die Wirklichkeit göttlicher Zusage darzustellen (s. Luther).

Während die evangelische Theologie innerhalb der sichtbaren Kirche zwischen wahrer und falscher Kirche differenziert und die wahre Kirche Jesu Christi nur dort anwesend sieht, wo das wahre Evangelium gepredigt wird, bestehen katholische und orthodoxe Kirchen darauf, dass die Kirche als Ganze mit ihrer sichtbaren und mit ihrer unsichtbaren Seite in einem sakramentalen Verhältnis zum göttlichen Heilshandeln steht. Nur so wird ihrer Überzeugung nach die inkarnatorische Struktur des Handelns Gottes in der Welt durchgehalten. Gott würdigt die Menschen eben auch in ihren schwachen und sündigen Seiten, Boten seiner liebenden Zuwendung zu sein. Kirche ist gerade auch in ihrer geschichtlich gewordenen, hinterfragbaren, verbesserungswürdigen Gestalt sakramentales Zeichen der Zusage des menschgewordenen Gottes.

Unmittelbar zusammen mit dieser grundsätzlichen Kontroverse hängt der wichtigste kontroverstheologische Streitpunkt, der die Auffassung von der Rolle des Amtes in der Kirche betrifft.

2. Ämterfrage

In der Ämterfrage liegt zumindest aus katholischer Sicht der Hauptgrund für die bleibende Kirchentrennung und für die Verweigerung der Abendmahlsgemeinschaft mit den reformatorischen Kirchen. Für Katholiken gehört ebenso wie für Orthodoxe und Anglikaner die Autorität und Struktur des Amtes mit zur christlichen Glaubenslehre. Grund für den Streit mit den Reformierten ist hier der soeben skizzierte fundamentale Unterschied im Kirchenverständnis.

Ämterfrage als Hauptgrund der bleibenden Kirchentrennung

Einigkeit zwischen allen Kirchen besteht darin, dass nicht die Gemeinde das Amt hervorbringt und autorisiert, sondern dass es durch den lebendigen Christus geschenkt und in ihr Leben eingefügt ist. Die Amtsträger verkünden das Evangelium und spenden die Sakramente im Namen Jesu Christi, nicht im Namen der Gemeinde. Es geht also bei ihrem Dienst nicht um eine von der Gemeinde übertragene Autorität. Das Amt ist Zeichen der Priorität der göttlichen Initiative und Autorität im Leben der Kirche. Zumindest Lutheraner würden auch noch zugeben, dass das Amt damit auch der Gemeinde gegenüber steht. Es repräsentiert in der Gemeinde den Anspruch und Zuspruch Christi. Seine konstituierenden Aufgaben sind Wortverkündigung, Sakramentenspendung und Einheitsstiftung.

Dissens besteht in der Frage, wie ein Mensch dazu kommen kann, dieses Gegenüber der Gemeinde darzustellen. Aus katholischer Sicht ist es unverzichtbar, dass er dazu in einem sakramentalen Akt ausgerüstet wird. Den Anspruch Gottes dem einzelnen als konkrete Zusage vermitteln kann der Mensch nicht aus eigener Macht und auch nicht durch die Ordination durch die Kirche, sondern nur durch die wirkmächtige Kraft des Heiligen Geistes, die im sakramentalen Akt erbeten wird.

Von der Sache her muss dies von reformatorischer Seite nicht bestritten werden, so dass vielleicht auch an diesem besonders heiklen Punkt eine Annäherung möglich ist. Wenn die reformatorischen Kirchen nämlich die Sakramentalität der Ordination bestreiten, liegt das an ihrem engeren Sakramentenverständnis, demzufolge als Sakrament nur zu bezeichnen ist, was auf unmittelbare Einsetzung durch Jesus von Nazareth zurückgeht – eine Position, die angesichts der Fortschritte der historisch-kritischen Forschung zumindest fragwürdig geworden ist.

apostolische Sukzession

Neben der Sakramentalität des Amtes besteht ein gravierender Dissens in der Frage nach der Notwendigkeit der Wahrung der apostolischen Sukzession bei der Ordination. In diese Richtung fragt etwa der Kurienkardinal und päpstliche Ökumenebeauftragte Walter Kasper, „wie eine gegenseitige Ämteranerkennung ehrlicherweise möglich sein soll, wenn die katholische Seite davon überzeugt ist, daß das Petrusamt und das Bischofsamt in apostolischer Sukzession nicht nur unter Umständen nützlich und insofern unter bestimmten Bedingungen um des Friedens willen akzeptabel, sondern von Jesus Christus gewollt und deshalb verbindlich sind, während die evangelische Kirche eben dies entschieden ablehnt."[24] Wieso ist der katholischen (ebenso wie der orthodoxen) Kirche die apostolische Sukzession so wichtig geworden und was ist damit gemeint?

Die Rede von der apostolischen Sukzession gewann in der Alten Kirche vor allem in der Auseinandersetzung mit der Gnosis Bedeutung. Sie betont die Sichtbarkeit der Kirche und die Verleiblichung des Geistwirkens. Statt kleine, vom Geist geleitete Gruppen vom gemeinen Volk abzutrennen und so eine kleine, wahre Kirche zu behaupten, ging es der Alten Kirche darum, dass sich die Kirche insgesamt an nachprüfbare, für alle nachvollziehbare Traditionen bindet, auf die man sich verlassen kann. Die Verlässlichkeit sollte nicht in Geheimüberlieferungen gründen, sondern in der öffentlichen Weitergabe des apostolischen Zeugnisses. Apostolische Sukzession meint also das Weiterdauern des

---

[24] W. Kasper, Wie geht es in der Ökumene weiter? Ein brüderliches Streitgespräch mit Landesbischof Johannes Friedrich. In: StZ 130 (2005) 147-151, hier 149.

ursprünglichen apostolischen Zeugnisses durch die Amtsnachfolge. So wie die Apostel Schüler eingesetzt haben, deren Aufgabe es war, die rechte Lehre weiterzugeben, so haben auch diese Schüler wieder Schüler eingesetzt, usw. Bei diesem Handeln besteht das Vertrauen der katholischen Kirche darin, dass Gott selbst in Treue zu seinem in Christus gegebenen Zusagewort immer wieder selbst in seinem Geist durch das Handeln seiner Zeugen spürbar gegenwärtig wird.

Gegen diese Betonung der Amtssukzession betont die evangelische Seite, dass Apostolizität sich primär in der inhaltlichen Übereinstimmung mit der apostolischen Lehre, nicht aber in einem formalen Akt wie dem der Amtssukzession zeige. Auch aus katholischer Sicht ist das entscheidende Kriterium für die Apostolizität der Kirche die Identität ihrer Lehre mit der Lehre der Apostel. Die Sukzession ist nur ein Kriterium neben anderen. Dennoch müsste man aus katholischer Sicht fragen, warum die evangelischen Kirchen nicht als deutliches Zeichen für die geschichtliche Kontinuität und Identität der Kirchen im apostolischen Glauben auch die Ordnung der bischöflichen Sukzession wieder aufnehmen.

3. Gemeinsame Eucharistie/ Abendmahl?

In der Eucharistielehre standen in der Tradition drei Themen im Mittelpunkt der Kontroverstheologie: Opfercharakter, Realpräsenz Jesu Christi und Laienkelch.

a) Opfercharakter der Messe

Aus katholischer Sicht ist jeder Gottesdienst Dienst Gottes im Sinne eines *genitivus obiectivus et subiectivus*. D.h. im Gottesdienst zeigt mir Gott seine Liebe und gibt sich mir hin. Diese Liebe ist aber erst Wirklichkeit, wenn ich sie erwidere, wenn ich mich selbst hingebe. Deshalb braucht es auch meinen „Dienst", meine Hingabe, mein „Opfer".

Diesem Verständnis der Messe als Opfer galt von Anfang an der erbittertste Widerstand der Reformatoren. Sie befürchteten, dass durch dieses Verständnis die Einmaligkeit des Opfers Christi und damit die Unwiderruflichkeit und Besonderheit des Heilshandelns Gottes in Jesus Christus relativiert wird.[25] Kirche darf

Einmaligkeit des Opfers Christi

---

[25] Vgl. die entsprechend harsche Verurteilung katholischer Messen in den reformatorischen Bekenntnisschriften, z.B. im Heidelberger Katechismus: „Es ist also die Messe nichts anderes, als eine Verleugnung des einzigen Opfers und Leidens Jesu Christi, und eine vermaledeite Ab-

sich aus ihrer Sicht nicht anmaßen, das zu vollziehen, was allein Gottes Initiative in Christus vorbehalten ist. Aus katholischer Sicht wäre demgegenüber zu betonen, dass Gott den Menschen würdigt, seinen guten Willen zu vollziehen und seine Hingabe an jeden durch das eigene Handeln, getragen vom Heiligen Geist, Wirklichkeit werden zu lassen. Natürlich gilt die Wirklichkeit der Erlösung jedem Menschen allein aufgrund der Lebenshingabe Jesu am Kreuz. Insofern ist immer Christus Subjekt des „Messopfers". Sein „Opfer" braucht also weder fortgesetzt noch wiederholt, weder ersetzt noch ergänzt zu werden. Aber seine Hingabe ist nur dadurch erlebbare Wirklichkeit, dass sein Geist Menschen dazu beruft, seine Hingabe auch heute zu vollziehen. Entsprechend meint Erinnerung bzw. Gedächtnis (*memoria*) bereits im biblischen Zeugnis ein Real- und Tatgedächtnis, das kraft des Heiligen Geistes das Erinnerte erleben lässt. Bedenkt man diese Klarstellungen haben die Kontroversen um den Opfercharakter der Eucharistie ihre kirchentrennende Schärfe verloren.

b) Realpräsenz Jesu Christi im Sakrament der Eucharistie

„Das ist mein Leib!"

Lutheraner und Katholiken sind sich einig, dass Christus in Brot und Wein wirklich gegenwärtig ist und sich also denen, die an der Eucharistie teilnehmen, personal mitteilt. Dagegen sehen die Reformierten Brot und Wein nur als Zeichen für die Gegenwart Jesu Christi. Das Hokuspokus des *hoc est corpus* müsse verstanden werden als *Dies bedeutet mein Leib*. Bereits Luther hatte im Abendmahlsstreit mit Zwingli an dieser Stelle heftig widersprochen und auf dem biblischen *est* bestanden. Zwingli dagegen sah die Eucharistie als reines Erinnerungsmahl an den vergangenen Kreuzestod Jesu, nicht aber als Feier seiner Gegenwart. Calvin lehrte zwar eine wahre, wirkliche und wesentliche Gegenwart des ganzen Christus in der Eucharistie, wehrte sich aber dagegen, diese als leiblich zu denken, da der Leib des Auferstandenen zur Rechten Gottes des Vaters sitze und deshalb nicht gleichzeitig in der Eucharistie gegenwärtig sein könne. Nach Calvin ergreift der Heilige Geist anlässlich des gläubigen Empfangs von Brot und Wein das Herz des Menschen und schafft so die personale Gemeinschaft mit dem zur Rechten des Vaters erhöhten Christus. Wichtig ist, dass die Gemeinschaft mit Christus anlässlich des Empfangs der eucharistischen Gaben geschieht, nicht durch sie; denn materielle Dinge sind unfähig, den erhöhten Herrn zu umschließen, *finitum non est capax infiniti*.

götterei." (zit. n. P. Neuner, Ökumenische Theologie. Die Suche nach der Einheit der christlichen Kirchen, Darmstadt 1997, 205)

Die katholische und lutherische Position wird dann einsichtig, wenn wir uns an das Verständnis von Sakramenten als Realsymbolen erinnern. Die mich rettende Lebenshingabe Jesu Christi wird in Brot und Wein nicht nur im Sinne eines Vertretungssymbols angezeigt, sondern die Zeichen realisieren die von ihnen angezeigte Wirklichkeit. Die Wandlung der Gaben zielt auf die Wandlung der Gemeinde ab. Da die Wandlung aber allein aus Gottes Initiative ermöglicht und initiiert wird, kann ich die Gaben nicht zu meinen Symbolen machen und ihnen aus eigener Macht eine neue Bedeutung geben, sondern Gott muss an mir handeln und die Wandlung vollziehen. Dies geschieht in der doppelten Selbstmitteilung des mir leiblich begegnenden Zusagewortes Gottes (Christus/ Logos) und des mich ergreifenden Feuers seiner Gegenwart (Hl. Geist).

realsymbolische Deutung

Trotz dieser grundlegenden Übereinstimmung wird die Weise der Gegenwart Christi von Lutheranern und Katholiken verschieden verstanden. Während Katholiken auf der *Transsubstantiation* (= Wesensverwandlung) von Brot und Wein bestehen, lehrt Luther eine *Konsubstantiation*, d.h. Brot und Wein verbinden sich in einer sakramentalen Einheit mit Leib und Blut Jesu Christi, ohne ihre Substanz zu ändern. Wie Christus ganz Mensch und ganz Gott ist (Zwei-Naturen-Lehre), so sind Luther zufolge auch die Gaben ganz Brot bzw. Wein und ganz Leib bzw. Blut Christi. Die damit zur Sprache kommenden Differenzen haben heute keine kirchentrennende Wirkung mehr. Umstritten ist nicht mehr so sehr die Art, wie die Gegenwart Christi gedacht wird, sondern die Dauer dieser Gegenwart. Während Katholiken darauf beharren, dass die Gegenwart Christi in den eucharistischen Gaben nicht nach der Feier wieder verschwindet, ist im lutherischen Verständnis Christus nur *in usu* (= beim Vollzug des eucharistischen Geschehens) in der Eucharistie gegenwärtig, so dass nicht ausgeteiltes Brot und nicht ausgetrunkener Wein nach der Abendmahlfeier nicht besonders behandelt werden müssen.

Transsubtantiation

Die polemische Zuspitzung der lutherischen Position hat damit zu tun, dass im Zuge der mittelalterlichen Abendmahlsstreitigkeiten der Aspekt der eucharistischen Realpräsenz so sehr in den Blickpunkt der Aufmerksamkeit gerückt war, dass sich die Eucharistiefrömmigkeit mehr und mehr zu einer reinen Anbetungsfrömmigkeit entwickelte. Immer mehr Menschen gingen nur noch Ostern zur Eucharistie. Die Teilnahme an der Messe ohne eigenen Kommunionempfang wurde zum Regelfall, auch aus Angst, ohne umfassende Beichte durch Verzehr der heiligen Gaben „Gottesraub" zu begehen. Der eigentliche

11) Ökumenische Theologie

Zielrichtung der Wandlung

Zweck der Wandlung als Wandlung der zum Gottesdienst versammelten Gemeinde ging so mehr und mehr verloren. Erst das Zweite Vatikanische Konzil hat hier die ursprünglichen Zusammenhänge wieder hergestellt und die Wichtigkeit der Teilnahme an der Kommunion wieder vor Augen gestellt. Wie Luther betont das Konzil die Mahlfeier als Ort der personalen Begegnung mit Christus. Gemeinsam bekennen lutherische und katholische Christen also, dass die eucharistische Gegenwart Christi auf den gläubigen Empfang ausgerichtet ist, sie gleichwohl aber nicht auf den Empfang eingeschränkt ist, sondern (zumindest) während der ganzen Mahlfeier Wirklichkeit ist. Auch hier müsste es also möglich sein, in den verschiedenen Kirchen zu einer Praxis zu finden, die keine Kirchentrennung mehr erforderlich macht.

c) Laienkelch

Zum stiftungsgemäßen Vollzug des Abendmahls gehört nach Luther gemäß den Einsetzungsworten die Spendung der Kommunion in beiderlei Gestalt an alle Gläubigen. Demgegenüber betonte die katholische Kirche immer die gemeinsame Auffassung beider Konfessionen, dass Christus unter jeder der eucharistischen Gaben ganz gegenwärtig ist, so dass der doppelte Kommunionempfang nicht nötig ist. Entsprechend ist es eher eine pastoral-praktische denn eine dogmatische Frage, ob der Laienkelch wieder eingeführt werden sollte.

Zwischenfazit

Bedenkt man den gegenwärtigen Stand der ökumenischen Gespräche, kann keiner der genannten drei Punkte die Verweigerung der Eucharistiegemeinschaft rechtfertigen. Der Grund für diese Verweigerung liegt von daher neben den oben genannten Differenzen beim Amtsverständnis (die hier insofern virulent werden, als aus katholischer Sicht nur ein gültig geweihter Priester der Eucharistie vorstehen darf) im Zusammenhang von Eucharistie und Kirchengemeinschaft.

d) Eucharistie und Kirchengemeinschaft

Bereits das Neue Testament und die Alte Kirche bezeugen den Grundsatz von der untrennbaren Einheit von Eucharistie- und Kirchengemeinschaft. Der umstrittene Punkt ist an dieser Stelle, ob der Vollzug eines gemeinsamen Abendmahls – so wie die evangelische Kirchen, aber auch einige katholische Theologen meinen – ein sinnvoller Schritt auf dem Weg zur Gemeinschaft der Kirchen sein kann, oder ob die Abendmahlsgemeinschaft erst dann erlaubt sein soll, wenn volle Kirchengemeinschaft erreicht ist.

Letzteres ist die offizielle katholische Position und der Grund für die Verweigerung eucharistischer Gastfreundschaft durch die katholische Seite. Entsprechend der altkirchlichen Theologie lehrt sie, dass jeder zu der Gemeinschaft gehört, bei der er die Eucharistie empfängt. Der Kommunionempfang in unterschiedlichen Gemeinden sei demnach nur möglich, wenn diese in voller kirchlicher Gemeinschaft stünden. Die Wiederaufnahme einer zerbrochenen Eucharistiegemeinschaft setze voraus, dass die für die Trennung verantwortlichen Differenzen ausgeräumt seien und volle Kirchengemeinschaft hergestellt sei. Der entscheidende theologische Grund für diese Position besteht in der Auffasssung, dass Kirche nicht primär Institution, sondern sakramentale Wirklichkeit ist. In der Feier der Sakramente vollzieht sich Kirche; sie gründet sich nicht auf einem Zusammenschluss Gleichgesinnter, sondern auf sakramentaler Stiftung.

katholische Position

Aus evangelischer Sicht sind die noch zwischen den Konfessionen bestehenden Differenzen hinsichtlich der Ekklesiologie und des Amtsverständnisses nicht so gravierend. Sobald die Rechtfertigungslehre akzeptiert wird und Sakramente stiftungsgemäß verwaltet werden, ist Abendmahlsgemeinschaft auch bei bleibender Kirchentrennung möglich. Entsprechend ist seit der Leuenberger Konkordie 1973 die Abendmahlgemeinschaft zwischen Lutheranern und Reformierten ausgesprochen. Da beim eucharistischen Geschehen Christus der Einladende sei, sehen sich die evangelischen Kirchen seit 1975 nicht mehr dazu ermächtigt, katholischen Christen den Empfang des Abendmahls zu verwehren und evangelischen Christen in besonderen Fällen die Teilnahme an einer katholischen Eucharistie zu verbieten. Die Tatsache, dass die katholische Kirche es ihren Mitgliedern ausdrücklich untersagt, die auf diese Weise gegebene Einladung zu eucharistischer Gastfreundschaft anzunehmen (CIC Can. 844 §1), ist darin begründet, dass das evangelische Abendmahl nicht von einem geweihten Priester durchgeführt wird (siehe den Abschnitt zum Amtsverständnis). Die größere Offenheit der evangelischen Kirchen hat also damit zu tun, dass sie eine andere Auffassung davon haben, was zum unverzichtbaren Kern des apostolischen Glaubens gehört.

evangelische Sicht

Martin Luther

Werdegang

Trotz des Befremdens seiner Freunde und des Widerstandes seines Vaters brach Martin Luther (1483-1546) 1505 sein Jurastudium ab und trat in den Orden der Augustiner-Eremiten ein. Auslöser war ein Gelübde, das er bei einem Heimaturlaub in der Nähe von Stotternheim abgelegt haben soll: Bei einem Gewitter schlug ein Blitz so dicht neben ihm ein, dass er der heiligen Anna gelobte, Mönch zu werden, falls er heil nach Hause käme. Im Mittelpunkt seines strengen mönchischen Lebens standen die drei Gelübde der Armut, der Keuschheit und des Gehorsams. Die Beichte wurde regelmäßig geübt und durch Fasten, Selbstkasteiung und Studium der Schriften der Ordensväter sollte der rechte Weg zu Gott erarbeitet werden. 1507 wurde Luther Priester und 1512 Doktor der Theologie in Wittenberg, wo er anschließend als Professor für Biblische Theologie lehrte.

Luther versuchte alles, um ein vollkommenes Leben zu führen, scheiterte aber immer wieder an seinen hohen Ansprüchen. So wuchs in ihm die Angst vor dem Zorn Gottes und die verzweifelte Furcht, von Gott verworfen zu sein. In dieser Not wendete **Turmerlebnis** sich seine Lage 1514 durch das sog. „Turmerlebnis", das ihm nach eigenen Angaben im Klosterturm seines Wittenberger Studierzimmers widerfuhr. Mit einem Mal wurde ihm klar, dass die Gerechtigkeit Gottes, von der etwa Paulus in Röm 1,17 spricht, nicht in den Kategorien von Zorn, Strafe und Gericht zu verstehen ist, sondern die bedingungslose Zuwendung Gottes und dadurch die Gerechtmachung des Sünders bedeutet. Die Gerechtigkeit Gottes besteht also darin, dass er den Menschen gerecht macht. Das Heil, die Gnade und die Gerechtigkeit kann sich der Mensch nicht verdienen, sondern sie wird ihm vorbehaltlos geschenkt **Rechtfertigungs-** – eine Einsicht, die Luther v.a. in seiner sog. *Rechtfertigungsleh-* **lehre** *re* entfaltet. Rechtfertigung geschieht also nicht aufgrund von Verdiensten und guten Werken, sondern allein aus Gnade (*sola gratia*), allein durch den Glauben (*sola fide*) und allein auf der Basis der Schrift (*sola scriptura*). Im Mittelpunkt der Rechtfertigungslehre steht allein Christus (*solus Christus*), den es gegen alle verfälschende Institutionalisierung und gegen jede Tradition ohne biblisches Fundament neu zu entdecken gelte.

Berühmt wurde Luther durch seine strikte Ablehnung des Ablasswesens und die mit ihm verbundene pastorale Praxis. Am 31.10.1517 machte er diese Kritik in Form von *95 Thesen* öffentlich, indem er entsprechende Briefe an die zuständigen Bischöfe verschickte (der Legende nach hat er diese Thesen dann auch noch an der Schlosskirche zu Wittenberg angeschlagen). Im Jahr 1520 verfasste er seine sog. *reformatorischen Hauptschriften*, die seine reformatorischen Anliegen und seine Kritik an der römischen Kirche in umfassender Weise zur Geltung bringen. In *An den christlichen Adel deutscher Nation von des christlichen Standes Besserung* wendet sich Luther leidenschaftlich gegen das Lehramt des Papstes und seine Konzilsgewalt sowie gegen die Überordnung der geistlichen über die weltliche Gewalt. Darüber hinaus betont er das allgemeine Priestertum aller Gläubigen und bestreitet so jede Sonderstellung des geistlichen Standes und die Grundlagen der Besonderheit des priesterlichen Amtes. In *Von der babylonischen Gefangenschaft der Kirche* entfaltet Luther sein Sakramentenverständnis. Er lässt nur noch Taufe und Abendmahl sowie in eingeschränkter Weise die Buße als Sakramente zu, spricht sich für den „Laienkelch" aus und lehnt die Transsubstantiationslehre ab. Scharf wendet er sich gegen das Opferverständnis der Messe. *Von der Freiheit eines Christenmenschen* macht deutlich, dass der durch den Glauben befreite Mensch aus dem Evangelium heraus in der Praxis der Nächstenliebe viel mehr tut als Gesetze von ihm verlangen können. Er ist in der exklusiven Bindung an das Wort Gottes sein eigener Herr.

Das Thema der Freiheit beschäftigt Luther auch später noch in seinem Streit mit Erasmus von Rotterdam, auf den ich etwas ausführlicher eingehen will, weil es ein schlechterdings zentrales Anliegen lutherischer Theologie thematisiert, das bis heute kontroverstheologisch umstritten ist. In seiner vielleicht wichtigsten Schrift *De servo arbitrio*, Vom unfreien Willen, entfaltet Martin Luther nämlich eine völlig andere Sicht auf die Willensfreiheit und auf die Möglichkeit des Anderskönnens, als wir sie in den bisherigen Entwürfen kennengelernt haben.

Luthers Gegenspieler, der Humanist Erasmus von Rotterdam, war alles andere als ein blinder Verfechter einer überzogenen Freiheitstheorie und einer völligen Autonomie des Menschen. Vielmehr ging er davon aus, dass Anstoß und Vollendung aller guten Handlungen des Menschen allein durch Gottes Gnade bewirkt sind und es lediglich auf zweitursächlicher Ebene der

Luthers Haltung zur Willensfreiheit

menschlichen Mitwirkung bedarf. So kommt er zu dem auf Vermittlung angelegten Schluss: „Ich billige die Meinung jener, die dem freien Willen einiges zuschreiben, aber der Gnade das meiste."[26] Erasmus geht also mit bei einer Relativierung menschlicher Willensfreiheit; ihre Tilgung in der Beziehung zu Gott und in der Wirkung des Heils lehnt er strikt ab.

Luther dagegen hält in vehementer Weise an der These fest, dass der Mensch im Verhältnis zu Gott nicht frei ist. Ohne die Existenz der Willensfreiheit im Allgemeinen bestreiten zu wollen, kommt ihm alles auf die Frage an, ob diese Freiheit auch die Gott-Welt-Beziehung prägt und als wechselseitiges Bestimmungsverhältnis gedacht werden darf. Seine Antwort lässt hier nichts an Deutlichkeit zu wünschen übrig: „Ein gewisses Maß freier Entscheidung kannst Du wohl dem Menschen mit Recht zubilligen, aber ihm in göttlichen Dingen einen freien Willen zuzubilligen, das geht zu weit."[27] Gemeinschaft mit Gott ist nach Luther nicht nur *auch* ein Geschenk Gottes oder ein Angebot, zu dem ich mich noch einmal wählend verhalten kann. Entsprechend hält Luther in seiner drastisch-deftigen Sprache in einer oft zitierten Passage fest:

> So ist der menschliche Wille in die Mitte gestellt (zwischen Gott und Satan) wie ein Zugtier. Wenn Gott sich darauf gesetzt hat, will er und geht, wohin Gott will ... Wenn Satan sich darauf gesetzt hat, will und geht er, wohin Satan will. Und es steht nicht in seiner freien Entscheidung, zu einem von beiden Reitern zu laufen oder ihn sich zu verschaffen zu suchen, sondern die Reiter selbst kämpfen miteinander, ihn zu erlangen und zu besitzen.[28]

Wie kommt Luther zu dieser radikalen Position? Sie wurzelt in der für seine Biografie zentralen Erfahrung, dass ich aus eigener Kraft keinen gnädigen Gott bekommen kann. Die Rettung und Annahme des Menschen durch Gott liegt gänzlich jenseits dessen, was der Mensch sich verdienen kann.

> Gott verheißt den Demütigen, das heißt denen, die an sich verzweifelt sind und sich aufgegeben haben, mit Bestimmtheit seine Gnade. Ganz und gar aber kann sich kein Mensch eher demütigen, bis daß er weiß, daß seine Seligkeit vollständig außerhalb seiner Kräfte,

---

[26] Erasmus von Rotterdam, De libero arbitrio DIATRIBE sive collatio. Gespräch oder Unterredung über den freien Willen. In: Ders., Ausgewählte Schriften Bd. 4. Lat.-dt. hrsg. v. W. Welzig, Darmstadt 1969, 1-195, hier IV, 16.

[27] M. Luther, Vom unfreien Willen (1525). In: Die Werke Martin Luthers. Hrsg. v. K. Aland. Bd. 3, Stuttgart-Göttingen ³1961, 151-334, 226f.

[28] Ebd., 196.

Absichten, Bemühungen, seines Willens und seiner Werke gänzlich von dem Belieben, Beschluß, Willen und der Tat eines anderen, nämlich Gottes allein, abhängt.[29]

Alle Anstrengungen des Menschen, dieses Handeln Gottes aus eigener Kraft begleiten zu wollen, führen nach Luther zur Sünde. In enger Anlehnung an Paulus besteht Luther darauf, dass auch das Beste im Menschen gegen Gott gerichtet und dem Bösen zugewandt ist. Das Gesetz bringt nur unsere bösen Taten zum Vorschein. Gerecht vor Gott werde ich niemals durch eigene Anstrengungen, sondern allein durch die Gerechtmachung durch Gott. Nur weil die Gerechtigkeit Gottes darin besteht, den Sünder gerecht zu machen, dürfen wir Menschen auf seine rettende Kraft hoffen. Gnade und Rechtfertigung des Menschen kommen diesem ganz und gar ohne Verdienst zu.

Hinter diesem Theologumenon steckt die Erfahrung, dass ich gegenüber dem Guten, das sich mir mitteilt, keine Wahl- und Entscheidungsfreiheit habe. Eine beliebte Analogie lutherischer Theologen zur Illustrierung von Luthers Grundintuition besteht an dieser Stelle im Hinweis auf das Ergriffensein des Menschen von der Liebe. So wenig, wie ich mich frei für die Liebe zu einem anderen Menschen entschließen könne, so wenig sei es möglich, sich für den Glauben an Gott zu entscheiden. So wenig, wie sich die Geneigtheit für den Anderen herstellen lasse und so wenig ich mich frei dazu entschließen könne, mich einem anderen Menschen liebend zuzuwenden, so wenig könne man den Glauben an Gott willentlich herstellen. „Innere Geneigtheit kann der Mensch aber so wenig willentlich herstellen, wie er einen Affekt – z.B. den spontaner Zuneigung oder Abneigung – willentlich konstituieren kann. Ich kann nun einmal nicht beschließen, diese Frau zu lieben und jene nicht."[30]

Doch so sehr an dieser Intuition etwas Richtiges ist, so scheint sie mir doch den eigentlichen Punkt nicht vollständig wahrzunehmen. Natürlich ist Glaube erst einmal ein Geschehen, zu dem man sich nicht beliebig entscheiden kann. Beim Glauben muss man eben – mit Wittgenstein gesprochen – „von etwas ergriffen und umgedreht werden." Aber, so fährt Wittgenstein fort, und hier sieht er in meinen Augen den entscheidenden Punkt klarer als Luther: „Ist man umgedreht, dann muß man umgedreht *blei-*

---

[29] Ebd., 193.
[30] C. Markschies, Wie frei ist der Mensch? Einige vorläufige Thesen zu einem großen Thema, Martin Luther nachgedacht. In: Cardo 3 (2005) 15-18, 16.

ben."³¹ Und eben dieses „Umgedreht-Bleiben" scheint mir etwas mit Freiheit zu tun zu haben. Ich will versuchen, diesen Punkt anhand der Analogie mit der Liebe etwas zu verdeutlichen.

Liebe oder Verliebtheit? Mir scheint an dieser Stelle die Differenzierung von Liebe und Verliebtheit hilfreich zu sein. Natürlich kann ich mich nicht entscheiden, mich in eine bestimmte Frau oder einen bestimmten Mann zu verlieben. Das Gefühl des Verliebtseins ergreift mich und verwandelt mein Leben – ob ich will oder nicht. Ich kann es zwar verdrängen und unterdrücken, aber ich kann es nicht in einem Freiheitsakt hervorrufen oder abstellen. Ohne Phasen eines solchen Verliebtseins kann es zumindest eine erotische Form von Liebe sicherlich nicht geben. Dennoch ist Liebe noch einmal etwas anderes, Höheres und Ernsteres als Verliebtsein. Auch Liebe lässt sich nicht herstellen, und doch hat Liebe ungleich mehr mit Freiheit zu tun als ein Gefühl des Verliebtseins. Einen Menschen lieben heißt eben auch, ihn in seiner Besonderheit würdigen zu wollen, sich in der eigenen Freiheit an ihn zu binden, den positiven Gefühlen zu ihm Raum geben zu wollen. Geschöpfliche Liebe ohne das Moment des Anderskönnens und der Selbstbestimmung scheint mir unmöglich zu sein. Das Verliebtsein überfällt mich, aber Liebe ist ohne Entschiedenheit und freie Selbstbindung nicht zu haben. Nicht so, als sei sie meiner Verfügungsgewalt überlassen, aber doch so, dass sie nicht ohne Moment willentlicher Zustimmung gedacht werden kann.

In ähnlicher Weise scheint mir auch der Glaube – wie schon Thomas von Aquin wusste³² – an ein Moment willentlicher Zustimmung und damit in untilgbarer Weise an ein Freiheitsmoment gebunden zu sein. Zu allererst ist er wie das Verliebtsein eine Macht oder auch nur eine Gewohnheit, die mich ergreift oder die mir anerzogen wird. Erst wenn ich ergriffen werde vom Heiligen Geist und auf diese Weise innerlich von Gott angerührt werde, ist Glaube möglich. Glaube ist also zunächst und vor allem Geschenk. Und dennoch werde ich in meiner Freiheit nicht ausradiert, sondern gerufen. Ich kann mich zu diesem Ergriffenwerden verhalten. Ich kann mich distanzieren, meine Erlebnisse reflektieren und mich gegen den Glauben entscheiden. Vielleicht ist diese Möglichkeit im Enthusiasmus eines Bekehrungserlebnisses erst einmal verschüttet. Aber auf lange Sicht braucht es

---

[31] Beide Zitate L. Wittgenstein, Vermischte Bemerkungen. Hrsg. v. G.H. v. Wright. Unter Mitarb. v. H. Nyman. In: Ders., Werkausgabe Bd.8. Neu durchges. v. J. Schulte, Frankfurt a.M. 51992, 445-573, hier 525.
[32] Vgl. beispielsweise die Bestimmung des Glaubens als cum assensione cogitare bei Thomas von Aquin, Summa Theologiae II-II, 2,1.

meinen Willen, ergriffen und umgedreht zu bleiben. Dieser Wille vermag den Glauben zwar nicht hervorzubringen. Aber ohne diesen Willen ist Glaube und damit die Liebesbeziehung, zu der Gott den Menschen beruft, nicht möglich.

An dieser Stelle scheint es mir für die ökumenische Verständigung außerordentlich wichtig zu sein, nicht in falschen Alternativen zu denken und die Rede von menschlicher Willensfreiheit nicht gegen Gottes Handeln auszuspielen. Erst die Erfahrung einer Kraft, die mir Geschmack am Guten bereitet und mich für das aufschließt, wofür es sich zu leben lohnt, öffnet mich für Gottes guten Willen und ermöglicht mir so Freiheit. Und dennoch bin nur dann ich es, der frei einstimmt in diese Kraft, wenn ich zumindest die Möglichkeit habe, mich zu dem in mir ausgelösten Impuls zu verhalten.

Die freie Einstimmung in Gottes guten Willen für mich – bzw. in jüdischer Perspektive: das Tun der Tora – ist gerade Teil des Gnadengeschehens und darf nicht im Gegensatz hierzu gedacht werden. Und dennoch trifft Luthers Kritik an Erasmus gerade aus dieser Einsicht heraus einen wesentlichen Punkt. Die Aussagen des Erasmus machen nämlich immer wieder den Eindruck, als könnten Freiheit und Gnade in einem Konkurrenzverhältnis gedacht werden.[33] Wäre ein solches Verhältnis gegeben, so dürfte in der Tat kein eigener Raum der Freiheit gedacht werden – von daher müsste man bei der Freiheitskonzeption des Erasmus aus theologischen Gründen wie Luther auf der allein Gott vorbehaltenen Initiative insistieren.

Freiheit und Gnade

Darüber hinaus kann man Luther nicht vorwerfen, dass er blind für die Einsicht wäre, dass Gott den Menschen dazu würdigt, seinen guten Willen zu tun, und sich insofern dazu bestimmt hat, nicht ohne die Mitwirkung seines Geschöpfes das Gute zu realisieren. So hält Luther ausdrücklich fest, dass Gott nicht ohne uns wirkt, „die er ja gerade dazu neugeschaffen hat und erhält, daß er in uns wirke und wir mit ihm zusammen wirken."[34] Von daher sollte man sehr vorsichtig damit sein, Erasmus gegen Luther Recht zu geben, und jede gute Theologie wird die Einsichten Luthers nicht einfach verwerfen. Dennoch wird man fragen dürfen, ob Luther seinen Punkt nicht überzieht, wenn er sich weigert, die freie Selbstbestimmung Gottes in Christus so mitzuvollziehen, dass klar wird, dass Gott in ein wechselseitiges Bestimmungsverhältnis zum Menschen eintritt, in dem er die Freiheit des Men-

---

[33] Vgl. nur die oben zitierte Gegenüberstellung von Gnade und Freiheit bei Erasmus, die beide in ein quantitatives Verhältnis zu setzen scheint.
[34] M. Luther, Vom unfreien Willen, 298.

schen würdigt, angesichts alternativer Möglichkeiten in freier Selbstbestimmung seinen guten Willen zu tun. Kann ich theologisch wirklich darauf verzichten, der Barmherzigkeit und der Gerechtigkeit Gottes auch dadurch noch einmal nach zu denken, dass ich sein Handeln in ein dialogisch-herausforderndes Verhältnis zum menschlichen Handeln setze?

Aufgaben:

1. Worin lagen in der Tradition die wesentlichen bekenntnisbezogenen Unterschiede zwischen der katholischen und den evangelischen Kirchen? Wie sind diese Unterschiede angesichts des gegenwärtigen Standes der ökumenischen Diskussion einzuschätzen!
2. Worin besteht der Hauptunterschied zwischen katholischer und lutherischer Theologie?
3. Was spricht für und was gegen die Möglichkeit einer gemeinsamen Eucharistiefeier zwischen Katholiken und Protestanten?
4. Erläutern und bewerten Sie die Unterschiede zwischen den orthodoxen Kirchen und der katholischen Kirche!
5. Skizzieren Sie die bisherigen Erfolge der ökumenischen Bewegung. Welche Probleme verhindern gegenwärtig eine allumfassende Kirchengemeinschaft?

Literaturhinweise

JORISSEN, HANS, Das Amt in der Kirche von morgen – Erwägungen aus katholischer Sicht. In: HORST SCHWÖRZER (Hg.), Amt, Eucharistie-Abendmahl. Gelebte Ökumene, Leipzig 1996, 26-40 (*interessanter und innovativer Versuch, aus katholischer Sicht einen möglichen Weg zur sofortigen Anerkennung der reformatorischen Ämter aufzuzeigen*).

KAPPES, MICHAEL/ FASSNACHT, MICHAEL (Hg.), Grundkurs Ökumene. Ökumenische Entwicklung – Brennpunkte – Praxis. Bd. 1: Theologische Grundlagen, Kevelaer 1998 (*guter erster Überblick über den Stand der ökumenischen Debatte aus katholischer Sicht mit Impulsen zur ökumenischen Praxis*).

KAPPES, MICHAEL u.a., Trennung überwinden. Ökumene als Aufgabe der Theologie, Freiburg 2007 (Theologische Module; 2) (*kompakte, studiengerechte und praxisnahe Standortbestimmung*).

LÜNING, PETER, Ökumene an der Schwelle zum dritten Jahrtausend, Regensburg 2000 (*Knappes Taschenbüchlein zur ersten Einführung mit kleinem Wörterbuch und Literaturhinweisen*).

NEUNER, PETER, Ökumenische Theologie. Die Suche nach der Einheit der christlichen Kirchen, Darmstadt 1997 (*gutes Handbuch aus katholisch-ökumenefreundlicher Sicht mit Blick auf Geschichte der ökumenischen Bewegung und Behandlung der theologischen Hauptprobleme*).

IV. Glaubensverantwortung heute

12) Eine Wahrheit, viele Religionen

[Auch Tage später noch träumt Albert von dem letzten Abend mit Maria. Die Berührung ihrer Hände hat sein Leben völlig umgeworfen. Er hätte nie gedacht, dass ihm eine solche Form von Nähe so viel bedeuten kann. Ehrlich gesagt muss er sich über sich selbst wundern. Noch nie hat er so lange gebraucht, um eine Frau ins Bett zu bekommen, und noch nie war ihm der Gedanke an dieses Ziel weniger wichtig. Er will Maria einfach nur wiedersehen, ihren Duft riechen, ihre Stimme hören, mit allen Sinnen in ihre Richtung schauen. Ja, selbst die merkwürdigen Unterhaltungen mit ihr will er fortsetzen. Gar nicht mal mehr mit dem Ziel, sie zu bekehren, sondern eher, weil es ihm gut tut, sie immer besser zu verstehen.

Merkwürdigerweise scheint sich Maria ihm entziehen zu wollen. Ihr Handy ist abgestellt, ihr E-Mail-Postfach voll, so dass alle Mails zurückkommen, und bei sich zu Hause ist sie auch nicht. Schon längst bereut er es, an dem Abend nicht direkt ein neues Date verabredet zu haben. Er läuft an allen Orten vorbei, von denen er weiß, dass Maria sie besucht, an der UB, dem Café, dem Rhein, der Salsa-Bar, selbst an der Kirche – alles ohne Erfolg.

Um nicht verrückt zu werden und um Maria seine neue Aufgeschlossenheit für religiöse Themen zu beweisen, macht Albert einen Meditationskurs im Haus Siddharta. Eben auf dem Nachhauseweg von dort trifft er Maria, die sich in angestrengter Weise Notizen in einem Heft mit einem großen Herzen macht. Nach einer kurzen, eher förmlichen Begrüßung gehen die beiden am Rhein spazieren.]

Ich komme gerade von einer buddhistischen Meditation. Sie war ganz schön abgefahren und genau genommen war sie ein stärkeres Argument für den religiösen Glauben als alles, was Du mir bisher erzählt hast.

Wirklich? Da scheinst Du ja richtig abgegangen zu sein.

[Maria klingt etwas spöttisch. Vielleicht ist sie aber auch nur mit den Gedanken noch nicht ganz da. Albert versucht deshalb, stärker auf sich aufmerksam zu machen.] *Na ja, ich will nicht übertreiben. Aber ich frage mich, warum Du immer so borniert Deine christlichen Geschichten erzählst und Dich nicht um die bunte Vielfalt der Religionen kümmerst.*

Ich kümmere mich mehr um die Vielfalt der Religionen, als Du ahnst, und ich habe Dir allein deswegen so ausdauernd christliche Geschichten erzählt, weil sie mir am Vertrautesten sind. Außerdem hast Du mich auch nach keinen anderen gefragt.

Mmh, gut, dann frage ich Dich eben nach einer. Oder noch besser, ich erzähle Dir eine.

Die Blinden und der Elefant

Und zwar eine buddhistische Geschichte, die in meinen Augen eine tiefe Wahrheit entfaltet: „Vor langer Zeit stritten sich in einem fernen Land die Leute darüber, wie die Götter aussähen. Als der Streit kein Ende nahm, baten sie den alten König, die Frage zu entscheiden.

Dieser ließ alle Blinden des Ortes zusammenkommen und brachte sie mit dem größten Elefanten zusammen, den er besaß. Dann sagte er den Blinden: ‚Sagt, was ist ein Elefant, den ich hier für Euch herbeigeschafft habe?' Da begannen sie, den Elefanten mit ihren Händen zu berühren und zu betasten. Einige ergriffen das Haupt und die Ohren, andere den Rüssel, wieder andere packten den Schwanz oder ein Bein. Als sie so eine Weile den Elefanten berührt hatten, fragte der König sie nach der Gestalt dieses Wesens.

Der Blinde, der den Kopf berührt hatte, meinte, der Elefant sei ein großer Topf. Derjenige, der das Ohr gepackt hatte, sagte: ‚Hier ist ein rauher, breiter, flacher Teppich.' Und der, dessen Hand den Rüssel betastet hatte, rief: ‚Ein langes, feuchtes Rohr, das sich bewegt wie eine Schlange.' ‚Nein', schrie der, der an den Schwanz geraten war, ‚ich hatte einen großen Besen in der Hand.' Und der Blinde, der das Bein des Elefanten umfasst hatte, hielt ihn für eine aufrechte Säule.

Als die Blinden hörten, dass jeder etwas anderes sagte, gerieten sie in einen heftigen Streit und eiferten sich sehr. Jeder meinte, die anderen redeten Unsinn und er allein habe recht. Als die Leute dieses Schauspiel sahen, wussten sie auf einmal, weshalb der König es so ausgerichtet hatte." Er wollte ihnen zeigen, dass sie alle nur einen Teil der Wahrheit schauen und dass die letzte Wirklichkeit noch einmal ganz anders ist, als sie sich das vorstellen. Ist das nicht ein schönes Gleichnis für das Verhältnis der Weltreligionen?

Nanu! Ich wusste gar nicht, dass Du ein solcher Pluralist bist. Ich dachte, Du hältst alle Religionen für falsch.

Auch wenn Religionen im wörtlichen Sinne falsch sind, können sie etwas von der Wirklichkeit vermitteln. Ich merke in den Gesprächen mit Dir, dass Du bestimmte Assoziationen hast, die aller Ehren wert sind. Bei der buddhistischen Meditation habe ich gemerkt, wie gut es tut, leer zu werden. Dennoch darfst Du diese richtigen Aspekte nicht wie die Blinden verabsolutieren, sondern musst die religiösen Einsichten noch einmal als menschliche Konstrukte durchschauen und relativieren.

Und woher weißt Du das? Wie kommt es, dass gerade Du den Durchblick hast? Bist Du sicher, dass Du mit all Deinem Reden nicht auch nur ein Stück Elefant berührst? Woher nimmst Du die Gewissheit, in der Rolle des Königs zu sein?

Diese Gewissheit rührt aus meiner Selbstbescheidung. Ich will eben nichts Absolutes behaupten, sondern nehme mich zurück und lasse los.

Dir ist wohl das Meditieren zu Kopf gestiegen. Wenn Du absolut darauf bestehst, nichts Absolutes zu sagen, erhebst Du einen absoluten Anspruch. Du bist mit im Boot. Es gibt keine Königsperspektive.

keine Königsperspektive

Na gut, dann musst Du aber zugeben, dass wir alle nur einen Ausschnitt der Wirklichkeit betasten. Du müsstest also sagen, dass alle Weltanschauungen und Religionen gleich wahr sind.

Nein, die Wahrheit des Christentums gründet ja nicht in meinem Ausgreifen nach der Wirklichkeit und in meinen Konstrukten, sondern in der sich mir in Christus zuschickenden Wirklichkeit selbst. Christus ist nicht ein Ausschnitt eines Elefanten, sondern Gott selbst, der sich mir vermittelt durch den Geist als Gott erschließt. Nach christlicher Überzeugung kann ich Gott als Gott erkennen und bin dadurch der totalen Relativierung aller Wahrheitsansprüche enthoben.

Also gibt es bei Dir doch einen Weg in die Königsperspektive. Nur dass Du nicht dazu stehst, ihn selber gegangen zu sein, weil Du Dich (wie alle Christen) klein und hässlich machen willst. Es ändert aber nichts, ob Gott es Dir ermöglicht, auf dem Thron zu sitzen oder ob Du Dich selber drauf setzt. Das Ergebnis ist in beiden Fällen das Gleiche. Du hast den Durchblick und alle anderen schauen in die Röhre oder betasten vielmehr ihr Elefantenteil. Du bist die Königin, und wir alle sind blind.

Der christliche Glaube meint mit der Erhebung zur Königswürde keine Erhebung über andere. Es geht ja darum, dass mich der Geist Gottes ergreift und es mir ermöglicht, den ungeheuren Anspruch des Wortes Gottes als unbedingte Zusage für mich zu erkennen. Es geht eben darum, dass Christus, der ja diese Zusage in personaler Form ist, mir begegnet. Dann bin ich für mein

Leben durch diese Begegnung der Blindheit enthoben. Aber damit weiß ich doch nicht, was Begegnung mit dem Logos für andere heißt.

Wenn Du sagst, dass sich Gott in Jesus Christus als unbedingte Zusage eines jeden Menschen offenbart hat, kann es doch nicht zugleich richtig sein, wenn ich Dir widerspreche oder wenn der Muslim sagt, dass Jesus nur ein Prophet war und dass das endgültige Wort Gottes der Koran ist. Es kann doch nicht zugleich wahr sein, dass Jesus der Sohn Gottes ist und dass er es nicht ist. Wenn Du Dich zum Glauben an Jesus bekennst, erhebst Du Dich über andere und sagst, dass sie irren. Wenn Du sagst, dass sie genauso Recht haben wie Du, hast Du Deinen eigenen Glauben durch Relativierung unkenntlich gemacht.

Ich sage aber weder das eine noch das andere. Indem ich meinen Glauben artikuliere, bewerte ich Deinen Glauben oder Unglauben nicht. Ich weiß zumindest auf dieser sehr abstrakten Ebene noch gar nicht, ob mein Ja zu Christus ein Nein zu Deinem Glauben braucht. Wenn ein Muslim beispielsweise bekennt, dass sich Gott dem Menschen letztverbindlich im Koran zugesagt hat, nimmt er auf eine andere Gegebenheitsweise der Offenbarung Bezug als ich. Da kann ich allgemein gar nicht sagen, ob diese Aussage meinem Glauben an die Offenbarung in Christus widerspricht.

Maria, Du enttäuschst mich. Du windest Dich. Entweder ist es wahr, dass Jesus Christus der Logos Gottes ist oder nicht. Entweder Du hast Recht oder der Muslim, der eben diesen Satz bestreitet. Beide könnt Ihr nicht Recht haben.

<small>Eigenart religiöser Rede</small>

Ich winde mich nicht, sondern ich versuche Dir nur die besondere Eigenart religiöser Rede verständlich zu machen. Religiöse Überzeugungen beziehen sich zwar auf die Wirklichkeit, aber sie tun das nicht in der Weise wie empirische, in der Erfahrung verifizierbare Sätze. Wenn Du sagst, dass Du einen Dessertlöffel in der Hand hältst, so lässt sich durch Einschalten des Lichts herausfinden, ob dies wirklich der Fall ist. Du kannst nicht zugleich einen Dessertlöffel in der Hand haben und ihn nicht in der Hand haben. Bei religiösen Überzeugungen ist die Bezugnahme auf die Wirklichkeit komplizierter, weil es nicht um ein Einzelding in der Wirklichkeit geht, sondern um die Wirklichkeit als Ganze und um ihren letzten Grund. Jeder einzelne religiöse Satz sagt etwas über diese letzte Wirklichkeit und mein Verhältnis zu ihr. Was der einzelne religiöse Satz meint, erschließt sich deshalb erst im Blick auf dieses Ganze und sein Verhältnis zu mir. Was ich mit einer religiösen Überzeugung meine, erschließt sich erst, wenn ich mitbedenke, wie die jeweilige religiöse Überzeugung mein Leben, Handeln und Denken prägt. Einzelne religiöse Überzeugungen lassen sich nicht sezieren und voneinander gelöst untersuchen, sondern hängen schon auf der Bedeutungsebene mit dem ganzen Geflecht des Lebens eines religiösen Menschen zusammen.

Was bedeutet das jetzt für das Bekenntnis zu Jesus als dem Christus bzw. für den Satz „Christus ist der Herr" und für die Frage nach seiner Bedeutung?

Dieser Satz und dieses Bekenntnis haben eine völlig andere Bedeutung, wenn sie von einem Kreuzfahrer verwendet werden, um seinem Gegner den Schädel einzuschlagen, und wenn sie von Mutter Teresa verwendet werden, um so ihre selbstlose Lebenshingabe für die Armen zu begründen. Nur im Blick auf seine Anwendung in einem konkreten Leben erhält er eine klare Bedeutung.

Aber seine Wahrheit kann doch nicht davon abhängen, wie die Menschen leben.

Seine Wahrheit ist auch nicht von menschlichem Handeln abhängig. Aber seine Bedeutung schon, und ohne klare Bedeutung ist keine Untersuchung von Wahrheitsansprüchen möglich.

Nun gut, wenn mir aber die Bedeutung klar geworden ist, dann muss ich doch auch die Wahrheitsansprüche miteinander vergleichen können.

In der Tat. Da diese Untersuchung aber auf der Erhebung von der Bedeutung am Einzelfall basiert, kann sie nie dahin führen, Religionen als Ganze miteinander vergleichen zu wollen. Es führt notwendigerweise zu Unsinn, wenn man herausfinden will, ob das Christentum, der Islam oder der Buddhismus mehr Wahrheit enthalten. Denn oft gibt es größere Unterschiede innerhalb einer Religion als zwischen ihnen.

Hinwendung zum Einzelfall

Mmh, das klingt irgendwie einleuchtend. Jedenfalls habe ich auch noch nie verstanden, was ein Quäker mit einem tridentinischen Katholiken gemeinsam hat. Manchmal denke ich sogar, dass wir beide in unserem Glauben mehr gemeinsam haben als Du und manche der alten Männer Deines Kirchenclubs.

Da bin ich nicht so sicher. Aber Du hast Recht, dass ich mich manchmal einer modernen, liberalen, aber tief spirituellen Muslima näher fühle als einem erzkonservativen, schwulenfressenden und frauenverachtenden Katholiken.

Und der erzkonservative Schwulenfresser fühlt sich seinem muslimischen Pendant sicher auch näher als Dir. Entsprechend gibt es ja auch schon die passenden gesellschaftspolitischen Bündnisse zwischen fundamentalistischen Muslimen und fundamentalistischen Christen. Aber das macht ihre Glaubensbekenntnisse doch nicht ähnlicher.

Natürlich nicht. Dennoch zeigen sich nicht nur die Auffassungen über Schwule und Frauenrechte im eigenen Leben, sondern auch die Rede von Gott als universaler, unbedingter Liebe erhält ihre Bedeutung erst, indem sie auf eine Praxis universaler Liebe verweist und sich an diese bindet. Die sachlichen Gehalte von Glaubenssätzen erschließen sich eben erst durch Korrelation mit einer bestimmten Praxis.

Aber ist diese Praxis nicht schon durch die Bindung an die Praxis Jesu gegeben? Und gibt es dadurch nicht eine einheitliche Bezugsgröße, die ein für alle Mal die Bedeutung der christlichen Rede von Gott klärt?

So einfach ist das nicht, weil die Praxis Jesu uns nur durch unsere Deutungen zugänglich ist. Selbst die Praxis der Kirche bietet zwar einen gemeinsamen Ausgangspunkt, lässt aber enorme individuelle Deutungsräume. Ich verstehe religiösen Glauben eben nur, indem ich ihn tue oder indem ich zumindest verstehe, was es heißt, ihn zu tun. Und da gibt es große Differenzen, auch innerhalb der Glaubensgemeinschaften. Und diese Differenzen führen in meinen Augen zu unterschiedlichen Bedeutungen gleichlautender Glaubenssätze.

Also muss ich erst schauen, wie Du lebst, um zu verstehen, was Du glaubst. Das klingt spannend, weil ich gerne viel von dem erleben will, wie Du lebst. Aber wie kann ich überhaupt noch Deinen Glauben einer rationalen Prüfung unterziehen und ihn mit anderslautenden Glaubenssätzen vergleichen?

Es ist immer möglich, einzelne Aspekte im Blick auf bestimmte Zusammenhänge auf ihre Rationalität hin zu untersuchen und so nach Gründen für ihre Wahrheitsbehauptung zu fragen. Du musst Dir einfach nur die Mühe machen, auf den Einzelfall zu schauen und die Glaubenspraxis mit in den Blick zu nehmen.

Erklär mir das, was Du meinst, noch einmal an dem Beispiel mit Christus und dem Koran. Wenn Du Dich zu Christus bekennst, ist das doch eine Absage an Muhammed. Wie kann es sein, dass Du dem Muslim zubilligst, in seiner Andersheit Wahrheit erkennen zu können?

Mein Bekenntnis zu Jesus als dem Christus enthält eine Aussage über das Offenbarwerden Gottes in dieser Welt. Es ist daher nicht mit dem zu Muhammed, sondern nur zu dem zum Koran zu vergleichen. Wenn nun eine Muslima bekennt, dass Gott sich ihr letztverbindlich im Koran zugesagt hat, muss ich fragen, was denn dieser Glaubenssatz konkret für ihr Leben meint. Wenn die Muslima mir sagt, dass der Koran die Barmherzigkeit Gottes preist und deutlich macht, dass mir Gott näher als meine Halsschlagader ist, kann ich nicht sehen, wieso das meinem Bekenntnis zu Christus widerspricht. Wenn sie die Transzendenz Gottes so sehr betont, dass sie eine personale Begegnung mit Gott für unmöglich erklärt, muss ich ihr widersprechen, sehe aber zugleich die Gefahr des Missbrauchs, die sie zu ihrer Intervention veranlasst. Vielleicht bin ich selbst vor diesem Missbrauch und vor der – mit Wittgenstein gesprochen – „schweinischen Gesinnung, die meint, mit Gott auf Du zu sein", nicht sicher, und kann durch die Begegnung mit dem muslimischen Offenbarungsglauben neu die Andersheit und Majestät Gottes entdecken.

Also ist ein Muslim eigentlich auch nur ein verkappter Christ!?

Nein, ich will auf keinen Fall sagen, dass alle Religionen dasselbe sagen. Und ich will ja auch nicht darauf hinaus, dass die Wahrheit der Religionen davon abhängt, dass sie alle dasselbe sagen. Es gibt durchaus grundlegende Widersprüche, die nach einer Entscheidung verlangen. Ich will nur darauf hinaus, dass oft viel radikalere Entscheidungen innerhalb der eigenen Tradition notwendig werden als zwischen den Traditionen. Die Grenze verläuft eben anders, als man denkt, wenn man religiöse Überzeugungen nur auf ihrer oberflächengrammatischen Ebene betrachtet. Man muss in die Tiefe gehen und schauen, was ein Satz in einem bestimmten Zusammenhang für eine Bedeutung hat. Und diese Bedeutung hängt eben auch von dem Menschen ab, mit dem ich mich auseinandersetze. Ich warne eigentlich nur vor falschen, vorschnellen Unterschieden und vor Verallgemeinerungen.

Na gut, Verallgemeinerungen sind mir auch gar nicht so wichtig. Eigentlich habe ich einen sehr konkreten Wunsch. Ich möchte, dass wir schwimmen gehen.

[O weh, jetzt ist Albert übergeschnappt. Es ist eiskalt, und nur weil er einen Vorwand sucht, Maria nackt zu sehen, kann er doch nicht auf einen so dummen Einfall kommen. Maria zieht es vor, sich zu verabschieden. Erst im Weggehen sagt sie Albert, dass er am nächsten Tag um 10 an der DITIB-Moschee in Ehrenfeld sein soll, um seine interreligiöse Bildung zu verfeinern. Danach ist sie bereit, noch einmal mit ihm zu reden.]

Das besondere Verhältnis von Judentum und Christentum und die Christologie

Bis in die zweite Hälfte des 20. Jahrhunderts hinein war das Verhältnis der Kirchen zum Judentum von Ressentiments und folgenreichen Diskriminierungen geprägt. Diese Lage veränderte sich erst im Zuge der Aufarbeitung der Schoa, als das Eingeständnis unausweichlich wurde, dass der kirchliche Antijudaismus in der verhängnisvollen Geschichte des Antisemitismus einen festen Platz hat.

bleibende Erwählung

Seit einigen Jahrzehnten wird deshalb sowohl von theologischer als auch von kirchlicher Seite versucht, die christliche Schuldgeschichte gegenüber dem Judentum aufzuarbeiten und zu einer Anerkennung des bleibenden Eigenwertes des Judentums zu kommen. Es wird inzwischen fast einhellig anerkannt, dass der Bund Gottes mit seinem Volk Israel für immer Bestand hat und dass die bleibende Erwählung des jüdischen Volkes, wie sie etwa Paulus bezeugt (Röm 9-11), auch christlicherseits anzuerkennen ist. Nicht zuletzt Papst Johannes Paul II. hat zudem in Erinnerung gerufen, dass die Anerkennung der besonderen Würde und des bleibenden Wertes der jüdischen Religion für das Christentum kein ihr von außen angetragenes Erfordernis ist, sondern zum Inneren der eigenen Religion gehört.[35]

---

[35] „Die jüdische Religion ist für uns nicht etwas ‚Äußerliches', sondern gehört in gewisser Weise zum ‚Inneren' unserer Religion. ... Ihr seid unsere bevorzugten Brüder und ... unsere älteren Brüder" (Johannes Paul II. in seiner Rede in der Synagoge von Rom, zit. n. E. Zenger, Nostra aetate. Der notwendige Streit um die Anerkennung des Judentums in der katholischen Kirche. In: G. Ginzel/ G. Fessler (Hg.), Die Kirchen und die Juden. Versuch einer Bilanz, Gerlingen 1997, 49-81, hier 51).

Trotz dieser positiven Entwicklung bleibt zu fragen, ob es bei allem guten Willen nicht im Kern christlicher Theologie immer noch Denkstrukturen gibt, die eine Abwertung des Judentums unumgänglich machen. In der Regel wird vor allem in Bezug auf die Christologie behauptet, dass sie in ihrer orthodoxen Form zwangsläufig zur Herabwürdigung des Judentums führt. In der Tat wird man fragen müssen, ob die christliche Rede von Jesu Leben und Geschick als der (innergeschichtlich) endgültigen Gestalt der Menschenzuwendung des Gottes Israels nicht doch eine Überbietung jüdischen Glaubens impliziert. Kann die Rede von Gottes definitiver, irreversibler und unüberbietbarer (Selbst-)Offenbarung in Jesus Christus so verstanden werden, dass sie nicht zu einer qualitativen Überbietung (oder gar Aufhebung) der Offenbarung an das Judentum führt?

Der Schlüssel für die Antwort auf diese Frage, und damit der Schlüssel zur christlichen Anerkennung der Gleichwertigkeit von Judentum und Christentum, scheint mir darin zu liegen, der jüdischen Tora für das jüdische Volk die gleiche Bedeutung und vor allem den gleichen Wert zuzusprechen, wie sie nach christlichem Verständnis Christus für alle Menschen hat oder haben kann. Dieser Schritt ist aus christlicher Sicht deshalb gerechtfertigt, weil Jesus von Nazareth nach christlichem Verständnis derjenige ist, der sich als einziger Mensch die Sätze des jüdischen Glaubens ganz und gar erhandelt hat (und allein deshalb Realisation des Unbedingten im Bedingten ist). Eine Reihe von Theologen charakterisieren das Tun Jesu deshalb als „rückhaltloses Ja zur Tora" und beschreiben sein Leben als „Geschichte der *Erfüllung der Tora.*"[36]

Tun Jesu als Ja zur Tora

In diesem Zusammenhang kommt alles darauf an, diese Erfüllung nicht als Aufhebung oder Ablösung der Tora zu deuten. In diesem Sinne stellt etwa B. Klappert klar: „Das Neue des Neuen Bundes ist nicht die Aufhebung oder Ersetzung, sondern das Tun und die Erfüllung der Tora!"[37] Dabei meint Tora allerdings nicht die ihr nach talmudischer Tradition zugewiesenen 613 Gesetzesbestimmungen, sondern wird – durchaus im Einklang mit jüdischen Auslegungen – allgemeiner verstanden als „Wegweisung auf dem Weg zur Freiheit."[38] Dieses Verständnis von Tora vorausgesetzt, lässt sich festhalten, dass Christus „die Tora Israels nicht

---

[36] B. Klappert, Miterben der Verheißung. Beiträge zum jüdisch-christlichen Dialog, Neukirchen-Vluyn 2000 (Neukirchener Beiträge zur systematischen Theologie; 25), 82.
[37] Ebd., 82.
[38] Ebd., 303.

aufgehoben, sondern im Tun zur Erfüllung gebracht hat ... . Damit hat er auch die Mitte der Tora für die Menschen aus der Völkerwelt, die in seiner Nachfolge stehen, verbindlich gemacht."[39]

Diese Verbindlichmachung erfolgt für Christen jedoch nicht durch ihre explizite Befolgung der Tora, sondern durch ihre Bindung an Christus. Dies ist deshalb möglich, weil dem christlichen Bekenntnis zufolge in Jesu Handeln die Bedeutung der Tora ablesbar wird. Als Inkarnation der Tora ersetzt er diese nicht, sondern schafft für alle Menschen eine neue, dem Weg der Tora ebenbürtige Beziehungsmöglichkeit zu Gott.[40] Durch ihn ist es uns möglich, nicht nur auf unsere (begrenzte, missverständliche) Weise Täter der Tora zu werden, sondern auch aus der (ebenfalls nur bedingt lebbaren, missverständlichen) Nachfolge Jesu Christi zu leben. Beide Wege haben aber christlichem Bekenntnis zufolge auf regulativ-orientierender Ebene (vgl. zu dieser Terminologie auch Kap. 13) die gleiche Dignität, so dass es schon im Ansatz ausgeschlossen ist, sie gegeneinander auszuspielen.

Gleichwertigkeit von Judentum und Christentum

Wenn eine Christin also Christus als Inkarnation der Tora und damit als Fleischwerdung der regulativen Grundlage jüdischen Glaubens bekennt, ist sie aus innerchristlichen Gründen dazu gezwungen, Christentum und Judentum als gleichwertig zu denken. Denn genauso wenig wie eine Jüdin in ihrem Leben ganz und gar aus der Tora leben und so ihren Glauben erhandeln kann, kann eine Christin ganz und gar aus der Nachfolge Christi leben und damit das christliche Bekenntnis Fleisch werden lassen. Dennoch muss die Christin bei aller oberflächengrammatischen Verschiedenheit von jüdischem und christlichem Bekenntnis zugeben, dass die jüdische Erhandlung der Tora als eine Erhandlungsform anerkannt werden muss, die der Erhandlung des eigenen Glaubens zumindest auf tiefgrammatischer Ebene nicht widerspricht. Jesus Christus als Inkarnation der Tora zu verstehen, bedeutet in der hier umrissenen Perspektive kein Erfüllungsdenken, das der Tora nur einen vorläufigen Wert zuschreibt, sondern die Anerkennung der Gleichwertigkeit des Bekenntnisses zu Christus und zur Tora. Sowohl das Leben nach der Tora als auch die Nachfolge Christi stellen also in dieser

---

[39] Ebd., 304.
[40] Vgl. zur Deutung Jesu Christi als Inkarnation der Tora bzw. als deren Übersetzung in das eigene Fleisch K.-H. Menke, Der Gott, der jetzt schon Zukunft schenkt. Plädoyer für eine christologische Theodizee. In: H. Wagner (Hg.), Mit Gott streiten. Neue Zugänge zum Theodizee-Problem, Freiburg-Basel-Wien 1998 (QD 169), 90-130, hier 101f., 112.

Sichtweise gleichberechtigte Möglichkeiten der Erhandlung nur in doppelter Kontingenz explizierbarer, sich auf tiefengrammatischer Ebene hinsichtlich ihres Geltungsanspruchs nicht widersprechender Glaubensvollzüge dar (vgl. nochmals Kap. 13).

Auch wenn jüdische und christliche Glaubenssätze einander auf enzyklopädischer Ebene mitunter widersprechen, kann man (und muss man aus christlicher Sicht) sie also so denken, dass sie in ihrer regulativ-orientierenden Dignität und in der durch sie angezielten Geltung übereinstimmen. Für das Verhältnis von Judentum und Christentum bedeutet das, dass aus christlicher Sicht die Juden gerade deshalb als gleichberechtigte, nicht zu bekehrende ältere Geschwister im Glauben anerkannt werden können, weil christlicherseits Jesus Christus zugetraut wird, als Gottmensch die regulative Ebene jüdischen Glaubens in seinem Handeln Fleisch werden zu lassen.

Da dieses Zutrauen in Jesus jüdischerseits nicht anerkannt wird und ohne Selbstaufgabe nur schwer anerkannt werden kann, darf aus christlicher Perspektive von Juden nicht verlangt werden, diese christlich-konfessorisch begründete Gleichwertigkeit von Judentum und Christentum anzuerkennen. Während das Christentum nicht nur aus hermeneutischen Gründen bleibend auf das Judentum verwiesen ist, sondern aus den explizierten Gründen auch eine Wertschätzung des Judentums in dem Stiftungsakt der eigenen Religion eingeschrieben bekommen hat, stellt das Christentum aus jüdischer Sicht grundsätzlich eine Religion wie jede andere dar. Die zweifellos vorhandenen Ähnlichkeiten können dabei ebenso zu Wertschätzung wie zu verstärkter Abgrenzung führen. In jedem Fall besteht eine unaufhebbare Asymmetrie im jüdisch-christlichen Verhältnis, weil nur christlicherseits aus glaubensinternen Gründen eine Gleichwertigkeit beider Religionen bekannt werden muss.

Modellbildungen in der Theologie der Religionen versus komparative Theologie

Gerade in unserer pluralistischen Gesellschaft stellt die große Vielfalt der verschiedenen religiösen Traditionen insofern ein gewichtiges Problem dar, als sie die Wahrheit und Letztverbindlichkeit einer bestimmten religiösen Tradition zugleich unwahrscheinlich und unabdingbar erscheinen lassen – unwahrscheinlich, da es angesichts der unübersehbaren Pluralität verschiedenster religiöser Traditionen a priori aussichtslos zu sein scheint, letztverbindliche Wahrheit nur in einer spezifischen religiösen Tradition zu finden; unabdingbar, weil es scheint, dass aufgrund der zahlreichen Widersprüche zwischen den Religionen nur eine von ihnen wahr sein kann. Auch wenn der Vorwurf an religiöse Menschen, dass sich die großen Religionen durch ihre internen Widersprüche selbst widerlegten, in unserer wieder religionsfreundlicher gewordenen Zeit keine große Konjunktur mehr hat, stellt das mit ihm verbundene apologetische Problem nach wie vor eine der wichtigsten Wurzeln der gegenwärtigen Bemühungen um eine theologische Bewertung der Vielfalt der Religionen dar, die meistens unter dem Etikett der ‚Theologie der Religionen' zusammengefasst werden.

Theologie der Religionen

Unter einer *Theologie der Religionen* versteht man die theologische Beschäftigung, Bewertung und Einordnung der verschiedenen Religionen. In den 60er und 70er Jahren des 20. Jahrhunderts wurde die religionstheologische Diskussion von dem dogmatischen Problem bestimmt, *ob* es eine Heilsbedeutung nichtchristlicher Religionen bzw. *ob* es außerhalb des Christentums überhaupt Heil geben könne. Nicht zuletzt dank der oben skizzierten theologischen Argumente Karl Rahners und der entsprechenden Entscheidungen des Zweiten Vatikanischen Konzils dürfte diese Frage im allgemeinen Bewusstsein zugunsten der Heilsbedeutung nichtchristlicher Religionen und der Heilsmöglichkeit für die AnhängerInnen solcher Religionen entschieden sein. Eine gegenseitiges Verstehen und gegenseitige Wertschätzung neu ermöglichende Verhältnisbestimmung zwischen den Religionen steht unter den ‚aufgeklärten' Anhängern der Religionen allerorten auf der Tagesordnung. Denn anders scheint weder das Zusammenleben in einer pluralistischen Gesellschaft noch das Überleben der Menschheit als Ganzer möglich zu sein.

Umstritten ist allerdings nach wie vor, *wie* diese positive Wertung theologisch gedacht und legitimiert werden kann. Denn die allgemeine Skepsis gegenüber Ansprüchen auf Letztverbindlichkeit und Wahrheit, die es unserer Zeit erlaubt, die Verbindlichkeitsansprüche der verschiedenen religiösen Traditionen ohne Bauchschmerzen nebeneinander stehen zu lassen, kann sich eine konfessorische Theologie nicht zu eigen machen. Insofern stellt sich für jede konfessorische Theologie der Religionen die Grundfrage, wie sie der Vielfalt der Religionen eine positive oder zumindest nicht negative Bedeutung zumessen kann, ohne dabei den Wahrheitsanspruch der eigenen Tradition aufzugeben. In diesem doppelten Wunsch, einerseits andere religiöse Traditionen und deren AnhängerInnen in ihrer Andersheit wertschätzen und andererseits am eigenen Anspruch auf Wahrheit und Verbindlichkeit festhalten zu wollen, liegt m.E. das Grunddilemma jeder Theologie der Religionen.

Grunddilemma

Seit den 80er Jahren hat sich die Theologie der Religionen bei der Bearbeitung dieses Grunddilemmas in einen Streit um Modellbildungen verstrickt, die allesamt das Ziel verfolgen, einen Ausweg aus diesem Dilemma zu ermöglichen. Um die Debatte vollständig zu erfassen, unterscheide ich im Anschluss an P. Schmidt-Leukel mit dem Atheismus, dem Exklusivismus, dem Inklusivismus und dem Pluralismus vier verschiedene Grundmodelle der Theologie der Religionen:

Grundmodelle

1) Dabei braucht der *Atheismus* sicherlich nur der Vollständigkeit halber erwähnt zu werden, da er dadurch, dass er keiner religiösen Tradition Wahrheit zubilligt, keine der beiden Grundkomponenten des Dilemmas einholen kann und deshalb als Problemlösung nicht in Betracht kommt.

2) Ebenfalls erübrigt sich hier eine Behandlung des *Exklusivismus*, da dieser davon ausgeht, dass nur der eigenen Tradition (und ihren AnhängerInnen) Heil und Wahrheit zukommt, und der es insofern gar nicht erst versucht, AnhängerInnen anderer Religionen in ihrer Andersheit anzuerkennen.

3) *Inklusivistische* Modelle ermöglichen zwar ohne Abstriche das Festhalten an dem eigenen Unbedingtheitsanspruch. Eine Wertschätzung, bzw. genauer: eine nicht-negative Wertung, anderer Religionen können sie aber nur vermittelt durch das Eigene und damit nur in eingeschränkter Weise zugestehen; die zweite Seite des Dilemmas, die Wertschätzung der anderen Religionen/ Glaubenden in ihrer Andersheit wird beim Inklusivismus also nicht zureichend vermittelt (siehe Rahner in Kap. 9!).

4) Anders als der Inklusivismus besteht der *Pluralismus* darauf, dass Heil und Wahrheit zumindest in den anderen Weltreligionen *in gleichwertiger Weise* vermittelt wird wie in der eigenen Religion. Dem Pluralismus geht es also in erster Linie um eine genuine Wertschätzung religiöser Vielfalt. Zumindest in seinen gemäßigten Formen bemüht er sich dabei, eine relativistische Einebnung des eigenen Wahrheitsanspruchs zu vermeiden. Es bleibt aber unklar, wie er in verständlicher Weise den unbedingten Geltungsanspruch

des Eigenen bzw. auch nur einem verständlichen Wahrheitsanspruch festhalten kann (siehe Hick!).

Auf modelltheoretischer Ebene sind diese vier Optionen alternativenlos, wie sich mit der nachfolgenden Graphik veranschaulichen lässt. Mit der Eigenschaft P ist die Vermittlung oder Bezeugung heilshafter Erkenntnis oder Offenbarung der letzten Wirklichkeit gemeint:[41]

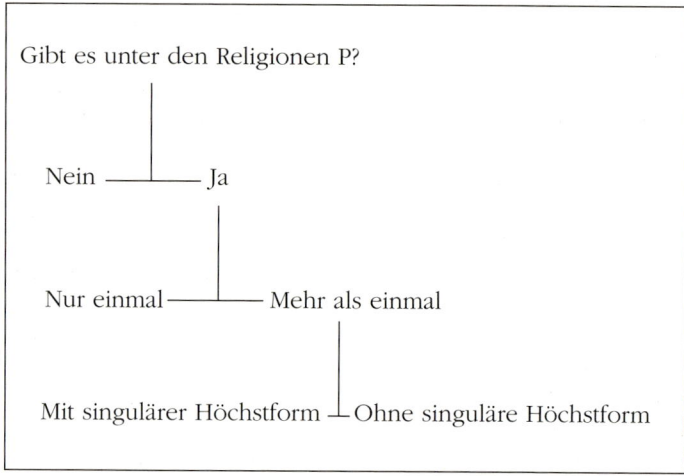

Verneint man die Realität von P, so ist man Atheist. Behauptet man, dass es P nur einmal gibt, so ist man Exklusivist. Besteht man darauf, dass es nur eine singuläre Höchstform von P gibt, ist man Inklusivist. Verneint man die Behauptung einer singulären Höchstform, so hat man sich in Schmidt-Leukels Augen dem Pluralismus angeschlossen.

So richtig die Alternativenlosigkeit der vier Optionen auf modelltheoretischer Ebene ist, so unbefriedigend sind aus christlicher Sicht alle vier Optionen. Keine von ihnen ist dazu in der Lage das Grunddilemma jeder christlichen Theologie der Religionen zu lösen. Dieses Grunddilemma hatte ich durch den doppelten Wunsch zu beschreiben versucht, sowohl andere Religionen bzw. zumindest ihre AnhängerInnen in ihrer Andersheit wertzuschätzen als auch an dem eigenen Wahrheits- und Unbedingtheitsanspruch festzuhalten. Exklusivismus und Inklusivismus scheitern bei der Lösung dieses Dilemmas daran, dass sie

---

[41] Die Graphik ist entnommen aus P. Schmidt-Leukel, Gott ohne Grenzen (s. Lit.), 66.

keine Perspektive aufzeigen können, in der Andere in ihrer Andersheit als gleichwertig angesehen werden können; der Pluralismus scheitert daran, dass er den eigenen Unbedingtheitsanspruch und jedes verständliche Reden von Wahrheit in Bezug auf Gott aufgeben muss.

Beide Lösungen sind also nur dann akzeptabel, wenn man bereit ist, einen der beiden Pole des beschriebenen Grunddilemmas aufzulösen. Dieser Weg scheint mir nun allerdings aus christlicher Sicht nicht gangbar zu sein. Denn der christliche Glaube verpflichtet m.E. dazu, beide Pole des Grunddilemmas festzuhalten, d.h. er fordert unabdingbar sowohl das Festhalten am christlichen Unbedingtheitsanspruch als auch die Möglichkeit der unbedingten Anerkennung eines Anderen in seiner Andersheit, was auch die Wertschätzung des religiösen Glaubens des Anderen notwendig macht. Denn: „Die Götter anderer Menschen verachten heißt diese Menschen verachten, denn sie und ihre Götter gehören zusammen."[42] Aus christlicher Sicht ist es aber inakzeptabel, Andersheit nur wegen ihrer Andersheit abzulehnen, weil eben dies durch die Struktur des christlich-trinitarischen Gottesbegriffs verboten ist. Es muss also zumindest die denkerische Möglichkeit verantwortet werden, etwas Fremdes als Fremdes anzuerkennen.

Unlösbarkeit des Grunddilemmas

Die meisten zeitgenössischen Theologen würden zugeben, dass die Modellbildung im Rahmen einer Theologie der Religionen bei der Lösung ihres Grunddilemmas nicht weiterhilft, sondern nur immer tiefer in es hineinführt. Deshalb ist die Debatte in den letzten Jahren abgeebbt, und allenthalben macht sich der Wunsch nach einem Ausweg aus dem Grunddilemma der Theologie der Religionen durch eine neue methodische Herangehensweise breit.

Eine solche neue Herangehensweise verspricht die sog. *komparative Theologie*, die sich seit den 90er Jahren vor allem im englischsprachigen Raum verbreitet (Hauptvertreter: K. Ward, F. Clooney, J. Fredericks). Wesentliches Kennzeichen der komparativen Theologie ist ihre mikrologische Vorgehensweise, d.h. ihr Versuch, einen allgemeinen Vergleich der Religionen als unsinnig zu entlarven und stattdessen auf der Grundlage der Hinwendung zu ausgewählten Einzelfällen temporäre und reversible Übersichten im Feld der Religionstheologie zu erreichen. Ein besonderes Spezifikum ist dabei das Bemühen, sich in den Anderen

komparative Theologie

---

[42] S. Radhakrishnan, Weltanschauung der Hindu, Baden-Baden 1961, 42.

hineinzudenken und so vom Anderen aus das Eigene neu zu entdecken. Der lebendige interreligiöse Dialog ist deshalb ihre Grundlage und ihr Lebenselixier. Auf diese Weise wird Verwundbarkeit und Reversibilität in allen Urteilen zu ihrem bleibenden Kennzeichen.

Anknüpfung an Wittgenstein

Ich möchte ihr Anliegen und ihre Vorgehensweise im Folgenden durch einige Einsichten Wittgensteins plausibilisieren. Wittgensteins Analysen religiöser Glaubenssätze macht deutlich, dass die grundlegenden Glaubenssätze der Autointerpretation des Anderen ebenso wie meine eigenen religiösen Glaubenssätze zumindest mitunter grammatischen Charakter haben, d.h. so zum Weltbild religiöser Menschen gehören, dass ihre Bedeutung erst verständlich ist, wenn deutlich ist, auf welche Weise diese Glaubenssätze das Leben der Gläubigen regeln. Die Bedeutung von Weltbildern erschließt sich eben nicht durch ihre semantische Analyse, sondern nur durch die Beachtung der Art, wie sie mit der jeweiligen (Sprachspiel-)Praxis korreliert sind. Zwar kann der Versuch, solche z.T. verborgenen Zusammenhänge zwischen grammatischem Ausdruck des Weltbildes und konkreter Sprachspielebene aufzudecken, dazu führen, dass ich meine, am Widerspruch zum Weltbild des Anderen festhalten zu müssen. Aber er kann auch dazu beitragen, dass ich mir vorher verborgene Familienähnlichkeiten zwischen der Grammatik des Anderen und der eigenen zu entdecken beginne und so merke, dass ich den Anderen in seiner Andersheit wertschätzen kann, ohne ihm die Berechtigung seiner Autointerpretation abzusprechen, da sich die vordergründigen Verschiedenheiten von Auto- und Heterointerpretation vor dem Hintergrund deren sprachspielpraxeologischer Verankerung als überwindbar erweisen.

Dialog

Solche Feststellungen des Widerspruchs oder der Konvergenz von Auto- und Heterointerpretation auf regulativer Ebene lassen sich natürlich nur im Dialog ermitteln und bleiben stets auf diesen verwiesen. Während man dem Inklusivismus vorwerfen kann, den Dialog überflüssig zu machen, weil er letztlich sowieso nichts entscheidend Neues ans Licht bringen kann, und auch der Pluralismus den Dialog eigentlich nicht braucht, weil eine letzte Harmonie mit dem Anderen a priori feststeht, braucht die hier skizzierte Herangehensweise den Dialog in doppelter Hinsicht: Zum einen, um den Anderen in seiner Andersheit allererst zu verstehen; denn nur intern im Mitspielen der Sprachspiele des Anderen kann ich verstehen, welche Regeln bei ihm in Geltung sind. Konvergenz und Divergenz zwischen seinen und meinen Regeln kann sich mir nur über die internen Regeldeutungen des

Anderen erschließen. So kann ich mich schließlich gezwungen sehen, meine Heterointerpretationen so zu überdenken, dass sie auf grammatischer Ebene nicht mehr den Autointerpretationen des Anderen widersprechen müssen. Dabei kann es zum anderen aber auch zu einer neuen Autointerpretation von mir selbst kommen. Da meine grundlegenden Glaubenssätze in ihrer Bedeutung immer neu auf dem Spiel stehen, kann ich durch den Kontakt mit dem Fremden, das mich oft erst auf eigene (sonst blind befolgte) Regeln aufmerksam macht, zu einer neuen Deutung der von mir befolgten Regeln kommen. *Erst das Fremde erschließt mir auf diese Weise die Kenntnis und ein angemesseneres Verstehen des Eigenen.* Und der Kontakt mit dem Fremden kann es möglich machen, dass die Fremdartigkeit des Fremden gar nicht dem Eigenen widersprechen muss, auch ohne dass ich das Fremde durch das Eigene heimholend vereinnahme.

Grammatik/ Weltbild			Grammatik/ Weltbild		
Regeln A	Regeln B	Regeln C	Regeln A	Regeln B	Regeln C
Sprach-spiel A	Sprach-spiel B	Sprach-spiel C	Sprach-spiel A	Sprach-spiel B	Sprach-spiel C
gemeinsame menschliche Handlungsweise					

Klar ist aus dieser Perspektive aber auch, dass interreligiöser Dialog nur begrenzt stellvertretend geführt werden kann. Denn Weltbilder sind individuell verschieden und auch Glaubensüberzeugungen haben an dieser Individualität schon deshalb Anteil, weil all unsere grammatischen Sätze ein Nest bilden, das wir in seiner Gesamtheit bedenken, wenn wir die Bedeutung unserer Weltbilder verstehen und ihre Geltung verteidigen wollen. Von daher ist klar, dass interreligiöser Dialog Auftrag an jeden einzelnen Menschen einer Religions- und Weltanschauungsgemeinschaft ist. Es lässt sich auf diese Weise auch verständlich machen, warum die Fremdheit zwischen einzelnen Personen innerhalb einer vordergründig dasselbe behauptenden Glaubensgemeinschaft oft größer ist als zwischen sich vordergründig sehr stark unterscheidenden Glaubensgemeinschaften. Was zählt, sind offenbar nicht die gemeinsamen Worte und auch nicht die übereinstimmend behaupteten Glaubensregeln – sie sind oft nichts weiter als ein Gefuchtel mit Worten und machen nichts klarer. Was zählt, ist die Praxis, die aber als immer schon gedeutete Praxis im Dialog auf die ihr zugrunde liegenden Regeln zu befragen ist. Bei dieser Befragung sind wegen der grundsätzlichen Unmöglichkeit der regulativen, unbezweifelbaren Instantiiertheit von Sätzen über Gott (siehe Kap. 13!) immer neue, auf konkrete Situationen Bezug nehmende Begründungs- und Korrelationsversuche erforderlich. Dabei können sich verborgene Familienähnlichkeiten, aber auch erschreckende Unterschiede ebenso zeigen wie Bedeutungsverschiebungen beim Eigenen stattfinden können, die alle Ähnlichkeiten und Unterschiede in einem neuen Licht erscheinen lassen.

Eine inklusivistische oder pluralistische Theorie verbietet sich vor diesem Hintergrund, da sie statt der erforderlichen Hinwendung zum Einzelfall wie ein Ornat ist, „das wir wohl anlegen, mit dem wir aber nicht viel anfangen können, da uns die reale Macht fehlt, die dieser Kleidung Sinn und Zweck geben würde."[43] Aus wittgensteinscher Sicht müsste die Bemühung um religionstheologische Modellbildungen deshalb durch eine komparative Theologie ersetzt werden, die konkrete Religionen oder Weltbilder hinsichtlich genau bestimmter Probleme vergleicht. Die Berechtigung der Hoffnung für alle Menschen lässt sich weder komparativ noch inklusivistisch oder pluralistisch sicherstellen. Sie kann sich nur auf der Basis der gemeinsamen menschlichen Handlungsweise immer neu für konkrete Menschen zeigen.

Es zeigen sich zwar genauso Unterschiede, angesichts derer wir nicht mehr wissen, wie wir den Anderen in seiner Andersheit anerkennen sollten. Aber das muss gar nicht negativ sein, da nicht gesagt ist, dass jede Andersheit auch sein soll. Aus christlicher Sicht könnte man sagen, dass ich den Anderen zwar anerkennen soll, wie er von Gott gemeint ist – und das ist bestimmt anders, als ich es mir in meinen Bildern zurechtlege, so dass die Aufforderung zu einem ständigen Ikonoklasmus sicherlich berechtigt ist. Aber das heißt ja nicht, dass alles Andere am Anderen auch sein soll und mein Bild in jeder Hinsicht schlechter ist als die Realität des Anderen.

---

[43] L. Wittgenstein, Philosophische Untersuchungen I. In: Werkausgabe Bd. 1. Neu durchges. v. J. Schulte, Frankfurt a.M. 91993, 225-485, Nr. 426.

Insofern kann man aus wittgensteinscher Perspektive sicherlich keiner bedingungslosen Anerkennung jeder Andersheit des Anderen das Wort reden. Und auch religiöse Vielfalt lässt sich nicht a priori als Wert an sich behaupten. Es besteht aber auch kein Anlass zu einer negativen Wertung des Anderen oder der religiösen Vielfalt. Vielmehr muss sich in der Zuwendung zum konkreten Anderen zeigen, inwieweit Wertschätzung und Anerkennung seiner Andersheit möglich sind. Dabei kann sich angesichts des aufrecht zu erhaltenden christlichen Unbedingtheitsanspruchs sicherlich nicht die Ablehnung Jesu Christi als wertzuschätzende Andersheit herausstellen. Aber sie lässt sich u.U. bei genauer Betrachtung deren regulativer Verankerung durchaus so reinterpretieren, dass sie nicht mehr als solche erscheint – entweder weil ich durch den Fremden neu verstehe, was meine Beziehung zu Jesus Christus in regulativer Sicht bedeutet, oder weil ich sehe, dass das ablehnende Urteil des Anderen in einer so anderen Sprachspielpraxis verwurzelt ist, dass es sich gegen ein Muster richtet, an das ich im Zusammenhang mit dem christlichen Glauben nie gedacht hätte. Insofern können negative Urteile und Abgrenzungen zwar notwendig erscheinen; sie sind aber immer nur als reversible Entscheidungen bezüglich bestimmter Elemente von Weltbildern konkreter Menschen sinnvoll. Dagegen hilft es nichts, eine komparative Rangordnung von Religionen insgesamt vornehmen oder die Wahrheit oder Unwahrheit eines Glaubenssatzes unabhängig von seiner sprachspielpraxeologischen und ggf. regulativen Verankerung und Kontextualisierung bestimmen zu wollen.

John Hick

John Hick ist der bekannteste und einflussreichste Vertreter der sog. pluralistischen Religionstheologie. Er lehrte Theologie und Religionsphilosophie an verschiedenen Orten in England und den USA. Seine Hinwendung zum Pluralismus hatte biografisch neben einigen Reisen nach Indien viel mit der ethnischen und kulturellen Integrationsarbeit zu tun, in die er in den 70er Jahren in Birmingham involviert wurde.

12) Eine Wahrheit, viele Religionen

Forderung nach kopernikanischer Wende

Die Grundforderung von Hicks pluralistischer Religionstheologie besteht darin, den christlich-konfessorischen Theologien eine *kopernikanische Wende* weg von einer Christo- oder Ekklesiozentrik hin zur Theozentrik abzuverlangen. Die nichtchristlichen Religionen sollen demzufolge nicht mehr um das Christentum, sondern alle Religionen allein um Gott kreisen. Durch diese Wende des Blickwinkels will es uns Hick in seiner ausdrücklich religiösen, aber nicht konfessionsgebundenen Interpretation von Religion ermöglichen, alle Hochreligionen als gleichberechtigte Heilswege wahrzunehmen, die letztlich alle das Ziel verfolgen, die Transformation menschlicher Existenz von der Ich- zur Wirklichkeitszentriertheit voranzutreiben.

Grundlagen des Pluralismus

Sein pluralistisches Modell ruht dabei auf zwei grundlegenden Pfeilern: „*Erstens* auf der *epistemologischen* Annahme, dass religiöse Erfahrung immer eine begrifflich vermittelte und als solche vielfältige Erfahrung ist, und *zweitens* auf der *metaphysischen* Annahme, dass die göttliche Wirklichkeit in ihrer Infinität alle menschliche Begreif- und Beschreibbarkeit transzendiert."[44] Wenn aber tatsächlich jede Erfahrung eine Erfahrung-als ist und Gott bzw. – in Hicks angeblich neutralerer Terminologie – das WIRKLICHE all unser Begreifen übersteigt, ergibt sich leicht die These, dass jede Wahrnehmung und Erfahrung Gottes lediglich eine Aspektwahrnehmung darstellt und insofern nur perspektivisch und kontextabhängig das WIRKLICHE in den Blick nehmen kann. Dabei ist allerdings zu beachten, dass jede Aspektwahrnehmung des WIRKLICHEN zwar nur einen Aspekt desselben ins Licht rückt und deshalb einer anderen Aspektwahrnehmung diametral widersprechen kann, dass sie nach Hick aber nichtsdestoweniger eine Wahrnehmung des WIRKLICHEN selbst darstellt. Wir nehmen das WIRKLICHE nur eben nicht in seinem An-sich-Sein, sondern als etwas Bestimmtes wahr.

Diese für Hicks Modell grundlegende „Hypothese, dass das unendliche WIRKLICHE, das an sich jenseits der Reichweite aller, ausgenommen rein formaler Begriffe liegt, innerhalb der verschiedenen kulturellen Ausprägungen des Menschseins jeweils anders vorgestellt, erfahren und beantwortet wird"[45], sucht Hick durch folgendes an Kant angelehntes philosophisches Modell zu

---

[44] P. Schmidt-Leukel, Theologie der Religionen. Probleme, Optionen, Argumente, Neuried 1997 (Beiträge zur Fundamentaltheologie und Religionsphilosophie; 1), 360.

[45] J. Hick, Religion. Die menschlichen Antworten auf die Frage nach Leben und Tod. Übers. v. C. Wilhelm. Bearb. u. mit einem Vorw. versehen v. A. Kreiner, München 1996, 30.

plausibilisieren: Ähnlich wie Kant das Ding an sich bzw. das Noumenon von seiner Erscheinungsweise für uns bzw. dem Phainomenon unterscheidet, schlägt Hick vor, auch „zwischen dem WIRKLICHEN an sich und dem WIRKLICHEN (zu; Vf.) unterscheiden, wie es von verschiedenen menschlichen Gemeinschaften je unterschiedlich erfahren und gedacht wird."[46] Das, was die verschiedenen Religionsgemeinschaften als das WIRKLICHE bezeichnen, ist dieser Hypothese zufolge nicht das WIRKLICHE an sich, sondern das WIRKLICHE, wie es uns aus unserer beschränkten Perspektive erscheint, wie es durch unsere jeweilige Linse wahrgenommen wird. Die phainomenale Wirklichkeit ist also nichts anderes als die noumenale, wie sie vom Menschen erfahren wird.

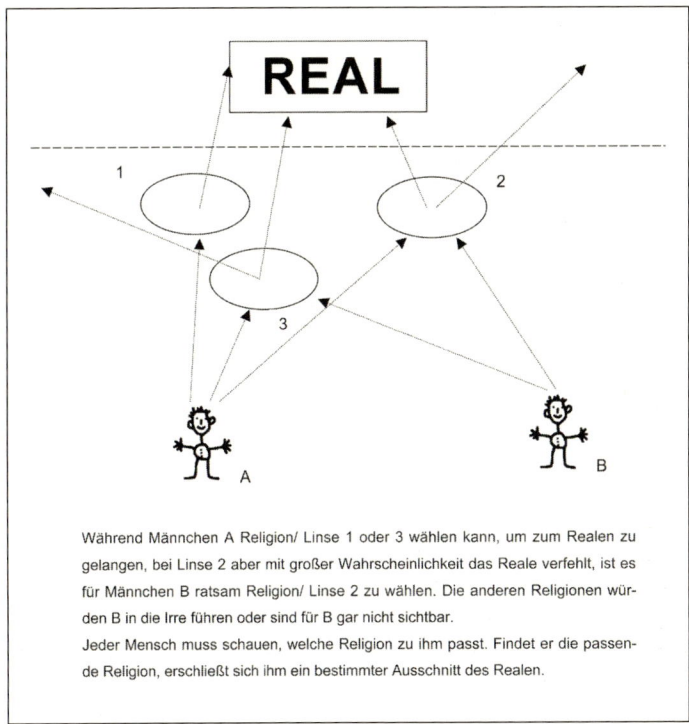

Während Männchen A Religion/ Linse 1 oder 3 wählen kann, um zum Realen zu gelangen, bei Linse 2 aber mit großer Wahrscheinlichkeit das Reale verfehlt, ist es für Männchen B ratsam Religion/ Linse 2 zu wählen. Die anderen Religionen würden B in die Irre führen oder sind für B gar nicht sichtbar.
Jeder Mensch muss schauen, welche Religion zu ihm passt. Findet er die passende Religion, erschließt sich ihm ein bestimmter Ausschnitt des Realen.

Das WIRKLICHE an sich, also Gott, erscheint dabei – anders als bei Kant – nicht als Postulat der praktischen Vernunft, sondern als durch alle seine Erscheinungsweisen nicht ausschöpfbares, nur

---
[46] Ebd., 257.

bruchstückhaft wahrnehmbares Postulat der religiösen Erfahrung bzw. des religiösen Lebens. Seine Postulierung ist bei Hick keine der Vernunft auferlegte Notwendigkeit, sondern lediglich die einfachste Möglichkeit, die interreligiösen Gegensätze zu erklären.

Hicks pluralistische Hypothese besteht also im Kern in der Behauptung, dass das WIRKLICHE an sich ein einziges ist, das aber von den verschiedenen religiösen Traditionen authentisch auf verschiedene Weise erfahren wird. Diese verschiedenen Erfahrungsweisen des WIRKLICHEN an sich sind die Grundlage für unsere personalen und nichtpersonalen Gottesvorstellungen, die für Hick alle als prinzipiell gleichberechtigt erscheinen. Dabei spricht er bezüglich der personalen Götter von Christentum, Islam, Judentum und manchen asiatischen Religionen von dem „Kreis der in Relation zur Menschheit stehenden göttlichen *personae*", während er in den nicht-theistischen Traditionen die Rede von „göttlichen *impersonae*"[47], die alle jeweils authentische Manifestationen des WIRKLICHEN an sich darstellen, für sinnvoll erachtet.

kriteriale Frage Auch wenn Hick mit seinem pluralistischen Modell explizit die Gleichwertigkeit der großen Weltreligionen aufzeigen will, hält er doch daran fest, dass es ein Kriterium geben muss, durch das sich religiöse Traditionen miteinander vergleichen lassen und durch das die Gleichwertigkeit zwischen ihnen festgestellt werden kann. Nur mit Hilfe eines solchen Kriteriums ist es möglich, Religionen von Pseudo-Religionen und Sekten zu unterscheiden, die offenbar auch Hick nicht in sein Versöhnungsprogramm aufnehmen will. Da Hick annimmt, dass das Ziel jeder Religion die Erlösung ist – mindestens für die nachaxialen Religionen meint Hick das zeigen zu können[48] – schlägt er vor, die soteriologische Effektivität einer Religion als das alles entscheidende Bewertungskriterium einzuführen. Da Erlösung nach Hick angeblich in allen großen religiösen Traditionen nichts anderes als die „Transformation des menschlichen Daseins aus der Selbstzentriertheit in die WIRKLICHKEITSzentriertheit"[49] darstellt, ist also diejenige Religion am besten, die die meisten WIRKLICHKEITSzentrierten Gläubigen produziert bzw. in Hicks eigenen Worten: „Der Wert religiöser Traditionen und ihrer verschiedenen Elemente ... bemißt sich daran, ob sie die erlösende Transformation

---

[47] J. Hick, Eine Philosophie des religiösen Pluralismus. Übers. v. P. Schmidt-Leukel. In: MThZ 45 (1994) 304-318; hier 316.
[48] Vgl. J. Hick, Religion, 48.
[49] Ebd., 31; vgl. ebd. 49f., 182, 327.

fördern oder behindern."⁵⁰ Dabei kann sich diese erlösende Transformation auf sehr verschiedene Weise zeigen; selbst politisches Engagement kann Teil eines solchen Transformationsprozesses sein, etwa dann, wenn durch Not die Transformation von der Ich- zur Wirklichkeitszentriertheit für Arme erschwert wird.⁵¹ Hick zieht deshalb das Fazit: „Die Hervorbringung von kontemplativen und praktischen, individualistischen und politischen Heiligen ist daher ein gültiges Kriterium, anhand dessen man eine religiöse Tradition als heilbringende menschliche Reaktion auf das Wirkliche identifizieren kann."⁵²

Allerdings ist dieses Kriterium sehr interpretationsbedürftig. Offenbar ist es sein Hauptzweck, die Gleichrangigkeit der großen religiösen Traditionen behaupten zu können. Denn selbst wenn man Heiligenproduktion als Gütesiegel für Religionen einführen möchte, so bleibt doch die Frage, wer festlegt, was Heilige sind. Hier unterscheiden sich die Kriterien zwischen und auch innerhalb der verschiedenen religiösen Traditionen ganz gewaltig. Die Rede von der Wirklichkeitszentriertheit bietet hier keinen Ausweg, da Hick nirgends genau erklärt, was das eigentlich sein soll, und immer dann, wenn man ihn auf eine bestimmte Deutung festlegen möchte, Rückzugsgefechte antritt, die auch die jeweils entgegengesetzte Auffassung als neue Deutung seines angeblichen Kriteriums erscheinen lassen kann.⁵³ Sein angebliches Kriterium wird so zu einem Paradebeispiel für eine missverstandene Regel, die sich, wenn sie auf ihrer Allgemeinheit besteht, leicht durch das von Wittgenstein aufgewiesene Regel-Deutungs-Paradox⁵⁴ in Aporien führen lässt, und die als traditionsspezifisch gefülltes Kriterium keine pluralistisch konzipierte, interreligiöse Geltung mehr in Anspruch nehmen kann – es sei denn alle Religionen würden unter Heil tatsächlich dasselbe verstehen, was Hick aber nicht plausibel machen kann. Insofern ist Hick zwar zuzustimmen, dass es praktisch unmöglich ist, „den gesamten moralischen Wert einer Tradition, wie er sich in der Verwirklichung von Liebe und Mitleid äußert, mit demjenigen

---

[50] Ebd., 323.
[51] Vgl. ebd., 330.
[52] Ebd., 331.
[53] Vgl. etwa Hicks Erwiderung auf die feministische Kritik an seiner Selbstüberwindungssoteriologie. Wenn Hick auf diese Kritik hin zugibt, dass sein Transformationsmodell erst greife, wenn ein erfülltes Ich vorhanden sei und wenn er damit u.U. eine Notwendigkeit von mehr Ichzentriertheit zugibt, fragt sich, nach welchem Kriterium er sein Kriterium einmal so und einmal so einsetzt (vgl. J.Hick, Religion, 67-70).
[54] Vgl. L. Wittgenstein, Philosophische Untersuchungen, Nr. 201.

einer anderen zu vergleichen, da wir es hier zum größten Teil mit inkommensurablem Gutem und Bösem zu tun haben"⁵⁵; es ist aber falsch, trotz oder gar wegen dieser Schwierigkeiten auf einmal die soteriologische Gleichwertigkeit aller großen Religionen zu behaupten.

Wahrheitsproblem Das Hauptproblem pluralistischer Modellbildung hickscher Prägung besteht in meinen Augen nicht in der prinzipiell behebbaren kriterialen Problematik, sondern in der Art, wie bei einem ausdrücklichen Festhalten an der klassischen Korrespondenztheorie der Wahrheit durch das in kantischen Kategorien vorgetragene philosophische Grundmodell die einander widerstreitenden Wahrheitsansprüche der verschiedenen religiösen Traditionen miteinander ausgesöhnt werden. Damit verfolgt der Pluralismus zwar ein sympathisches Grundanliegen, insofern er alle Religionen als gleichberechtigt erscheinen lässt. „Aber er tut dies, indem er ihnen andererseits das nimmt, worum es ihnen geht, nämlich die Erkenntnis des Urgrunds aller Wirklichkeit."⁵⁶

Hick versucht, den hier zunächst nur angedeuteten Aporien seiner Konzeption durch eine Reformulierung des Wahrheitsbegriffs zu entgehen, bei der er zwischen wörtlicher und mythologischer Wahrheit unterscheidet. Während die Rede von der wörtlichen (‚literal') Wahrheit religiöser Rede die klassische Wahrheit im Sinne der Korrespondenztheorie der Wahrheit meint, ist ein Satz über Gott nach Hick dann im mythologischen Sinne wahr, wenn er zu einer angemessenen Haltung gegenüber dem WIRKLICHEN führt. Da es unsinnig sei, über das ‚Infinite', also über das alle Begriffe Übersteigende etwas wörtlich Wahres sagen zu wollen, sei wörtlich wahre Redeweise nur hinsichtlich eines bestimmten religiösen Horizontes möglich. „Was aber über eine authentische Manifestation wörtlich wahr ist, ist zugleich mythologisch wahr im Hinblick auf die göttliche Wirklichkeit *an sich*."⁵⁷

Mit diesem Festhalten an der Korrespondenztheorie der Wahrheit innerhalb eines bestimmten Horizontes wird allerdings Hicks Gesamtkonzeption ganz undurchsichtig. Was kann wörtliche

---

⁵⁵ J. Hick, Religion, 362.
⁵⁶ A. Kreiner, Anfragen an die Pluralistische Religionstheologie. In: rhs 41 (1998) 83-91; hier: 87. Vgl. ebd., 88: „Die Auffassung, wonach etwas für mich ‚wahr' sein kann, ohne deshalb schon für alle ‚wahr' sein zu müssen, ist nicht ein Indiz für Toleranz, sondern eher ein untrügliches Indiz für die Verabschiedung des Wahrheitsbegriffs."
⁵⁷ P. Schmidt-Leukel, Theologie der Religionen, 376f.

Wahrheit bei der Rede über das WIRKLICHE noch bedeuten, wenn ich zugebe, dass die Rede über das WIRKLICHE *an sich* gar nicht wörtlich wahr sein kann? Und wie kann mich eine wörtlich zugegebenermaßen unzureichende Rede über das WIRKLICHE an sich zu einer adäquaten Handlungsdisposition gegenüber dem WIRKLICHEN *an sich* bringen, bzw. wie soll ich eine solche Adäquatheit auch nur erkennen, wenn alle Rede über das WIRKLICHE *an sich* per definitionem unzureichend ist? Wieso sollte ich mich von etwas unbedingt verpflichten lassen, von dem ich explizit zugebe, dass es mir nur innerhalb meines Horizontes wahr erscheint, während es an sich nur insofern wahr ist, als es bestimmte Handlungsdispositionen in mir weckt?

Von daher kann ich mich bezüglich der Wahrheitsproblematik nur Kreiners Kritik anschließen, wenn er festhält:

> Das Postulat eines ‚Real *an sich*' erscheint wie eine (im schlechten Sinn) metaphysische Adhoc-Hypothese, die das pluralistische Grundanliegen angesichts der Tatsache divergierender Wahrheitsansprüche retten soll, aber kaum überzeugend retten kann. Denn es bleibt letztlich unbegreiflich, wie ein transzendentes Wesen a authentisch als φ erfahren werden kann, obwohl a an sich nicht φ ist. Darüber hinaus bleibt ebenso unbegreiflich, wie die Beschreibung von a als φ eine adäquate Handlungsdisposition gegenüber a evozieren soll, obwohl doch a an sich gar nicht φ ist.[58]

Wenn ich ausdrücklich festhalte, dass meine Wahrnehmung der Wahrheit an sich so beschränkt ist, dass auch jede dieser Wahrnehmung widersprechende Aussage genauso wahr sein kann wie mein Urteil, fragt sich nicht nur, wie in diesem Zusammenhang noch von Wahrheit geredet werden kann, sondern auch, wieso mich ein mit soviel Unsicherheit behaftetes Urteil zu unbedingtem Engagement veranlassen sollte.

Bei aller Faszination für die Vielfalt religiöser Traditionen sollte man deshalb nicht versuchen, mit einer pluralistischen Theorie die Tatsache zu verschleiern, dass es bei aller möglichen Übereinstimmung zwischen den Religionen und bei aller berechtigten Warnung vor vorschnellen Urteilen doch auch „das wohlbegründete Nein zum anderen geben kann, das nicht aus dem unerlaubten Streit über Geschmacksfragen resultiert, sondern aus der Überzeugung, eine religiöse Option nicht teilen zu dürfen, weil

---

[58] A. Kreiner, Philosophische Probleme der pluralistischen Religionstheologie, in: R. Schwager (Hg.), Christus allein?, 118-131; hier: 129; vgl. Ders., Ende der Wahrheit?, 460: „In letzter Konsequenz impliziert das die Forderung, aufgrund von Überzeugungen zu handeln und zu leben, die bewußt als wörtlich falsch erachtet werden."

man sie zumindest in diesem oder jenem Aspekt für irrig und irreführend hält."[59]

Revisionistische Grundeinstellung

Darüber hinaus ist Hicks Relativierung jeder Rede von dem WIRKLICHEN an sich allerdings auch kaum vermittelbar mit der christlichen Auffassung von Offenbarung, wonach uns in Jesus Christus ja nicht nur eine bestimmte, nur für mich Geltung beanspruchende Erscheinungsweise des WIRKLICHEN mitgeteilt worden ist, sondern dessen universale Geltung beanspruchende, unüberbietbare und irreversible Selbstmitteilung. Wenn sich Gott durch Jesus Christus als Beziehung mitteilt, in die die Welt immer schon hineingeschaffen ist, ist der trinitarische Gott in seinem An-sich-Sein offenbar geworden[60]; nicht weil wir von uns aus etwas vom WIRKLICHEN an sich wissen könnten, sondern weil das WIRKLICHE selbst sich uns mitgeteilt hat und uns als es selbst, nämlich im Heiligen Geist, befähigt, es als das WIRKLICHE wahrzunehmen. „Gottes ‚Selbstgabe' ist nicht vieldeutig, sondern durchaus eindeutig, denn mit ihr will er *Verstehen* wecken; sein Logos ... will die entschiedene Antwort des Menschen hervor-rufen"[61] – eine Antwort, die wir letztlich nicht machen können, sondern die uns wiederum von Gott (im Hl. Geist) geschenkt ist. Insofern ließe sich leicht zeigen, dass das hicksche Modell an entscheidenden Punkten die Christologie, Pneumatologie und Trinitätslehre uminterpretiert und damit das schon erreichte christliche Reflexionsniveau unterbietet.

Aufgaben:

1. Welche Probleme stellen sich einer Theologie der Religionen? Worin besteht ihr Grunddilemma?
2. Welche klassischen Lösungsmodelle für dieses Dilemma gibt es? Nutzen Sie bei der Erarbeitung der Positionen auch die Charakterisierung Rahners in Kap. 9!
3. Worin bestehen die Stärken und Schwächen von Inklusivismus und Pluralismus? Wenn Sie sich zwischen diesen beiden Modellen entscheiden müssten, für welches Modell würden Sie optieren?

---

59 J. Werbick, Der Pluralismus der pluralistischen Religionstheologie. Eine Anfrage. In: R.Schwager (Hg.), Christus allein?, 140-157, 154f.
60 Vgl. unsere Überlegungen zur Einheit von immanenter und ökonomischer Trinität.
61 J. Werbick, Heil durch Jesus Christus allein? Die ‚Pluralistische Theologie' und ihr Plädoyer für einen Pluralismus der Heilswege. In: Ders./ M. v. Brück (Hg.), Der einzige Weg zum Heil? Die Herausforderung des Christlichen Absolutheitsanspruchs durch pluralistische Religionstheologien, Freiburg-Basel-Wien 1993 (QD 143), 11-61, 31.

4. Inwiefern bietet eine an Wittgenstein orientierte komparative Theologie einen Ausweg aus dem Grunddilemma der Theologie der Religionen? Vergleichen Sie diesen Ausweg mit der Position Marias im Dialogtext!
5. Worin besteht die Besonderheit des Verhältnisses von Judentum und Christentum? Wie kann man den orthodoxen Anspruch der Christologie aufrecht erhalten, ohne dadurch das Judentum als defizitär und erfüllungsbedürftig zu werten?

Literaturhinweise

DANZ, CHRISTIAN, Einführung in die Theologie der Religionen, Wien 2005 (Lehr- und Studienbücher zur Theologie; 1) *(guter, knapp gehaltener Überblick über aktuelle Debatte).*

HICK, JOHN, Religion. Die menschlichen Antworten auf die Frage nach Leben und Tod. Übers. v. C. Wilhelm. Bearb. u. mit e. Vorw. vers. v. A. Kreiner, München 1996 *(profilierte, gut verständliche Positionierung aus pluralistischer Perspektive).*

SCHMIDT-LEUKEL, PERRY, Gott ohne Grenzen. Eine christliche und pluralistische Theologie der Religionen, Gütersloh 2005 (Lit.!) *(profilierte, ausführliche Übersicht über aktuelle Debatte aus pluralistischer Sicht).*

SCHWAGER, RAYMUND (Hg.), Christus allein? Der Streit um die Pluralistische Religionstheologie, Freiburg-Basel-Wien 1996 (QD 160) *(wichtige Debattenbeiträge zur Modellbildung einer Theologie der Religionen, meist aus inklusivistischer Sicht).*

STOSCH, KLAUS VON, Philosophisch verantwortete Christologie als Komplizin des Antijudaismus? In: ZKTh 125 (2003) 370-386 *(Skizze einer doppelt apolotischen Christologie im Gespräch mit Philosophie und Judentum).*

DERS., Komparative Theologie – ein Ausweg aus dem Grunddilemma jeder Theologie der Religionen? In: ZKTh 124 (2002) 294-311 *(Versuch einer knappen Profilierung komparativer Theologie in Absetzung von den gängigen Modellen einer Theologie der Religionen).*

13) Glaubensverantwortung
Ein Glaube, der zu denken gibt?

[Jetzt sind sie doch im Rhein gewesen. Sie haben Tango getanzt. Finnischen Tango, wie Albert meinte. Maria weiß nicht, wie das passiert ist. Sie war nicht betrunken und war schon auf dem Heimweg. Aber auf einmal stand sie wieder vor Albert, und sie haben halbnackt in den Stromschnellen des Rheinufers getanzt. Es war wundervoll. Albert beschließt, an die ewige Wiederkehr des Gleichen zu glauben, damit dieser Tanz immer wiederkehren wird. So plötzlich, wie sie gekommen ist, war Maria dann wieder weg. Albert kommt es fast so vor, als sei sie wegappariert. Ihre wundervollen Brüste spürt er immer noch an seinem Oberkörper. Aber im Bett hat er sie immer noch nicht. Albert argwöhnt schon, dass Maria zu diesen Postkartenkatholiken gehört, die Jesus versprochen haben, dass sie keinen Sex vor der Ehe haben. Doch darauf kommt es ihm nicht mehr an. Er vergisst alle Tipps, die ihm sein Freund Friedrich gegeben hat. Er will einfach nur die Gegenwart Marias spüren und sich ganz dem Augenblick überlassen. Er will sich hinreißen lassen von ihr und nur aus dem Augenblick mit ihr leben, was immer dann aus ihrer Verbindung noch werden mag. Am nächsten Morgen trifft er sie noch vor dem Moscheebesuch zum Frühstück und versucht noch einmal, die theologischen Gespräche mit ihr Revue passieren zu lassen.]

Ich fand unsere Glaubensgespräche insgesamt sehr angenehm, weil ich den Eindruck hatte, dass Du mir zugehört hast und Dich ernsthaft mit meinen Fragen auseinandergesetzt hast. Mir ist auch vieles an Deiner Position klarer geworden. Aber gläubig geworden bin ich durch unsere Gespräche nicht.

<small>Theologie macht nicht gläubig</small>

Das war auch nicht mein Ziel. Die Beschäftigung mit Theologie kann als solche nicht gläubig oder gläubiger machen – genauso wie eine Beschäftigung mit Medizin auch nicht gesünder macht. Aber das Reden und Nachdenken über Gott kann helfen, reflektierter zu leben, Missverständnisse zu beseitigen und den eigenen Glauben oder Unglauben als verantwortete Entscheidung transparent zu machen. Ich selbst empfinde es jedenfalls als befreiend, Fragen des Glaubens einmal mit den Mitteln der Vernunft zu bearbeiten.

[Maria muss niesen. Albert sieht sie wieder halbnackt in seinem Arm und spürt das eiskalte Rheinwasser an den Beinen. Er muss sich sehr zusammenreißen, um cool zu bleiben. Coolness in der Performance war einer der wichtigsten Ratschläge von Friedrich, nach denen Albert sich im Kontakt mit Frauen immer gerichtet hat. Es ist ein ungewohntes, aber befreiendes Gefühl, auf einmal zu wissen, dass es bei dieser Frau, die ihn so gründlich verzaubert hat, darauf nicht ankommt.] *Ich fand das auch irgendwie wohltuend. Aber mir kommt es dennoch komisch vor, dass Du das als Gläubige versuchst. Letztlich gründet Dein Glaube doch nicht auf guten Argumenten, sondern ist Ergebnis Deiner Erziehung und Sozialisation. Du hast Dich an ihn gewöhnt und willst nicht mehr ohne Gott leben und denken. Vielleicht hast Du auch einfach Angst vor der Endlichkeit und Brüchigkeit des Lebens. Dein Glaube ist offensichtlich kein Reflexionsergebnis, sondern liegt all Deinem Tun und Denken bereits zu Grunde, so dass jede Begründung für ihn letztlich zirkulär ist. Du siehst die Welt mit den Augen des Glaubens und der Liebe und freust Dich dann hinterher, dass Dir Gottes Liebe in allen Dingen begegnet.*

Eine solche Wechselwirkung zwischen Weltbild und Erfahrung besteht bei Dir doch auch und ist, wie Wittgenstein in seiner Spätphilosophie verdeutlicht, unhintergehbares Merkmal eines jeden Wirklichkeitszugangs.

Wechselwirkung zwischen Weltbild und Erfahrung

Genau. Aber warum reden wir dann so lange? Du hast eben Dein christliches Weltbild, und ich habe ein atheistisches. Ein Streit ist da doch letztlich witzlos und unfruchtbar.

Das meinst Du doch nicht ernst. Du selbst hast doch immer versucht, für Deine Position argumentativ einzustehen.

Ja, aber ich frage mich allmählich, ob eine solche Form der Auseinandersetzung nicht völlig unnütz oder zumindest unzureichend ist. Nehmen wir an, dass religiöse Glaubenssätze, wie Du in Deinen Überlegungen zum Dialog der Religionen selbst behauptet hast, wirklich regulativen Charakter haben. Dann erschließt sich ihre Bedeutung nur, wenn ich im Blick habe, wie sie das Leben der Gläubigen regeln. Auch die Regeln des Fußballspiels verstehe ich nur, wenn ich die Praxis des Fußballspielens in den Blick nehme. Wie sollte ich die Regeln von durch ein religiöses Weltbild geprägter Sprachspiele also ohne Bezugnahme auf das Leben religiöser Menschen verstehen?

Das geht in der Tat nicht. Aber diese Bezugnahme stellst Du ja schon dadurch her, dass Du mit mir redest und Dich für mich und meinen Glauben interessierst. Und ich habe durchaus den Eindruck, dass wir uns auch auf dieser Ebene näher gekommen sind. Im Übrigen werden religiöse Glaubenssätze keineswegs durchgängig wie regulative Sätze behandelt. Das Interessante an ihnen ist doch gerade, dass sie manchmal als Regeln mein Handeln bestimmen und in ihrer Bedeutung tatsächlich in meiner Lebensführung sichtbar sind, dass sie zum anderen aber auch als sachhaltige Sätze aufgefasst werden und in einem objektiven Sinn Aussagen über die letzte Wirklichkeit formulieren wollen.

Aber diese Aussagen über die letzte Wirklichkeit sind doch schon von Deinem religiösen Weltbild geprägt. Ihre Bedeutung liegt aufgrund Deiner Grammatik bereits fest, und ich frage mich, ob mit der Bedeutung nicht auch die Geltung dieser Sätze festliegt. Ist nicht letztlich gerade das Wesen religiösen Glaubens, unabhängig von allen Argumenten einfach durch dick und dünn zu glauben? Ist Dein Glaube nicht so in Dein Weltbild eingelassen, dass Du gar nicht an ihm zweifeln und ihn ernsthaft zur Disposition stellen kannst?

Glaube und Zweifel

Jeder wirklich religiöse Mensch zweifelt mitunter an seinem Glauben. Oder er könnte zumindest zweifeln. So wie auch ein Liebender an der Liebe zweifeln kann, obwohl er es nicht tut, solange er sich dem Gefühl des Verliebtseins hingibt. Ein Leben in pausenlosem Verliebtsein ist aber genauso wenig möglich wie ein pausenloser zweifelsfreier Glaube an Gott. Ein Leben in absoluter Sicherheit ohne jeden Zweifel ist eher ein Zeichen von Angst, zumindest aber von Denkfaulheit. Bei näherer Betrachtung der Struktur religiösen Glaubens lässt sich nämlich zeigen, dass ein solcher (auch existentieller) Zweifel aus Gründen der intellektuellen Redlichkeit unumgänglich ist.

[Es fällt Albert schwer, sich daran zu erinnern, dass man daran zweifeln kann und sogar zweifeln muss, dass Verliebtsein anhält. Maria wird er immer lieben, und er wird nie von ihr ablassen können. Das weiß er jetzt. Er kann sie nur schwer ernst nehmen, wenn sie behauptet, dass sie in kühler Distanz ihren Glauben an Gott seziert.] *Wenn Du von der Notwendigkeit des Zweifelns sprichst, meinst Du hoffentlich nicht den Gelehrtenzweifel. Am Ende müsste dann womöglich jeder Gläubige Theologie studieren, um auf intellektuell anspruchsvolle Weise am eigenen Glauben zweifeln zu können.*

Nein, natürlich kann und muss der Zweifel im Leben religiöser Menschen unterschiedliche Gesichter haben. Je nachdem, ob religiöse Glaubenssätze auf ihre lebensregelnde Kraft oder auf ihren Sachgehalt befragt werden, müsste der Zweifel eher existentieller oder eher intellektueller Natur sein.

[Albert reißt sich zusammen. Er darf sich in seinem Denken nicht von seinen Verliebtheitsgefühlen benebeln lassen und versucht, wieder distanzierter an das Phänomen religiösen Glaubens heranzugehen.] *Was den Sachgehalt religiöser Glaubenssätze angeht, bin ich völlig mit Dir einverstanden. Natürlich müssen Gläubige hier argumentativ Rechenschaft über ihren Glauben ablegen und sich dem Zweifel aussetzen. Aber, wie oben bereits angemerkt, besteht dabei immer die Gefahr zirkulärer Argumentation, weil der Blick des Glaubens immer schon vorausgesetzt ist. Diese Voraussetzung auf grammatischer Ebene scheint mir jedenfalls der Grund dafür zu sein, warum Gläubige und Atheisten oft aneinander vorbeireden, und warum es kein Argument geben kann, das Dich von Deinem Glauben abhalten kann.*

Genauso wenig, wie es ein Argument auf sachhaltiger Ebene geben kann, das Dich zu einem Weltbildwechsel zwingt. Aber diese Feststellung genügt mir natürlich nicht. Ich möchte mit meinem Nachdenken auch die regulative Dimension religiöser Glaubenssätze, also die Ebene des Weltbildes erreichen. Denn nur im Rekurs auf diese Ebene lässt sich ein Anspruch auf universale Geltung, wie ihn mein Glaube erhebt, rechtfertigen. Und nur wenn wir diese Ebene erreichen, ist wirkliches Verstehen und damit auch Liebe möglich.

[Albert errötet. Er würde so gerne an eine Liebe glauben, die es ermöglicht, ganz und gar verstanden zu werden. Aber auf der Ebene religiösen Glaubens hält er das nicht für möglich.] *Ein schöner, aber leider ganz und gar unmöglicher Vorsatz. Denn Dein Reflexionsversuch setzt Deinen Glauben bereits voraus. Und wie willst Du an dem zweifeln, was all Dein Denken und Zweifeln strukturiert?*

Mein religiöser Glaube ist zwar zugegebenermaßen tief in meinem Weltbild verankert. Aber das heißt doch nicht, dass ich nicht auch unter Ausklammerung des Glaubens an Gott denken und zweifeln, ja sogar die Struktur religiöser Rede untersuchen kann. Ich kann doch darüber nachdenken, wie mein religiöser Glaube mein Leben prägt, und über diese lebensprägende Kraft nachdenken, ohne dass die Frage ihrer Geltung dabei berührt ist. Und mehr noch: Wenn ich dies tue, fällt mir auf, dass der lebensprägende und regulative Status religiöser Glaubenssätze in doppeltem Sinne kontingent und damit begründungspflichtig ist.

doppelte Kontingenz des regulativen Status

Was um Himmels willen soll denn eine doppelte Kontingenz sein?

Kontingenz meint Nicht-Notwendigkeit. Ich meine also, dass es in doppelter Hinsicht nicht notwendig, sondern Ergebnis revidierbarer Prozesse und damit einer freien Wahl ist, dass bestimmte religiöse Überzeugungen mein Leben prägen. Bei einem solchen lebensprägenden Charakter spreche ich gerne von einer regulativen bzw. grammatischen Dimension religiöser Rede. Die Bedeutung dieser regulativen Dimension zeigt sich, wenn ich schaue, auf welche Weise mein Leben von diesen Sätzen bestimmt wird. Ich muss also aufzeigen, mit welchen Handlungen die Glaubenssätze in ihrer regulativen Dimension korrelieren. Diese Korrelation und damit der regulative Status dieser Sätze ist dann kontingent, wenn kein notwendiger Zusammenhang zwischen Handlungs- und Regelebene aufweisbar ist. Bei religiösen Glaubenssätzen ist das aus zwei Gründen der Fall und das ist der Grund dafür, dass ich ihre regulative Rolle als doppelt kontingent bezeichne.

Den einen Grund kann ich mir denken. Es gibt so viele verschiedene weltbildgebundene Interprationen menschlicher Praxis, die mit so vielen verschiedenen, oft widersprüchlichen Handlungsweisen in Verbindung gebracht werden, dass keine als notwendige regulative Deutung aufgewiesen werden kann. Die Kontingenz des regulativen Status' religiöser Glaubenssätze folgt also bereits aus der Pluralität religiöser und nichtreligiöser Weltbilder. Aber aus dieser faktischen Pluralität folgt noch keine Begründungsmöglichkeit, geschweige denn eine Begründungsnotwendigkeit.

[Maria staunt, wie gut Albert inzwischen mitdenkt. Es ist ihr fast unheimlich, wie gut er sie inzwischen zu verstehen begonnen hat, und sie merkt, wie ihre Zurückhaltung ihm gegenüber immer mehr schwindet. Aber erst einmal antwortet sie auf Alberts Einwand.] Deshalb ist mir ja auch der zweite Aspekt der Kontingenz der regulativen Dimension religiöser Rede so wichtig. Selbst wenn sich die faktische Pluralität religiöser Weltbilder – zumindest in einem Segment der Gesellschaft – abschaffen ließe, wie es fundamentalistische Gruppierungen überall auf der Welt immer wieder versucht haben und leider auch immer noch versuchen, ließe sich folgendes Problem nicht lösen: Sätze über das Unbedingte lassen sich im Bedingten nur auf bedingte Weise leben. Ihre regulativ-expressive Umsetzung ist deshalb immer Missverständnissen ausgesetzt und kann immer befragt und angezweifelt werden.

Das sehe ich noch nicht. Wenn man zum Beispiel glaubt, dass Gott die Liebe ist und sich deshalb jedem Menschen auf die ihm angemessene Weise unbedingt zuwendet, kann man doch diesen Glaubenssatz dadurch in seinem Leben regulativ zur Geltung kommen lassen, dass man seinen Nächsten unbedingt liebt. Warum sollte das unmöglich sein? Ist das nicht sogar das, was der christliche Glaube von einem verlangt?

[Maria ist nicht entgangen, dass Albert zum ersten Mal vom christlichen Glauben spricht, ohne sich direkt davon zu distanzieren. Viel wichtiger ist ihr aber, dass er wieder die Rede auf die Liebe gebracht hat.] Ich kann nicht unbedingt lieben. Ich kann der unbedingten Liebe Gottes im Bedingten nur Gestalt geben, indem ich in meiner Liebe darauf verzichte, Vor- und Nachbedingungen zu formulieren. Aber dieser Verzicht ist missverständlich und verbürgt nicht die Sicherheit, dass ich den Anderen in meiner Liebe wirklich erkenne. Die Unbedingtheit der Liebe kann zwar symbolisch dargestellt und füreinander in Anspruch genommen werden. Aber die Kontingenz der Korrelation zwischen der Handlungsebene und der regulativen Dimension kann nicht behoben werden. Deshalb bleibt immer Raum für Zweifel an dem eigenen Glauben. Und deshalb muss ich auch immer bereit sein, diese Korrelation mit den Mitteln der Vernunft aufzuzeigen.

Mir ist immer noch nicht klar, wie hier Zweifel und Begründung möglich sein sollen.

Dadurch, dass ich den Unbedingtheitsanspruch, der zumindest beim christlichen Glauben aus der Weltbildebene notwendigerweise folgt, nicht im Tun begründen kann. Aus diesem Unvermögen und der daraus folgenden Unsicherheit in der Deutung der eigenen lebenstragenden Überzeugungen und Handlungen folgt der existentielle Zweifel, der in der Auseinandersetzung mit der regulativen Dimension des eigenen Glaubens immer wieder hochkommt. Insofern kann man sagen, dass ein existentieller Zweifel an der regulativ aufgefassten Bedeutung religiöser Glaubenssätze ebenso möglich und notwendig ist wie der rein intellektuelle Zweifel an einer rein sachhaltig bestimmten Bedeutung.

Wenn ich Deiner Argumentation folge, ist Glaubensverantwortung immer nur auf einzelne Glaubenselemente und konkrete Situationen bezogen denkbar. Unabhängig von konkreten Weltbildern und unabhängig vom Blick auf deren Umsetzung in der Praxis wäre religiöse Rede erst gar nicht verständlich und erst recht nicht vor der Vernunft verantwortbar.

Glaubensverantwortung im Blick auf konkrete Situationen

Ich glaube in der Tat, dass die Erhebung der Bedeutung und die Verantwortung religiöser Rede nur im Blick auf den Einzelfall möglich ist. Und dies schon deshalb, weil es kein allgemeinverbindliches Weltbild gibt, das uns die Suche nach je neuen Verständnismöglichkeiten abnehmen würde. Viel mehr aber noch, weil sich die Bedeutung religiösen Glaubens erst erschließt, wenn ich den Menschen betrachte, der von diesem sein Leben regeln lässt. Erinnere Dich, dass der Satz „Christus ist der Herr" eben etwas völlig anderes bedeutet, wenn ihn ein Kreuzfahrer kurz vor der Vernichtung des Andersgläubigen ausspricht, oder wenn Du Dich zu ihm durchringen könntest.

Wie kannst Du angesichts dieser Schwierigkeiten immer noch an dem universalen Anspruch Deiner Religion festhalten?

Die Universalität des Anspruchs verlangt nicht eine universale Begründung, sondern nur die universale Bereitschaft, den eigenen Anspruch in jeder Situation neu einzulösen. Die christliche Botschaft braucht deswegen nicht eine Begründung, die unabhängig von allen Kontexten auswendig gelernt wird, sondern viele aus einem lebendigen Glauben lebende Menschen, die bereit sind, im Vertrauen auf die Kraft des Heiligen Geistes in allen Zusammenhängen und Sprachspielen dieser Welt von ihrem Glauben Zeugnis und Rechenschaft abzulegen. Deshalb ist im christlichen Glauben auch der einzelne Gläubige so wichtig wie in keiner anderen Weltanschauung, und die einzelne Studentin ist in der Theologie so wichtig wie in keiner anderen Wissenschaft. Denn nach christlichem Verständnis hat jeder und jede in unvertretbarer Weise vom Glauben Zeugnis abzulegen und diesen in dieser Welt hörbar zu machen.

In unvertretbarer Weise? Ich kriege all das, was Du jetzt sagst, nicht mit Eurem Glauben an Jesus Christus zusammen. Ich dachte, dass Christus stellvertretend all das für alle bereits getan hat, was Du jetzt auf einmal von Deinen KommilitonInnen verlangst.

Stellvertretung

Stellvertretung im eigentlichen Sinn meint nicht Ersetzung eines Menschen, sondern Freihalten eines Platzes, den einzunehmen er noch nicht in der Lage ist. Es geht bei ihr um die Ermöglichung, die eigene Stelle im Bund mit Gott einzunehmen. Christus macht unser Leben und Bezeugen der Liebe als der letzten Wirklichkeit nicht überflüssig. Vielmehr ermöglicht er es gerade dadurch, dass er zum einen davor bewahrt, etwas Unmögliches, nämlich das Unbedingte, voneinander zu verlangen, dass er es zum anderen aber auch unmöglich macht, einander auf Bedingtes zu reduzieren.

Meinetwegen, auch wenn ich nicht weiß, ob ich Deine Form der Jesus-Schwärmerei je werde nachvollziehen können. Aber ich merke, dass ich gerne noch einmal von vorne anfangen will. Je länger wir geredet haben, desto mehr Fragen sind mir gekommen. Eben dachte ich noch, dass es mir reicht, theologische Gespräche mit Dir zu führen. Aber jetzt denke ich wieder, dass Deine Art, den Verheißungen des Lebens zu vertrauen und auf die Erfüllbarkeit menschlicher Sehnsüchte zu setzen, sehr sympathisch ist. Ein wenig zu sympathisch vielleicht, um sie Dir wirklich abzunehmen. Aber irgendwie will ich sowohl intellektuell als auch existentiell herausfinden, ob ich der Kraft der Liebe, die Du so gerne mit Gott identifizierst, trauen soll. Lass uns heute aber eher einen Versuch auf existentieller Ebene machen! Kommst Du mit zu mir? Ich möchte Dir gerne etwas sehr Wichtiges zeigen! Ein Geheimnis!

Wie schön, ich liebe Geheimnisse. Sie erinnern mich an die Liebe und an Gott, weil beides Geheimnisse sind, die wir nie ergründen werden. Auch Du bist mir ein Geheimnis. Aber ich spüre, dass ich Lust habe, auf Deinen Grund zu sehen.

Das kann ich doch selber nicht. Aber vielleicht kannst Du mir ja dabei helfen. Auf jeden Fall hat sich durch Dich etwas Entscheidendes bei mir geändert. Und davon möchte ich Dir etwas zeigen.

Leider ist nicht überliefert, was Albert Maria gezeigt hat. Überhaupt bricht an dieser Stelle die Gesprächswiedergabe ab. Es heißt aber, dass die beiden sich an diesem Tag zum ersten Mal richtig geküsst haben und dass allein dieser Kuss das Leben beider für immer verändert hat.

Kriterien der Glaubensverantwortung

1. Abwehr von Fideismus und Rationalismus

Es wäre ein *rationalistisches Missverständnis* religiösen Glaubens, wenn man ihn einfach nur wie eine empirische Hypothese zu begründen versuchte. Religiöse Überzeugungen sind nicht nur kognitive Aussagen über die Wirklichkeit, sondern sie sind zumindest auch Ausdruck einer bestimmten Haltung der Welt gegenüber. Sie verändern meine Einstellung zur und meine Wahrnehmung der gesamten Wirklichkeit. Sie haben regulative Bedeutung für die Art, wie ich mit meinen Mitmenschen umgehe,

Kritik des Rationalismus

und wie ich mich in meinem Alltag verhalte. Sie stellen Letztorientierungen dar, die im Handeln konkret werden und ohne Praxisbezug überhaupt nicht verstanden werden können. Philosophen, die meinen, religiöse Glaubenssätze wie gewöhnliche Hypothesen begründen oder widerlegen zu können (wie etwa Swinburne oder Mackie und die ihnen folgenden Theologen), haben ein reduktionistisches Bild religiöser Überzeugungen, das deren besondere grammatische Eigenart nicht genügend berücksichtigt.

Abwehr des Fideismus

Andererseits haben religiöse Überzeugungen unaufgebbare sachhaltige Elemente, die bei aller Beachtung der Pragmatik religiöser Überzeugungen nicht ignoriert werden dürfen. Die berechtigte Anerkennung der orientierenden, lebensregulierenden und expressiven Komponenten religiöser Überzeugungen darf deshalb nicht dazu führen, religiösen Überzeugungen jeglichen referentiellen bzw. kognitiv-propositionalen Charakter abzusprechen. Als fideistisch sind deshalb alle Strategien der Glaubensverantwortung abzulehnen, die die kognitiven Ansprüche des Glaubens ausklammern und einfach zum blinden Leben des Glaubens auffordern.

Religiöse Überzeugungen haben also sowohl orientierend-expressive (regulative) als auch sachhaltige (kognitiv-propositionale) Elemente, die in der Glaubensverantwortung nicht aufeinander reduziert werden dürfen. Zugleich ist zu beachten, dass religiöse Überzeugungen sowohl auf regulativer als auch auf kognitiv-propositionaler Ebene einen kontingenten Status haben und damit prinzipiell bezweifelbar sind. Aus dieser Einsicht folgt die zweite Forderung:

2. Abwehr von Relativismus und Fundamentalismus

Der Fehler des *Relativismus* besteht darin, aus der Kontingenz religiöser Überzeugungen auf ihre Beliebigkeit zu schließen. Die Aufgabe des Begründens wird durch die Einsicht in die Kontingenz des Sprechens von der letzten Wirklichkeit aber nicht unmöglich gemacht, sondern im Gegenteil allererst ermöglicht.

Kritik des Fundamentalismus

Genauso verfehlt wie die aus ihrer Kontingenz gefolgerte Preisgabe des Geltungsanspruchs religiöser Überzeugungen durch den Relativismus ist zweitens der jede Begründungs- und Differenzierungsmöglichkeit überspringende und fürchtende Versuch des *Fundamentalismus*, die Kontingenz des regulativen Status' grundlegender religiöser Überzeugungen auszumerzen. Dabei ist eine individuelle Form des Fundamentalismus, die die oben aufgezeigte faktische und notwendige Kontingenz religiösen Sprechens einfach ignoriert, zu unterscheiden von einem kollektiven Fundamentalismus, der Kontingenz auszumerzen sucht, indem er (durch die bei der Durchsetzung von Regeln üblichen Mittel der Abrichtung) den Glauben als Ganzen als Teil des Bezugssystems einer Gruppe durchzusetzen und zu institutionalisieren sucht. Der Fundamentalismus schafft die Begründungspflicht und -möglichkeit religiöser Überzeugungen dadurch ab, dass er – in seiner auf einzelne beschränkten Form – alle Gründe gegen den einmal beschlossenen orientierend-regulativen Charakter religiöser Überzeugungen aus regulativer Warte wahrnimmt und damit entschärft; in seiner auf Gruppen bezogenen Form versucht der Fundamentalismus, universale regulative Geltung durch Ausschaltung von Gegnern faktisch herzustellen. Gelingt ihm dabei nicht die Unterwerfung einer Gesellschaft als Ganzer, bleibt ihm noch die Möglichkeit der Ghettoisierung eines Segments dieser Gesellschaft. Doch selbst wenn es dem Fundamentalismus gelänge, die faktische Pluralität religiöser Redeweisen abzuschaffen oder zu ignorieren, so ist seine Durchsetzungsstrategie doch wegen der nicht nur faktischen, sondern auch (aufgrund der eigenen Universalisierungstendenz unaufhebbaren) grammatisch bedingten Kontingenz religiösen Sprechens zum Scheitern verurteilt. Zwar könnte er die sich aus der faktischen Pluralität menschlicher Letztorientierungen ergebende Kontingenz allen Sprechens durch Uniformierung ihrer Plausibilität berauben. Es bliebe aber selbst dann noch die Unmöglichkeit der Instantiierung des Unbedingten im Bedingten bzw. der letzten Wirklichkeit im Vorletzten zu bedenken, die den religiösen Überzeugungen eine unhinterfragbare regulative Bedeutung verwehrt.

3. Kontingenz- und Formungsbewusstsein

Weder die in den Relativismus führende Verwechslung von Kontingenz mit Beliebigkeit noch der in den Fundamentalismus führende Versuch, Kontingenz zu beseitigen, kann also in einer Verantwortung des Glaubens vor der Vernunft akzeptiert werden. Vielmehr ist von religiösen Menschen zu verlangen, dass sie sich der philosophisch aufweisbaren Kontingenz ihrer Überzeugungen bewusst sind und ihr in den Gehalten ihrer Überzeugungen Rechnung tragen. Zudem bedeutet Kontingenz des regulativen Status' religiöser Überzeugungen auch die Einsicht in die geschichtliche Formung religiöser Überzeugungen. Denn allenfalls uns unantastbar und unbezweifelbar vorgegebene Elemente unserer Weltbilder können ohne Rückfrage nach den Bedingungen ihrer Entstehung und Formung angenommen werden. Bezogen auf ihre religiösen Überzeugungen ist Gläubigen also mit der Einsicht in die Kontingenz der eigenen Perspektive auch ein entsprechendes Formungsbewusstsein abzuverlangen und damit auch die Offenheit für die sich daraus ergebenden historisch-kritischen Rückfragen an ihre jeweiligen Glaubensurkunden.

4. Anerkennung der Möglichkeit rationaler Vermittlungsleistungen

Kontingenz- und Formungsbewusstsein eröffnen die Möglichkeit der rationalen Erörterung religiöser Bekenntnisse und machen dadurch ein freies, ethisch belangvolles Verhältnis zum religiösen Glauben und zu Gott möglich. Zu achten ist bei rationalen Vermittlungsversuchen zunächst einmal auf die interne Widerspruchsfreiheit bei der Artikulation der religiösen Überzeugungen. Wird diese Forderung nach *Konsistenz* in der Rede von der letzten Wirklichkeit verletzt, wird diese willkürlich und beliebig und kann nicht mehr in zureichendem Maße Anspruch auf Verständlichkeit erheben. Neben religionsinterner Konsistenz ist aber auch *Kohärenz* mit sonst allgemein anerkannten Überzeugungen einzufordern, da der Anspruch aller Religionen sich auf die ganze Wirklichkeit bezieht und deswegen nicht einfach in Widerspruch zu allgemein anerkannten Einsichten über die Wirklichkeit stehen kann, ohne den Anspruch auf Rationalität des eigenen Anspruchs aufzugeben. Neben Konsistenz und Kohärenz wird man auch auf die *Symmetrie* und Plausibilität religiöser Überzeugungen achten können, gerät damit aber in einen nicht mehr so klar ausweisbaren Bereich der rationalen Prüfung.

Wichtig ist bei allen genannten Kriterien, dass sie sich nicht nur auf den kognitiv-propositionalen Gehalt religiöser Überzeugungen beziehen, sondern auch auf ihre regulative Rolle. Um den damit verbunden Praxisbezug religiöser Rede angemessen würdigen zu können, ist es unerlässlich, dass religiöse Menschen ausweisen, wieso und inwiefern sie meinen, dass ihre religiösen Überzeugungen (trotz der Unmöglichkeit, im Vorletzten eine unzweifelhafte Bezugnahme auf die letzte Wirklichkeit zu instantiieren) mit ihren Handlungsweisen korreliert werden können. Da die Korrelation im eigenen Weltbild zwar bezweifelbar, aber dennoch auf regulativer Ebene vorgegeben ist, wäre es eine *petitio principii*, diese Korrelation nur im eigenen Weltbild auszuweisen. Deshalb ist es unerlässlich, auch der Religionskritikerin oder Andersgläubigen aus der Perspektive ihres Weltbildes die Korrelierbarkeit zwischen den regulativ aufgefassten religiösen Überzeugungen und den jeweiligen eingefleischten Handlungsweisen aufzuweisen.

5. Ethisches und mikrologisches Kriterium

Aus der weiter oben explizierten Einsicht in die Fallibilität und Reversibilität von Bedeutungszuschreibungen in Bezug auf religiöse Überzeugungen folgt die Notwendigkeit, jede religiöse Beurteilung von Andersheit rückholbar zu gestalten und negative Stellungnahmen zu Verschiedenheit ohne Blick auf den Einzelfall auszuschließen. Denn das nicht tilgbare Moment der Kontingenz in der Begründung aller religiösen Ansprüche warnt davor, irreversible Verurteilungen auszusprechen. Und die immer mögliche Reinterpretation der enzyklopädischen Gehalte religiöser Überzeugungen durch Rückbezug auf die regulative Ebene und die Suche nach neuen Korrelationsmöglichkeiten zeigt die Verfehltheit jeder apriorisch-allgemeinen argumentierenden Bewertung von Andersheit. Glaubensverantwortung kann sich nur im Blick auf den Einzelfall und im genauen Hinschauen auf den Anderen vollziehen. Sie vollzieht sich situativ-dialogisch.

Glaube und Vernunft
Kleine Übersicht zur zeitgenössischen Debatte

Das ganze Lehrbuch hindurch haben wir versucht, die Inhalte des christlichen Glaubens durch ihre Verantwortung vor der autonomen philosophischen Vernunft besser zu verstehen. Dabei stand eine an Anselm orientierte Verhältnisbestimmung von Glaube und Vernunft im Hintergrund. Es ging mir um den Glauben, der nach Einsicht sucht (*fides quaerens intellectum*), den Glauben, der darauf vertraut, dass Gott die Welt so eingerichtet hat, dass es sich lohnt, sich mit ganzem Herzen und ganzer Seele, mit allen Sinnen und aller Kraft, aber auch mit der Vernunft nach Gott auszustrecken. Um die dem Lehrbuch zugrundeliegende Idee besser zu verstehen und einordnen zu können, gebe ich im Folgenden eine Übersicht über die verschiedenen Verhältnisbestimmungen von Glaube und Vernunft, die in der gegenwärtigen

fides quaerens intellectum

Theologie vertreten werden. Sie sind nach der Stärke ihres Begründungsanspruchs geordnet. Ich beginne mit dem stärksten Begründungsanspruch:

1. Metaphysische Glaubensbegründung

Die meisten katholischen Theologen hatten bis ins 20. Jahrhundert hinein den Anspruch, die Existenz Gottes beweisen und die wesentlichen Elemente des christlichen Glaubens als vernunftnotwendig ausweisen zu können. Ihr philosophischer Hintergrund war die klassische Metaphysik, meistens in der aristotelisch-thomistischen Version. Die Philosophiegeschichte der Neuzeit wurde spätestens ab Kant als großer Abfall vom rechten Denken gesehen, und stattdessen wurde die mittelalterliche Ontologie hochgehalten. Bis heute gibt es konservative Theologen, die in der Tradition der Neuscholastik meinen, auf diese Weise eine metaphysische Glaubensbegründung im Einklang mit der Tradition leisten zu können.

Swinburne

Von dieser Tradition zu unterscheiden sind vor allem im angelsächsischen Bereich verbreitete Versuche verschiedener Theologen und Religionsphilosophen, in der Denkform analytischer Philosophie probabilistische Reformulierungen der traditionellen Gottesbeweise vorzulegen (z.B. R. Swinburne). Gemeinsam ist diesen beiden Richtungen, dass sie meinen, unabhängig von Voraussetzungen ihrer Religion und ihres Weltbildes und auch ohne transzendentalphilosophische Transformation ihres Denkens schlüssige Argumente für den christlichen Glauben vorbringen zu können, die eigentlich jeden vernünftigen Menschen überzeugen müssten. Eben diesen Anspruch erhebt auch P. Knauer in seinem Geschöpflichkeitsaufweis, ohne allerdings zu beanspruchen, christliche Glaubensinhalte auf diese Weise begründen zu können.

2. Erstphilosophische bzw. transzendentalphilosophische Glaubensverantwortung

Die zweite hier zu nennende Gruppe von Theologen hat einen nur wenig schwächeren Begründungsanspruch, unterscheidet sich aber von der ersten Gruppe durch ihre klare Bejahung der durch Kant herbeigeführten *kopernikanischen Wende* der neueren Philosophiegeschichte, d.h. in der Umkehrung der Annahme, dass sich unsere Erkenntnis nach den Gegenständen richtet. So wie bis Kopernikus die Annahme selbstverständlich war, dass die Erde der Mittelpunkt des Weltalls sei und alle anderen Planeten sich um sie herum bewegten, so war es in der vorkantischen Metaphysik selbstverständlich anzunehmen, dass sich unsere Erkenntnis nach den Gegenständen richtet. Bezogen auf die Wahrheitsproblematik sind die Adäquationstheorie der Bedeutung und die Korrespondenztheorie der Wahrheit selbstverständlicher Ausdruck dieser Denkungsart. Unter ihrer Prämisse lässt sich, wie die Geschichte der Philosophie bis Kant gezeigt hat, der Streit zwischen Empirismus und Rationalismus ebenso wenig entscheiden wie der zwischen Dogmatismus und Skeptizismus. Die Metaphysik wird so zum Kampfplatz unterschiedlicher Weltanschauungen, die durch wissenschaftliches Denken nicht bewertet werden können.

Angesichts dieser Situation schlägt Kant eine Umkehrung der Perspektive vor. So wie Kopernikus anregte, die neuen naturwissenschaftlichen Erkenntnisse durch eine Transformation des geozentrischen Weltbilds in ein heliozentrisches Weltbild in eine adäquate Gesamtsicht zu integrieren, macht Kant den Gedanken stark, dass sich nicht unsere Erkenntnis nach den Gegenständen richtet, sondern dass sich die Gegenstände nach unserer Erkenntnis richten. Durch diese zunächst einmal kontraintuitive Annahme wird die wissenschaftliche Prüfung unseres Erkenntnisvermögens bzw. die Selbstprüfung der Vernunft zum Ausgangspunkt jeder Wahrheitsfindung. Quelle für Notwendigkeit und Allgemeinheit unserer Urteile sind in dieser Perspektive nicht mehr die Gegenstände, sondern ist das erkennende Subjekt.

kritizistische Grundeinsicht

Ausgehend von dieser kritizistischen Grundeinsicht kann man nun versuchen, aus dem Subjektgedanken heraus eine erstphilosophische Begründung christlichen Glaubens zu leisten bzw. einen Begriff letztgültigen Sinns zu eruieren, der dann allen Glaubensbegründungsversuchen orientierend vorzuschalten ist. Auf verschiedene Weise versuchen dies jeweils in Anlehnung an Fichte eine ganze Reihe von neueren katholischen Theologen (vgl. v.a. H. Verweyen und T. Pröpper, aber inzwischen auch K. Müller, K.-H. Menke, M. Striet und G. Essen). Im Begründungsanspruch ähnlich stark, aber eher in Anknüpfung an Hegel, bewegt sich der evangelische Theologe Pannenberg. Einen Anspruch auf Letztbegründung vertreten auch Theologen, die sich im Gefolge der Transzendentalpragmatik das Kantische Denken in sprachphilosophischer Transformation zu Eigen machen und deshalb nicht das Subjekt, sondern Präsuppositionen des Argumentierens als unhintergehbaren Ausgangspunkt des Argumentierens ausweisen wollen (z.B. H.-J. Höhn).

erstphilosophische Begründung

3. Religionsexterne, aber weltbildinterne Glaubensverantwortung

Die von mir in dieser dritten Gruppe zusammengefassten Theologen sind mit den bisher genannten Theologen einverstanden, dass die Verantwortung religiösen Glaubens vor der Vernunft diesen nicht in seiner Geltung voraussetzen darf, weil der ganze Verantwortungsversuch sonst auf eine *petitio principii* hinausliefe. Glaubensverantwortung hat sich deshalb religionsextern gültiger Argumente zu bedienen. Das bedeutet ihnen zufolge aber nicht, dass es einen unhintergehbaren, archimedischen Punkt geben muss, von dem aus die Verantwortung des Glaubens zu konzipieren wäre. Ein Argument kann auch überzeugen, wenn es nicht als unhintergehbar ausgewiesen ist. Wichtig ist nur, das zu Verantwortende nicht im Argument bereits vorauszusetzen. Es spricht nichts dagegen, religionsexterne Prämissen zu verwenden, die die Kontrahenten in ihrem jeweiligen Weltbild teilen. Dies kann einen zu der Ansicht führen, dass sich Glaubensverantwortung insgesamt mikrologisch und perspektivenbezogen zu vollziehen hat (dies ist der von Maria und mir bezogene Standpunkt).

Manche Theologen dieser Gruppe würden dagegen darauf bestehen, dass sich ein einheitlicher Ausgangspunkt des Argumentierens angeben lässt, auch wenn dieser nicht erstphilosophisch ausgewiesen werden kann (J. Werbick und an J. Habermas orientierte Theologen wie H. Peukert). Gemeinsam ist den Theologen dieser Gruppe eine große Offenheit für die sprachphilosophische Wende der Philosophie der Moderne und ein großes Interesse an hermeneutischen Fragen.

ohne archimedischen Punkt

4. Glaubensverantwortung als reine Apologetik

Während die bisher genannten Theologen alle darauf bestehen würden, positive Gründe für den Glauben beizubringen (seien diese nun metaphysischer, transzendentalphilosophischer oder sprachspielbezogener Natur), besteht die Besonderheit der *reformed epistemology* in der Ansicht, es genüge, alle Einwände gegen den Glauben zu entkräften (Vertreter: N. Wolterstorff, A. Plantinga, W. Alston und A. Loichinger). Sie reduziert die Glaubensverantwortung damit auf reine Apologetik, also auf den Versuch, alle vorgebrachten Einwände gegen den Glauben zu entkräften. Die bisher genannten Positionen würden Glaubensverantwortung auch als Apologetik ansehen und gerade für Position 3 ist eine stetige Öffnung auf Apologetik hin unverzichtbar, da die Entfaltung der eigenen Position ja nicht durch einen archime-

reformed epistemology

dischen Punkt abgesichert wird. Die Besonderheit der *reformed epistemology* liegt einfach im bewussten Verzicht auf jede positive Entfaltung von Glaubensgründen. Ausgehend vom Grundsatz *in dubio pro reo* meint sie, dass es genügen müsse, in je neuen Auseinandersetzungen einen argumentativen Gleichstand mit dem Religionskritiker zu erlangen, um den Gläubigen in seinem Glauben als vor der Vernunft gerechtfertigt anzusehen.

5. *Von einer religionsinternen Glaubensverantwortung zur postmodernen oder postliberalen Verweigerung der Glaubensverantwortung*

Auch die unter 4. dargelegte Apologetik ist einer Reihe von einflussreichen Theologen noch zu stark, wenn sie meint, auch religionsextern überzeugen zu können. Im Gefolge Barths und in Frontstellung zur Tradition liberaler Theologie bestehen sie darauf, dass der Glaube die Bedingungen seines Verstehens mit sich bringe und deshalb nur verantwortet werden könne, wenn er vom Offenbarungshandeln Gottes aus entwickelt werde (I.U. Dalferth und E. Jüngel).

Ausgangspunkt beim Offenbarungsereignis

In neuerer Zeit wird diese Form offenbarungstheologisch geprägter Glaubensverantwortung immer wieder aufgenommen, um im Einklang mit Grundintuitionen der sog. Postmoderne jedes Begründungsdenken herkömmlicher Theologie zu verabschieden (vgl. nur die häufigen Bezugnahmen auf E. Levinas in der neueren Theologie). Dabei gewinnt der Gedanke immer mehr an Boden, dass man nicht länger den liberalen Irrweg mitgehen dürfe, den christlichen Glauben an den jeweiligen Zeitgeist anzupassen. Nicht die Bibel müsse mit den Augen der Welt betrachtet werden, sondern die Welt mit den Augen der Bibel. Die Interpretationsrichtung müsse geändert und der Glaube nicht mit einer glaubenslosen Vernunft seziert werden, sondern durch die vom Glauben erleuchtete Vernunft müsse die Welt verändert werden (G.A. Lindbeck, T. Ruster und mitunter auch J.B. Metz).

Bei einer derartigen postliberalen Theologie kann allerdings nicht mehr von Glaubensverantwortung die Rede sein. Es bleibt unklar, warum ich denn gerade von der Bibel aus die Welt betrachten soll und nicht vom Koran, der Bhagavadgita oder von *Mein Kampf* aus. Position 5 wird deswegen häufig mit Position 4 und mit Argumenten aus der religiösen Erfahrung verbunden. Das Begründungsmuster hat dann die Form: Wenn sich doch alle gegenteiligen Argumente entkräften lassen und religiöse Erfahrungen so wohltuende Kraft entfalten, warum sollte man dann eigentlich nicht einmal versuchen, die Welt mit den Augen des Glaubens zu sehen? Maria und alle Theologen der Gruppe 3 würden versuchen, auch auf die Gegenfrage zu antworten, warum man diesen Versuch denn wagen dürfe und wagen solle.

Jürgen Werbick

Jürgen Werbick (geb. 1946) ist Professor für Fundamentaltheologie an der Universität Münster und ist durch zahlreiche, umfangreiche und hochwertige Veröffentlichungen zu fast allen wichtigen Themen der Fundamentaltheologie und Dogmatik bekannt geworden. In einem Rundfunkinterview erzählt er von einer einschneidenden Erfahrung aus seiner Arbeit als Pastoralassistent, als er ganz plötzlich und deshalb völlig unvorbereitet einspringen und die Beerdigung eines Babys übernehmen musste, das unmittelbar nach der Geburt gestorben war. Werbick geriet ins Nachdenken:

> Und ich soll da jetzt hintreten ans Grab und soll was sagen. Mich umtrieb die Frage: Wie kannst du von der Auferstehung der Toten reden? Glaubst du denn da selber dran? Wie groß ist eigentlich deine Gewissheit? Wie stark redest du da möglicherweise über dein eigenes Konto?

Glaube und Zweifel

Angesichts solcher Fragen ist für Werbick deutlich, dass Glauben und Zweifel nicht voneinander zu trennen sind. Er verteidigt ausdrücklich den kleinen Glauben, der sich angesichts solcher Erfahrungen anfechten und in Frage stellen lässt. Und er schließt:

> Klar, ich sehne mich danach und ich strecke mich danach aus und ich bin glücklich, wenn ich nicht umhergeschleudert werde. Aber dass man sie [die Glaubensgewissheit] hätte, dass man sie verfügbar hätte... keine Rede davon.[62]

---

[62] Beide Zitate H. Meesmann, Den Grund des Glaubens buchstabieren. Jürgen Werbick, in: L. Bauerochse/ K. Hofmeister (Hg.), Wie sie wurden was sie sind. Zeitgenössische Theologinnen und Theologen im Portrait, Gütersloh 2001, 63-80, 73.

Kennzeichnend für diese Werbick prägende Suchbewegung ist es sicher, dass er seine Antrittsvorlesung in Münster zum Thema „Was das Beten der Theologie zu denken gibt oder: ein Versuch über die Schwierigkeit Ja zu sagen" gehalten hat. Gerade die ehrliche Auseinandersetzung mit der Schwierigkeit, sich zum „Ja" des Glaubens durchzuringen, prägt sein Denken. Und charakteristisch für seinen Ansatz ist es, dass er sich in seinem Konzept der Glaubensverantwortung gerade auch vom Vollzug des Gebets zu denken geben lässt.

Sein Konzept der Glaubensverantwortung hat er immer wieder in Auseinandersetzungen mit seinen Münsteraner Kollegen Thomas Pröpper und Klaus Müller präzisiert und auch im Blick auf seinen Vorgänger Johann Baptist Metz profiliert. Am Ende eines der in diesem Zusammenhang durchgeführten interdisziplinären Hauptseminare zog er folgende für ihn typische Bilanz: „Ich glaube, ich habe die Fragestellung und ihre Brisanz etwas besser verstanden."

Trotz seiner Lernbereitschaft und Offenheit hat Werbicks Konzept zur Glaubensverantwortung ein klares Profil, das zur Auseinandersetzung einlädt. Werbick sieht die erste Aufgabe der Glaubensverantwortung darin, in einem Ad-hoc-Verfahren auf die Argumente der Religionskritiker konkret-situativ zu antworten und bemüht sich in seinen Schriften immer wieder, diese Antworten im Gespräch mit Friedrich Nietzsche zu entwickeln. Er profiliert Fundamentaltheologie damit wesentlich als Glaubens-Apologetik und sieht – im Einklang mit G.W. Leibniz und der *reformed epistemology* – den Apologeten in der Rolle dessen, der nicht verpflichtet ist, „seine These zu begründen", wohl aber verpflichtet ist, „den Einwänden eines Gegners Genüge zu tun."[63] Ebenso wie Leibniz und anders als die *reformed epistemology* hält Werbick dieses Bemühen aber nicht für ausreichend. Mit H. Verweyen fragt er: Wenn die philosophische Vernunft in der Ad-hoc-Verteidigung „jedes einzelne gegen den Logos christlicher Hoffnung vorgebrachte Argument als unvernünftig entlarven können soll, muss dann nicht doch eine systematisch kohärente Begründungsfähigkeit angenommen werden, die die durchgehende Konsistenz dieser sporadischen ‚Repliken' ermöglicht"[64] und so deren Rationalität beurteilbar macht?

---

[63] G.W. Leibniz, Die Theodizee. Von der Güte Gottes, der Freiheit des Menschen und dem Ursprung des Übels, Philosophische Schriften, Bd. II, hg. und übersetzt von H. Herring, Darmstadt 1985, 110f.
[64] H. Verweyen, Gottes letztes Wort, 65.

Ohne sich Verweyens Forderung nach einer erstphilosophischen Verantwortung des Glaubens zu Eigen zu machen, bemüht sich Werbick deshalb um die Rückfrage nach unseren letzten Gründen dafür, etwas als rational anzuerkennen. Als entscheidende und ursprünglichste Herausforderung der menschlichen Vernunft meint er die *Würdigung dessen, was ist* bestimmen zu können. In ihr sieht er den Urtrieb menschlicher Vernunft, die all unser Erkenntnisstreben ebenso bestimmt wie alle ethischen Herausforderungen. Diese Würdigung

Würdigung dessen, was ist

> zielt auf jene schöpferische Entsprechung, in der die Würde des mir Begegnenden als eines um seiner selbst willen Seienden und Sein-Sollenden zur Geltung kommt und ich mich in dieser Begegnung meinerseits zum Selbstsein herausgefordert erfahre: mich als den wertschätzen kann, dessen Würde darin liegt, den mir begegnenden Anderen bzw. die mir begegnende Andere in ihrem Für-sich-selbst-Sein zu würdigen. (403)[65]

Werbick geht davon aus, dass diese elementare Bestimmung und Herausforderung menschlicher Vernunft durchaus abgewiesen werden kann. Tatsächlich erreicht sie mich lediglich als die Bitte um Würdigung, die mich dazu herausfordert, die Zusammenhänge zu erkennen und zu durchbrechen, die die Würdigung des Anderen verhindern. Sie bleibt damit der Bestreitung im „Konflikt der Interpretationen" (Ricoeur) ausgesetzt und kann nicht ein für alle Mal sichergestellt werden.

Werbick weist also lediglich auf den entscheidenden Grundtrieb der Vernunft hin und benennt dessen Implikationen. Zwar beansprucht er nicht, den „Konflikt der Interpretationen" lösen zu können, aber er macht darauf aufmerksam, dass man nicht in jeder Hinsicht zur Geltung kommen lässt, was nach Würdigung verlangt, wenn man die Herausforderung der Vernunft zur Würdigung dessen, was ist, auf je perspektivische Wahrnehmungen einschränkt.

> So müssen die Spuren der Missachtung durch Selbstkritik der perspektivischen Wahrnehmung der anderen identifiziert werden: an dem, was sie den Wahrgenommenen um eigener oder sonstiger Interessen willen an Würdigung vorenthält. ... In der Selbstkritik der perspektivischen Wahrnehmung wird perspektivisches Erkennen von jener Dynamik ergriffen, die am Negativ – der perspektivisch verweigerten Würdigung – die Wahrheit des „Absoluten" als „Spie-

---

[65] Die Seitenzahlen im Fließtext beziehen sich alle auf: J. Werbick, Fundamentaltheologie als Glaubens-Apologetik. In: ThRV 98 (2002) 399-408.

gelschrift ihres Gegenteils" an den Spuren ihrer Verweigerung entzifferbar werden läßt. (404)[66]

So gelingt es Werbick, vom Begriff der Würdigung her einen philosophischen Gottesbegriff zu entwickeln. Gott wird bestimmt als der, der den Trieb nach Würdigung im Menschen hervorruft und der dafür einsteht, dass dieser Ruf nicht in die Irre führt. Seine unbedingte Würdigung des Menschen besteht darin, dass er den Menschen würdigt, an seiner ursprünglichen Intention der Würdigung teilzuhaben, dass er ihn also freisetzt und dadurch würdigt zu würdigen:

Unbedingte Würdigung würdigt die anderen gerade darin, selbst zu unbedingter Würdigung gerufen zu sein: am Wirklichwerden der Würdigung teilzuhaben, die ihnen widerfährt.

> In biblischer Überlieferung wird diese Reflexivität der Würdigung als das Gottesgeheimnis der Liebe ausgelegt: Gott ist die Liebe, die sich mitteilen und die Liebenden an der ihr geltenden Liebe teilhaben lassen will. Die Liebe will sich selbst; aber das heißt, dass sie sich verschwenden und so Liebe hervorrufen will. Dieser Hervor-Ruf ist sie selbst; und er erreicht die Geliebten – wenn er sie erreicht – als der Ruf, unbedingt zu würdigen, was ist und sein soll; als der Ruf, das Entwürdigende zu erkennen, damit es überwunden werde, und die Möglichkeiten zu entdecken, das, was unbedingt sein soll, hervorzubringen. (405)

Durch die Metapher der Würdigung eröffnet Werbick einen Prozess,

> der auf Unbedingtheit abzielt und als Prozess der Würdigung dem Begriff unbedingt seinen hermeneutischen Ort gibt: den Ort, von woher er verstanden werden darf; einen prozessualen Ort gewissermaßen, da Unbedingtheit menschlich immer ein Prozess- und keine Zustandskategorie ist: Kennzeichen dessen, was sein soll, nicht Beschreibung dessen, was ist. ... Als Inbegriff der Hoffnung ist dieser Grenzbegriff des Denkens denkbar; denkbar als die Urwirklichkeit der Liebe, die sich selbst will und sich selbst nur so wollen kann, dass sie sich als Liebe zur Geltung bringt: an sich Anteil gibt. (407)

---

[66] Eingeschlossenes Zitat Th. W. Adorno, Minima Moralia, Gesammelte Schriften 4, Frankfurt a.M. 1980, 281.

Aufgaben:

1. Worin besteht in Ihren Augen der Sinn systematischer Theologie?
2. Ist der christliche Glaube mit den Mitteln der Vernunft begründbar? Nennen Sie Kriterien für eine rationale Prüfung des Glaubens und schildern Sie verschiedene Verhältnisbestimmungen von Glaube und Vernunft!
3. Ist es legitim, religiöser Erfahrung glaubensbegründenden Status zuzubilligen?
4. Warum ist es so schwierig, aus einer externen Sicht zu verstehen, was mit religiösen Überzeugungen gemeint ist? Welche Spielräume ergeben sich aus diesen Schwierigkeiten für die Bewertung der Glaubenssätze anderer Menschen?
5. Erläutern Sie die Rede von der doppelten Kontingenz des regulativen Status' religiöser Glaubenssätze!
6. In welchem Verhältnis stehen Glaube und Zweifel zueinander? Ist es erstrebenswert, so tief aus dem Glauben zu leben, dass man gar nicht mehr an ihm zweifeln kann?
7. Inwiefern kann man in der Würdigung dessen, was ist, einen Grundtrieb menschlicher Vernunft sehen?

Literaturhinweise

JÜNGEL, EBERHARD, Gott als Geheimnis der Welt. Zur Begründung der Theologie des Gekreuzigten im Streit zwischen Theismus und Atheismus. 5., durchges. Aufl., Tübingen 1986 *(Glaubensverantwortung im Gefolge der Grundintuitionen Barths)*.

KREINER, ARMIN, Formen analytischer Rationalität. In: GÜNTER KRUCK (Hg.), Gottesglaube – Gotteserfahrung – Gotteserkenntnis. Begründungsformen religiöser Erfahrung in der Gegenwart, Mainz 2003, 197-212 *(Skizze zur gegenwärtigen Debattenlage aus analytischer Sicht)*.

LOICHINGER, ALEXANDER, Ist der Glaube vernünftig? Zur Frage nach der Rationalität in Philosophie und Theologie. 2 Teile, Neuried 1999 (Beiträge zur Fundamentaltheologie und Religionsphilosophie; 3) *(umfangreicher Debattenbeitrag, der die neuere Auseinandersetzung analytischer Philosophie in den Vordergrund stellt und die Position der reformed epistemology stark macht)*.

MÜLLER, KLAUS, Wieviel Vernunft braucht der Glaube? In: DERS. (Hg.), Fundamentaltheologie – Fluchtlinien und gegenwärtige Herausforderungen, Regensburg 1998, 77-100 *(Skizze zur gegenwärtigen Debattenlage aus erstphilosophischer Sicht)*.

PEUKERT, HELMUT, Wissenschaftstheorie – Handlungstheorie – Fundamentale Theologie. Analysen zu Ansatz und Status theologischer Theoriebildung, Frankfurt a.M. ²1988 *(profilierter, schwer zu verstehender Entwurf zur Glaubensverantwortung im Gespräch mit neueren philosophischen Entwürfen, v.a. mit Habermas)*.

STOSCH, KLAUS VON, Glaubensverantwortung in doppelter Kontingenz. Untersuchungen zur Verortung fundamentaler Theologie nach Wittgenstein, Regensburg 2001 (ratio fidei; 7) *(Einführung zu Wittgenstein und theologische Rezeptionsmöglichkeiten im Kontext der gegenwärtigen Debatte um Glaubensverantwortung).*

VERWEYEN, HANSJÜRGEN, Gottes letztes Wort. Grundriß der Fundamentaltheologie, Regenburg ³2000 (Lit.!) *(profilierter, schwer zu verstehender Entwurf einer erstphilosophischen Verantwortung christlichen Glaubens).*

WERBICK, JÜRGEN, Fundamentaltheologie als Glaubens-Apologetik. In: ThRv 98 (2002) 399-408 *(gelunge Kurzfassung von Werbicks Ansatz).*

DERS., Den Glauben verantworten. Eine Fundamentaltheologie, Freiburg-Basel-Wien 2000 *(Langfassung; hier können auch einzelne Passagen zu Spezialproblemen nachgeschlagen werden, wenn man nicht genug Atem für das ganze Werk hat).*

Sachregister

Fett gedruckt sind jeweils die Stellen, bei denen der Begriff erklärt wird bzw. das durch den Begriff angezeigte Thema in einem eigenen Kapitel abgehandelt wird.

Absolute 30, 72, 243, 297, 340
Absolutheitsanspruch 246, 320
Adoptianismus **142**, 174
Alexandrien 143-145
Allmacht 22, 47, 49, 70, 104, 109f., 118, 148, 216
Allwissenheit 49, 70, 118, 204, 214-216
Amt/ Ämterfrage 229f., 232, 241, 261, 274, 277, **279-281**, 284f., 287, 292
Analogielehre **41f.**
Angst 34, 36, 99, 125, 135f., 138, 152, 184f., 188, 195, 207, 230, 257, 283, 286, 323f.
Anthropologie/ anthropologisch 31, 34, 64, 81, 92, 117, 146, 177
Anthropomorph(ismus) **28**, 31, 37, 41, 62
Antiochien 143, 145
Antizipation/ Vorwegnahme 91
Aporie **93**, 149, 216, 317f.
Apostel/ apostolisch 166f., 178, 232-234, 238, 240f., 273f., 280f., 285
Auferstehung 91, 101, 115, 142, 151f., **161-178**, 188, 203-206, 208f., 219, 221f., 243, 269, 338
Aufklärung 31, 69, 80, 94
Auschwitz 85, 95-97, 102f., 120f., 123, 126, 242, 266, 287, 333
Autonomie/ autonom 22, 28, 34, 49, 60, 69, 72, 80f., 84, 87, 89, 196, 217, 221
Autorität 38, 40, 54, 91, 241, 279
Apologetik 9, **336**f., 339f., 343
Apophase/ apophatisch **62**
Appropriation **55**, 70, 74
Atheismus/ Atheist 7, 23, 28f., 32f., 44, 104, 122-125, 315-318

Bibel/ biblisch 31, 61, 66, 70, 76, 79, 83, 88f., 106, 142f., 169, 178, 192, 216, 233, 235, 250, 268, 282, 286f., 337, 341
Buddhismus/ buddhistisch 295f., 299
Bund 302f., 328, 218, 238

Buße/ Beichte 186, 283, 286f.

Christologie 92f., **133-160**, 176, 179, 191f., 231, 246, 302f., 320f.
creatio continua 76, 86f., **169**
creatio ex nihilo 76, 86, 93, **169**, 216

Determinismus 171
Dogma 157f., 171, 230-232, 240-243, 250f., 275
Dogmatik 8, **9**, 43f., 65, 69, 71, 80, 94, 217, 276, 338
Doketismus **142**

Ehe 256f.
Ekklesiologie **225-251**, 278, 285
Elefantengleichnis 296
Emanzipation/ emanzipatorisch 37, 189, 196, 199, 268
Empirismus 335
Endgültigkeit 15f., 46, 138, 161f., 164f., 167, 185, 189, 221
Enhypostasie 144, **146**, 150, 159
Entmythologisierung 175, 177
Erbsünde 139, **187f.**, 198, 242
Erkenntnis 26, 29, 40, 42f., 60, 62-64, 67-69, 73, 92, 107, 169f., 197, 214, 218, 233-235, 259, 308, 318, 334f.
Erkenntnisgrund 92, 151f., 173, 178
Erlösung 55, 104, 134, 143f., 149, 152, **179-199**, 227, 231, 255, 264, 269, 282, 316
Erschließungserfahrungen **79**
Erwählung 302
Eschatologie/ eschatologisch 73, 87, 91, 99, 113, 115, 120, 122, 127, 168, **200-222**, 243
Ethik/ ethisch 9, 34, 67, 111, 133, 332f., 340
- Theologische E. **9**
Eucharistie 40, 53, 208, 253-255, 258, 260, 265, 271, 278, 281-285, 292
Evangelium 175f., 265, 275, 279, 287

Sachregister

Evolution/ evolutiv 94, 107, 112, 119, 169f.
Ewigkeit 35, 204-208, 212f., 216f., 220, 222
Existential **246**, 249
Exklusivismus **307**f.

Faktum 26f., 91, 161f., 173
Fegefeuer **201**, 203, 205, 211, 219, 221
Fideismus/ fideistisch 39, 133, **329f.**
Firmung 258
free will defense 96, 109, 111f., **115-125**, 128f.
Freiheit 137-139, 146, 148, 150-153, 158f., 170, 180f., 183-196, 198, 200, 202, 210, 215-217, 219, 221, 229, 233, 235f., 239, 242-244, 256, 263-265, 278, 287-291, 303, 332, 339
– F.sanalyse 58, 83, 183, **192-195**
– Willensf. 89f., 99, 103, 115-117, 119, 128, 215f., 235, 287f., 291
Fundamentalismus/ fundamentalistisch 177, 300, 326, **330f.**
Fundamentaltheologie **8f.**, 43-45, 80, 129, 172, 338-340, 342f.

Gebet/ Beten 14, 18, 93, 95, 103, 126, 225, 234, 268f., 339
Geheimnis 19, 29, 36, 56, 59, 65, 69, 72, 74f., 106, 196, 217, 231, 239, 249, 251, 266, 269, 329, 341f.
Genese-Geltungs-Fehlschluss 32, 37
Gerechtigkeit 13, 36, 67, 113, 203, 268f., 286, 289, 292
Gericht 38, 66, 78, 93, 129, 158, 189, 202, 205, 209, 219, 221, 245, 286
Gewissensfreiheit 229
Gewissheit 66, 88, 103f., 185, 221, 265, 297, 338
Glaubenswahrheit 40, 78, 80
Gnade 61, 180, 190f., 198, 236, 238, 246f., 258, 286-289, 291
Gottesbeweise 17, 19, **23-28**, 37, 42-45, 104, 261, 334
gnoseologisch **149**, 159
Gnosis **55**, 142, 280
Gotteserfahrung **261-267**, 269, 271, 342
Güte 30, 50, 104, 109, 111, 129

Handeln Gottes 31, 68, 70, 73f., 78, **83-90**, 93f., 103, 127, 171, 173, 176, 217f., 227, 233f., 236, 239, 262, 269, 289, 337
Heil 83, 136, 157, 159, 179, 181f., 225, 241, 243, 245-250, 259, 261, 278f., 286, 288, 306-308, 317, 320
Heiliger Geist 53, 56, 69, 74f., 88, 137, 153, **232-240**, 242, 250, 258, 272, 280, 282, 290, 320, 328
Hermeneutik 65, 71, 175, 305, 336, 341
Himmel 13, 61, 70, 95, 106, 113, 152, 180f., 189, 200, 205, 207, 219, 221, 242f.
Hölle 98, 166, 189, **200-203**, 205, 211, 219, 221, 257
Hypostase/ Hypostatische Union 144, 146f.

Ikonoklasmus **21**, 65, 312
Indefektibilität **242**
Infallibilität 230f., **240-243**, 250f., 275
Inkarnation 73, 87, 138, 140, 146f., 149, 151f., 159, 174, 214, 304
Inklusivismus **307f.**, 310, 320
Interventionismus 84-87
Irrationalität 240

Judentum 302-305, 316, 321

Kairos 247
Karsamstag 218, 221
Keine-bessere-Welt-Hypothese 102, 111, 119, 171
Kenosis 147, **150**, 152
Kerygma 141, 143, 172, **176**f., 269
Kirche 9, 38f., 53, 58, 66, 68, 80, 134, 141-143, 149, 159, 161, 167, 177, 183, 191, 196, 208, 218, **225-255**, 257, 268, 270-285, 287, 292, 295, 299f., 302
Kohärenz 332
Konsistenz 148, **332**, 339
Kontingenz 185, 205, 266, 305, **325-327**, 330-333, 342f.
Konzil
– Chalcedon 144, 159
– Ephesus 143
– Konstantinopel 55, 143, 146, 273
– Lateranense IV 61
– Nizäa 55, 142

Sachregister **347**

– Vaticanum I 61, 80, 240
– Vaticanum II 39, 80, 242, 245, 277, 284, 306
Korrelation **82**, 300, 312, 326f., 332f.
Korrespondenztheorie 318, 335
Kriterium/ Kriteriologie 19, 35, 46, 78, 88f., 158, 232, 235, 237, 242, 281, 316f., **329-333**, 342

Lehramt 61, 84, 158, 229, 257, 287
Leiblichkeit 164, 206
Leiden 13f., 18, 42, 77, **95-129**,133, 140, 159, 166, 174, 181f., 198, 206-208, 213, 281
Logos 50, 54, 56, 65, 69, 72-75, 135, 137f., 143f., 146, 150-154, 157, 174, 189, 233, 265, 283, 298, 320, 339
Lückenbüßer 18, 196

malum morale **111**, 115
malum physicum **111f.**, 115, 119, 128
Meditation 65, 67, 227, 263, 266, 271, 295f.
Metaphysik/ metaphysisch 33, 63, 109f., 146, 149, 212, 214, 217, 314, 319, 334-336
Mittelalter/ mittelalterlich 23, 44, 55, 125, 230, 283, 334
Modalismus **57**, 59, 70
Moderne/ modern 57, 64f., 69-71, 78, 80f., 90, 126, 157, 175, 190, 196, 204, 230, 275f., 300, 336
Monophysitismus **143f.**
Monotheletismus **146**
Monotheismus/ monotheistisch 18. 50, 240, 263
Mündig(keit) 18, 60, 196-198, 230, 258
Mystik/ mystisch 18, 63, 218, 262f., 269f.
Mythos/ mythologisch 175-177, 318

Nachfolge 108, 140, 156f., 196, 233, 304
natural law defense **111**, 115, 128, 171
Naturgesetz 84-87, 89f., 104, 111f., 115, 119
Naturwissenschaft 25, 86, 89f., 94, 102, 107, 112, **168-171**, 178, 196f., 335
Nestorianismus 144f.
Neuscholastik 39, 244, 334

Ökumene/ ökumenisch 43, 90f., 94, 251, 260, **272-292**
Offenbarung(smodell) 9, 22, 31, 47, 54f., 65, 68-71, **78-83**, 91-94, 113, 148f., 154, 176, 190, 218f., 240, 266, 298, 301, 303, 308, 320, 337
– epiphanisches O. 79
– instruktionstheretisches O.**80f.**
– kommunikationstheretisches O. **80f.**
Ontologie/ ontologisch 23f., 26, 42, 45, **63**, 106, 142, 146, 149f., 159, 190, 269, 334
Opfer 16, 96, 101, 123, 128, 181, 185, 191f., 198, 203, 281f., 287

Paideia-Vorstellung 189
Papst 44, 68, 170, 218, 222, 229f., 232, 240-242, 250f., 273-275, 287, 302
Parusie/ Wiederkunft Christi 80
Perichorese **56**, 70, 273
Person 50-52, 54-59, 70, 73f., 90, 92, 99, 107f., 116f., 119f., 137-139, 144, 146, 156, 162f., 167, 206, 218, 230, 239, 256, 264f., 273, 311
Philosophie 13, 17, 23f., 26, 35, 39, 65, 82, 110, 127, 142, 156, 159, 170, 175f., 192, 216, 218, 231, 244, 316, 321, 334-336, 342
Pluralismus/ pluralistisch 44, 296, 305- 310, 312-321
Pneumatologie 238, **250**, 320
Postmoderne 69, 337
Postulat 27, 123, 315f., 319
Priester(weihe) 154, 156, 186, 218, 229, 244, 249, 254, 277, 284-287
Primat **81**, 127, 275
Präexistenz 144, 146
Proprietät **55**f., 70, 74
Projektion 16, 29-33, 36f., 266, 269
Prozesstheologie 87, 105, 109f., 217

Quantentheorie 171

Rationalismus 39, 329, 335
Rational(ität) 20, 25, 31, 64f., 68, 91f., 99, 116f., 119f., 122, 221, 275, 300, 332, 339f., 342
Realsymbol 138, 150, 194f., 233, **259**-261, 266, 270, 283
Rechtfertigung 104, 113, 115, 121f., 141, 289
Rechtfertigungslehre 277f., 285f.
reformed epistemology 336f., 339, 342

Reich Gottes 34, 66, 139f., 269
Reinkarnationslehre 208, 222
Relation 56f., 63f., 111, 117, 120, 316
Religionskritik 21, **28-38**, 43-45, 69, 172, 333, 337, 339
Sakrament 40, 191, 238, **255-261**, 270f., 277-280, 282f., 285, 287

Satisfaktionstheorie 179-181, 190, 198
Schau Christi 156
Schöpfung 31, 55, 75f., 84, 86, 93f., 98, 109-111, 120, 122, **168-171**, 178, 180f., 200, 208f., 214, 219f., 227, 264-266, 269
Seele 13, 27, 89, 143f., 164, 188, 238, 243, 333
Selbstmitteilung 80-82, 91, 136, 139, 246, 255, 283, 320
Stellvertretung 269, 328
Sünde 66, 106, 135, 139f., 144, 152, 157, 180-188, 196, 289
Soteriologie **179-199**, 317
Sprachspiel 47, 310f., 313, 323, 328, 336
Subordinatianismus 59, **142**, 273
Relativismus/ relativistisch 39, 65, 307, **330**f.
Scholastik/ scholastisch 74, 246, 261
Selbstbewusstsein 29, 57, 59, 137, 140, 153
Sukzession, apostolische **280f.**

Taufe 53, 142, 257f., 260f., 274, 287
Teufel 104, 200
Theismus/ Theist 44, 125, 316, 342
Theodizee 4, 90, **95-129**, 158, 206, 304, 339
– Praktische T. 98f., 123f.
Theologie
– Dialektische T. 67, 133
– Komparative T. **309-313**, 321
– Liberale T. 66, 68, 70, 81, 172, 175, 337
– Natürliche **81**
– Negative T. **60-65**
– Politische T. 125
– Postliberale T. 68, 337
– T. der Religionen 4, 248, **305-309**, 314, 318, 320f.
Tod 13-16, 34-36, 40, 42, 54, 61, 95-99, 101-103, 108, 113,120-123, 134, 148, 152, 158, 161-165, 167f., 172, 174, 177, 180-182, 196-198, 200-206, 209, 218f., 221f., 243,

246, 256, 265, 269, 274, 282,
Tora 234, 265, 291, 303f.
Tradition 9, 28, 43, 58-64, 88f., 93, 106, 110, 135, 140, 152, 156, 176, 180, 190, 201, 204, 212, 216, 233, 241, 246, 260f., 269, 280f., 287, 301, 303, 305-307, 316-319, 334, 337
Transsubstantiation **283**, 287
transzendental **81**, 192, 214, 226, 249, 262, 267, 334-336
Transzendenz/ transzendent 31, 55, 197, 210, 212, 301, 319
Trinität 50, **52-59**, 69-72, 74, 92, 136, 181, 240, 320
– immanente T. 54
– (heils)ökonomische T. 54
– lateinische T.stheologie 58
– östliche T.stheologie 59
– soziale T.stheologie 58
Tritheismus 57-59, 70

Unbedingtheitsanspruch 307-309, 313, 327
Unbegreiflichkeit 47, 60 ,64, 70 113, 249f., 266
Unfehlbarkeit 229f., **240-243**
univok **41**f., 61

Vater 50f., 53f., 56-59, 66, 69, 72-75, 77, 88, 92f., 133, 137-140, 142-144, 150-153, 158, 234, 264-266, 273, 282
Verantwortung 4, 8, 37, 44, 60, 71, 117, 327f., 330-340, 342f.
Vergebung 181f., 185, 188, 190, 257, 261
Verheißung 16, 88, 185, 188, 266, 303, 329
Versöhnung 100f. ,113, 130, 316
Vertrauen 36f., 54, 92, 97, 122, 151, 155, 167, 232, 234, 237f., 256, 281, 328f.
Vernunft 8f., 22, 24, 26-30, 37, 40f., 45, 65, 69, 80f., 91, 93, 115-117, 122-125, 128, 134, 178, 315f., 322, 327, 331, 333-343
– praktische V. **26**f., 122f., 125, 128, 315
– theoretische V. **26**f., 115-117, 122, 124, 128
via affirmationis/ via eminentiae/ via negativa 62

Wahrheit 9, 29, 33-36, 38, 40, 53, 69, 73, 89, 91, 127, 139, 141, 148, 158, 188, 195, 201f., 209, 217, 219, 227, 234, 242f., 248,

263, 275, 295-302, 305-308, 313, 318f., 335, 340
Weltbild 25, 175f., 245, 310-313, 323-328, 332-336
Widerfahrnis 67, 172-174
Wiederkehr des Gleichen **35**, 166, 206, 222, 322
Wort Gottes 54, 68, 127, 135, 150f., 158, 176, 186, 233, 260, 265, 287, 298

Würdigung 22, 83, 88, 340-342
Wunder 40, 80, 90, 93, 172, 175f.

Zeit und Gott **212-218**
Zorn Gottes 78, 93, 286
Zwei-Naturen-Lehre 93, 137, 147, **149**f., 159, 231
Zweifel 35, 107, 137, 157, 171, 324-327, 338, 342

Personenregister

Adams, R. 84
Adorno, Th.W. 341
Alston, W.P. 42, 84, 262, 336
Anselm von Canterbury 18-25, 40, 42, 45, 58f., 62, 64, 180f., 190, 198, 263, 333
Aristoteles 25, 40f.
Arius 55, 142f., 231
Augustinus, A. 58f., 76, 106, 204, 222

Balthasar, H.U. v. 59, 112, 160, **218-222**, 237, 247
Barth, H.-M. 43
Barth, K. 20, 57, 59, **65-71**, 81-83, 91f., 133, 175, 219, 268f., 337, 342
Basilius von Caesarea 55
Beinert, W. 43
Benedikt XV. 277
Bernhardt, R. 93, 234
Bileam 233
Boff, L. 59, 222
Boleyn, A. 274
Bonaventura 156
Bongardt, M. 94
Bonhoeffer, D. 18, **195-199**
Bornkamm, G. 177
Brantschen, J. 112
Buber, M. 62
Büchner, G. 104
Bultmann, R. 91f., 172f., **175-178**, 269
Busch, E. 71

Calvin, J. 274, 282
Camus, A. 7, 184
Chénu, M.-D. 39
Claudel, P. 220
Clooney, F. 309
Conzelmann, H. 177
Cusanus, N. 63

Dahl, E. 44
Dalferth, I.U. 337
Dante 156
Danz, C. 321
Descartes, R. 24

Dirscherl, E. 240
Dostojewski, Fjodor 113, 121, 123, 156
Duns Scotus, J. 41f., 111

Ebeling 177
Eicher, P. 43, 94
Epikur 104
Erasmus von Rotterdam 287f, 291
Essen, G. 59, 150-152, 159, 335

Faber, E.M. 71, 271
Faßnacht, M. 292
Feuerbach. L. 29-33, 43
Fichte, J.G. 192, 335
Frankl, V. 97, 121
Fredericks, J. 309
Freud, S. 29, 36-39, 43
Fuchs, G. 123, 184

Gerl-Falkovitz, H.-B. 160
Gibellini, R. 43
Gregor von Nazianz 55
Gregor von Nyssa 55, 59
Greshake, G. 59, 71, 189, 198f., 219, 222, 237, 240
Grillmeier, A. 159
Guardini, R. **155-160**, 245

Habermas, J. 336, 342
Hartshorne, Ch. 24
Hasker, W. 215
Hegel, G.W.F. 24, 29, 32, 45, 81, 91
Heinrich VIII. 274
Hick, J. 308, **313-321**
Hilberath, B.J. 238, 250f.
Höhn, H.-J. 10, 60, 71, 222, 271, 335
Hölderlin 156
Hoff, G.M. 44
Hoping, H. 59, 159
Hume, D. 26

Irenäus von Lyon 55

Johannes Paul II. 302

Personenregister

Jonas, H. 109
Jorissen, H. 292
Josua 233
Jüngel, E. 178, 247, 337, 342

Käsemann, E. 177
Kant, I. 17, 24, 26-28, 113, 117, 127, 214, 314f., 318, 334f.
Kappes, M. 292
Karamasow, I. 113, 121f., 174
Kasper, W. 59, 71, 159, 238f., 280
Katharina von Aragonien 274
Kehl, M. 222, 251
Kern, W. 43
Kerullarios, M. 273
Kessler, H. 87, 172-174, 178, 237
Kierkegaard, S. 49, 133, 135, 147, 151f., 154
Klappert, B. 303
Klinger, E. 248
Knauer, P. 43, 262, 334
Kopernikus 214, 314, 334f.
Kraus, G. 94
Kreiner, A. 65, 129, 314, 318f., 321, 342
Krenski, Th. 222
Krings, H. 192, 194
Kühn, U. 160
Küng, H. 240, 247
Kuschel, K.-J. 43, 123

Leftow, B. 59
Lehmann, K. 249f., 271
Leibniz, G.W. 25, 106, 111, 128, 339
Leontios von Byzanz 144
Leontios von Jerusalem 144, 146
Levinas, E. 65, 122, 337
Lewis, C.S. 90
Lindbeck, G.A. 337
Loichinger, L. 336, 342
Lüning, P. 292
Luther, M. 28, 76, 117, 175, 262, 273f., 277-279, 283-285, **286-292**

Mackie, J.L. 44f., 118, 330
Malcolm, N. 24
Markschies, C. 289
Marx, K. 29, 32f., 35, 43, 127
Marxsen, W. 172f.

Maurer, E. 71
Maximus Confessor 146
Meesmann, H. 338
Menke, K.-H. 173, 198, 217, 304, 335
Metz, J.B. 113, 123, **125-129**, 199, 217, 249, 337, 339
Miggelbrink, R. 251
Moltmann, J. 59, 109, 128
Mose 233
Mozart, W.A. 68
Müller, K. 44, 335, 339, 342
Murphy, N. 86

Neuner, P. 282, 292
Newman, J.H. 27
Nietzsche, F. 7, 29, 33-36, 43, 166, 180, 182, 190, 206, 222
Nitsche, B. 250
Nocke, F.-J. 253, 271

Paulus 62, 158, 172, 176, 234, 238, 286, 289, 302
Pannenberg, W. 59, **90-94**, 150-152, 217, 335
Pesch, O.H. 44
Peters, T.R. 129
Peukert, H. 336, 342
Pieper, J. 39
Plantinga, A. 24, 111, 336
Plantinga, C. 59
Platon 40, 61, 142, 212
Plotin 106
Polkinghorne, J. 94
Pottmeyer, H.J. 43, 251
Pröpper, Th. 59, 129, 137, 152, 173f., 192-195, 198, 335, 339
Ps.-Dionysius Areopagita 62

Radhakrishnan, S. 309
Raffelt, A. 251
Rahner, K. 44, 54, 57, 59, 81-83, 91, 109, 113, 124, 129, 147, 154, 225-227, **244-251**, 262, 271, 306f., 320
Ratzinger, J./ Benedikt XVI. 44, 222, 242, 263
Rentsch, T. 45
Richard von St. Viktor 59
Rilke, R.M. 156
Röd, W. 45

Rowe, W. 45
Russell, R. 86
Ruster, Th. 70, 337

Schärtl, Th. 59, 71, 251
Scheffczyk, L. 189, 199
Schelling, F.W. 91, 148
Schillebeeckx, E. 160
Schleiermacher, F. 66
Schmidt-Leukel, P. 44, 307f., 314, 316, 318, 321
Schneider, Th. 44, 271
Schwager, R. 319-321
Seckler, M. 43, 94
Sölle, D. 109, 128, **267-271**
Speyr, A.v. 218-221, 237
Staniloae 59
Stendhal, H.B. 104
Stephanus 234
Stosch, K.v. 94, 129, 321, 343
Streminger, G. 129
Striet, M. 42, 59f., 65, 71, 217, 240, 335
Swinburne, R. 26, 45, 59, 84, 107, 216f., 330, 334

Tertullian 59
Thomas von Aquin 24f., **38-45**, 58-60, 62, 106

Tillich, P. 82f.

Verweyen, H. 25, 45, 115, 173f., 178, 251, 335, 339f., 343
Vorgrimler, H. 44, 59, 124, 271

Ward, K. 83, 86, 94, 217, 262, 309
Weger, K.-H. 29, 31, 33, 36, 45, 245
Weischedel, W. 45
Werbick, J. 150, 199, 235, 239, 251, 320, 336, **338-343**
Wierenga, E. 70
Wiesel, E. 121
Wiles, M. 262
Wilhem II. 66
Wilhem von Ockham 41f.
Wind, R. 199
Wittgenstein, L. 289f., 301, 310-313, 317, 321, 323, 343
Wolff, Chr. 25
Wolterstorff, N. 336

Xenophanes von Kolophon 28, 31

Zenger, E. 302
Zwingli, H. 274, 282